KOCH • GEWALT

Wolfgang Koch
GESCHICHTE DER GEWALT
Das Unglück des 20. Jahrhunderts
Essays

Wieser *Verlag*

Die Herausgabe dieses Bandes erfolgte mit freundlicher
Unterstützung der Stadt Wien, Kultur.

Wieser Verlag

KLAGENFURT — WIEN — LJUBLJANA — SARAJEVO

A-9020 Klagenfurt/Celovec, Ebentaler Straße 34b
Tel. +43(0)463 37036, Fax +43(0)463 37635
office@wieser-verlag.com
www.wieser-verlag.com
Copyright © 2005 by Wieser Verlag, Klagenfurt/Celovec
ISBN 3 85129 444 0

Inhalt

DER ANFANG VOM ANFANG
Von der Kultur des Krieges und der
Deutungskompetenz des Historikers 7

GEWALT DES MYTHOS
Die Entdeckung handlungsanleitender
Bilder und Motive im 19. Jahrhundert 59

WIEN DER JAHRHUNDERTWENDE
Untergangslust als Phänomen der
spezifischen Ambiguität der Moderne 83

DAS ENDE VOM ANFANG
Schlüsseldaten des 20. Jahrhunderts
und die Ö-Formation der Geschichte 107

LECHTS UND RINKS
Das politische Ozma-Problem samt
einem pragmatischen Raummodell 153

IDEOLOGIE DES FASCHISMUS
Die verschwiegene Herkunft des
rechtsextremen Denkens von Links 195

NS-STAAT UND MODERNE
Offene Thesen zur Tragical
History Tour des Millenniums 247

Literaturverzeichnis 293

Personenregister 345

Hinweis zur Rechtschreibung: ß = ss

DER ANFANG VOM ANFANG
Vorrede zum Ersten Band

»Der nur ist ein wahrhaft genetischer Denker, dessen Resultat in direktem Widerspruch steht zu seinem bewussten Anfang.«
Ludwig Feuerbach, 1843/44[1]

1

»Das haben wir ja alles schon einmal erlebt.« Diesen Satz will ein deutscher Vier-Sterne-General unter keinen Umständen je wieder hören. Weder im Ernstfall, noch bei einer der vielen schweisstreibenden Proben für den militärischen Durchgriff. – »Das haben wir ja alles schon einmal erlebt.« Es scheint, als gehe von diesem Satz eine gefährliche Hypnose aus. Darum hat im Herbst 1998 im Joint Headquarters Centre der Alliierten Landstreitkräfte Europa erstmals eine vollständig simulierte Gefechtsübung auf einem imaginären Kontinent stattgefunden. Es war dies die erste Nato-Übung in der Umgebung Europas, die nichts mehr mit Europa und seiner Umgebung zu tun hatte. Es war die erste Nato-Übung, die sich der Unrast der Geschichte durch ihr erklärtes Ende entzog. – »Das haben wir ja alles schon einmal erlebt.« Dieser Vorwurf sollte komplett aus dem Vokabelheft der Zukunft gestrichen werden. Und so bewegten sich die bewaffneten Streitkräfte erstmals in einer vollständig vom Computer erschaffenen Welt. Man muss sich das so vorstellen: Irgendwo links ragt der Tempel einer rätselhaften Religion in die Höhe, am Horizont überwölbt eine bunt bemalte Ehrenpforte den Weg. Die erdachten Berge sind hier Berge, weiter nichts. Sie könnten ebenso gut in der Schweiz oder an der Eifel liegen. Nahkampferprobte Männer robben durch das simulierte Gelände auf frei erfundene Dörfer zu. Jagdeinheiten stürmen nach exakten Zeitvorgaben Behausungen, deren fantasierte Bewohner von fantasierten Schurken in Geiselhaft gehalten und befreit werden wollen. Es sind dies Kämpfe, die noch von niemanden erlebt, Siege, die von niemanden errungen werden konnten. – 1998 war diese Gefechtsübung eine technische Novität; und ideologisch hat sie den Durchbruch eines militärischen Selbstverständnisses markiert, wie es bis dahin unbekannt war. Davor ist man stets mit feierlichem Ernst von einem Widerspruch zum nächsten übergegangen. Die Manöver-Regie hat die reale Topografie möglicher Ein-

Unrast der Geschichte

---
[1] Fragmente zur Charakteristik meines philosophischen Entwicklungsgangs

satzorte studiert, dazu die historischen und sozialen Bedingungen, sowie die politischen und kulturellen Hintergründe. Man hat den Gegner in alle Einzelheiten zerlegt, um sich ein möglichst genaues Bild von seiner Lage zu machen. Aber dann haben wir irgendwann so vieles gleichzeitig erlebt – den Zusammenbruch des Kommunismus, die Golfkriege, ökologische Katastrophen –, dass wir nicht mehr recht wussten, an welchem Problem wir uns festhalten oder welches wir auflösen sollten. Erst das neue Nato-Spiel kann nun von der Welt, wie wir sie kennen, perfekt abstrahieren: Alle Annahmen – die Landschaft, die feindliche Truppen, die Kombattanten und Zivilisten – sie werden fein säuberlich mit realitätsfremden Merkmalen ausgestattet. Die Äcker, sie sind weiterhin korngelb, die Wiesen wie überall grün. Aber jeder glaubhafte Bezug zur geographischen oder demoskopischen Realität ist spurlos getilgt. Gebirge, Kirchturmspitzen und Menschen, sie tragen unfreundliche Namen, die nur Eingeweihte verstehen. Alles, was den Offensivkräften in die Quere kommt, gehört erdachten Volksgruppen, Religionen oder Herkunftsregionen an, die auf keiner gültigen Karte verzeichnet sind. Jede neue Übung verläuft jetzt wie die Entdeckung eines unbekannten Planeten. Wochenlang arbeitet die Übungsleitung des Joint Headquarters Centre ähnlich dem Autorenteam einer Space-Opera an immer neuen Versionen; wochenlang erfindet es in Hollywood-Manier Bewohner für wildfremden Länder – balkanische Klingonen und adriatische Romulaner, afghanische Kartesianer und bösewichtige Borgs. Und auch die Ergebnisse sind gar nicht so verschieden von der Kinowelt: Den an der Gefechtssimulation teilnehmenden Soldaten ergeht es genau wie den begeisterten Anhänger von *Star-Trek*, den Trekkies, denen die Befehle klingonischer Leutnants in den unendlichen Weiten des Weltalls zugleich fremd und vertraut klingen. Diese Übereinstimmung von Fiktion mit Fiktion ist frappant. Nur dass in Brüssel eben keine durchgeknallten TV-Raumfahrern üben, sondern Soldaten aus Fleisch und Blut, genauer: Chargen der stärksten Militärmacht der Welt. Nie wird ein gewöhnlicher Sterblicher erfahren, wie dieser imaginäre Übungskontinent der Nato heisst: Ob man ihn *Atlantien*, *Mamafrika* oder *Austropa* nennt? Nie und nimmer wird man wissen, wo sich die Bataillone in einer friedensunterstützenden Operation durch Sand und Gestrüpp schlagen, wo der X-River am günstigsten zu durchqueren und auf welchem Y-Mountain einen Spähposten zu überwältigen ist. Zweifellos aber existiert Leben auf diesem Übungsstern, existieren simulierte Prachtstücke mitten unter uns, unentdeckte Ethnien und die raffiniertesten Religionen der Welt. Die Staaten haben die Umrisse von Schnitzeln oder Papierfetzen, zwischen denen sich Engpässe wie

Unbekannter Planet

auf dem richtigen Planeten auftun. Und genau dafür ist dieses perfekte Übungsmodell der Erde ja schliesslich auch erdacht worden. »Übergeordnete Stäbe«, hat der für die neue Methode verantwortliche General Klaus Reinhardt bereits bei der ersten Präsentation der Öffentlichkeit erklärt, »übergeordnete Stäbe werden im 21. Jahrhundert vorwiegend an solchen elektronischen Ausbildungssystemen trainieren.« Das Joint Headquarters Centre, so der General weiter, wolle sich damit gezielt von jeglichen historischen und geographischen Bezügen lösen. Man habe einfach genug davon, selbst bei *Übungen* für ausserterritoriale Kriegsschläge der Nato-Staaten immer wieder diesen gleichen Satz zu hören: »Das haben wir ja alles schon einmal erlebt.«[2]

Die Nato übt Kriegsschläge in einer von jeder historischen Evidenz gereinigten Welt.

2

Miljenko Jergović ist ein junger bosnischer Schriftsteller. Drei Jahre vor der Premiere der Nato-Simulationsübung und zwei Jahre nach dem Ende der Belagerung von Sarajewo, 1995, hat Jergović eine überraschende Erzählung veröffentlicht. In diesem Text geht ein pensionierter Geographieprofessor jeden Morgen im schwarzen Anzug mit seinem kleinen Hund an der Leine im belagerten Sarajewo spazieren, während ihn die Scharfschützen im Visier haben. »Wenn du langsam gehst, bist du eine Zielscheibe.« – Das wiederum wissen wir aus einem anderen Buch – wie ja überhaupt die essentiellen Dinge des Kriegs stets in der Literatur und nicht in den Geschichtsbüchern übermittelt werden. »Wenn du langsam gehst, bist du eine Zielscheibe, und wenn du läufst ... der Tod liebt den, der läuft«, heisst es im Roman *Attesa sul mare* des Italieners Francesco Biamonti.[3] Diese Ahnung teilt auch der Geographieprofessor in Jergović' Erzählung. Denn der läuft nicht, er schlendert einfach so neben seinem Hund her. Das Erstaunliche ist: Keiner mag auf den Geher schiessen. Jeder der Heckenschützen möchte ihn bei der Rückkehr töten, die es aber nie gibt, weil der Spaziergänger seinen Heimweg jedes Mal durch eine andere Strasse nimmt. – Ich möchte hier nicht eine Überlegenheit der Dichtung über die historische Wissenschaft behaupten. Aber wenn es stimmt, dass gute Dichtung eine Wahrheit enthält, die wertvoller ist alle isolierten Einzelwahrheiten, die uns das Leben in konkreten Fällen vorzuführen vermag, wenn es

Wo liegt Bosna?

---

[2] Zit. n. FAZ, 20. 7. 1998
[3] Biamonti, Erwartung, 147

stimmt, dass wir den Konflikt durch den literarischen Text in einer noch intensiveren Weise zu empfinden und zu verstehen vermögen, dann ist Literatur schlechterdings unverzichtbar. Auch, und gerade für den Historiker. Literatur kann einem Thema die nötige Erhebung verleihen, einem Stoff sinnvolle Kompressionen setzen. Wie? – Nun, einmal träumt dieser Geographieprofessor in Jergović' Erzählung. Der Mann, der dem Tod im Leben täglich so tapfer ein Schnippchen schlägt, er tritt im Traum hin vor seinen Herrn im Himmel – einem Alten mit einem langen Bart, dessen Zeigefinger dünn und lang ist wie ein Rohrstock. Hinter dem Rücken des Alten hängt eine Weltkarte mit den Kontinenten und mit Grenzen, die dem menschlichen Blutkreislauf ähneln. Der Herr mit dem Bart zeigt auf das grösste Land auf der Karte und sagt einen unbekannten Namen. Er zeigt auf ein anderes Land und sagt ein noch seltsameres Wort. Auf diese Weise irrt der Alte von Land zu Land und wiederholt vergessene Worte, die keiner einzigen Sprache angehören, die der Träumende kennt. Einige Länder haben die Form eines Sandkorns, andere die Form eines Kristalls und wieder andere die Form einer Träne. Solche Staaten hat es niemals geben könne, denkt der Geographieprofessor im Traum. Nur das letzte Land, in das sich der Finger des Alten gräbt, hat eine erkennbare Form und einen bekannten Namen: *Bosna*.[4]

In einer Erzählung erscheint Gott vor einer Weltkarte mit Ländern unbekannten Namens.

3

Gewicht des Gestern

Ohne Zweifel hat der Dichter Miljenko Jergović und nicht der Politologe Francis Fukoyama dem Joint Headquarters Center das entscheidende Stichwort geliefert: das Ende der Geschichte. Aber hat die Literatur das Ende der Geschichte nur vorausgeahnt oder hat sie es sogar provoziert? Lässt sich überhaupt von einer prophetischen Kraft der Kunst und der Literatur sprechen? – Solche Fragen werden uns in der *Geschichte der Gewalt* immer wieder beschäftigen. Im Augenblick genügt es festzuhalten, dass die Idee von einem geschichtsleeren Kontinent, die Idee einer von aller historischen Evidenz gereinigten Welt, durch die Neunzigerjahre spukte wie der Dritte Mann durch die Fünfziger. Für den träumenden Geografieprofessor der bosnischen Erzählung sind die vergessenen Worte und Länder ein Schreckensvorstellung. Am Ende registriert er überhaupt nur mehr ihre Formen. Die Nato-Kommandeure

---

[4] Jergović, Karivani, 175

hingegen, sie stehen mitten im Leben und freuen sich darüber, was man die *wirkliche Wirklichkeit* nennt, vom Tisch des militärisch Notwendigen gefegt zu haben. Diese Offiziere studieren jetzt die Merkmale rechnergenerierter Nationen, büffeln die Glaubenssätze verrückter Religionen. Auf diese Weise umschifft das moderne Militär elegant die Beweggründe der real existierenden Serben, Iraker oder Afghanen. Orthodoxe oder Muslims? – solche Details würden im Ernstfall der Befehlskette doch nur im Weg stehen. Es ist die Übermenschlichkeit unverbesserlicher Rationalisten, die hier zu Buch schlägt. Das Management Committee der Nato hat die neue Methode freilich nicht erfunden. Sie hat sie nur perfektioniert. Jede simulierte Gefechtsübung hat performativen Charakter, das heisst: der schöpferische Prozess und die Würdigung des Gefechts sind identisch. Der Kämpfer muss zu einer Art Koautor werden. Mal erfolgt das Geschehen auf rein taktischer Ebene, dann wechselt die Simulation auf höhere Niveaus, bis hin zum Screening fiktiver Politiker, um sich nicht länger vor der politischen Problemwelt zu schrecken. Im diesem Sinn verkörpern unsere beiden Gestalten, der traumatisierte Bosnier und der Vier-Sterne-General, nur zwei Seiten ein- und derselben Medaille. Ja, mehr noch: Die Vorstellung eines imaginäre Kontinents macht von zwei extrem entgegengesetzten Standpunkten aus klar, dass das neue planetarische Zeitalter ein gewaltiges Problem hat mit seiner inneren Verfasstheit, ein Problem mit seiner eigenen Faktizität. Der historische Sadismus und der historische Masochismus entwickeln sich im Übergang des Millenniums zum Klima und beinahe zum Rezept für den Verfall des realen Kontinents. Vorbei der wissenschaftliche und mechanische Determinismus! Man sieht jetzt die Berechenbarkeit des menschlichen Willens als Gegenstück zum demoskopischen Resultat; man sieht in der kulturellen Fiktion das Gegenstück zur Wiederholbarkeit anerkannter Methoden. Kreatives Schaffen steht nicht mehr wie im 18. oder 19. Jahrhundert für die Einzigartigkeit individueller Erfahrung, sondern sie steht für die Einzigartigkeit kollektiver Gefahren. Der Illusion wird ein höherer Status eingeräumt als dem Leben. Auf diese Weise zerbröselt der Jahrtausendgeneration das Gewicht der eigenen Existenz unter den Fingern. Eine weitere dramatische Runde in diesem Prozess ist im Herbst 2001 eingeläutet worden. Seit dem verheerenden Terrorangriff auf New York setzt die amerikanische Armee nicht mehr nur auf das strategische Denken von Militärexperten. Sie hofft auch von Hollywoods Filmemachern direkt lernen zu können. Laut dem Branchenblatt der Filmindustrie *Daily Variety* haben sich in Los Angeles im Auftrag der Armee Autoren und Regisseure zu einer Arbeitsgruppe zusammengeschlossen, um Szenarien

Im geschichtsleeren Raum

für mögliche terroristische Anschläge auszuloten. Dieses Gremium ist an der University of Southern California angesiedelt, wo das seit 1999 von der Armee gesponserten Institute for Creative Technology eine Art Labor der Phantasmen darstellt. – Die Absicht der von mir projektierten Arbeit ist es, diesem Anschwellen des geschichtsleeren Raums etwas Altmodisches diametral entgegenzusetzen. Ich denke, Geschichte lässt sich durchaus gegen ihre Verächter verteidigen. Vielleicht nicht die grosse Geschichte, die stolze und ergreifende Erzählung von unterjochten Völkern und ihrem Verlangen nach Freiheit. Aber es bleibt unbestritten, dass unter der bekannten Geschichte Europas und der Welt immer schon eine zweite, unterirdische Geschichte der Leute verläuft; eine Erzählung der Missgeschicke und der versäumten Tyrannenmorde, ein Kontinuum der rissigen Geister und der ewigen Ohnmacht, dessen Verlauf nicht von bewaffneten Grenzen angegeben wird. Man denke bloss einmal an die vertanen Alternativen der österreichischen Vergangenheit: 1914, 1918, 1938. In Summe bilden diese Missgeschicke die Geschichte. Auf sehr seltsame Weise vergeht die Vergangenheit immer schon als ein Netzwerk, das die Zentren der Kontinente unter den sichtbaren Grenzen hindurch miteinander verbindet. Es ist – um im Bild zu bleiben – die bescheidene Aufgabe dieses Unternehmens, eine vernichtete Karte zu bergen. Eine Karte aus Zeiten, in denen sich die Kulturen verändert haben, als alte Ideen in Flammen untergegangen und neue entstanden sind. Es ist meine Aufgabe, die lädierten Fragmente dieser Karte zu restaurieren, Schraffuren vorzunehmen und Verbindungslinien wiederherzustellen. Das Ziel heisst: den gezackten Verlauf der Geschichte auf einer neuen und leserlichen Karte nachzuziehen und den Betrachter zum Eingeweihten vergessener Worte zu machen.

Das planetarische Zeitalter hat ein gewaltiges Problem mit seiner eigenen Faktizität.

4

Dieb in der Nacht »Krieg kommt wie ein Dieb in der Nacht.« Das sang einer der mutigsten Abenteurer der Feder: der Amerikaner Ambrose Bierce.[5] Doch die phänomenale Fähigkeit des leisen Anspirschens hatte schon vor ihm, Anfang des 19. Jahrhunderts, der bekannteste englische Sozialutopist Robert Owen seinem eigenen Experiment angedichtet. »Der Sozialismus«, hatte der seiner Zeit weit vorauseilende Owen verkündet, »kann

---

[5] Bierce, Geschichten, 249

sich der Welt wie ein Dieb in der Nacht bewältigen.«[6] Bei Bierce, am Ende des 19. Jahrhunderts, war die subjektive Haltung die gleiche – doch das Objekt der Bewunderung hatte sich radikal verschoben; es war vom Versprechen der Gleichheit bei Owen zur Seins- und Todesvergessenheit bei Bierce übergesprungen. Knapp vor dem Ersten Weltkrieg sagte der echte Yankee dem Krieg immer noch diese phänomenale Eigenschaft des Anpirschens nach. Und so schwang sich Bierce im greisen Alter noch einmal aufs Pferd, um den verwegenen Truppen der mexikanischen Revolution so lange zu folgen, bis er für alle Ewigkeit entschwunden war. – Vielleicht kann man es so sagen: Trotz einer gigantischen Fülle von Literatur hat es sich als ausserordentlich schwierig erwiesen, dauerhafte Metaphern für die unentwegten Heldentaten und das Elend, das der Krieg hinterlässt, zu finden. Jedes Zeitalter hat es aufs Neue versucht. Der Krieg, dieses hohe Gebirge verrotteter Knochen, das nach Heraklit der Vater aller Dinge sein soll[7] – er bleibt ein schwer fasslicher Begriff. Und weil er so unkränkbar und absurd ist, neigen wir dazu, den Begriff zu mythologisieren, das heisst den Terminus in der Marmorhalle der unbegriffenen Worte abzustellen. Der Krieg, denken wir, findet doch überall statt. Alles ist durch Schicksal oder Kausalgesetz vorherbestimmt! Wir sind kaum imstande, Grausamkeit als das, was sie ist, wieder zu erkennen. Lehnen wir uns doch zurück in die Zuschauerloge, lassen wir das Meer seine Wellen ziehen! – Keine Frage, dieser Wunsch kann einen kräftigen Sog erzeugen, der bald auch die Bedeutung anderer Dinge mit in seinen Strudel hinabzieht. Die Vernunft muss daher solchen Auffassungen dringend widersprechen, muss sie als pathologisches Bedürfnis nach einem Stillstand des Denkens denunzieren, als Nichterklärenwollen und Nichtwissenwollen. Eine kritische Betrachtung wird der pessimistischen Haltung eine kühle und sachliche Definition entgegensetzen, wird die verzweiflungsvolle Entsagungslehre verwerfen, wird jeden Anflug von fatalistischem Quietismus in die Flucht schlagen.[8] Der Geist kapituliert nicht; schliesslich hat er auf dem verwirrenden Gebiet der Gewalt die quantitative Kriegsursachenforschung etabliert. Ein raffinierter Dieb allerdings wird sich mit den flackernden Schein *eines* Lichts noch nicht vertreiben lassen. Er wartet und legt sich umso entschlossener auf die Lauer. – Nach dem Völkerrecht liegt ein Krieg vor, wenn es bei einem bewaffneten Konflikt zwischen mindestens zwei Parteien, wovon eine

Krieg und Wetter

---

[6] Zit.n. Servier, Traum, 245
[7] Lebert, Feuerkreis, 36
[8] Müller-Lyer, Soziologie, 115

Regierungspartei sein muss, 1.000 Gefallene gibt. Das ist der Krieg. Eine noch strengere Auslegung verlangt, dass folgende zusätzlichen Merkmale vorhanden sein müssen: a) reguläre Streitkräfte auf mindestens einer Seite, b) ein Mindestmass an zentral gelenkter Organisation auf allen Seiten und c) eine gewisse Kontinuierlichkeit der bewaffneten Operationen.[9] Sie hat viel Charme – diese Nüchternheit! Denn sie erklärt den Krieg zu einer gewohnten geschichtliche Kategorie. Das Töten und Getötetwerden wird auf diese Weise zu etwas, das man noch gar nicht zu kennen meint. Im flachen Schein dieser Vernunft ist jetzt der Krieg kein Unbekannter in der Nacht mehr. Zwar erhitzt er die Menschen und die Häuser, aber sein Wüten wird registrierbar wie ein schweres Verbrechen. Der Krieg verliert im Modell an undefinierbarem Grauen und gleicht eher einem Diebstahl ohne Bestohlene. Die Entgleisung der Gewaltbedürfnisse, sie gerät in der positivistischen Perspektive aus dem Blickfeld, und das gefürchtete Monstrum gehört jetzt vollkommen der gewohnten Kategorie der Zeit an. Der Tod verwaltet nur mehr das Gesetz der Zeit. Dieser Standpunkt in kriegerischen Dingen ist vergleichsweise neu – und europäisch. Der englische Staatsmann und Philosoph Thomas Hobbes (1588-1676) hat diese philosophische Zumutung an den Menschen noch sehr vornehm formuliert. Hobbes betrachtet den »Begriff der Zeit als zum Wesen des Kriegs gehörend, wie er zum Wesen des Wetters gehört«.[10] Der Gedanke ist an und für sich richtig; er ist kein Teil einer Falschanalyse – aber die Nüchternheit, die er dem Menschen abverlangt, erzeugt wieder ihre eigenen Gefahren. Sie spaltet das Individuum auf bis in sein innerstes Herz. Rasch und leichtfertig vergessen wir, dass die Nüchternheit unserer Ratio selbst ein gefährlicher Rausch sein kann. Der Erkenntnis sind überall unerbittliche Grenzen gezogen! Was, wenn wir, im festen Glauben daran, zu wissen, was der Krieg ist, in einen tiefen Schlaf versunken sind und träumen? Was, wenn der Geist der Aufklärung mit seiner wissenschaftlichen Sprache über kein hinreichendes Sensorium verfügt, um das blutige Phänomen als Ganzes zu erfassen? Die sehr bedachte Kriegskulturforscherin Cora Stephan hat den Krieg zu einer kulturunabhängigen Universalie erklärt. »Tatsächlich gehört der Krieg – als kulturunabhängige Universalie – weit mehr der *Natur* an, als uns behaglich ist.«[11] Nun, exakt diese Ansicht hat auch der Begründer des Sozialismus, Pierre-Joseph Proudhon, im 19. Jahrhundert mit seiner

Was, wenn wir schlafen?

---

[9] Gärtner, Modelle, 36
[10] Hobbes, Leviathan
[11] Stephan, Handwerk, 19

Feststellung vertreten, der Krieg existiere unter den Völkern wie er in der Natur existiert und in den Herzen der Menschen.[12] Es ist immer dasselbe, wie man es dreht oder wendet: Der Krieg ist da, ist schon vor uns da, und er ist grösser als die Menschen, die er tötet. Die Zivilisation hat mit der Literatur schon lange einen Ort geschaffen, wo das völlig ungestraft ausgesprochen werden darf. »Niemand wusste, wann der Krieg begonnen hatte«, heisst es im fulminanten Wüstenroman von Dominique Sigaud, um ein brandaktuelles Beispiel aus der Zeit der Golfkriege zu wählen. »Er hatte wahrscheinlich schon viel früher begonnen, war immer schon da gewesen. Jene, die fragten, was den Ausbruch bewirkt hatte, taten dies, weil sie glauben wollten, dass er irgendwann nicht existiert habe und irgendwann ein Ende nehme. Aber sie täuschten sich. Der Krieg war aus ihren Begierden entstanden; als die Kinder auf die Welt kamen, hatten sie ihn bereits im Gedächtnis, er war schon vor ihnen da, begleitete nach den Vätern die Söhne und überlebte sie alle.«[13]

Was, wenn wir uns wie klaustrophobische Ameisen unter einem Glassturz bewegen?

5

Sterben, nein! Als kalkuliertes Opfer vor einem Gewehrlauf, nein! Der militärische Tod wirkt panikerregend auf die menschliche Einbildungskraft. Einmal wegen seiner Plötzlichkeit, und wohl auch, wie es der Schriftsteller Jòzef Wittlin einmal ausgedrückt hat, weil sowohl auf *unserer* Seite wie auf der feindlichen alles getan wird, um ihn dem Menschen leicht zu machen.[14] Krieg – das ist jener existenzielle Moment, in dem man erfährt, dass Leben nicht sein muss. »Im Krieg«, so hat Ernst Jünger den Moment grösster Gefahr beschrieben, »wenn die Geschosse mit hoher Geschwindigkeit an unserem Körper vorbeisausen, fühlen wir wohl, dass kein Grad der Intelligenz, der Tugend oder des Muts stark genug ist, sie auch nur um Haaresbreite von uns abzulenken. Im Mass, in dem die Bedrohung sich steigert, dringt auch der Zweifel an der Gültigkeit unserer Werte auf uns ein. Wo der Geist alles in Frage gestellt sieht, neigt er einer katastrophalen Auffassung der Dinge zu.«[15] Man kann kontroverser Meinung sein über Jüngers viel gerühmten

Der erinnerte Tod

---

[12] »La guerre existe entre les peuples comme elle existe dans toute la nature et dans le cœur de l'homme.«
[13] Sigaud, Annahmen, 161
[14] Wittlin, Geschichte, 81
[15] Jünger, Blätter, 162

Schmerz-Essay von 1934, man muss es sogar; aber es ist von Vorteil, das Gesichtsfeld weit offen zu halten und auch dieser mit der kalten Nadel geritzten Literatur einen Platz im Gedächtnis einzuräumen. Die menschenleere Prosa Ernst Jüngers – sie steht unter dem schweren Verdacht, die richtige Gewichtung der Unterschiede vergessen, sich hemmungslos der Dichotomie Freund/Feind hingegeben zu haben. Nichts davon soll hier in Abrede gestellt werden. Doch schliesslich findet sich bei Jünger auch das erhellende Epigramm: »Der Tod ist die tiefste Erinnerung.«[16] Es gehört nun einmal zu den Paradoxa der *conditio humana*, dass man die sinnliche Intensität des eigenen Daseins erst in Zeiten existenzieller Bedrohung erfährt. Egal, wer das ausspricht! Die Konzentration auf das Hier und Heute erzeugt ein einzigartiges Bewusstsein für die Erkenntniskraft der menschlichen Wahrnehmung: alles Geschaute erreicht in Grenzlagen eine ungewöhnliche Schärfe. Die Bedingungen der Existenz liegen plötzlich in einer nie zuvor gesehenen Ordnung vor uns; das Elementare, das Überlebensnotwendige zuoberst, die bis dahin für sekundär gehaltene Qualitäten rücken ins Zentrum, während das gerade noch für essentiell Gehaltene weit abgeschlagen bleibt. Die Beschäftigung mit dem Krieg, sie gleicht selbst in ihrer oberflächlichsten Form immer noch ein wenig der Beschäftigung der buddhistischen Mönche mit der Vergänglichkeit des Körpers. Es gibt eine Übung, in der der Meditierende sich einen Leichnam vorstellt, der einen Tag, zwei oder drei Tage nach dem Tod auf dem Leichenfeld liegt: aufgedunsen, blauschwarz gefärbt und halb in Fäulnis übergegangen. Der Mönch wendet dieses Bild auf den eigenen Körper an und sagt sich: »Mein Körper hat dieselbe Natur, wird das Gleiche und kann dem nicht entgehen.« Auf der nächsten Stufe dieser Übung stellt er sich einen Leichnam vor, der von Krähen angefressen und von Gewürm zernagt wird. Auf der übernächsten Stufe blutige Knochengerippe ohne Fleisch; dann einen Leichnam, bis auf die Knochen gebleicht; einen Leichnam, dessen Gebeine zu Staub zerfallen sind. Und bei jeder dieser Vorstellungen sagt sich der Meditierende erneut: »Mein Körper hat dieselbe Natur, wird das gleiche werden und kann dem nicht entgehen.«[17] – Bilder, das alles sind Bilder, gewiss, eine Bilderseligkeit sogar. Was damit gemeint ist, lässt sich auch ganz unprosaisch sagen: Im Krieg lernt der Mensch seinen Grund kennen. Erstaunlicherweise können aber ausgerechnet die intellektuellen Präzeptoren mit dieser nackten Erkenntnis wenig anfangen. Seltsamer-

Tod des Körpers

---

[16] Jünger, Blätter, 226
[17] Kayanupassana/ Körperbetrachtungen der Satipatthana-Sutta, Majjhima-nikaya, Nr. 10

weise bleibt der Begriff des Tods auf der Ebene der abstrakten Reflexion schwer fassbar. Unser Denken hat es hier offenbar mit einer Negation zu tun, die sich nicht biegen oder beugen lässt, die kein Übertrumpfen oder Unterschlagen zulässt. Oder mit den tiefgründigen Worten des Militärtheoretikers Carl von Clausewitz: »Krieg und Frieden sind im Grund Begriffe, die keiner Gradation fähig sind.«[18] Diese Tatsache zieht eine Reihe skandalisierender Pointen nach sich. Einmal ist der Krieg ein Thema, das wie kaum ein anderes das blosse Herumhantieren mit Begrifflichkeiten als belanglos enttarnen. *Was ist Krieg? Tod.* Der blutige Ernst des Gegenstands pfeift auf bloss elegante Ansatzpunkte. Er zwingt zu analytischer Schärfe und zu einer Erklärungspotenz, die den Nagel lieber auf den Kopf trifft, statt ihm die Spitze breitzuschlagen. Das ist die erste Pointe. – Das Phänomen Krieg verlangt zweitens ein mehrdimensionales, allen Gewissheiten misstrauendes Denken. »Der Krieg gelangt nicht zu seinem Begriff«, wie Oskar Negt und Alexander Kluge schon 1981 erkannt haben. »Es gehört zu seinen Eigenschaften, seinen Begriff immer wieder zu durchbrechen. Er kulminiert eher in einer *ungeheuren Sammlung*, einer Ballung. In ihr arbeiten nicht *eine* Grundform des Kriegs, sondern verschiedene.«[19] Vielleicht ist es dieser vertrackte Umstand, der das Phänomen wie einen Dieb, wie tausend Diebe in der Nacht, erscheinen lässt, die kommen, während wir schlafen. Und vielleicht spielt es überhaupt keine Rolle, welcher Natur unser Schlaf ist, ob wir dem Traum oder der Nüchternheit zuneigen ... Der Krieg ist mit Bestimmtheit ein sagenhaft undeziertes Element, das ständig neue Widersprüche aus sich hervorpresst. Er besitzt eine Eigenmacht, die durch Akteure und Zuschauer nur begrenzt zu steuern ist. Seine Gewalt erzeugt Gewalt, tendiert zur Selbstorganisation; aber der Krieg gewinnt dadurch auch wieder Kontinuität und Berechenbarkeit, entfaltet eine bemerkenswerte Produktivität. Sagen wir so: Das Unglück bewaffneter Gewalt existiert, und weil es das tut, ist es nur gerecht, dass jeder von ihm etwas zu spüren bekommt.[20] In dieser elementaren Gleichheit vor dem Tod wurzelt wohl die grösste Faszination, die das Töten und Getötetwerden auf uns ausübt. Denn der Mensch ist zu allen Zeiten ein höchst komplexes, ein polychromes und widerspruchsvolles Geschöpf gewesen, das sein letztes Geheimnis nicht preisgibt. Die im Krieg enthaltene Abstrak-

Faszination der Gewalt

---

[18] Clausewitz, Kriege, 327
[19] Negt, Geschichte, 837
[20] »Da man nun einmal im Krieg war, so war es nur gerecht, dass jeder etwas von ihm zu spüren bekam.« De Unamuno, Frieden, 266

tion hat einen Vorteil: sie nimmt die verwirrende Fülle einzelner menschlicher Beziehungsverhältnisse für einen Moment weg.[21] Was dabei zum Vorschein kommt, das ist die Art der Neigungen: die Blindheit des Heldenmuts und der Rausch der Selbstgerechtigkeit, das Gefühl der Bitterkeit und der sanfte Selbsttrost. Was am Kriegsfeld zum Vorschein kommt, das ist diese schier unerschöpfliche Vielfalt menschlicher Verhaltensweisen, das ungeheure Ausmass des Reservoirs an Aggressions- und der Leidenspotentialen. Es lässt sich darüber streiten, ob sich beim Einzelnen im Krieg ein neues inneres Sensorium entwickelt. Es lässt sich diskutieren, ob er die äusseren Reize der Welt minimiert und durch pure Erwartung den Verlust an ihrer Intensität wettmacht. Jünger und Wittlin hätten wohl völlig konträr darauf geantwortet.

Paradox, dass wir die Intensität des Daseins erst in Zeiten existenzieller Bedrohung erfahren. Es lässt sich weiters trefflich darüber streiten, ob die Unabwendbarkeit des Tods eine notwendige Vorbedingung für die Schönheit des Lebens ist. Wir wissen es nicht. Sicher ist nur: Der Krieg offenbart schonungslos die ridiküle Geheimnistuerei der Politik, die Unbezähmbarkeit der Geschäfte, die Selbstfeier der Starken und das Angstzittern der Schwachen. Diese totale Nichtung bläst im steifen, schwarzen Wind. Und die Getöteten? Sie nehmen diese Erkenntnis mit in ihr Grab. Oder, wie es viel eindringlicher im *treppengedicht* von Franz Hodjak heisst:

> die toten
> sind immer noch so
> einfallslos, kein wörterbuch ihrer
> sprache zu verfassen, damit man sich
> verständigen könnte

6

Wie wir uns täuschen Traum und Nüchternheit können einander sehr ähneln. Ob man nun dem einen oder dem anderen zuneigt, es ändert nichts daran, dass der Krieg das ist, wofür wir ihn halten. Er ist ein Produkt menschlicher Gedanken und Handlungsweisen.[22] Um der Vielzahl seiner Erscheinungen Herr zu werden, brauchen wir Klassifikationen, brauchen wir eine Systematik der Betrachtung. Anatol Rapoport, Begründer der Konfliktforschung, hat in den Sechzigerjahren die sehr hilfreiche Unterschei-

---

[21] Negt, Geschichte, 860
[22] Anatol Rapoport, in: Krippendorfff, Friedensforschung, 95

dung zwischen *kataklysmischer* und *strategischer* Auffassung des Kriegs eingeführt. Die eine Seite betrachtet ihn demnach als Kataklysmus, das heisst als Seuche, die uns periodisch befällt. Die andere als ein Mittel, das man nur geschickt zu benutzen wissen muss. In dieser Unterscheidung prallen nicht nur zwei Standpunkte im freien Meinungsspiel aufeinander. Nein, wir haben es hier mit zwei unversöhnlichen Ordnungen zu tun, zwei Kosmen, durch die ein grober Riss verläuft. Auf der einen Seite steht die Kunst der Darstellung, die Kunst überhaupt; auf der anderen die welterobernde Rationalität der Wissenschaft. Es ist ein zerspringendes Universum! Am einen Ende des weiten Raums ziehen die funkelnden Sterne der Dichtung und der Fantasie ihre Bahnen; am anderen Ende kreisen die abweisenden Planeten der Strategen und der Realisten in einem sich ausdehnenden Sonnensystem. Hier schwebt der russische Nationaldichter Leo Tolstoi an uns vorbei, Tolstoi mit seinem Mammutwerk *Krieg und Frieden*, eingeschlossen in einer durchsichtigen Kugel – eine vergänglich-bewegende Ästhetik. Und dort, am anderen Ende, rotiert der Deutsche von Clausewitz als Kriegsphilosoph um die eigene Achse; jener Autor, der von jedem Feldherrn die ewigunbewegte Haltung eines Schachspielers verlangt. Rapoport hält Tolstois Ansicht, dass der Krieg eine Seuche sei, durchaus für heilsam, da diese Ansicht letzten Endes auf die historischen und gesellschaftlichen Ursachen des Kriegs zurückführen müsse. Der Blick Tolstois beinhalte immer das Bewusstsein von Wechsel und Unbeständigkeit. »Die kataklysmische Auffassung dient gewissermassen dazu, den Krieg von der Magie zu befreien, mit der ihn Herrscher und Strategiker gegenüber ihren Bevölkerungen einnebeln.«[23] Viele teilen die kataklysmische Sicht. Nicht erst Tolstoi ist es aufgefallen, dass es eine scheinheilige und unbewusste Vertrautheit gibt, in der die Kultur mit dem Krieg verkehrt.[24] Schon die frühesten Äusserungen des menschlichen Geists haben dem Krieg und seiner verheerenden Wirkung gegolten. Aber erst sehr spät hat die Vertrautheit von Krieg und Kultur zur These geführt, dem Eros komme als Triebkraft für den Wunsch nach Anerkennung die wichtigste Rolle zu. Sigmund Freud hat uns vor Augen geführt, dass sich schliesslich alle Kulturformen einer Spannung zwischen Eros und Destruktivität verdanken. Entfernen sich beide voneinander, bleibt nur noch die Aggression. – Von dieser Entdeckung einmal abgesehen, ist es wichtig zu erkennen, dass die Vertrautheit von Krieg und Kultur nicht

Kulturelle Vertrautheit

---

[23] Anatol Rapoport, in: Krippendorfff, Friedensforschung, 103
[24] Negt, Geschichte, 830

nur Literatur und Wissenschaft beseelen. Im wohl höchsten Ausmass ist sie in den Studierstuben der Offiziere anzutreffen. Hier prallen kataklysmische und strategische Auffassung direkt und ungeschützt aufeinander. Zur intimen Vertrautheit der beiden Dinge gehört etwa der in den Offiziersstuben gerne gepflogene Gedanke, der Krieg spreche nur mit achtenswerter Offenheit aus, was der heimtückische Friede mit scheinheiligen Gebärden zu verstecken versteht. Das ist geradezu ein Stereotyp der klassischen Kriegsreflexion. Es gibt aber noch zahlreiche andere Verwebungen der scheinbar so gegensätzlichen Fäden von Krieg *Archaik der* und Kultur. Schliesslich appelliert der Krieg ja an mächtige, tief sitzende, *Gefühle* archetypische Gefühlswelten. Das macht ihn schier unwiderstehlich. – Kommen wir zur zweiten, zur strategischen Auffassung. Egal, ob wir das Pänomen Krieg nun als Kunstnatur oder kulturunabhängige Universalie begreifen, schon ein flüchtiger Blick in die Geschichte lehrt, dass Fortuna nicht automatisch dem Stärkeren winkt. Die *Ars belli* genannte Fähigkeit ist die Kunst, Kriege zu zu führen und Kriege zu gewinnen. Es handelt sich bei ihr um kein stilles Wissen, das nicht durch gewohnte Worte zu vermitteln ist. Im Gegenteil: Die Kriegskunst gleicht einem Handwerk, einer Fertigkeit, die ein ständiges Schritthalten mit technischen Neuerungen abverlangt. Die *Kultur des Kriegs* ist nicht, wie man vielleicht glauben möchte, eine Kultur der Selbstentgrenzung. Nein sie besteht viel eher in einer Eingrenzung von Gewaltprozessen, in einer Bändigung des Rauschs der Aggressivität.[25] Eine Kulturgeschichte des Kriegs wird darum mehr umfassen müssen als bloss die oberflächliche Kunde der Marschmusik und der Farbaufschläge auf den Uniformkrägen. Eine Kulturgeschichte des Kriegs kann weder bei Schlachtbeschreibungen noch bei baulichen Relikten von Festungen stehen bleiben. Weder bei den Schiessbudenfiguren des Potentatentums, noch bei den graziös-imperialen Persönlichkeiten der Staatspolitik. Eine Kulturerzählung des Kriegs muss meiner Ansicht nach die Nebengeräusche und Randbemerkungen der Geschichte zutage zu fördern; die artikulierten ebenso wie jene, die man stillschweigend voraussetzt. Sieht man die Dinge im Zusammenhang, so wird bald das Unerträgliche, bald das Komische der Tragödie in den Blick rücken. Eine ausgewogene Kriegskulturgeschichte muss zu gleichen Teilen eine Geschichte der Ereignisse und eine Geschichte der Nichtereignisse sein. Sie darf über die Presse nicht weniger zu berichten wissen als über ihre Leser, über den pflichtschuldigen Soldaten nicht weniger als über den pflichtscheuen

---

[25] Stephan, Handwerk, 12

Deserteur, über die Not nicht weniger als über die Wünsche. Der Löwenanteil dessen, was akademischerseits bisher zu diesem Thema zu Papier gebracht worden ist, konzentriert sich viel zu engstirnig auf die Bereiche der Strategie, der Waffen und der Politik. Wie viele Berge von Papier sind zum Beispiel nach 1914 über die berühmte diplomatische Note Österreich-Ungarns an Serbien aufgetürmt worden! Und mit welchem Ergebnis? In jeder der damals kriegsbeteiligten Nationen erhebt sich heute ein mittleres Gebirge aus geklebten und geleimten Druckbögen und Einbänden über die politischen und strategischen Annahmen von 1914. Vergleichsweise wenig Beachtung hingegen haben Moral und Motivation der gemeinen Soldaten gefunden: ihr Pflichtgehorsam, ihr Opferwille, ihr Opportunismus. Natürlich, in Köpfe lässt sich nachträglich schwer hineinschauen. Eine Kriegskulturgeschichte muss darum ganz verschiedene Methoden der Forschungsdisziplinen als Tradition akkumulieren. Zugleich darf sie sich keiner Illusion über das zu erwartende Resultat hingeben. Denn in Wirklichkeit sind wir im 21. Jahrhundert immer noch ganz am Anfang bei dem Versuch, die Wechselwirkung zwischen Kultur und Gewalt auf einer brauchbaren Basis zu beschreiben.

Eine Kulturgeschichte des Kriegs darf sich nicht engstirnig auf die Waffen konzentrieren.

7

Krieg und Krieger sind heilig. In den Augen der Menge umgibt sie eine religiöse Aureole. Das hat sich im globalitären Zeitalter kaum verändert. Allein schon aus diesem Grund wird man auch im Denk- und Handlungsrahmen der zukünftigen Gesellschaft nicht ohne historische Analyse auskommen. Sobald man versucht, das Geschichtsbild von ökonomischen Schemata freizuhalten, landet man unweigerlich beim bestimmenden Verhältnis von Macht und Gewalt. Der französische Philosoph Michel Foucault hat in seinen Werken den Krieg als einen Punkt maximaler Spannung, als nacktes Kräftespiel, zu verstehen versucht. Die Frage, ob das Machtverhältnis zwingend ein Verhältnis der Konfrontation, des Todeskampfs, sein muss, diese Frage ist zwar noch immer nicht endgültig beantwortet. Doch Foucault hat unterhalb von Frieden und Disziplin, von Reichtum und Autorität, innerhalb der ruhigen Ordnung der Unterordnungen, unterhalb des Staats, eine Art primitiven Kriegs hören wollen. Er nahm eine Oberfläche glatter Begriffe an, und er entdeckte unter dieser Oberfläche eine andere Realität. Dabei ging Foucault zuerst einmal von der Wahrnehmung des Vergangenen aus: »Die Geschichte vermittelt uns die Vorstellung, dass wir

Immerwährender Krieg

uns im Krieg befinden und dass wir Krieg durch die Geschichte hindurch machen.«[26] Folgt man diesem Gedanken bis zur letzten Konsequenz, so schreiben wir immer nur die Geschichte ein und desselben Kriegs, wenn wir die Geschichte des Friedens und seiner Institutionen schreiben. Der Krieg ist nichts anderes als die Chiffre des Friedens. Foucault war davon überzeugt, dass es kein neutrales Subjekt gibt. »Man ist zwangsläufig immer jemandes Gegner«, hat er gesagt.[27] In diesem Sinn durchziehe eine binäre Struktur die Gesellschaft. Mit dieser Idee ist der Franzose dem Denken des deutschen Staatstheoretikers Carl Schmitt bedenklich nahe gekommen; Foucaults Studien griffen nur weiter zurück ins 19. und 18. Jahrhundert. Und Foucault trieb seine Analyse – anders als Schmitt – auch bis zur Auflösung der Gegensätze, bis zum Verschwinden der binären Struktur, voran. »Wohin führt eine Analyse notgedrungen, wenn man die Mechanismen der Kräfteverhältnisse beschreibt? Dahin, dass die grosse einfache Dichtonomie Sieger/Besiegte für die Beschreibung dieses ganzen Prozesses nicht mehr triftig ist.«[28] Bleiben wir noch einen Augenblick bei dieser Bilanz. Foucault meinte zu entdecken, dass Clausewitz mit seiner berühmten Formel das[29] Verhältnis von Krieg und Macht praktisch umgekehrt hat.

Werkzeug der Politik? Bei Clausewitz hatte es geheissen: »Der Krieg ist nichts als eine Fortsetzung des politischen Verkehrs mit Einmischung anderer Mittel.«[30] Nach Foucault war der Krieg aber eben *keine* Fortsetzung des politischen Verkehrs mehr mit anderen Mitteln. Er unterlag *keiner* leitenden Intelligenz, war *kein* Werkzeug der Politik, gehörte seinem Wesen nach *nicht* zur reinen Urteilskraft. Foucault hat unbeirrt an der Vorstellung vom immer währenden Krieg festgehalten, und zwar, weil er sie für einen bedeutenden Analysefaktor hielt. Der Krieg, sagen wir an ihn anknüpfend, besitzt keine Entität; er ist genau das, wofür wir ihn halten – und darin liegt sein Wert. Denn mit seiner Hilfe lernen wir zu antizipieren, welche Konsequenzen sich aus der steigenden Anzahl von Alternativen ergeben, um das Überleben und das Wachstum befriedigend zu erweitern. Auf diese Weise nähert sich die Theorie des Kriegs nun beinahe unmerklich dem wilden Denken des Alltagsverstands. Wenn Macht Krieg ist, dann muss Politik der mit anderen Mitteln fortgesetzte Krieg sein.[31] – Gut möglich, ja durchaus wahrscheinlich, dass

---

[26] Foucault, Verteidigung, 199
[27] Foucault, Verteidigung, 61
[28] Foucault, Verteidigung, 187
[29] von Henri de Boulainvilliers bereits richtig erkannte
[30] Clausewitz, Kriege, 329
[31] Foucault, Verteidigung, 27

das der Blick einer ganz bestimmten Generation des 20. Jahrhunderts ist. Foucault hat seine Vorstellungen zu diesem Thema in den Anfang 1976 gehaltenen Vorlesungen entwickelt. Sein ebenfalls in Paris lehrender Zeitgenosse André Glucksmann hat schon 1967 behauptet: »Den Krieg ernst nehmen heisst, durch ihn hindurch die letzten Gedanken einer Gesellschaft, einer Zivilisation, einer Epoche zu lesen. Ein Krieg mag aus Zufall ausbrechen, aber der Zufall bricht nicht irgendwo aus.«[32] Wenn das also die Perspektive einer bestimmten Generation ist, dann hat die verhaltene Stille des Kalten Kriegs doch ihr Gutes gehabt. Dann hat die Bearbeitung des Problems in dieser Ausnahmeepoche ein späterhin nie wieder erreichtes Niveau der Reflexion erlangt. Frantz Fanons Buch *Les damnés de la terre* warf 1961 erstmalig ein Schlaglicht auf die Gewaltverhältnisse der Metropolengesellschaft. Hannah Arendt antwortete darauf 1970 mit ihrem Essay *On Violence*. Im selben Jahr hat Jiddu Krishnamurti die erste jener Reden gehalten, die 1973 unter dem Titel *Beyond Violence* erschienen sind. Und ich frage, ob man in der Analyse der Gewalt in den folgenden Jahrzehnten grosse Schritt weitergekommen als diese Generation? Nein, das ist man nicht. – Foucault hat von einer »unauflöslichen Zirkularität« und von der »unumgänglichen Zugehörigkeit des Kriegs zur Geschichte und umgekehrt der Geschichte zum Krieg« gesprochen. »Das historische Wissen, so weit es auch reichen mag, stösst nie auf Natur, Recht, Ordnung, Frieden. So weit es auch reichen mag, stösst das historische Wissen nur auf unbestimmte Kriege, das heisst auf Kräfte in ihren Beziehungen und ihren Auseinandersetzungen und auf die Ereignisse, in denen die Kräfteverhältnisse immer provisorisch entschieden werden.« – Das also ist die Ausgangslage: Die Wirtschafts- und Sozialgeschichte des europäischen Mittelraums ist vielfach geschrieben und verbessert worden. Um in einer weiteren historischen Analyse auf ökonomischen Erklärungen verzichten zu können, lautet die forschungsanleitende Frage nun: Ist es möglich, im Feld der kriegerischen Beziehungen, des Kriegsmodells, des Schemas von Kampf und Kämpfen ein Erkenntnis- und Analyseprinzip der politischen Macht zu finden?[33] Den Gegenpol zu dieser Methode hat Foucault abschätzig Historismus genannt.

Die Idee vom immer währenden Krieg ist der Analysefaktor der politischen Macht.

---

[32] Discours de la guerre, Paris 1967
[33] Foucault, Verteidigung, 31

8

Im wirk- »Die Zeiten der Vergangenheit sind uns ein Buch mit sieben Siegeln«,
lichen Leben sagt Goethes Faust. – »Hier und da gelingt es uns, ein Siegel aufzubrechen und ein Stück aus jenem Buch zu lesen, das wir nie ganz kennen lernen werden«, hat Benedetto Croce 1893 in seinem legendären Vortrag vor der neapolitanischen Akademie der Wissenschaften geantwortet.[34] Wissenschaft fängt bekanntlich dort an, wo Kausalbeziehungen offen gelegt werden; man kann sich also nicht damit begnügt, die Ereignisse bloss nachzuerzählen. Der Österreicher Egon Friedell hat das noch gewusst, doch ausgerechnet Friedell hat sich händeringend dagegen gesträubt, dass man seine *Kulturgeschichte der Neuzeit* als Wissenschaft ansah. Der erste Band von Friedells Monumentalwerk erschien 1927. Nur vier Jahre davor hat Arthur Schnitzler in einem Diagramm den Historiker mit dem Journalisten auf eine Ebene gestellt. Der Historiker sei *Geschichtsschreiber, Kontinualist* und der Journalist *Tagschreiber, Aktualist* – der Unterschied mithin nur ein Unterschied in der Dimension der Zeit. Friedell wieder hat den Historiker, was ihm persönlich viel mehr entsprach, mit dem Literaten in eins gesetzt. Von beschreibender oder induktiver Wissenschaft ist bei keinem der beiden Schriftsteller die Rede. Zwar begebe sich jeder, der den Begriff der Entwicklung einführe, auf das Gebiet der Reflexion, so Friedell. Jeder, der versuche die Ereignisse zu erklären und zu verstehen. Im günstigsten Fall erwachse daraus auch eine tiefe und gedankenvolle Geschichtsphilosophie – in keinem Fall aber eine Wissenschaft. Warum nicht? – »Wir kennen die wahren Kräfte nicht«, antwortet Friedell, »die unsere Entwicklung geheimnisvoll fortwärtstreiben; wir können einen tieferen Zusammenhang nur ahnen, niemals lückenlos beschreiben«.[35] Nun ist hier einiges einzuwenden: Zwischen Ahnen und lückenlosem Beschreiben tut sich viel Platz auf. Und ist denn die Existenz einer historische Wissenschaft gleich sinnlos, nur weil die Kausalbeziehungen letztlich nicht alle offen gelegt werden können? Für Friedell, ja, für ihn war das sinnlos! Er wollte in diesem Rätsel lieber eine Erklärung für die Magie der Geschichte sehen, eine tiefere Einsicht in das Fazinosum des Vergangenen. Letztlich sei einfach alle Geschichte Sage und Mythos,
Hauptreiz und als Sage oder Mythos das Produkt des jeweiligen Stands unserer
der Historie geistigen Potenzen: unseres Auffassungsvermögens, unserer Gestal-

---

[34] Croce, Geschichte, 37
[35] Friedell, Kulturgeschichte, 11

tungskraft, unseres Weltgefühls. »Die Vergangenheit zieht einen Schleiervorhang über die Dinge, der sie verschwommen und unklarer, aber auch geheimnisvoller und suggestiver macht: alles verflossene Geschehen erscheint uns im Schimmer und Duft eines magischen Geschehens; eben darin liegt der Hauptreiz aller Beschäftigung mit der Historie.«[36] Vermutlich ist auch das schon zuviel Romantik. Denn selbstverständlich kann das Ereignis in Geschichtswerken immer auf verschiedene Weise zum Ausdruck gebracht werden. Das gehört quasi zur Definition der darstellenden Wissenschaft; die Geschichtserzählung meint ein Auswählen aus verschiedenen Möglichkeiten und eine Ausführung nach überprüfbaren Kriterien. Dieser Methode verdankt die Historie ihren Ruhm – und nicht den gewagten olfaktorischen Kreationen eines Parfumeurs. Doch auch der nüchterndste Forscher wird eines Tages zugeben müssen: Wenn wir die Welt immer nur unvollständig sehen, macht der Wille, es bei diesem Fragment zu belassen, den künstlerischen Aspekt der Geschichtsschreibung aus. Darum legt Friedell, dieser Universalist des österreichischen Geists, in seinem Opus auch so grossen Wert auf die Anekdote und die Beimischung der Karikatur. Das Anekdotische und der Humor sind ihm zeitlebens als die einzig berechtigten Kunstformen der Kulturgeschichtsschreibung erschienen.[37] Und das ist keine schlechte Zuflucht vor der Spekulation.

Die Vergangenheit lässt alles Verflossene unklar und verschwommen erscheinen.

9

Etwas mehr als Friedells Anekdotenpark muss es schon sein. Die Wissenschaftgläubigkeit mag eine lange, schwere Krankheit sein – vieles deutet in diese Richtung, aber Mythengläubigkeit ist bei Ansteckung tödlich. Um einen brauchbaren Wissenschaftsbegriff hier weiter einzukreisen, will ich als nächstes zeigen, wie ein Autor der Gegenwart auf dem nüchternen Pfad praktisch zum selben Ergebnis gelangt wie Friedell am Beginn des 20. Jahrhunderts. Man muss sich, um das Ausmass ihrer Übereinstimmung zu erfassen, zunächst vergegenwärtigen, dass die Struktur der Öffentlichkeit mittlerweile eine andere geworden ist. Heute steht nicht mehr der Historiker, sondern der Politologe mit dem Journalisten auf einer Stufe. Dem handlungsanleitenden Wissen wird der grösste Raum in der Berichterstattung einräumt. Robert

Asteroid im Textlabyrinth

---

[36] Friedell, Kulturgeschichte, 13
[37] Friedell, Kulturgeschichte, 18

Kaplan ist der wahrscheinlich beste Geojournalist der USA. Er hat seine *Wissenschaftsungläubigkeit* so ungeschminkt und direkt formuliert, wie man es nur von einem Amerikaner erwartet darf. »Ein Politologe«, sagt Kaplan, »kann nicht mehr tun als ein Journalist. Er kann an Orte reisen, wo interessante Zusammenhänge etwa zwischen Bodenknappheit und Gewalt zu bestehen scheinen; er kann untersuchen, ob ursächliche Verbindungen existieren; aus diesen Untersuchungen könnten sich unter Umständen brauchbare Theorien ableiten lassen. Ob man das als Wissenschaft bezeichnen kann, wage ich zu bezweifeln.«[38] Nichts wäre leichter, als sich dieser Skepsis zu überantworten. Nichts wäre leichter, als nach einem guten Jahrhundert der Kritik und der Selbstkritik die Geschichte aus den bewährten und siegreichen Methoden der exakten Wissenschaften zu entlassen. Das Sammeln von Quellen, das Systematisieren der Fakten, der Versuch, das Gewonnene durch eine Ordnung zu bündeln – wozu verschwenden wir all die Mühe weiter auf das Unwiderrufliche? Wenn jedes Ereignis der Vergangenheit sich durch viele Faktoren, auch zufällige, von anderen Ereignissen unterscheidet, dann ist auch die Kriegskulturgeschichte kein Prozess, bei dem man x Ereignisse von dieser Art und x von jener zählen *Todsünde* kann. Auch der Gewaltforscher vermag in Wahrheit nicht mehr tun als *der Reflexion* ein Journalist: also Quellen sammeln, Dokumente vergleichen, Zeugen befragen, um Zusammenhänge aufzuspüren; er kann untersuchen, ob ursächliche oder zufällige Verbindungen zwischen Ereignissen existieren. Aber sonst? Was kann er sonst? Aus solchen Untersuchungen könnten sich unter Umständen vertretbare Theorien ableiten lassen. Unter Umständen. Ob man das alles nun als Wissenschaft bezeichnen kann, ist unsicher. Und eigentlich braucht dieses Problem auch nur die Universitäten zu kümmern. Das intellektuelle Leben kümmert es sowieso nicht. – Aber machen wir uns die Sache nicht zu einfach! Wieso man Friedells und Kaplans Wissenschaftsungläubigkeit nur begrenzt zustimmen kann, hat einen einfachen Grund. Die Absage an die diskursive Methode bei gleichzeitiger Betonung des narrativen Charakters der Geschichtsschreibung – das setzt sich einem gewaltigen neuen Missverständnis aus. Dem schlimmen Missverständnis nämlich, man würde statt nach Objektivität bloss nach Ausdruck streben. Und das ist die Todsünde nicht bloss der reinen Wissenschaft. »Nichts ist so selten als eine buchstäblich wahre Erzählung«, hat der Staatstheoretiker Wilhelm

---

[38] Kaplan, Reisen, 433

von Humboldt einmal gesagt.[39] Aber diese Einsicht in die mangelhaften Gesetze der Wissensproduktion ist kein Freibrief: weder für Erzähler noch auch für Forscher. Klarheit setzt immer eine Anstrengung voraus. Nur schwache Autoren ersparen sich die Klarheit mit dem Theorem, Mystifikation erhöhe die Spannung. Nur schwache Autoren tragen so ihr eigenes Nichtverstehen nach aussen. Klarheit setzt eine Anstrengung voraus, und das gilt gleich doppelt, wenn neben Zitaten aus literarischen Texten auch noch solche angeführt werden, deren autobiographischer Charakter das mit den eigenen Augen Gesehene, das selbst Erlebte, verheisst. Das Zitieren aus Kriegstagebüchern zum Beispiel verlangt eine mindestens dreifache Vorsicht. Solche Papiere verzeichnen bekanntlich die Handlungen, die ein anderer mit dem Blut des Autors schrieb. – Ob ein solches Neben- und Durcheinander von Literatur und literarischen Ergüssen, von Erlebnisbericht und theoretischer Reflexion gerechtfertigt ist, ob sich der widerstrebende Stoff in dieser Offenheit zu etwas Neuem gestalten lässt, das lässt sich abstrakt kaum beantworten. Wohl aber durch die vorliegende Probe aufs Exempel.

Die Absage an den Wissenschaftsbegriff setzt sich einem gefährlichen Missverständnis aus.

10

Glaubt man dem in Toronto lehrenden Historiker Modris Ekstein, ist es in früheren Zeiten vor allem die Belletristik und nicht die Geschichtsschreibung gewesen, die ein intensives Nachdenken über den Sinn des Kriegs in die Wege geleitet hat. Ekstein meint hier besonders die Literaturen der Zwanziger- und der Sechzigerjahre. Der unschlagbare Vorteil der Literatur liegt einfach darin, dass sie den Krieg als Sache des individuellen, persönlichen Erlebens betrachtet und nicht als Sache der kollektiven Interpretation. Aber diesem subjektiven Zugang sind enge Grenzen gesetzt. Foucault geht weit über sie hinaus. Er schärft unseren Blick auf die Vergangenheit mittels seines Konzepts vom immer währenden Krieg. Er hat versucht, die jeweils aktuelle Verkleidung der Macht in Kliniken und Gefängnissen archäologisch freizulegen. Foucault spricht in diesem Zusammenhang von einem »lokalen Charakter der Kritik«, was nicht unbedingt stumpfsinnigen, naiven und dummen Empirismus bedeuten muss.[40] Vielmehr versteht er darunter eine viel genauere Form der Wissenschaft, als sie die offizielle Ordnung kennt. Foucault denkt an ein Wissen um die historischen Kämpfe und

Phönix des Aufstand

---

[39] Zit. n. Friedell, Kulturgeschichte, 950
[40] Foucault, Verteidigung, 14

ihre Bedeutungen, und er hat dies das »Wissen der Leute« genannt. Dieses Wissen meint weder die Kenntnisse des einzelnen, wie sie sich in den Literaturen ausdrücken, noch ist es ein Wissen, dass allgemein zu Verfügung steht. Es ist ein Schatz der Kollektive, ein Schatz des Lebens in den Zwischenräumen des sozial-politisch-ökonomischen Gestells. In der hochtrabenden Sprache der Akademien: Es geht darum, der abstrakten Einheit der Theorie die konkrete Vielheit der Tatsachen gegenüberzustellen und das spekulative Moment nicht zu disqualifizieren. Foucault Kampfdiskurs plädiert für einen Aufstand dieses Wissens – dafür, jenes »lokale, unzusammenhängende, disqualifizierte, nicht legitimierte Wissen gegen die theoretische Einheitsinstanz ins Spiel zu bringen, die den Anspruch erhebt, sie im Namen wahrer Erkenntnis, im Namen der Rechte einer von gewissen Leuten betriebenen Wissenschaft zu filtern, zu hierarchisieren und zu ordnen«.[41] Sicherlich, das ist ein seltsames Plädoyer in einer merkwürdigen Sprache. Die Verlegenheit solcher Sätze rührt daher, dass nie klar wird, was mit Macht eigentlich gemeint ist. Welcher Autor, möchte man einwenden, will denn nicht der Autor der Geschichte einer Entzifferung sein? Jeder Historiker möchte doch Aufdecker von Geheimnissen, möchte Umwender der Listen

Verlegenheit der Kritik und Wiederaneigner eines entstellten und verborgenen Wissens sein! Historie setzt bekanntlich eine Kennerschaft voraus: nämlich die Fähigkeit, die Festigkeit und das Wissen, die im Leben anderer Menschen zur Anwendung gekommen sind, zu verstehen. Nur diese Art des Sehens schliesst die Fähigkeit zu einer auf die Zukunft bezogenen Würdigung der Vergangenheit mit ein. An diesem Punkt zeigt sich nun, dass auch die Geschichtsschreibung einen performativen Charakter besitzt; auch der Historiker muss sich zu einem Koautor aufschwingen, da schöpferischer Prozess und Würdigung des Vergangenen identisch und gleichrangig sind. Wir haben gesagt: Jeder Historiker möchte ein Aufdecker von Geheimnissen sein. Was verrät das über seine Beziehung zur Macht? – Zweifellos hat man in der Moderne von einer Geschichte der Helden und Könige zur einer Geschichte der Massen übergehen müssen. Zweifellos sprechen wir zunehmend von der Entzifferung einer rätselhaften Sache, die zugleich sichtbar und unsichtbar, gegenwärtig und verborgen ist, die überall ihre Hand im Spiel hat, und die man die Macht nennt. Aber man darf nicht übersehen, worauf dieser panoptischen Blick zwangsläufig hinausläuft: Am Ende will der sehende Intellektuelle von einer Übertragung der ehemaligen Macht

---

[41] Foucault, Verteidigung, 17

seiner Beobachtungsobjekte leben; von der Macht, den Arm der Macht zu erkennen.[42] Am Ende will der Intellektuelle von der Macht, die Schuldigen, deren geheime Gedanken oder deren fehlgeleitete Absichten zu kennen profitieren; und er will die Unsicherheit der eigenen Argumentation mit dem unanfechtbaren Gewicht ihrer Leiden kompensieren. *Nein zum Rückgriff auf eine gewissenhaftere Wissenschaft.*

11

Geschichtsschreibung ist heute von einer dreifachen Gefahr umstellt: a) davon, zu einer blossen Filiale der Politikwissenschaften zu werden; b) von der Gefahr, sich zum dienstbaren Gericht über die Vergangenheit aufzuwerfen; und c) vom Risiko, im Medienspektakel zur unterhaltsamen *Tale of Horror* degradiert zu werden. Die Rede von der Geschichtsmüdigkeit und die Lust zur *Tabula rasa* – beides kommt nicht von ungefähr. Der Gegenwartshedonismus ist einfach nicht besonders empfänglich für das überbordende Gewicht der Geschichte.[43] Wir existieren einerseits zwischen all diesen Daten und Epochen, die schnell dazu dienen, unser historisches Gedächtnis zu zerschneiden, und stossen andererseits bereits an die Grenze zu einer Neuen Welt: dem grossen Supermarkt der Geschichte, der morgen seine Türen öffnen wird. Dieser Supermarkt ist ein Ort, in dem eine noch viel grössere Beliebigkeit der angebotenen Waren herrschen wird, als wir es uns vorstellen können. Vergleichen wir Heutige uns mit den Menschen früherer Epochen, so leben wir bereits in einem umgestülpten Handschuh: Heute profilieren sich diejenigen, die einem bloss originellen Denken vertrauen, die die *Wirkung* zum Kriterium machen, während die Flut an Daten, Fakten und widersprüchlichen Informationen, die mühsam bewertet werden will, mit Verachtung abgetan wird. Eine Leere breitet sich aus; im Dunkel des Wegs verschwimmen Vergangenheit und Zukunft, und eine verstümmelte Gegenwart bleibt zurück. So also sieht der Mensch nach dem Zweiten Weltkrieg aus: Er erschöpft sich kurzatmig in der Anpassung an das je Gegenwärtige. An diesem grundsätzlichen Eindruck kann auch das hypnotisierte Betroffenheitsgestammel nach jeder neuen Katastrophe, nach jedem neuen Terrorakt, nichts mehr *Subversion des Wissens*

---

[42] Danielle und Jacques Rancière, Die Legende der Philosophen, in: Wissenschaft kaputt, Münster 1980
[43] Franz Schuh

ändern. Theodor W. Adorno hat in den Sechzigern den Schwund des geschichtlichen Bewusstseins – genauer: das Verdrängen von Untaten der jüngster Vergangenheit – als symptomatisch für eine allgemeine »Schwächung des Ichs« in der postnationalsozialistischen Ära angesehen.[44] Wenn diese These stimmt, so gehören Geschichtsbewusstsein und eine unbeschädigte, der Reflexion fähige Subjektivität untrennbar zusammen. Heute, meine ich, sehen wir das etwas vorsichtiger. Wir können die Forderung nach Geschichtsbewusstsein nicht länger als Peitsche für dieses oder jenes gebrauchen. »Der verantwortungsethische Universalismus eines Andenkens der Leiden früherer Generationen«, wendet Ludger Heidbrink von der Universität Lüneburg ein, »setzt ein Kontinuum der geschichtlichen Sinnhaftigkeit voraus, das er selber nicht garantieren kann.«[45] Das Augenfällige an der gegenwärtigen Situation ist doch, dass die Geschichtsschreibung selbst vom Schwund des kritischen Bewusstseins vielleicht am meisten betroffen ist. Damit Vergangenheit und Zukunft nicht einfach sang- und klanglos im Dunkeln verschwinden, damit sich der Blick wieder weiten kann, bedarf es einer grösseren Durchlässigkeit des Bewusstseins – eines Verstehenwollens, das um freundliche Nuancen nicht verlegen ist. Was wir methodisch benötigen, das sind die Begriffe des industriellen Zeitalters, um sie auf unsere Epoche anzuwenden: die Begriffe des Ereignisses und der Serie – also Regelhaftigkeit, Zufall, Diskontinuität, Abhängigkeit und Transformation.[46] In der wilden Landschaft des Archivs geht es heute nicht mehr um Niederlagen, sondern um die viel schwierigeren Kämpfe, die man nicht kämpft. Und das ist noch lange nicht alles: Damit die Distanz des Erzählers zum Gegenstand zu ermessen ist, braucht es vor allem die Freiheit sich einzugestehen: »Ich weiss nicht.« Es ist schon erstaunlich, dass von der ausserordentlichen Beschäftigung mit den Kriegswissenschaften in der Antike so gut wie nichts ins Mittelalter gelangt ist. Rainer Leng spricht in diesem Zusammenhang von einem »fast vollständigen Abbruch einer vielgestaltigen Literaturtradition«.[47] Und im europäischen Mittelalter ist es nicht besser geworden. Selbst das wenige Kriegswissen, das von diesem Menschheitszeitalter in die Neuzeit herübergerettet wurde, ist oft noch verloren gegangen. So hat zum Beispiel der frühhumanistische Geschichtsschreiber Heinrich

Fähigkeit des Überlebens

---

[44] Zit. n. Schmidt, Geschichte, 11
[45] Ludger Heidbrink, Die Zukunft der Geschichte, NZZ 19.8.2000, 54
[46] Foucault, Ordnung, 39
[47] Rainer Leng, Kriegslehren im Mittelalter zwischen Artes-Literatur, Encyclopädie und Fürstenspiegel, Vortrag der DFG-Forschergruppe, 5.3.1999

Gundelfingen für seinen Gönner und Förderer Sigmund von Tirol eine Abhandlung mit dem Titel *Militaria Monumenta* geschrieben. Sie ist nicht erhalten geblieben. Lediglich der griechisch schreibende Osten hat die Tradition der Antike über die Zeitenwende hin fortgeführt und es auf diese Weise am Ende des Mittelalters den Humanisten erlaubt, dort wieder anzuknüpfen, wo sich der lateinische Westen verschlossen hat: bei den Werken des Prätors und dreimaligen Konsuls Sextus Iulius Frontinus. »Ganz offensichtlich«, bilanziert Leng, »tat sich das Mittelalter mit dem fachspezifischen Wissen um das Kriegswesen recht schwer, was um so mehr erstaunt, da doch jene Epoche gemeinhin als recht kriegerisches und gewaltsames Zeitalter gilt.« Durchaus möglich, sage ich, das wir gerade wieder in eine solche Blindheit hineintauchen, dass sich das Wissen um den Zusammenhang von Kultur und Gewalt trotz einer Fülle von Detailstudien jedem Versuch einer umfassenden Darstellung ebenso hartnäckig verschliesst wie einst das Mittelalter dem Wissen des Altertums.

Gedächtnis und Vergangenheit verlangen eine Durchlässigkeit des Bewusstseins.

12

»Der Vater der Geschichte war gar nicht der Vater der Geschichte«, lesen wir im Werk des Schriftstellers Hubert Fichte. »Sie ist ein uneheliches Kind. *Historiä* heisst die Forschung und kommt von *hitämi*, feststellen.«[48] So einfach kann man das vertraute Unvertraute, den Gegensatz von Wissenschaft und Erzählung, in Etymologie auflösen. Geschichte erzählen heisst feststellen. Doch in dem Augenblick, in dem wir darauf vertrauen, dass die Forschung das Vergangene *feststellt,* tut sich sofort die nächste Frage auf, nämlich wie sie das Gewonnene *darstellt.* Mit welchen Methoden und in welchen Erzählweisen kann man Krieg und Kriegsursachen überliefern? Die traditionelle Forschung setzt hier vor allen auf die Methoden der Völkerrechtslehre und der Lehre von den internationalen Beziehungen. Dann, zweitens, auf Methoden der Geopolitik und die Mittel der strategischen Forschung. Drittens auf das Geschick der Friedens- und Konfliktforschung, die in einigen Ländern sehr nett *Polemologie* genannt wird [polemos, griech. = Krieg, Konflikt, Streit, Kampf]. In der *Geschichte der Gewalt* erhalten alle diese teils widerstrebenden Richtungen gleichberechtigt ihren Platz neben Erkenntnissen der politischen Wissenschaften, der Literaturwissenschaft und der

In welche Richtung?

---

[48] Hubert Fichte, Forschungsbericht, 32

Mit Etwas gegen Etwas Geoökonomie. Ja die Palette der Hilfsdisziplinen ist sogar noch umfänglicher. Sie reicht von der Heraldik und Uniformkunde im ersten Band über die Exilliteraturforschung im zweiten, sie reicht von den sozialistischen Klassikern im ersten Band über Auschwitz-Dokumente im dritten bis hin zur Institutionenkritik der Europäischen Union im vierten Band. Kulturpolitisch relevante Materien ausserhalb der Kunst- und der Literaturtheorie finden sich vorwiegend in der Biographienforschung. Noch einmal: *Wie soll man Kriegsgeschichte schreiben?* Als 1812 unter diesem Titel ein programmatischer Aufsatz des Feldmarschallleutnant Leonhard Graf Rothkirch und Panthen [1773-1842] erschien, da war die militärische Welt noch vergleichsweise heil. Rothkirch hat die allergestrengste Wissenschaftlichkeit verlangt; Kritik war ihm komplett unerwünscht. Ein Historiker müsse allein durch die mitgeteilten Fakten überzeugen. »Die zwitterartige Vermengung der Kritik und Geschichte«, so der gräfliche Chronist, »bleibt immer tadelswert.«[49] Nun, 1812 war einmal. Heute glaubt kein Mensch mehr an eine wertfreie Geschichtsschreibung. Und trotzdem hat kein Fach die Selbstaufklärung der Aufklärung so bitter nötig wie eben die zeitgenössische Militär-, Heeres- und Kriegsgeschichte. – *Wie soll man Kriegsgeschichte schreiben?* Die zwitterhafte Vermengung von Kritik und Geschichte – sie ist geradezu zum Gebot geworden, sofern sich das Faktum der Kritik auf eine Kritik der Fakten stützt. Heute geht es darum, *mit* dem Krieg *gegen* den Krieg zu sprechen. Der Methode individueller Forschung sind dabei klarerweise Grenzen gesetzt. Darum kreisen meine Ausführungen immer wieder, in immer engeren Bögen, um dieselben alten Fragen: die Expressivität der Gewalt, die Kapitulation des Überlebens, die Schuld der praktischen Vernunft. Das Ziel des Unternehmens ist es, der vorherrschenden Sprach- und Begriffslosigkeit etwas entgegenzusetzen. Etwas, das Bestand haben könnte, und das andere nicht zögern werden, eine »politische Philosophie der Neutralität« zu nennen.

Kein Fach hat Selbstreflexion so nötig wie die Militär-, Heeres- und Kriegsgeschichte.

13

Gewichtung des Unterschieds *Mit dem Krieg, gegen den Krieg* Das heisst zweierlei, es heisst einmal, dass etwas zwischen den verschiedenen Bereichen des Wissens besteht. Und dann heisst es auch noch, das etwas zwischen dem Wissen und

---

[49] Zit. n. Amann, Österreich, 134

dem Nichtwissen existiert. Zur Erkundung der ersten Räume nutze ich vorwiegend die Beiträge der Kratologie [Lehre von der Gewalt] und der Polemologie [Lehre vom Konflikt]. Ich wende die Erkenntnisse dieser beiden Richtungen auf Österreich und Europa an, wobei zugleich die Chancen und Risken einer weiteren Richtung ermitteln werden: der Austriatik [Lehre vom Österreichischen]. Nur in diesem einschränkenden Sinn ist die *Geschichte* zugleich ein Versuch über die Gewalt und eine Kosmologie des Österreichischen. Bleiben wir noch einen Augenblick bei den Archiven des Wissens. Es gibt zwei Diskurse, die mir für das Verständnis des Militärischen besonders aufschlussreich erscheinen. Der erste beinhaltet die über zwei Jahrhunderte heftig geführte Debatte der Linken über das Verhältnis von Militanz und Fortschritt. Die zweite interessante Thematik scheint mir die facettenreiche Spiegelung des nationalen Selbstverständnisses von Kleinstaaten wie der Schweiz zu sein. »Unser nationales Selbstverständnis hat zwanghaft mit Totschlagen zu tun«, hat der Eidgenosse Roman Brodmann einmal selbstkritisch bemerkt. Als Journalist und Kabarettautor hat Brodmann in den Achtzigern zu jener verblüffenden Offenbarung des schweizerischen Volkswillens beigetragen, der die Armee lieber noch heute als morgen abschaffen wollte.[50] Das Ergebnis der legendären Volksabstimmung vom November 1989 ist ein Schock für die Schweiz und ein Schock für die Welt gewesen. Wir kommen noch ausführlich darauf zu sprechen. Doch nun zurück zur Methode: Beide Diskurse – die Gewaltdebatte der Linken und die Nationalwerdung der Schweiz – werden dicht in die teils chronologische geführte Erzählung meiner Geschichte verwoben. Ebenso die Entwicklung der Österreich-Ideologie anhand des menschheitsbeglückenden Begriffs der *österreichischen Mission* Alle drei Stränge erzeugen so lange durchgehaltene Verkettungen. Und eines lässt sich jetzt bereits sagen: Zu guter Letzt wird sich ein beachtlicher Bogen spannen; ausgehend vom mittelalterlich-katholischen Erlösungsgedanken und dem Germanisierungsauftrag des 18. und 19. Jahrhunderts wird er sich mit der Kulturmission der *besseren Deutschen* hineinwölben in die Mitte des 20. Jahrhunderts, und sich bis zum neutralen Brückenschlag zwischen Ost- und West erstrecken. Dies ist die Geschichte des alten Österreich. – *Mit dem Krieg, gegen den Krieg* Ich habe gesagt, das bei dieser Vorgehensweise auch noch ein zweiter Bereich zwischen dem Wissen und dem Nichtwissen existiert. Dieser schwierige Grad hat sich nicht für alle, die ihn beschritten haben, als gangbar erwiesen. Paul

Aus den Augenwinkeln

---

[50] Pestalozzi, Schweiz, 24

Virilo, der Denker der *nouvelles technologies* zum Beispiel – er wollte sich der diffizilen Aufgabe frontal stellen. »Man muss in den reinen Krieg vordringen, man muss sich mit Blut und Tränen bedecken. Man darf sich nicht abwenden. Darin liegt Zivilcourage und politische Tugend.«[51] Sicherlich kann man sich nicht mit einer unsicheren Haltung korrekt an den Gegenstand annähern. Doch Virilo hat den frontalen Weg eingeschlagen, weil er überzeugt davon war, dass das Ziel des reinen Kriegs letztendlich Bewusstlosigkeit ist. Zwar weiss er, dass der Krieg und nicht die Ökonomie das durchgängige Phänomen darstellt. Doch Virilo denkt darüber hinaus, dass der Mensch von Geschwindigkeit benommen sei. Und je rascher das Entsetzliche geschehe in der Welt, um so rascher falle es dem Verhängnis anheim. In dieser Fixierung auf einen einzigen Punkt, auf die Geschwindigkeit, in Virilos Entwicklung der Dromologie [Lehre von der Geschwindigkeit] und nicht etwa in seinem gewagtem Schreibstil, liegt seine Schwäche begründet. In der Geschichte arbeitet nicht *eine* Grundform des Kriegs, sondern es wirken verschiedene. Sicher, wie jeder beliebige Gegenstand zwingt auch die ungeheure Sammlung, in die der Krieg kulminiert, zu einer eigenen, dem kriegerischen Wesen angemessenen Betrachtung. Und der Krieg besitzt wahrlich seltsame Eigenschaften. Man kann tagelang schweigen im Krieg, ohne ein Wort zu entbehren. Das eröffnet im Nachhinein geradezu explosionsartige Schwierigkeiten der Interpretation. Man muss sich, um die historischen Entscheidungen und Absichten beurteilen zu können, in die damalige Absicht der Akteure versetzen können – was gewisse technische Kenntnisse, aber auch Kenntnisse der Regeln des Denken und Handelns, voraussetzt. Und gerade weil der Krieg eine halluzinatorische Wirkung entfalten kann, gerade deshalb beobachtet man ihn besser unauffällig und nicht frontal, sondern aus den Augenwinkeln, weil sich das Entscheidende ohnehin nicht auf dem *Kriegstheater* abspielt.[52] Anders als Virilo ist Ekstein jemand, der aus der beengten Welt der Kausalität auszubrechen versucht. Einer, der in Begriffen wie Kontext und Zusammenfluss denkt, anstatt in denen von Ursache und Wirkung. Der wache Historiograph vergisst nicht, dass die wirkliche Geschichte des Kriegs nicht geschrieben werden kann. Er vergisst nicht, dass es immer die Überlebenden sind, die berichten und von denen die Geschichte geschrieben wird. Seit jeher sind es die Dichter, die dieses Wissen am tiefsten bewahren. »Die Geschichte wird von den Überlebenden geschrieben und je nach Bedarf manipuliert«, sagt

Die Methode, mit dem Krieg gegen den Krieg zu denken, erweist sich nicht für alle als gangbar.

[51] Virilo, Krieg, 110
[52] Friedrich Balke, SZ, 1.11.1997

Milo Dor in einem Text über seine Ex-Heimat Jugoslawien.⁵³ »Denn das wirkliche Heer sind nicht die Lebendigen, sondern die Toten«, adjustiert ihm der Schriftsteller Alexander Lernet-Holenia in seinem berühmten Roman *Die Standarte*.⁵⁴

14

Wir brauchen keine Friedens- und Konfliktforschung mehr. Jedenfalls keine, wie sie aus der Verbindung von liberalem Pazifismus und Systemanalyse der Abschreckung hervorgegangen ist, was nicht von ungefähr zur Beginn der Kennedy-Ära geschah.⁵⁵ Wir brauchen keine wertfreie Analyse herkunfts- und zukunftsloser Gewaltmaschinerien. Sicher, dieser wertfreie Ansatz hat während des Kalten Kriegs verdienstvoll zur Popularisierung des Weltbewusstseins beigetragen. Die Friedensbewegung konnte damals viele Herzen öffnen und viel zum Verständnis der Erde als einer Welt beigetragen; und die Konfliktforschung war nichts als ihre wissenschaftliche Stimme. Freilich, die lautere Absicht, sie allein ist zu wenig. Die Zuverlässigkeit der Theorie muss heute auf eine Erziehung zur Selbstbeobachtung, nicht auf Indifferenz gerichtet sein. Erkenntnis ist kein einmaliger Akt, kein Katalog fixierter Sätze, sondern ein mehrsträhniger, verzweigter Prozess. Und das Thema Krieg lässt sich nun einmal nicht auf Dauer mit jenen Mitteln behandeln, die seinem Wesen konträr entgegengesetzt sind⁵⁶ – also mit Kompromiss und Harmonisierung. Zum begreifenden Wissen gehört es zunächst, die sinnliche Oberfläche der Tatsachen von den darunter liegenden Gehalten zu scheiden. Konstruierte und empirische Geschichte, sie weichen aus erkenntniskritischen Gründen immer wieder voneinander ab – und zwar nicht, weil die Theorie von Sachverhalten abstrahiert, die ihrem Programm widerstreiten. Sondern weil sich der Vernunft Inhalte anbieten, die nicht auf derselben Linie stehen, wie das, was sich zugetragen hat. Für den Gewaltforscher geht es darum, die eine Sache zu anderen zu führen, die zweite Sache zu einer dritten und diese zu werweisswas. Jenseits von Krieg und Frieden, rings um sie herum, hinter ihnen, vor ihnen, über ihnen schwebend, findet sich ein enormes Angebot von Praktiken, die mit Krieg und Frieden zusammen-

Akt der Erkenntnis

---

⁵³ Dor, Jugoslawien, 28
⁵⁴ Lernet-Holenia, Standarte, 8
⁵⁵ Claus Koch, Friedensforschung – ein Pyrrhussieg, in: Senghaas, Friedenforschung, 201
⁵⁶ Ernst Jünger

hängen und in einer *Geschichte der Gewalt* ebenfalls ihren Platz finden müssen, wenn wir dem Herumstöbern in der Vergangenheit mehr abgewinnen wollen als ausgefallene Informationen. Was sind das für Praktiken, wie kann man sich ihnen nähern? Der Ästhetikprofessor Jacques Rancière betont etwa die Bedeutung der Analyse des indirekten Stils. Rancière zeigt, dass der römische Geschichtsschreiber Tacitus jene Leute, deren Wort nichts zählt, in derselben Weise sprechen hat lassen wie alle anderen. Tacitus erteilt ihnen das Wort in einem Stil, der »das Gleichgewicht zwischen Bericht und Rede herstellt und die Kräfte der Neutralität und die Kräfte des Argwohns zusammenhält«. Das führt uns erneut zum Problem von Balance und Gewichtung, dem sich der Historiker unablässig ausgesetzt fühlt. Die Gleichheit der Sprechenden, sie spiegelt nach Rancière nur eine umfassendere Gleichheit wider, die die Textur der von Tacitus geschriebenen Geschichte definiert. »Geschichte schreiben heisst, eine bestimmte Anzahl von Redesituationen einander äquivalent machen.«[57] Das ist die vielleicht intelligenteste Beschreibung des historischen Verfahrens, die ich kenne. Denn man ahnt nach diesem Wort sofort, warum dieser Wissenschaft der Weg zum abstrakten Modell hin verbaut ist. Sicher kann das Herstellen einer spezifischen Modalität auf vielfältige Weise geschehen: *Imaginiertes Wir* können Quellen, Zeugen und Darstellung in Zweifel gezogen werden. Aber wenn der Historiker sprechen lässt, so spricht er immer auch selbst durch andere, während der Nur-Analytiker lediglich Thesen prüft, also direkt spricht. Nehmen wir den Fall des Imagologen, der die Herkunft der Bilder von fremden Völkern in unseren Vorstellungen erkundet, und zwar sowohl aus der historischen Erfahrung wie aus der literarischen Überlieferung. Imagologen scheinen mehr Historiker als Analytiker zu sein. Der hinter ihrer Methode liegende Gedanke ist simpel: Wenn Nationen nichts als imaginierte Gemeinschaften sind, dann muss sich mit Stereo-, Autostereo- und Heterostereotypen, mit Eigen- und Fremdbildern, mit Selbst- und Feindbildern, kurz: mit den Begriffen der Vorurteilsforschung doch etwas über die untersuchte Zeit aussagen lassen. Der Vorteil dieses Ansatzes liegt auf der Hand. Während die soziologische und die sozialpsychologischen Forschung den Nationalcharakter an nachweisbaren Fakten aufzuhängen versucht und dabei seit Jahrzehnten auf der Stelle tritt, behandelt die literarische Imagologie alle Vorstellungen wie Fiktionen und spürt so den vertrauten Verhaltens- und Nationaltypologien weit erfolgreicher nach.[58] Dieses Verfahren hat eine

---

[57] Rancière, Namen, 47
[58] Stanzel, Völkertafel, 11

zwielichtige Herkunft: es hat seinen Ursprung in der Liebe der Ethnographen zu Kuriositäten. – Muss es nicht erstaunen, dass die Einteilung in männliche/weibliche Völker zu den ältesten Kategorisierungshilfen überhaupt gehört?[59] Freilich muss das erstaunen. – Aber die Analyse der Images bleibt ja keineswegs beim Kuriositätensammeln stehen. Sie rückt ihre Erkenntnisse in die Geschichtswissenschaft ein. In den glücklichsten Fällen enthält die Nationalitätenrevue dann sogar eine Art Bestandsaufnahme des jeweils gültigen Weltbilds.[60]

Konstruierte und empirische Geschichte weichen voneinander ab.

15

Die *Geschichte der Gewalt* ist eine Poliorketika, ein Buch über Kriegsmaschinen. Sie ist aber auch ist eine Polemologetika, ein Buch über die Kunst des Streits. Eine Kratologetika, ein Buch über die Eigenmacht der Gewalt. Eine Staseologetika, ein Buch über Revolutionen. Eine Uchronologetika, ein Buch über die versäumten Möglichkeiten. Die *Geschichte der Gewalt* nutzt die Erkenntnisse der Imagologen, die sich mit dem Bild vom Fremden und vom Eigenen beschäftigen. Die Erkenntnisse der Neutralitätsforschung, die zum Ursprung der Politik führen. Und schliesslich ist dieses Buch auch noch ein Beitrag zur Austriatik, also ein Versuch über das Werden der österreichischen Nation. Das alles ist dieses Werk, und von jedem doch nur ein Teil. Es kombiniert grossflächige Theoriearchitektonik mit fein geschliffener Detailanalyse. Es entwickelt eine umfassende Geschichtsperspektive, und bleibt sich doch zugleich bewusst, das schon ein simpler Satz im Hintergrundverständnis des Lesers eine äusserst diffizile Umverteilung der Berechtigungen und Festlegungen auslöst, die jeder Leser sich selbst und allen anderen zuordnet. Pragmatisch gesehen bedeutet Sprechenkönnen ja nichts anderes als die Fähigkeit, einen Überblick über die dynamischen Verhältnisse in einem Geflecht von Folgebeziehungen zu wahren. Kommunikation basiert auf dem, was Robert B. Brandom »diskursive Kontoführung« genannt hat.[61] Eine Behauptung aufstellen heisst demnach, einen Zug im Spiel des Lieferns von Gründen zu machen. Teilhabe am kommunikativen Prozess ist nicht mehr und nicht weniger als die implizite Navigation im Raum der Gründe. Und genau

Buch der Bedeutungen

---

[59] Stanzel, Völkertafel, 21
[60] Stanzel, Völkertafel, 16
[61] Brandom, Vernunft

Im Meer der daran denkt auch Foucault, wenn er behauptet, dass der Historiker eine
Gründe entscheidende strategische Position besetzt. Ausgehend von der Tatsache des Kriegs und der Analyse, die man in Begriffen des Kriegs anstellt, ausgehend davon kann die Geschichte alles zueinander in Beziehung setzen: Krieg, Religion, Politik, Sitten und Charaktere; sie wird somit zum Erkenntnisprinzip von Gesellschaft. Henri de Boulainvillers verdanken wir die Vorstellung, dass der Krieg im Grund die Matrix der Wahrheit des historischen Diskurses sei. Wenn eine Geschichte erzählen bedeutet, die Kräfteverhältnisse in ihrem Dispositiv und ihrem aktuellen Gleichgewicht zu modifizieren, dann bedeutet folglich die Kontrolle und die Tatsache, im Bereich des historischen Wissens Recht zu haben, kurz: die Wahrheit der Geschichte zu sagten, eine entscheidende strategische Position zu besetzen.[62] Oder, wie es Machiavelli im 26. Kapitel seines Opus etwas blumiger formuliert: »Nichts macht einen neu hervortretenden Mann so berühmt wie neue Gesetze und eine Neuordnung des Kriegswesens.«[63] Der Streit um Begriffe und Wortbedeutungen war immer schon ein Kampf um intellektuellen und politischen Einfluss. Aus diesem Grund kann die strategi-
Eine Ge- sche Position eines jeden, der kommuniziert, präzise verortet werden.
schichte Sprache und Geist sind ineinander verflochtene Komponenten ein und
erzählen derselben normativen Struktur. Und diese Struktur existieren nicht in
bedeutet einem luftleeren oder herrschaftsfreien Raum, sie ist Teil unseres Lebens.
einen – Was bedeutet in diesem Zusammenhang dann Objektivität? Nun, die
Position im Objektivität von Urteilen besteht darin, dass jedem Sprecher genau das,
Kampf um was er selbst für wahr hält, auch als das objektiv Wahre erscheint. In
Einfluss diesem Sinn dürfte ein Walter Serner am meisten recht haben, wenn
beziehen. er Weltanschauungen ganz einfach für »Vokabelmischungen« hält.

16

Milchstrasse Vielleicht ahnt der Leser jetzt, was es heisst, durch den Krieg hindurch
von Einfällen die letzten Gedanken einer Epoche zu lesen. Und er fragt sich unwillkürlich, welchen Stellenwert dabei das Idearium der Menschheit wohl einnimmt. Die Ideen, und mit ihnen die Gefühle, die sich an bildmächtige Ideen klammern! Nun, *der Krieg* erzählt uns unter anderem, wie während die ganzen Geschichte der bewaffneten Gewalt hindurch

---

[62] Foucault, Verteidigung, 198
[63] Machiavelli, Fürst, 140

die Idee des Friedens in kleinen, politisch ohnmächtigen Sekten weitergereicht wurde.[64] Aber er tut das leise, verhalten; man muss schon genau hinsehen. Der Krieg lehrt uns, dass die Wahrheit immer wieder aufgerollt wird von Aussenseitern und Hasardeuren, so als könnte die Geschichte eben nur von ihren Rändern her erzählt werden. Und es stimmt ja auch: Die Randexistenzen, die Marginalisierten, sie sind interessant, weil sich von ihnen aus oft ein Blick auf das Ganze und auf die das Ganze durchziehenden Bruch- und Spannungslinien bietet. Also ist die *Geschichte der Gewalt* eine Geschichte des Pazifismus? Nein, das ist sie nicht; ich versuche dem Friedensbegriff gar nicht erst seine Süsslichkeit zu nehmen. Lieber verzichte ich, soweit das möglich ist, ganz auf den hohlen Terminus und gleich auch auf ähnliche Vokabeln wie: *Krise, Konflikt, Identität, Entfremdung, Zivilgesellschaft*. Solche Termini implizieren entweder utopische und chiliastische Gebäude, Heilsfantasien, sie sind frenetische Hypothesen, oder sie taugen nur sehr begrenzt zur Beschreibung der Vorgänge jenseits der schönen Hoffnungen, die sie transportieren. *Mit dem Krieg gegen den Krieg* – das bedeutet auf der Ebene der Begrifflichkeit, *mit* der Kälte des Skeptizismus *gegen* die welken Utopien des Pazifismus; aber auch *mit* dem begrifflichen Instrumentarium des Strategen *gegen* das militärische Denken. Nach Clausewitz muss »die Sprache der Kritik denselben Charakter haben, den das Überlegen im Krieg haben muss«.[65] Clausewitz liegt völlig richtig. Die Ideengeschichte, so spannend sie auch sein mag, sie verführt einen unaufhörlich zur Annahme, die historischen Ereignisse wären nach einer zwingenden Logik abgerollt. Die Ideengeschichte verleitet einen zur Annahme, Denk- und Handlungsraum wären irgendwie ident und stünden in einem festen Arbeitsverhältnis zueinander. Die Ideengeschichte, sie verlockt uns zum Beispiel zur Auffassung, der Faschismus hätte einen genauso stringenten Ursprungsgedanken wie etwa Liberalismus oder Marxismus. Sicher will niemand die unterschwellig existierende Verbindungen bestreiten; Denken und Handeln stehen nun einmal in einem elektrisierten Spannungsverhältnis. Aber mit der zunehmender Unübersichtlichkeit der politischen und sonstigen Konstellationen, mit neuen Parteistellungen und vor allem mit wirtschaftlichen Konjunkturen, kommen den besten Ideen die Ereignisse dazwischen. Die *Geschichte der Gewalt* ist also nur unter Vorbehalt eine Ideengeschichte; etwa dort, wo sie zu einer Suizidologie der

Blick auf das Ganze

---

[64] Jahn, Kommunismus, 133
[65] Clausewitz, Kriege, 166

Ideen- österreichisch-ungarischen Monarchie wird. Doch in Summe gesehen
geschichte wechselt die Erzählung ständig das Terrain. Ihr Strom folgt naiv der
nimmt an, Tagespresse, bevor alles gesagt scheint, dann wieder nutzt er die An-
die Ereignisse nalen, saugt an Theorien und wechselt überraschend zu den letzten
wären nach Versen eines Dichters. Was man wissen muss, das steht bekanntlich in
einer Logik keinem Prachtband, woran man sich erinnern sollte in keinen Anna-
abgerollt. len. *Was man denken muss, geht über das übliche Denken hinaus.*[66]

17

Buchführen Der erste Band der *Geschichte der Gewalt* erzählt die Katastase des
über Gesten Ersten Weltkriegs. Das erste Kapitel darin beschreibt eine Anomalie im
europäischen Kriegsgeschehens des 18. Jahrhunderts; dem folgt ein
theoretische Exkurs über den Mythos. Und trotzdem bestehe ich darauf: Dies ist ein einfaches Buch. Es enthält kein ausgrenzendes Gemauschel, es unterscheidet sich strikt von der Arroganz der Seminarhengste, die sich voreinander in unnötiger Verdunklung profilieren müssen. Die *Geschichte der Gewalt* ist zwar keine emphatische Rekonstruktion, weder des Kriegs noch des Widerstands gegen ihn; sie ist mehr eine Mischung aus fragmentierter Erzählung, aus Anekdoten, Zitaten, Biographien und den sie begleitenden Theorien. Hier wird nicht der vertraute Umgang mit Begriffen vorgeführt, wie das heute zur ausgeübten Tätigkeit des akademischen Intellektuellen gehört. Wenn ich gleich im ersten Kapitel versuche, eine bestimmte Epoche aus dem homogenen Verlauf der Geschichte herauszusprengen, so ist das vom pädagogischen Bemühen getragen, ein brauchbares Wissen zu gewinnen. Wenn der schöne Gedanke stimmt, dass man immer wie an jemanden schreibt, den es nicht gibt[67], dann liest man umgekehrt vielleicht auch, als hätte man das Gelesene selbst schon einmal gedacht, wiegt es beim Lesen im Kopf hin und her, bis sich das Einverständnis oder die Ablehnung einstellt. Für meine Generation – für die in den Rocking Fifties und den Roaring Sixties Herangewachsenen – ist der Krieg immer noch weit mehr als ein Text. Denn er ist für uns in seinen Deformationen rundherum immer noch greifbar. Seine Destruktivkraft wuchert zudem mit jedem neuen Krieg unserer Ära weiter: Ruanda, Irak, Kroatien, Bosnien, Tschetschenien, Serbien, Makedonien, Afghanistan, Irak.

---

[66] René Magritte
[67] Stefan Napierski

Die *Geschichte der Gewalt* hat hier keine Lösungsparolen anzubieten; mir geht es nur darum, über die Gesten des Kriegs Buch zu führen. Und um den Versuch einer dem Tod angemessenen politischen Sprache ... – Wie aber schreibt man über Gewalt, ohne einen belehrenden Zeigefinger aus dem Gräberfeld wachsen zu lassen? Nur weniges ist wirklich fix auf diesem Gebiet. Fest steht zum Beispiel, dass man nach Möglichkeit auf Formulierungen verzichten muss, mit denen eine restaurative Geschichtsschreibe ihre Bildungsblähungen beduftet. Auf die berühmten Sätze mit *entweder ... oder, sowohl ... als auch, weder ... noch, zwar ... jedoch.* Sonst aber, über diese Stilvorgaben hinaus? Wie spricht man über den Krieg, ohne das Meer der Möglichkeiten mit moralischem Kalkül zu vergiften? – Fest steht, dass Darstellung und Inhalt nicht zu trennen sind. Der Historiker sieht ein Zusammenspiel von symbolischen Formen und sozialen Aktionen vor sich, das er nacherzählen will. Er kann zum Beispiel Literatur als ein Ineinander von Text- und Sozialsystem begreifen, und das tut er auch. Der Leser wird auf diese Weise den immer wiederkehrenden und nie gesehenen Legenden aller Kriege begegnen. Der Legende vom Wachposten, der seinen Gefangenen aus Bequemlichkeit erschlägt. Es wird die Rede sein müssen von der gefährlichen Schönheit des Kriegs, den Leuchtkugeln und Scheinwerfern im schwarzen Nachthimmel. Von der Überkreuzung der Gesten, der Regelhaftigkeit des Elends und der Anarchie des Zufalls. Ich denke, der methodologische Vorrang der Synchronie gegenüber der Diachronie ist veraltet, denn er bedeutet zwangsläufig, dass inhaltliche Fragen zu kurz kommen oder von vornherein abgewertet werden.[68] Auf der anderen Seite bedeutet die Rehabilitierung der Diachronie aber nicht, dass die inhaltlichen Fragen jetzt triumphierend auf einem Berg von Tatsachen thronen. *Eine Anzahl von Redesituationen einander äquivalent machen.* – Das ist schon ganz gut gesagt.

Vorrang der Diachronie

Wie erzählen, ohne den belehrenden Zeigefinger aus dem Gräberfeld wachsen zu lassen?

18

Am Ende des Unternehmens, da sollte sich zeigen, welche Annahmen fallen müssen, von denen zu Anfang ausgegangen wird. Damit der Leser aber überhaupt beurteilen kann, ob das Resultat in einem direkten Widerspruch zum seinem bewussten Anfang steht, muss er erst einmal

Schlachtfeld des Begriffs

---

[68] Schmidt, Geschichte, 15

die Thesen kennen. – These ist ein sehr hartes Wort. Ich möchte lieber von Begriffsfeldern sprechen, von vorsichtigen Anordnungen und vermuteten Affinitäten, als von schwungvollen Thesen. Denn so wie beispielsweise die Diskontinuität aufgefangen werden muss in einer Serie von Augenblicksbildern, so gehören alle Begriffe zugleich einem strukturanalytischen und einem historisch-genetischen Verfahren an. Das ist weit nicht so kompliziert, wie es klingt. Ich versuche einfach, meine begrifflichen Instrumente nicht als starre, monosemantische Konstanten zu betrachten. Termini wie Macht, Krieg, Gewalt oder Recht hiessen gestern etwas anderes als heute, sie besitzen ein sich wandelndes, zugleich die Geschichte wandelndes Ideologiepotential. Zur Untersuchung der begrifflichen Transformationen eignen sich Gesetze, Grundsätze und Prinzipien weit besser als spitze Urteile. Nein, man wird hier nicht auf den jeweils originellsten Gedanken stossen! Man soll in der *Geschichte* vielmehr ein verfahrensmässiges Wissen über Zusammenhänge und Abhängigkeiten vorfinden. – Wenn es also keine Thesen sind, was sind es dann? Gesetze? Ja, vielleicht. Das Fortschreiten des Denkens beruht auf einer nach bestimmten Gesetzen sich vollziehenden Erweiterung, Bereicherung und Vertiefung des Bewusstseins.

Stärke, Recht und ein Drittes Anders als ein Grundsatz, der »nur den Geist und den Sinn des Gesetzes« ausdrückt, beschreibt nach Clausewitz ein Gesetz mehr »das Verhältnis der Dinge und ihrer Wirkungen zueinander«.[69] Ein ehernes Gesetz scheint etwa dafür zu sorgen, dass die Zahl erfüllt wird. Das klärt allerdings noch nicht die Frage, ob ein Gesetz nun rein beschreibend ist und nur aussagt, was tatsächlich geschehen ist, oder ob es Ausdruck des Geschehens selbst ist. – Vielleicht liesse sich noch treffender von Prinzipien zu sprechen. Prinzipien sind prinzipiell ungleich. Im politischen Diskurs sind sie gewissermassen der Puffer zwischen dem Denken und dem Handeln, hier sind sie ein unumstösslicher moralischer Kodex. Im historischen Diskurs hingegen, da liegen Prinzipien näher bei den Ausdrücken Gesetz, Ordnungslinie und Mechanismus. Sie helfen uns komplexe Sachverhalte auf sinnvolle Strukturen zu reduzieren, um die Fantasie und die Diskussion am Laufen zu halten. In diesem Sinn werde ich in der *Geschichte der Gewalt* drei widerstreitende Prinzipien verhandeln: I. das Prinzip der Stärke, II. das Prinzip des Rechts, III. das Prinzip der Neutralität. – Das *Prinzip der Stärke* behauptet keine Moral; es umfasst Logik und Gesetzmässigkeit der Macht; seine Vernunft heisst Strategie. Allein: Die Wirkung des Stärkeprinzips läuft ständig Gefahr, den eigenen Gewaltkern zu überschreiten. Diese älteste Form

---

[69] Clausewitz, Kriege, 137

der Vernunft besitzt also eine dem Licht gerne abgewandte Seite: Das beginnt mit den gefürchteten Gewaltsyndromen, mit Schock und Angst, und reicht bis hin zur Erfahrung der Selbstentgrenzung, die bei gewalttätigen Exzessen so befreiend wirkt. – Dem Auftrumpfen der Stärke gegenüber steht der grosse zivilisatorische Prozess, den wir unter dem Begriff *Rechtsprinzip* subsumieren. Rechtsstiftung bedeutet kein idealistisches Wollen, sondern die zwingende Anrufung einer höheren, übergeordneten Instanz. Genau genommen beschreiben wir damit ein rechtliches Verfahren. Die rechtliche Vernunft, die dahinter wirkt, hat sich aus dem Widerspruch zwischen Moral und Politik, Sittlichkeit und Macht entwickelt. Denn das Recht existiert weder für sich, noch an sich, da es allein von Gewalt garantieren werden kann. Moral und Sittlichkeit können aus eigener Kraft selten etwas bewirken. So bleibt das Recht in einem ewigen Dilemma zwischen rechtssetzender und rechtserhaltender Gewalt gefangen. Es kann die Schwäche des Stärkeprinzips nicht nachhaltig überwinden, sondern es substituiert sie durch Explikation, Auslegung, die auf einer vorangegangenen Vereinbarung beruht: dem Kontrakt zwischen den Parteien. Wo immer ein solcher Vertrag aussteht oder wo er unwirksam bleibt, da klafft ein gefährlicher Abgrund. Und wo immer sich Konfliktparteien auf keine gemeinsame Heilsinstanz berufen können, suchen Teile von ihnen verzweifelt nach einem Ausweg aus diesem bipolaren Verhältnis von Recht und Gewalt: nach einer Lösung zwischen Freundschaft und Feindschaft.

Die begrifflichen Instrumente sind keine starren, monosemantische Konstanten.

19

Hier kommt nun die Neutralität als drittes Prinzip ins Spiel. Einerseits besitzt Neutralität keine eigene Stärke, sucht aber Eigenmacht. Andererseits ist die neutrale Position in einem Konflikt häufig kein Rechtszustand, behauptet aber eine unabhängige Mitte. Der unbeteiligte Dritte fordert damit nicht bloss, dass man ihn schone. Seine blosse Existenz ist schon eine inversive Form des Streits. Seine nacktes Dasein ruft nach einem Kontrakt der Kriegsparteien, damit wieder Ruhe einkehre. Damit gehört das Neutralitätsprinzip zugleich zwei Welten an. Es imitiert die Stärke und es beruft sich zugleich auf eine Souveränität des Ausserstreitstehens. Wie haben hier etwas vor uns, bei dem es weniger auf unverbrüchliche Werte oder Haltungen ankommt als auf die rechte Gewichtung. Neutralität heisst, sich des eigenen Mankos bewusst zu sein und die richtige Distanz zu ermessen. So gesehen tritt die Vernunft im Neutralitätsstatus an einer Schnittstelle von List, Täuschung und

Drei Gegensatzpaare

Hasen im Mond fangen Selbsttrost auf, ihr Geist pendelt unruhig hin und her zwischen dem strategischen und dem humanitaristischen Denken. Das Gesetz des unbeteiligten Dritten hat den Charakter einer Verhaltensnorm, eines Erfahrungssatzes – und als solches weit mehr mit Intuition zu tun als mit dem kategorischen Imperativ. Stärke, Recht, Neutralität – aus dem Verhältnis dieser drei Pole zueinander ergibt sich das Raster meiner Untersuchung; der Kausalitätsverlauf der Kräfte in diesem Dreieck steht im Zentrum. Oder anders ausgedrückt: Ich versuche die Vergangenheit durch die Gegensatzpaare Macht/Eigenmacht, Macht/Recht und Recht/Eigenrecht zu erhellen. Das hat den Vorteil, dass sich leicht Positionen ausmachen lassen, die von einem Punkt des Dreiecks aus eine andere Position kritisieren. An jedem der drei Orte sehen wir Gründe und Zuspitzungen, Standpunkte und Durchbrüche, sehen wir aussichtreiche Kandidaten und solche mit wenig Resonanz. Macchiavelli bricht vom Standpunkt der Macht aus den Stab über die Neutralität; Carl Schmitt wiederum attackiert von ebenda die Illusionen des Rechts. Gleichfalls mit Verve haben Legionen von Völkerrechtler und Pazifisten den Rechtsstandpunkt gegen die Anmassungen der Macht und das Desinteresse der Neutralität verteidigt. Fügt man in den Diskurs über eine Weltformel des Friedens auch noch die Dimension der Zeit mit ein, so zeichnen sich beachtliche Verschiebungen in den komplizierten Sachverhalten ab. Im 19. und 20. Jahrhundert hat sich die Einstellung zur Souveränität des Individuums und zur Souveränität der Nation grundsätzlich gewandelt. Kategorien wie »nationale Ehre«, 1928 noch in aller Mund, haben heute ausgedient. Nach 1945 ist die Rede von Frieden und Sicherheit in Systemen und Netzwerken allgemein geworden; verschleierte und indirekte Formen von Herrschaft dominieren. Aber nicht nur Fakten und Wertigkeiten haben sich verschoben. Auch das Vermögen, den strukturellen Wandel zu thematisieren. Man wird zugeben müssen, dass sich die Rede der Macht in der Moderne zu verschweigen begonnen hat. Vielleicht ist es sogar das grösste Manko unserer Zeit, dass die Theorie jedes Talent verloren hat, griffige Bilder für komplizierte Sachverhalte zu finden? Ich eröffne meine Studien darum mit dem besagten *Der Gewalt-* ten Dreieck als Grundmuster, mit drei widerstrebenden Kategorien; jede *diskurs* von ihnen besitzt ihre eigenen Perspektiven und Dispositionen im sel- *findet statt* ben Handlungsspielraum. Im Mit- und Gegeneinander von Stärke, Recht *im Dreiecks-* und Neutralität wird es Scheinlösungen geben, Teillösungen, Kompro- *verhältnis* misse und Koexistenzen. Aber die zwischen diesen Kräften waltende *von Macht,* Energie, sie ist schlechthin identisch mit dem Analysegegenstand: der *Recht und* *Geschichte der Gewalt*. Erst am Ende wird sich zeigen, ob eines der *Neutralität.* Prinzipien, von denen ich ausgehe, fallengelassen werden muss.

20

Der Krieg ist das Geschäft der Gewalt. Die *Geschichte der Stärke* zeigt uns einen Prospekt der kühnen, unstrategemischen Figuren, der unentwegten Heldentaten und der Hinrichtungsregimes, und die Geschichte der Stärke hat uns auf den ersten Blick kaum mehr eingebracht als das kleines zerknittertes Heftchen der eiskalten Regeln gegen die Mitmenschen. Beim zweiten Hinsehen ist die Geschichte der militärischen Stärke dann auch die düstere Geschichte der Bündnisse, der Gruppenrivalitäten, der versteckten oder verratenen Interessen. Sie beschreibt eine endlose Abfolge von Ignoranz, Omnipotenz und Rechtsverdrehungen, von zähen Erpressungen und Schulden. Und dennoch: Die *Geschichte der Stärke* ist keine Geschichte von Defiziten. Sie ist ja auch die grosse Saga von Treue wider Verrat, von Ehrlichkeit wider Übervorteilung, von Pflichterfüllung wider Egoismus. Es ist die ebenso erhebende wie tragische Erzählung der Nationswerdung und der Formierung des modernen Staats. Voll gepackt mit kollektiven Freuden und ebenso vollgepackt mit unverschuldeten Leiden. Und – wie könnte es anders sein – diese Saga ist auch eine Geschichte des Vergessens, der Verdrängung und der Verleugnung. Einerseits wären die Weltkriege ohne die allgemeine Wehrpflicht nicht führbar gewesen. Man hätte sie ohne den Pflichtgedanken nicht beginnen und auch nicht beenden können. Andererseits ist die Botschaft der Massenbombardements – »Nie wieder Krieg!« – weit stärker bei den Siegern als bei den Besiegten angekommen. Die daraus in unseren Breiten folgende und heute immer noch vorherrschende abstrakte, moralisierende Bewertung des Gewaltbegriffs ist intellektuell völlig defizitär. Eine bedingungslose Ablehnung der Gewalt würde ja heissen, alle Revolutionen des 18. und 19. Jahrhunderts abzulehnen, was darauf hinausliefe, sich einem Denken zu unterwerfen, in dem rechtstiftende Gewalt immer noch hinter der staatlichen Gewalt zurücksteht. – Wenn wir nach dem Ursprung des Stärkeprinzips fragen, so empfängt uns ein gewaltiges Tohuwabohu Aggression ist eine sehr häufige Antwort. Aber weder das so genannte Böse[70] noch das männliche Geschlechtshormon Testosteron taugen als brauchbare Erklärungen für den Aggressionstrieb. Und der Aggressionstrieb taugt wieder nur schlecht als Erklärung für die endlose Phalanx der Gewalttaten und Kriege. Die empirisch veranlagten Köpfe werden sich also fast notgedrungen der Geschichte zuwenden. Nach

Die letzten Dinge

---

[70] Konrad Lorenz, 1963

Georges Bataille beginnt das eigentliche Menschheitsdrama in dem Augenblick, in dem sich die ursprünglich rein religiöse Souveränität mit der militärischen Macht verbunden hat: im Königtum. In dieser Perspektive ist die *Geschichte der Souveräne* die Geschichte der Menschheit auf der Suche nach einem Zweck. »Diese Geschichte ist unglücklich«, hat Bataille 1956 gesagt, »aber sie hebt, gerade in der Durchquerung ihrer absurden Irrtümer, die Macht und das Wunderbare jenseits des materiellen Resultats, das die Arbeit sucht, umso deutlicher hervor.«[71] – Man merkt schon, die Frage nach dem Ursprung der Gewalt wird auf diese Weise kaum einfacher. Je weiter man zurückgeht in die Vergangenheit, desto stärker tendiert die Antwort zur Abstraktion. Konträr zu Bataille hält zum Beispiel der Soziologe Wolfgang Sofsky Herrschaft für eine Art Notwehr der Gemeinschaft gegen die Anarchie der Starken. Bei ihm folgt der Gesellschaftsvertrag dem Herrschaftsvertrag. »Alle Herrschaft beruht zuletzt auf Willkür und Todesangst«, so Sofsky 1996. »Absolute und totalitäre Regimes sind keine Verfallsformen. Sie treiben nur ins Extrem, was im Prinzip der Herrschaft ohnehin angelegt ist.«[72] Herrschaft muss demnach zur Gewalt fähig sein, um sich selbst zu erhalten. In diesem Punkt erweist sich Sofsky als echter Hobbesianer. Erst der Verzicht auf Gewalt schaffe die Bedingungen der Möglichkeit von Sozialität.[73] Nach dieser Lehre ist der Gewaltverzicht also quasi Teil des Gesellschaftsvertrags, dem das Gewaltmonopol auf dem Fuss folgt. »Dem Gesellschaftsvertrag folgt der Herrschaftsvertrag.« – In Batailles Denken hat es sich genau umgekehrt zugetragen: Die Macht entspringt nicht einer Vernunft des Kollektivs, sondern läuft ihr gerade zuwider. Herrschaft entsteht durch einen Coup der Starken gegen die Schwachen. Man könnte vielleicht sagen: In diesem Modell tarnt sich der Herrschaftsvertrag anfänglich als Gesellschaftsvertrag – und Revolutionen sind ebenso simple wie nutzlose Versuche, seine hohlen Forderungen einzulösen. – Wie kommt es zu dieser fundamentalen Umkehrung der Perspektiven von 1956 auf 1996? Was ist in diesen vier Jahrzehnten geschehen, um einen solchen Wandel der Einschätzungen zu provozieren? Nun, in Batailles Philosophie der Souveränität spielt der Krieg mit in einer historischen *Komödie der Würde*. Sein gesamtes Denken kreist um die Behauptung der Souveränität und der Willensfreiheit, also um die uneingeschränkte Möglichkeit, Irrtümer zu begehen. Bataille betrachtet die Souveränität als eine nur dem Tod eigene

Ursprung der Gewalt

---

[71] Bataille, Struktur, 50
[72] Sofsky, Traktat, 11
[73] Sofsky, Traktat, 12

Entfesselung. »Der Krieg ist in Wahrheit der grobe Umweg, durch den der moderne Mensch, wenn es möglich ist, an den Einsatz erinnert wird, den wahrzunehmen er sich sonst weigerte: an den authentischen Ruhm, der aus der plötzlichen Gewalt des Augenblicks hervorgeht, aus dem Augenblick, in dem der Tod herausgefordert wird.« So endet die Überlegungen dieser letzten wirklich autonomen Denker des 20. Jahrhunderts wieder bei jenem existenziellen Moment, in dem man erfährt, dass Leben nicht sein muss. Auch Bataille ist es letztlich nicht gelungen, ein basales Herrschaftsverhältnis zu zeigen, weil es das eine basale Herrschaftsverhältnis eben nicht gibt. Bei seinem Versuch, den theoretischen Ursprung der Gewalt auszumachen, folgt Bataille dem mächtigen Wunsch nach Willensfreiheit so stürmisch, dass er die Gewalt zu mythologisieren beginnt. Wir haben bereits vom Tod als der tiefste Erinnerung gesprochen. Bei Bataille folgt nun der Krieg als komplexe Erinnerung an die Herausforderung des Tods. Und es ist ein brutal-lapidarer Nachsatz, den er diesem liebsten seinen Gedanken hinterhergeschickt hat: »Der Rest ist Karikatur.«[74]

Der Aggressionstrieb taugt nicht als Erklärung für die endlose Phalanx der Gewalt.

21

Vielleicht tut man besser daran, auf gewisse letzte Fragen zu verzichten. Vielleicht ist es klüger, einfach die Funktionsweisen der Macht zu studieren. Woran erkennt man die Macht? Daran, dass sie Schutz verleiht, sagen ihre Parteigänger.[75] *Macht ist immer ein Schutz.* Bedenkt man das allerdings näher, wird man sehen, dass dieser Behauptung eine andere vorausgeht. Nämlich die klassische Vorstellung vom Krieg eines jeden gegen jeden. Nach Thomas Hobbes sind die Menschen von Natur aus alle gleich. Denn was die Körperkraft betrifft, so hat der Schwächste gewöhnlich noch genügend Potenz, den Stärksten zu töten – und sei es durch einen geheimen Anschlag, eine List oder ein Bündnis.[76] Aus dieser relativen Gleichheit der Menschen folgt eine gewisse Rationalität der Gewalt. Die allgemeine Chancengleichheit beim Mord ist latent im Bewusstsein immer präsent; sie braucht weder bewiesen noch bewundert zu werden. Ihrer Tatsache bedeutet nichts über die menschliche Existenz hinaus. Nur Idioten hängen der Vorstellung an, Wahrheit und *logos* begännen dort, wo die Gewalt endet. Gewiss,

Rationalität der Gewalt

---

[74] Bataille, Struktur, 58
[75] Jünger, Schriften, 333
[76] Hobbes, Leviathan

Gewalt hat eine entgrenzende Seite, die zum Delirium führt, und sie hat eine fruchtbare Seite, da sich Gewalt ja aus sich selbst reproduziert und damit Kontinuität und Brechenbarkeit gewinnt. Man erkennt diesen Doppelcharakter schon an der Waffe. Denn die Waffe ist es, die die Gewalt ermöglichst und sie zugleich begrenzt; nicht jedes Gerät eignet sich schliesslich für jeden Zweck.[77] – Die Rationalität der Gewalt lässt sich auch an einem Begriff demonstrieren, mit denen wir ganz selbstverständlich hantieren: dem Krieg. Der Begriff Krieg erscheint, wie der Begriff Leben, vorschnell als überproportioniert, eben als Ausdruck für eine ungeheure Sammlung, als eine Megastruktur. Dabei ist er das Ergebnis einer Reduktion. »Krieg – von ihm kann immer so geredet werden, als ob er nur unter zweyen geführt werde«, hat Ferdinando Galiani 1790 gesagt.[78] Zum Krieg gehören also mindestens zwei Parteien, und selbst wenn es mehr sind, gilt alles über die beiden Kriegsparteien Gesagte genauso für alle. Der Kriegsbegriff reduziert die Komplexität eines sperrigen Sachverhalts auf eine sinnvolle Einheit der Kommunikation. Bei solchen Vorgängen verflechten sich Sprache und Geist zu zwei Komponenten ein und desselben normativen Struktur. Diese Struktur verwandelt die Welt, die vorher von zufällig und willkürlich wandelnden Geistern und unerforschlichen Kräften erfüllt war, in eine Welt, die von Gesetzen beherrscht und deshalb auch vom Verstand erforscht und begriffen werden kann. In diesem Sinn ist eine Kritik der Gewalt immer auch die Philosophie ihrer Geschichte.[79] – Woran also erkennt man die Macht, wenn nicht am Schutz, den sie bietet? Daran, dass sie die Anarchie der ursprünglichen Gewalt diszipliniert, werden die Anhänger der Ordnung sagen. *Macht ist immer wachsende Ordnung.* Tatsächlich verläuft der Prozess der Zivilisation scheinbar nur in eine Richtung. Speziell der streng intra-exogene Charakter der westlichen Zivilisation scheint soweit fortgeschritten, dass sich die Kriegshandlungen immer mehr den Händen von Zentralmächten konzentrieren. Geradlinigkeit – Fortschritt – Purifikation. Wir denken, nach und nach werde der Gesellschaftskörper von den kriegerischen Beziehungen gesäubert. Ein Aussonderung der Gewalt sei im Gang. Tatsächlich ist es in den letzten zwei Jahrhunderten ja zu einer Art Verstaatlichung des Kriegs gekommen. Der stärkste internationale Spieler, die USA, ist heute militärisch so erfolgreich, dass sich das positivistische Grundbild einer Expansion zum Guten hin einstellt. Wir denken, die westliche Zi-

Kulturelle Konfigura- tion

---

[77] Sofsky, Traktat, 29
[78] Galiani, Recht, I, 15
[79] »Die Kritik der Gewalt ist die Philosophie ihrer Geschichte.« Benjamin, Kritik, 63

vilisation hätte seit der Antike eine Zeitspanne von Prüfungen durchlaufen: von der athenischen Demokratie, also der griechischen Klassik, über die rousseausche Dimension der Freiheit bis zur bevorstehenden globalen Durchsetzung der Menschenrechte. Wettbewerb und Kampf hätten zu einem geregelten Miteinander oder wenigstens zu einer Monopolisierung der Gewalt in den Händen der Mächtigsten geführt. – Aber Achtung! Diese soziale Kosmologie erfüllt eine wichtige Funktion im täglichen Leben – sie ermutigt uns zur selbstbewussten Zukunftsgestaltung. Doch täuschen wir uns nicht: Als modernes Weltgefühl ist diese Vorstellung bloss eine Ausdrucksideologie wie der Liberalismus oder der Kommunismus.[80] Der Streit zwischen westlichem Wertekanon und fundamentalistischen Kulturen ist zu einem beträchtlichen Teil eine Selbsttäuschung der reichen Nationen über ihre eigene Historizität. Das Schreckgespenst eines neuerlichen asiatischen Despotismus ist eine Angstprojektion, an der sich die liberale Kultur selbst aufrichtet. Und der Pazifizierungsgedanke ist wenig mehr als das aktuelle Bewusstsein einer von den Industrienationen erwünschten Tendenz der zukünftigen Zivilisation. Er ist die alte Suche nach den reinen Stoff, nach Katharsis, in einer neuen globalitären Kostümierung. Der Gedanke, dass Macht eine wachsende Ordnung sei oder diese wenigstens garantiere, dieser Gedanke mag beruhigen. Konsequent zu Ende geführt, erlebt er ein Waterloo. So wenig wie es das eine basale Herrschaftsverhältnis gibt, sowenig kann eine gesellschaftliche Ebene wie die Ökonomie oder die militärische Ordnungsgewalt ihre Logik und Gesetzmässigkeit umstandslos dem Rest der Gesellschaft aufzwingen. Leicht möglich, dass es eine makrogeschichtliche Konfiguration gibt, eine potentiell globale Zeit- oder Raumauffassung, die, wie Johan Galtung meint, den Inneren Westen zum Opfer seines äusseren Erfolgs macht.[81] Doch ein Beweis dafür steht noch aus. Sicher ist bisher nur, dass es die relativ autonom zur Ökonomie stehenden Politik- und Ideologieverhältnisse sind, welche die Marktgesellschaft durch ihre geschichtlichen Perioden hindurch so felsenfest und beständig machen.

Wir denken, nach und nach werde die Gewalt aus dem Gesellschaftskörper ausgesondert.

22

Wir berühren hier eine für die Gegenwart schwerwiegende Frage. Arbeit, Beschäftigung und Produktionstechnologie haben ganze Genera-

Gewalt der Formalisierung

---

[80] Seidel, Bewusstsein, 197
[81] Galtung, Macro-History and Western Civilisation

tionen von Historikern und Historikerinnen auf das Innigste fasziniert. Aber die physikalische Macht neigt sich mehr und mehr dem Ende zu. Seit den Achtzigern ist es zu einer gängigen Münze geworden zu sagen: Die Ökonomie der physischen Produktion werde abgelöst durch eine immaterielle Ökonomie der Information, dominiert vom quartären Sektor.[82] Mittlerweile ist diese Münze durch häufigen achtlosen Gebrauch schon wieder ganz abgegriffen; wertlos ist sie noch nicht. Der eminent konstruktive Charakter der Macht lässt sich schwerlich leugnen; ihr neues Konstrukt hat allerdings weder ein Mehr an Ordnung noch an ein mehr Untertänigkeit produziert. In Vielem gleicht die neue Ordnung eher einem wimmelnden Chaos als der Aussonderungsgesellschaft des 20. Jahrhunderts. Allein, das besagt nicht viel. Die Gegenwart hat ihren eigenen Opportunismus hervorgebracht. Sie liebt die technologische Zurichtung des Individuums. Unser modernes Zusammenleben ist geprägt von Steuerungsprozessen nach formaler Logik, von narzisstischer Selbstdisziplinierung und der Überführung der Deutungs- und Verhaltensautonomie in eine Programmgewalt. Organisationstechnologisch ist der Grad der Grausamkeit dabei identisch mit Grad und Art der Formalisierung. Manchmal freut uns das sogar. Manchmal möchten wir jubelnd begrüssen, dass der Einsatz der rohen Gewalt endlich auf die Kinoleinwand verbannt wird. Aber das ist natürlich naiv; unter dem Strich ist ja auf der Ebene des Zusammenlebens die Gewaltmenge durch die Verfeinerung der Macht nur gewachsen. Woran also erkennt man Macht, wenn sie weder Schutz bietet, noch das Anwachsen einer inhaltlichen Ordnung gewährt? Macht ist immer eine Relation, werden die Schlauköpfe sagen. Und das ganze Verfahren der Kriegswissenschaft immer noch das, was es von Anfang an war: die Auflösung des Problems des *maximis et minimis* – die Auflösung des Problems des Äussersten und des Geringsten, also die Frage nach der Verhältnismässigkeit von Gewalt.[83] Vieles spricht für diese Annahme. Bleibt man nicht dem Feind, so arg er auch sein mag, durch bestimmte ewige Banden verbunden, weil er doch ein Mensch ist wie wir selbst? Ja, so ist es. Verhältnismässigkeit von Gewalt, das heisst: Wenn es genügt hundert zu töten, dürften nicht tausend getötet werden. Hier begegnet uns wieder die schwer fassliche und noch viel schwerer zu diskutierende Rationalität der Gewalt. *Macht ist immer eine Relation.* Eine sehr verführerische Definition; doch sie ignoriert die Bestimmung der

Macht ist eine Relation

---

[82] Yann Moulier Boutang, in: Negri/Lazzarato/Virno, Umherschweifende Produzenten, Berlin 1998
[83] Galiani, Recht, I, 28

Macht, ja bestreitet glatt ihre Zielgerichtetheit hin auf eine Herrschaft. Auf dieser Linie scheint ein guter Krieg genauso möglich wie ein schlechter Frieden. Sicher, in unzähligen Fällen der Menschheitsgeschichte ist der Friede an mangelnder Vorstellungskraft gescheitert. Manchmal war es aber auch umgekehrt. Der Mangel an Vorstellungskraft ist vielleicht sogar der älteste Mechanismus des Kriegs. Aber in wenigen selten Fällen war er blockiert und hat trotzdem nicht zum Abschlachten geführt. 1945 bis 1989 waren apokalyptische Atomkriegsszenarien praktisch jedem Schulkind geläufig; es herrschte kein Mangel an Vorstellungskraft. Doch in dieser Periode hat gerade die Fantasie den Flug des Tigers gebremst. Man könnte nun einwenden, in der Periode des Kalten Kriegs seien zwar die hochgerüsteten Kräfte im Zentrum nie in Bewegung geraten, was stimmt. Aber der Ost-West-Konflikt habe den ganzen Planeten trotzdem mit einem kriegerischen Manichäismus überzogen, wie ihn die Welt bis dahin nicht gekannt hat. Man wird eingestehen müssen, dass der Tiger vielleicht nur im Sprung gebremst worden sei und der lange Anlauf ihm zugleich Flügel verliehen hat. Es lässt sich kaum bestreiten, dass Gewalt zunächst wieder Gewalt erzeugt und dadurch Rationalität gebiert. Die modernen Raketenabwehrsysteme der Grosstaaten bleiben immer an eine logisch-rationale Befehlskette gebunden. Doch am Rand des Gewaltsyndroms, da toben weiter unheilvolle Kräfte, da wächst die Lust Tyrannei auszuüben und die Lust ausgeübte Tyrannei zu erdulden ins Unermessliche. Sagen wir so: Der Krieg ist eine Institution, und wie bei allen Institutionen ist sein erstes Ziel der Selbsterhalt. Wir glauben, dass wir Krieg führen oder dass wir Krieg verhindern, doch in Wahrheit führt der Krieg uns oder lässt uns gewähren. Alle Gewaltprozesse haben eine Eigendynamik, entwickeln eine Eigenmacht, die durch Akteure nur begrenzt zu steuern ist. Was zeigt Shakespeare in *Troilus und Cressida*? Er zeigt zwei Völker, die dem Untergang entgegenschreiten, nicht aufgrund einer grossen Staatsaffäre, sondern aufgrund einer ganzen Reihe von banalen selbstsüchtigen Taten einzelner Menschen.

Der Kriegsdiskurs untersucht das Problem der Verhältnismässigkeit von Gewalt.

23

Über den Ursprung des Rechts lässt sich leichter sprechen. Nach Georges Sorel ist alles Recht *Vorrecht* der Könige und der Mächtigen gewesen. Es ist eng mit Moral und Sittlichkeit verbunden. Moral und Sittlichkeit sind allerdings von sich aus unvermögend zu bewirken, dass Recht Recht oder Recht *nicht* Recht sei. Moral und Sittlichkeit sind nur

Ursprung der Regularien

in der Lage, Gewissen und Willen zu formen, die so fortwährend in der Geschichte des Rechts wirksam bleiben. Ja Gewissen und Willen müssen sogar, um überhaupt wirksam zu werden, erst die Form des Rechts, der Macht oder des Nutzens annehmen.[84] Kaum erschaffen, sieht sich das Rechtsprinzip also einem uralten Menschheitsproblem gegenüber: dem Widerspruch zwischen Moral, Politik, Sittlichkeit und Macht. Auf die Frage nach der Mitte zwischen diesen Kräften gibt es für Benedetto Croce keine andere Antwort, als dass »alle jene gegensätzlichen und miteinander kämpfenden Einrichtungen gleicherweise die menschlichen Werte verkörpern und zugleich nicht verkörpern: alle tragen Recht und Unrecht in sich, alle sind wert verteidigt zu werden und ebenso wert zugrunde zu gehen.« Recht ist ganz offenkundig rein nicht zu haben; es scheint immer eine Beimischung zu oder ein Ergebnis von anderen Phänomenen zu sein, mal vorhanden als drollige, dann wieder als schaurige Vernunft. Bleiben wir gleich bei Croce. Seiner Ansicht nach ist die Vernunft genauso veränderlich wie die Anwendung der Gesetze zwischen den Staaten. »Das Recht ist in sich selbst Kampf und Krieg, oder ein Zwischenspiel von Kampf und Krieg, und es vermag den Krieg nicht abzuschaffen, ohne sich selbst abzuschaffen.«[85] Möglich, das dieser

Rechtsetzung Gedanke auf manche ungestüm wirkt; Croce erachtete die Philosophie
ist Macht- nun einmal für gleich unersättlich wie die Geschichte, die sämtliche
setzung Parteien anerkennt und sämtliche verwirft.[86] Nun, egal. Hier ist es vorerst nur wichtig, dass es das eine ohne das andere nicht geben kann: Recht und Gewalt. Rechtssetzung ist Machtsetzung und insofern ein Akt von unmittelbarer Manifestation der Gewalt. Unter dem Gesichtspunkt der Ordnung, welche das Recht allein garantieren kann, gibt es keine Gleichheit, sondern bestenfalls gleich grosse Gewalten, lässt uns Walter Benjamin wissen.[87] Croces Pessimismus weit hinter sich lassend sieht Benjamin Stärke- und Rechtsprinzip in einem zirkulären Spiel gefangen. In diesem Kreislauf enthält die rechtserhaltende Gewalt immer noch die ursprüngliche oder rechtsetzende Gewalt. Durch die Unterdrückung feindlicher Gegenkräfte allerdings schwächt die rechtserhaltende Gewalt indirekt die rechtsetzende, die in ihr repräsentiert ist. Merke: Recht ist ein Zwischenspiel, bei dem die konstituierende in der konstituierten Gewalt erhalten bleibt. Diese Wirkung währt nach Benjamin so lange, bis entweder neue Gewalten Überhand gewinnen oder

---

[84] Croce, Randbemerkungen, 131
[85] Croce, Randbemerkungen, 129
[86] Croce, Randbemerkungen, 41
[87] Benjamin, Kritik, 58

die alte rechtssetzende Kraft über die verwaltende siegt. Ein bestechender Gedanke! Der deutsche Philosoph nennt diesen Prozess den »Umlauf der Gewalt im Bann der mythischen Rechtsformen«, und er rückt damit – wie bald darauf Bataille – sein Denken in die Nähe einer Mythologisierung der Gewalt. Ein Satz spricht es offen aus: »Gerechtigkeit ist das Prinzip aller göttlichen Zwecksetzung, Macht das Prinzip aller mythischen Rechtssetzung.«[88]

GEWALT
ursprüngliche	sichernde
rechtssetzende	rechtserhaltende
rechtsstiftende	machtstützende
konstituierende	konstituierte
mythische	verwaltende

Wohl erklärt Benjamin im Anschluss die mythische oder rechtsetzende Gewalt für verwerflich. Aber er nimmt auch die zweite Form der Gewalt – die rechtserhaltende oder verwaltende, die ihr dient – aus dieser Wertung nicht aus. Was bedeutet das? Es bedeutet, dass Benjamin letztlich auf eine Durchbrechung des Gewaltumlaufs setzt, auf einen Bruch mit der Logik der Waffen, der ein neues geschichtliches Zeitalter begründen sollte.[89] Diese Hoffnung hat sich nicht erfüllt. Das schmälert nichts an Benjamins Leistung; aber es nimmt ihr doch etwas von ihrer Brisanz. Das Verhältnis von Recht und Gewalt lässt sich nur näher bestimmen, wenn man auch den Rechtsgedanken problematisiert. Nur Kurzsichtige und Taube werden im Rechtsprinzip eine objektive Deutungskompetenz erkennen. Was zum Beispiel ein Angriff ist, das lässt sich juristisch nicht so ohne weiteres bestimmen. Wichtig ist darum die Frage, wer im konkreten Fall darüber entscheidet, ob nun etwas ein Angriff, ein Krieg, ein Bedrohung ist oder nicht.[90] Die Deutungskompetenz des Juristen fusst also auf Deutungsgewalt. Ein reines Recht ist der schwärzeste politische Witz der Geschichte, ein Witz, den der Humanitarismus halb bewusst und halb naiv in Umlauf gesetzt hat. Ich will damit das Völkerrecht und seine Bemühungen nicht abwerten. Cora Stephan, eine bedachte Leserin Carl Schmitts, hält die Hegung des Kriegs sogar für die wesentliche Leistung des europäischen Völkerrechts. Aber die Regularien sind alle auf Sand gebaut: Sie vertrauen

---

[88] Benjamin, Kritik, 57
[89] Benjamin, Kritik, 63
[90] Schmitt, Problem, 15

vollkommen auf die Rationalität der Gewalt. Die Haager Landkriegsordnung zum Beispiel enthält einen hübschen Katalog erlaubter Kriegslisten.[91] Das ändert freilich nichts daran, dass auch unerlaubte Listen angewandt werden; schliesslich gehört es zum Wesen der List, Regularien zu umgehen. Die Landkriegsordnung macht den Falschspieler im Krieg nun gleich doppelt schlau: gegenüber dem Gegner und gegenüber dem Kriegsrecht. Die himmelschreiende Schwäche des Rechtsprinzips liegt also in seiner praktischen Ohnmacht. Es bedarf viel guten Willens, damit eine Charta zustande kommt, aber es bedarf – wo der Wille fehlt – der Stärke, um sie zu schützen oder ihr zum Durchbruch zu verhelfen. Dass er sich machtblind an der Regularität orientiert, das hat der vehemente Völkerbund-Kritiker Carl Schmitt für den »entscheidenden Irrtum dieses ganzen Pazifismus« gehalten. So unangenehm es vielleicht sein mag, das zuzugeben, aber in diesem Punkt haben die Befürworter der militärischen Stärke stets recht behalten gegen das Hissen der weissen Fahne. »Es war ein grosser Irrtum der Pazifisten zu meinen, dass man den Krieg bloss abzuschaffen brauche[92], dann wäre der Friede schon da.«[93]

Konstituierende Gewalt bleibt in der konstituierten Gewalt weiter erhalten.

24

Vom Los der Zuschauer

Eine Geschichte der Macht ist ohne die Geschichte der Ohnmacht nicht zu haben. Damit rücken Moral und Politik wieder zurück in das Untersuchungsfeld, aus dem wir sie für einen Augenblick verbannt haben. Croce hat das ethische Problem auf dem Feld der Antithesen überhaupt für unlösbar erklärt. »Man hat sich von einer Seite zu anderen gewandt, oder ist erschöpft in der Mitte verblieben, kummervollen Blicks das Los des Menschen betrachtend, der zur Unreinheit und Unsittlichkeit verdammt ist. Es ist unnötig zu sagen, dass die wahre Reinheit gerade in diesem Bewusstsein der Ohnmacht, in diesem trostlosen Hinnehmen dessen, was als schlecht erkannt wird, liegt. Weit besser ist es, sich von einem zum andern entgegengesetzten Grundsatz zu schlagen, was, wenn schon nichts anderes, doch etwas Tragisches hat.« Diese Sätze sind von Croce im Jänner 1915 notiert worden,

---

[91] Zusatzprotokoll zu den Genfer Abkommen, 1949
[92] dabei dachte man an den regulären Krieg des 19. Jahrhunderts zwischen europäischen Landheeren
[93] Zit. n. Schickel, Guerrilleros, 13

als Italien nach monatelangem Zögern in den Ersten Weltkrieg einge- *Zwischen*
treten ist.[94] Trostloses Hinnehmen oder tragisches Sich-auf-eine-Seite- *zweyen*
schlagen? – Damit ist das ewige Dilemma des unbeteiligten Dritten *Partheyen*
schon hinreichend umrissen. Wie jedes Verhaltensproblem hat auch das
des Dazwischenstehens in Konflikten eine lange und geistreiche Geschichte. *Von der Neutralitet und Assistenz in Kriegszeiten*, hiess etwa
ein sonderbarer Traktat von 1625, der die Alternativen schon im Titel
führt. Wie die Philosophie der Stärke und die Philosophie des Rechts
ist eine Konstanz auch dieser Thematik seit Jahrhunderten vorhanden.
Neutralität hat unter verschiedenen Verhältnissen ganz verschiedene
Begründungen, Ausprägungen und Praktiken erfahren. Eine unmöglich überschaubare Flut politischer und wissenschaftlicher Äusserungen
machen es dem Laien nicht gerade einfach, zu einem grundlegenden
Verständnis der Neutralitätsposition zu finden. In der reichhaltigen Literatur zum Thema habe ich einen wuchernden Wald von Adjektiven
vorgefunden. So kann Neutralität in politischen und völkerrechtlichen
Schriften auf mindestens 88 verschiedene Arten beschaffen sein: *absolut, aktiv, alt, auferlegt, aufgezwungen, ausserrechtlich, bedingt, bedingungslos, begünstigend, bewaffnet, dauerhaft, dauernd, differentiell, differenzial, differenzierend, dynamisch, echt, einfach, einseitig, entmilitarisiert, eventuell, ewig, faktisch, formal, freiwillig, frühneuzeitlich, garantiert, gefährdet, gelegentlich, gewissenhaft, gewöhnlich, ideologisch, immer während, intakt, integral, klassisch, kollektiv, kooperativ, militärisch, moralisch, negativ, neu, nichtmilitärisch, obsolet,* *Das*
occasionel, oktroyiert, ordinär, passiv, pazifistisch, peinlich, permanent, *Verhaltens-*
perpétuel, positiv, postmodern, praktiert, qualifiziert, rechtlich, relativ, *dilemma des*
restriktiv, sektoriell, selbstgewählt, simpl, sozialistisch, ständig, streng, *unbeteiligten*
strikt, tatsächlich, teilbewaffnet, temporär, total, traditionell, unbedingt, *Dritten hat*
unbestechlich, unbeugsam, unbewaffnet, ungeteilt, unparteiisch, un- *eine lange*
vollständig, verteidigt, vertraglich, völkerrechtlich, vollständig, vor- *geistreiche*
modern, vorübergehend, wahr, wehrhaft, wirtschaftlich, wohlwollend. *Geschichte.*

25

Zu dieser Sammlung wird noch Einiges zu sagen sein. An dieser Stelle *Nutzen und*
nur soviel: Auch wenn man alle Synonyme sorgfältig abzieht, bleibt *Ungemach*
immer noch ein stattliches Dutzend von Ausdrücken übrig, die ein brei-

---

[94] Croce, Randbemerkungen, 37

Bis zum Donnerschlag tes Bedeutungsspektrum umfassen. Man könnte einwenden, dass diese Differenzierungsfähigkeit eines Begriffs kein Wunder sei, die Praxis der Neutralität habe eben immer schon viele Nuancen gekannt. Man könnte meinen, Ausdrücke wie *immer während* und *ewig* seien Kategorien der Theologie, keine des Rechts oder der Politik. Stimmt alles – aber der Einwand zielt an einem wesentlichen Punkt vorbei. Niemand sucht ja nach einer Neutralität an sich; ihre Existenz ist total abhängig von einem Konflikt und den Vorstellungen, ihn zu überwinden. Dass staatliche Neutralität dabei am Rechtsdiskurs partizipiert, aber nicht in ihm aufgeht, dass sie nach Eigenmacht trachtet, aber die Judikatur nicht verachtet, das erst macht ihre Besonderheit aus. Der Wunsch nach Neutralität ist abhängig von einem ganz realen Konflikt; die konkrete Formulierung der Neutralität aber vom strukturellen Widerstreit des Gewalt- und des Rechthorizonts. – Heinz Gärtner hat 1997 einen »politischen Begriff der Neutralität« in Österreich eingefordert. Schliesslich muss es selbst dem Laien auffallen, dass hierzulande die Befürworter einer militärischen Neutralität nur die ungeliebten Reste einer lebendigen Nachkriegskultur verwerten. Erstaunlicherweise ist der Griff nach den Reserven in den Köpfen bisher ausgeblieben. Die Anhänger einer österreichischen Neutralität haben noch nicht einmal gelernt, ihre eigene Geschichte zu verteidigen. Warum? Nun, wie sich im Rückblick zeigt, taugt das N-Prinzip tatsächlich wenig zur Ethik, da es mehr der politischen-pragmatischen als der moralischen Sphäre verbunden ist. Man kann daraus schwerlich eine doktrinäre Haltung ableiten. Nun ist es aber ohnehin das Wesen des Politischen, dass es stets im Bedingten existiert. Wer in der Politik Erfolg haben will, kann nicht immer moralisch handeln. Und wer sich umgekehrt immer moralisch einwandfrei verhält, ist in der Politik zum Misserfolg verurteilt. »Politik kann immer nur von und mit Menschen gemacht werden, die mit sich reden lassen. Sie ist die Nachgiebigkeit scheinbar unnachgiebiger Überzeugungen, Interessen, Haltungen. Sie ist ein lautes Entweder, das sich auf ein leises Oder eingestellt hat.« Das wusste ausgerechnet ein Zeitgenosse der Dreissigerjahre zu sagen. Mit diesen Worten hat der österreichische Schriftsteller Franz Blei seine fulminante Studie über den französischen Staatsmann Talleyrand eröffnet. Blei hat den Text »in Freundschaft und Verehrung« Carl Schmitt gewidmet. Dabei ist der Literat mit seinem klugen Begriff des Politischen 1932 bereits in einer ähnlich aussichtslosen Position gegenüber seiner Zeit gestanden wie es heute die Verteidiger der Neutralität gegenüber der Zukunft sind. Als Franz Blei über das Manuskript gebeugt sass, zuckten bereits die Blitze vom Himmel. Mit Bangen zählte er die Sekunden bis zum Donnerschlag.

Das Neutralitätsprinzip taugt nicht zur Ethik, da es der politischen Sphäre verbunden ist.

Danksagung

An dieser Stelle möchte ich mich bei jenen, die zum Gelingen dieses Werks beigetragen haben, aufrichtig bedanken. Allen voran DI Eva Obermayr und Dir. Dipl.Oec. Johann Pesti. Des weiteren Dr. Dieter Bandhauer, Ing. Wilfried Blaschnek, Reinhardt Buess, Dr. Lois Ebner, Dr. Hubert Ch. Ehalt, Robert Gratzer †, Mag. Andrea Hurton, Richard Jurst, Eva Kellermann, Mag. Thomas Keul, Franz J. Kolostori, Dr. Barbara Lichtblau, DI Kurt Lichtblau, Dr. Bernhard Martin, Dr. Michael Schippan, Mag. Heinz Schmid, Dr. Peter Schuster, DI Konrad Spindler, Dr. Wolfgang Stangl, Dr. Peter Steyrer, Christian Skreiner, Dr. Robert Pfaller, Dr. Meinrad Pizzinini, Prof. Lojze Wieser und Harald Wosihnoj.

GEWALT DES MYTHOS
Georges Sorel im politischen Diskurs

HARMONIE

Verschmelzung, mystische Teilhabe. Die Gedanken der Menschen des 18. Jahrhunderts sind durchtränkt von der bewussten und unbewussten Identifizierung von Oben und Unten, von König, Bauer und Bettelmann, von Individuum und Kollektiv: *Participation mystique*. Der wirksamste Teil dieser Identifikation erfolgt bewusst und die Hauptrolle dabei spielt die überlieferte Erzählung, der Mythos. Aus diesem Grund ist in der *Geschichte der Gewalt* viel von Mythen die Rede. Vom Mythos einer aussergewöhnlichen Herrscherin, vom Mythos des grausamen Balkans. Von Gedanken, die man über Generationen weiterreicht, ohne dass sie je exakt fassbar werden. Auf den ersten Blick mag es erscheinen, als handle es sich bei diesem Denken bloss um ein Frühstadium der menschlichen Gesellschaft. Denn mit der Aufklärung modernisiert sich ja die Vorstellung der Menschen von der sie umgebenden Welt. Die Objektivität der Zivilisierten ist jetzt eine des Bewusstseins, das an nichts mehr teilhat. Das moderne neuzeitliche Bewusstsein ist Bewusstsein als Trennung, als Dualismus, Distanz und Definition; Bewusstsein, das von der Verneinung beherrscht wird.[1] Erstaunlicherweise hält das ältere Denken in Bildern aber Schritt mit dieser Entwicklung. Der Wunsch nach Verschmelzung aktualisiert sich und hat bald viele neue Auftritte: als Mythos der Befreiung, als Mythos der Nation, als Mythos der sozialen Demokratie, als Mythos vom gütigen Herrscher, als Mythos von der Insel der Seligen, als Mythos vom gemeinsamen Leiden und als Mythos vom planetarischen Dorf. Die Menschheit bringt zwar eine vernunftgeleitete Wissenschaft hervor, aber sie kann das wunschgeleitete Denken des Mythos dabei nicht loswerden. Der ewig wiederkehrende Mythos ist ein überhistorischer Archetypus, eine uralte Geschichte. Wenn wir diesem Befund klar ins Auge sehen, werden wir das Phänomene genauer studieren müssen. Also, was wissen wir über den Mythos? Wir wissen einmal, dass jeder Mythos wahr und unwahr zugleich ist, jede Interpretation eines jeden Mythos hat Recht. Der Sieg des einfachen Manns über die gepanzerten Ritter ist ebenso eine mythologische Tatsache wie die Legende von der Lebensunfähigkeit

Eine uralte Geschichte

Spiegel der Gemeinschaft

---

[1] Brown, Love's, 221

der Ersten Republik Österreich. – Treten wir einen Schritt weiter zurück und fragen wir nach den Bedingungen des Begriffs. Als Mythos – im Griechischen das *Wort*, die *Erzählung* – bezeichnen wir im weitesten Sinn jede Überlieferung, die es mit numinosen Kräften zu tun hat. Für die Menschen der traditionsgebundenen Kulturen ist nur diese eine Art der Reflexion möglich: die Selbstbespiegelung in den mythischen Wassern, in der festgefügten Weltordnung, so wie die Gesellschaft, der sie angehören, sie versteht.[2] Jede Gemeinschaft kann so lange ihren Zusammenhalt bewahren, wie es ihr gelingt, unter den Einzelnen, aus denen sie sich zusammensetzt, das unbestimmte Bewusstsein der Teilhabe an ihrer eigenen Unsterblichkeit wach zu halten. Sie kann ihre Einheit schützen, solange sie alle neuen Errungenschaften dem gemeinsamen Erbe zu integrieren weiss. Auf diesem geheimnisvollen Weg wird der besondere Charakter einer gegebenen Kultur, einer so und nicht anders beschaffenen Ordnung, von Generation zu Generation weitergereicht. Die mündliche Überlieferung hält im Geist aller Menschen einer Gemeinschaft den Mythos lebendig. Der französische Soziologe Jean Servier spricht vom Traum einer grossen Harmonie, vom »Mythos als geometrischen Ort aller Institutionen, aller Glaubensüberzeugungen, aller Techniken, der jede neuerliche Infragestellung der ein für allemal durch die Gesellschaft festgesetzten Werte unmöglich macht«.[3]

Mythos muss umfassend verstanden heisst weder Kenntnis vom Mythos noch Bekenntnis zum Mythos.

THEORIE

Georges Sorel Waren gesellschaftliche Mythen je mehr als Formen totaler Vereinnahmung? Um diese Frage zu klären, möchte ich auf eine der schillerndsten Gestalten des 19. Jahrhunderts zu sprechen kommen: Georges Sorel. Dieser Denker ist nicht leicht einzuordnen. Wladimir Iljitisch Lenin wird seine Schriften ebenso studieren wie Benito Mussolini. Seine beiden bedeutendsten Bewunderer in Italien werden zwei aufrichtige Konservative sein: Vilfredo Pareto und Benedetto Croce. Kritik an Sorel kommt von allen Seiten und in beinahe jeder erdenklichen Kombination. Der Spanier Ortega y Gasset wird in Sorels Lehre den Beginn von Bolschewismus und Faschismus gleichermassen vermuten. Der Gewaltforscher Sven Papcke wird ihn als »Überleninisten« abkanzeln. Der Liberale Norberto Bobbio wieder neigt eher zur Ansicht, in Sorel den intellek-

[2] Servier, Traum, 13
[3] Servier, Traum, 13

tuellen Vater des Faschismus allein zu sehen. Was ist das also für einer, den Lenin einen »Scharlatan« und wieder andere einen »Überlenin« nennen können? Georges Sorel, geboren 1847, soll jansenitische Vorfahren gehabt haben. Zur Zeit der Pariser Kommune arbeitet er als Strassenvermesser in Korsika. Fünfundzwanzig Jahre fast völliger Isolation vom pulsierenden französischen Geistesleben lassen in ihm einen unerhört vielfältigen Autor reifen. Über sein Privatleben ist wenig bekannt. Von 1875 an lebt Sorel als Beamter mit seinem Zimmermädchen zusammen, und obwohl sie mehr als zwanzig Jahre ein Paar bleiben, sollten sie nie heirateten. 1892 scheidet Sorel im Alter von fünfundvierzig Jahren automatisch aus dem Staatsdienst. Man hängt ihm den Orden der Ehrenlegion um den Hals, doch der Geehrte weigert sich die staatliche Pension anzunehmen.[4] Bis dahin ist er ein konservativ-liberaler Gelegenheitspublizist wie viele andere auch. Mit seinem Ausscheiden aus dem Staatsdienst wendet sich Sorel aber plötzlich der Linken zu und tritt gemeinsam mit Paul Lafargue, dem Schwiegersohn von Karl Marx, für einen orthodoxen Marxismus ein. Dabei wird es nicht lange bleiben. Sorel, der keiner Partei oder Gruppe je angehört, wechselt mehrmals seine politischen Präferenzen. Entsprechend verspotteten ihn seine Gegner reihum als Marxisten, Traditionalisten, Bergsonianer, als reformistischen Syndikalisten, als enttäuschten Dreyfus-Partei-Anhänger und Bundesgenossen der Nationalisten, schliesslich noch als Monarchisten oder einfach als Moralapostel von eigenen Gnaden. Im letzten Stadium seines Wirkens versucht Sorel 1910 mit jungen Neoroyalisten eine konservative Zeitschrift ins Leben zu rufen. Erfolglos, wie alles, was er praktisch anpackt; wirksam sind nur seine theoretischen Leistungen, die er in wenigstens vier Rollen erbringt. *A/ Als Revolutionär:* Sorel verabsolutiert den subjektiven Willen in den Kämpfen der Arbeiterbewegung. Und er wird in der Folge zum ersten Theoretiker, der das historische Phänomen des Reformismus der Arbeiterparteien, ihre Tendenz zur so genannten Verbürgerlichung und Aristokratisierung sowie die Kanalisierung revolutionärer Strömungen im ruhigen Bett der parlamentarischen Demokratie schonungslos anprangert. *B/ Als Ästhet:* Sorel verachtet die Intellektuellen, deren er selber einer ist. Die politische Opposition soll von »spartanische Helden« angeführt werden; angstlos, erhaben und männlich. Hier kommen asketische und martialische Männerphantasien ins Spiel. *C/ Als Moralist:* Die Kritik der Industriegesellschaft führt Sorel zur pauschalen Ablehnung von Demo-

Kraft des Opfers

---

[4] Portis, Sorel, 15

kratie und Politik. Der wilde Marxist predigte eine *neue Ethik*. Er fordert Sittenstrenge, inklusive Keuschheit, er verlangt den redlichen Revolutionär, der nur für die eine Sache lebt und sich aus Solidarität für andere aufopfert. Die Aufrührer sollen einen Mönchsorden bilden und das Urchristentum als Vorbild für ihre Organisation nehmen. Sie sollen das Selbstbewusstsein der Armen und den Willen zur Veränderung miteinander vereinen wie die Leiden Christi im Zeichen der Sakramente. *D/ Als Mythologe*Sorel verteidigt den Radau, mit dem die Habenichtse seiner Zeit sich Luft machen. Er verteidigt Arbeiter, die spontan eine Fabrik besetzen; Soldaten, die gemeinsam ein Kommando ignorieren. Er gibt sich überzeugt davon, dass aus der Plötzlichkeit des Augenblicks, aus der Spontaneität und Massenhaftigkeit des Protests, eine neue Kraft entsteht. Um das Bestehende zu verändern, brauche es keine Utopien, keine mit Pastellfarben ausgemalten Paradiesbilder, wohl aber einer mythischen Gegenwelt aus Zeichen und heldenhaften Figuren. Man denkt hier unwillkürlich an Pëtr Kroptkins Wort, wonach die Geschichte von Paris geschrieben sei, jene des Dorfs aber nie ernstlich angefangen wurde. Das bezog sich auf die Französische Revolution. »Das Pamphlet, das Flugblatt, drangen nicht bis in die Dörfer; der Bauer konnte in jener Zeit beinahe nicht lesen. Nun, es war durch das gedruckte und oft nur roh gekritzelte *Bild,* welches einfach und allgemein verständlich ist, dass sich die Agitation vollzog. Einige Worte neben ungeschickt gezeichneten Bildern hingemalt – und in der Einbildung des Volks entstand ein ganzer Roman über den König, die Königin, die Grafen… *jene Vampyre, die das Blut des Volkes aussaugen*.«[5]– Solche Erinnerungen meinen etwas völlig anderes anderes, als die Arbeitersamariter des 19. Jahrhunderts predigen. Mit der blossen Einsicht in die Notwendigkeit der Überwindung der Untertanenmentalität komme man nicht weiter, sagt Sorel. Sein Sozialismus will neue Triebkräfte des Menschen finden: die Macht der Begeisterung, des Opfermuts, der Entsagung, das Erhabene und die Selbstlosigkeit. Sorel wird im späten 19. Jahrhundert alle existenziellen Fragen auf kulturellem, gefühlsmässigem und affektivem Gebiet ansiedeln. Es brauche einen *Mechanismus,* beschwört er, der fähig sei, die Entfaltung der Moral zu garantieren.[6] Ein solcher Mechanismus sei zum Beispiel die mythologische Funktion des Generalstreiks. Sorel verherrlicht die Gewerkschaftsbewegung in glühenden Worten. Sorel glorifiziert ihre Aktionen und Aufmärsche, alles, was die Strasse in Bewegung bringt. Die Syndikate sollen den Gedanken an den

Macht der Begeisterung

---

[5] Pëtr Kroptkin, Der Geist dem Empörung
[6] Zit.n. Portis, Sorel, 196

Generalstreik als Mythos verinnerlichen.[7] Für dieses vibrierende Denken, das nie zum Stillstand kommt, stellt die Tragödie der menschlichen Existenz mit all ihren unerreichbaren Träumen und realen Albträumen eine klaffende Wunde dar, die der Wille nur zu schliessen braucht. Sorels ekstatische Gedankenwelt wird im 20. Jahrhundert vielfach missverstanden werden. Zweifellos lassen sich Entwicklungslinien dieses Denkens sowohl zur proletarischen Avantgarde des Leninismus wie auch zur Elite der faschistischen Führer ziehen. Allein, Sorel redet nicht der wissentlichen Verbreitung von Illusionen das Wort. Es ist falsch, ihm einfach einen »Abscheu vor der Aufklärung« zu unterstellen.[8] Die Wahrheitsfrage soll nicht etwa aus der Welt verbannt werden. Doch der Mythos ist für Sorel das Produkt eines kollektiven Glaubenswillens, der sich nicht manipulieren lässt und in dem so etwas wie eine Vorahnung kommender Ereignisse steckt.

Sorel verabsolutiert den subjektiven Willen und propagiert neue Mittel zur Entfaltung von Moral.

ERINNERUNG

Der Mythos birgt so etwas wie eine Vorahnung kommender Ereignisse. Es macht viel Sinn zu fragen, wie Sorel die Bedeutung dieses Denkens für die Geschichte entdeckt hat. Als erstes registrierte er, dass sich Heldenmythen am Beginn seines 19. Jahrhunderts einer geradezu atemberaubenden Volkstümlichkeit erfreuen. Trotz Rationalität, trotz Aufklärung. Zwar habe der ernüchterte Blick, das erwachende Bewusstsein, die Kraft der Heldenmythen in seinem Jahrhundert stark geschwächt. Nur mehr wenige Menschen, meinte Sorel, würden in seinem Tagen noch in Hinblick auf die Ewigkeit handeln. Stattdessen wolle jedermann seinen Ruhm auf der Stelle geniessen und verzehre ihn schon zu Lebzeiten. Ja der Glaube an den Ruhm sei drauf und daran unterzugehen.[9] Aber Sorel sah auch noch etwas zweites. In den aufwühlenden Schriften seiner Zeitgenossen entdeckte er, dass die grossen geschichtliche Ereignisse fast immer in einer mythischen Form beschrieben werden. Was die linken Klassiker von der Französische Revolution zu erzählten wussten, waren farbige Schlachtgemälde mit holzschnittartigen Kämpfern, Barrikaden, Fahnen und Trompeten. Die Bewunderer der Jakobiner erinnerten ihr Publikum fortwährend an die ersten Trommelschläge, den heroischen und aufrichtigen Abmarsch der

Die Lehre Sorels

---

[7] Portis, Sorel, 193
[8] Sternhell, Entstehung, 93
[9] Sorel, Gewalt, 40

Rekruten, sie lieferten Bilder, die ergreifend machten. Schon während der Revolution hatten die Parteien einander in rauchenden Fantasien belagert, hatten sich gegenseitig mit den Vorstellungen eines kannibalistischen Souper auf Pariser Art und der königliche Schleiferei englischer Dolche erschreckt. Und die Freude an volkstümlichen Epen und Karikaturen war in der Literatur nie wieder abgerissen. Dass sich besonders Marx und Engels ihre Schwärmerei in solchen Bildern nie recht eingestanden, das entschuldigte Sorel mit der Liebe, die blind macht. Starke emotionale Leidenschaft würde das Erkennen sehr klarer Realitäten verhindert. Welcher Realitäten? Nun, Sorel folgerte aus seinen Beobachtungen, dass die ideale Umwälzung immer in Bildern ausgedrückt wird. Was die alten Heldenlegenden genau wie die neuen Schlachtgemälde der Theoretiker überlieferten, nannte er einen *sozialen Mythos.* »Die Menschen, die an den grossen sozialen Bewegungen teilnehmen, stellen sich ihre bevorstehenden Handlungen in Gestalt von Schlachtbildern vor, die den Triumph ihrer Sache sichern.«[10] Und an anderer Stelle: »Wenn man nachforscht, wie die Geister sich immer auf die Revolution vorbereitet haben, erkennt man leicht, dass sie immer Zuflucht zu sozialen Mythen gesucht haben, deren Formeln je nach der Zeit verschieden waren.«[11] Aus dieser Beobachtung schloss Sorel, dass die Zukunft nur durch bewusst gestaltete Mythen konstruiert werden kann. Solange keine von den Massen aufgenommen und gestützten Mythen kursieren, dürfe höchstens von Empörung gesprochen werden. »Wenn Massen in Leidenschaft geraten, dann kann man ein Gemälde beschreiben, das einen sozialen Mythos darstellt.«[12] Die Sorel'schen Mythen sind also keine Wiedergabe von realen Geschehnissen, sondern Botschaften der Zukunft – »Ausdrücke von Wollungen«. Im Gegensatz dazu sei die Utopie als Leitmotiv politischer Handlungen geradezu das »Erzeugnis einer intellektuellen Arbeit.«[13] Dieser Vergleich ist aufschlussreich: Ein Mythos kann nicht widerlegt werden, da er im Grund ident ist mit der Überzeugung einer Gruppe. Eine Utopie hingegen muss verglichen werden mit dem, was sie voraussetzt. »Die Marxisten haben tausendmal Recht gehabt, wenn sie sich über die Utopisten lustig machten und betonten, dass man eine neue Moral keineswegs mit Hilfe von sanftmütigen Predigten, geschickt hergestellten Ideologien oder schönen Gesten zu schaffen vermag.«[14] Der Sorel'sche Mythos war keine Dich-

Emotionale Bilder

---

[10] Sorel, Gewalt, 30
[11] Sorel, Auflösung, 58
[12] Sorel, Gewalt, 39
[13] Sorel, Gewalt, 41
[14] Sorel, Gewalt, 272

tung, die im Gegensatz zur Wahrheit der Wissenschaft stand, sondern eine fantastische Vorwegnahme des Morgen. Die Freiheit der Rede, das Wasser aus dem Felsen, der Garten der Liebe – das waren Mythen. Und Menschen, lehrte Sorel, treiben jedes Mal, wenn ein neues Zeitalter an die Pforte klopft, kollektiv und unbewusst solche Gedanken hervor. »Marx hat sich im allgemeinen darauf beschränkt, summarische und symbolische Formeln zu geben, die fast immer glücklich gewählt sind. Aber sobald er als Mann der Aktion zur praktischen Arbeit übergehen wollte, war er weit weniger gut inspiriert. Man darf nicht vergessen, dass wir fast nur handeln unter dem Antrieb von Erinnerungen, die unserer Seele weit gegenwärtiger sind als die Tatsachen von heute.«[15]

Der Mythendiskurs ist keine Spielwiese für Wissende; sondern zeitlose Vernunft.

VIOLENZ

»Der Mythos der Arbeiterklasse ist der Generalstreik.« Dieses Sorel-Wort umfasst Anfang und Ende seiner ganzen Philosophie. Zur Wende des Jahres 1900 hin ist für ihn die »Ära der politischen Revolutionen« vorbei und erledigt. Er sieht jetzt in der einfachen Arbeitsniederlegung eine blosse Chimäre. Die Arbeiter, glaubt er, haben den Generalstreik nur deshalb in ihr Programm aufgenommen, weil er ein ebenso wirksames wie unblutiges Mittel der Umwälzung darstellt. Und so ruft dieser ungewöhnliche linke Denker nun nach einer Autorität im Dienst des Syndikats, die die Masse ständig elektrisiert. Sorel weiss sehr wohl, dass der Diskurs der Aufklärung und das mythisches Denken sich wie Feuer und Wasser verhalten. Aber er verfolgt eine seiner Ansicht nach geniale Idee: Er will die Theorie des Heldenmythos und die Praxis der Gewalt als Erzeuger von Moral und Tugend einsetzen. Dieser Ansatz missachtet die Rationalität und wird deshalb wohl auch von vielen irrationalen Kräften so leicht in Anspruch genommen werden können. Sorel will die Kraft aus den mythischen Motiven bewahren und für den Fortschritt nutzbar machen. Entsprechend lehnt er es ab, einzelne Bilder zu analysieren. Er verlangt sie vielmehr als ein Ganzes historischer Kräfte zu nehmen. Man müsse sich weiters hüten, die Vorstellungen nach vollzogenen Taten mit dem zu vergleichen, was vor den Handlungen gegolten habe.[16] Damit wagt sich dieser Franzose mit Begeisterung auf ein Feld hinaus, das jedem, der auf die Vernunft der Geschichte setzt,

Der wilde Marxist

---

[15] Sorel, Auflösung, 50
[16] Sorel, Gewalt, 31

Vom reinen verdächtig sein muss.[17] Die sozialen Konflikte nehmen bei ihm den
Kampf Charakter eines reinen Kampfs, ähnlich dem von Armeen, an.[18] Logisch, dass er das Heer für den denkbar klarsten, greifbarsten und festesten Ausdruck des Staats hält.[19] Viele werden später diesen Gedanken übernehmen. Nach Virilo hat der Streik eine militärische Struktur; und Sorels Anhänger – französische und italienische Anarchosyndikalisten – benutzen den Streik tatsächlich als einziges Kampfmittel. Auf diesem Weg glaubt man, die spontanen und organisatorischen Momente in der Emanzipationsbewegung kontinuierlich verschmelzen zu können.[20] 1905 polemisiert Sorel heftig gegen seine marxistischen Konkurrenten: Sie würden ihren Wählern bloss eintrichtern, dass Sozialisten die Seelen empfindsamer Schäfer hätten, sie würden ihnen einreden, dass ihr sozialistisches Herz von Gefühlen der Güte ganz erfüllt sei, und dass sie nur eine einzige Leidenschaft besässen: *den Hass gegen die Gewalt*[21] Diese Schäfersozialisten, wie Sorel spottet, hätten Furcht davor, Furcht einzuflössen. Es ist immer dieselbe Frage, um die dieses Denken kreist: Lässt sich eine Revolution zustande bringen, wenn es gelingt, die Arbeiter von der Wissenschaftlichkeit des Fortschritts zu überzeugen? Sorels Antwort ist ein krachendes »Nein!« Für ihn hat die Linke bisher so wenig erreicht, weil sie zu wenig gehandelt hat, und sie handelt zu wenig, weil sie zuviel erkannt hat.[22] Sorel beginnt gewissermassen eine Kampagne gegen den Illusionismus der Aufklärung. Er sucht das Wesen des Marxismus in seinem vormaligen symbolischen und apokalyptischen Gehalt. Wenn die Massen nicht durch Vernunftgründe zu bewegen seien, müsse eben ein künstlicher Empörungsprozess her. Sorels Anhänger begreifen als erste, dass die Wahrheit einer Doktrin nichts zu tun hat mit ihrer operationalen Tauglichkeit als Mittel. »Die hohen
Hat die moralischen Überzeugungen hängen keineswegs von Vernunfter-
Wahrheit wägungen ab, sondern von einem Kriegszustand, an dem die Menschen
einer teilzunehmen bereit sind.«[23] Was versteht Sorel genau unter Vernunft-
Doktrin zu gründen? Nützlichkeitsdenken, Materialismus und Egoismus. Alle drei
tun mit ihrer seien von Grund auf relativistisch, während sich das Handeln vom
Kampf- Absoluten herleite. Es ist ein Bruch in der Arbeiterbewegung, und die
tauglichkeit? Spaltung reicht tief. Während die österreichisch-ungarische Schule des

---

[17] Sorel, Gewalt, 12
[18] Papcke, Gewalt, 336
[19] Im Original: »Die Armee ist die denkbar klarste, greifbarste und am festesten mit den Ursprüngen verwachsene Grundlage des Staates.« Sorel, Gewalt, 131
[20] Mattick, Spontanität, 42
[21] Sorel, Gewalt, 114
[22] Seidel, Bewusstsein, 120
[23] Gekürzt u. verändert, Sorel, Gewalt, 252

Marxismus [Karl Renner, Rudolf Hilferding, Otto Bauer, Friedrich und Max Adler] an rationalistischen, materialistischen und heglianischen Dogmen festhält, machen sich die Sorelianer an eine gründliche Revision dieser Vorstellungen. Sie rücken das einzige, was der Intellektualismus noch nicht berührt hat, ins Bewusstsein und sezieren es unter der Lupe: die Sphäre des Irrationalen.

ERLÖSUNG

Man kann es auch im Idiom der Historiker sagen: Sorel billigt einen Sozialismus im Sinn von 1848, einen prämarxistischen Sozialismus. Er glaubt weder an die Gleichheit noch an die soziale Gerechtigkeit. Der grosse Unterschied zwischen seiner Schule und allen anderen anderen besteht darin, dass sie die kapitalistische Wirtschaft an sich keinen Moment in Frage stellt. Sorel verzichtet auf jede Spekulation über eine nachkapitalistische Ordnung, er ersehnt kein klassenloses Paradies. Damit bahnt er den Weg für die erste der Linken entstammende Opposition, die es ablehnt, das Privateigentum, den persönlichen Profit und die freie Marktwirtschaft in Frage zu stellen.[24] Bei Sorel umfasst der Begriff *Klasse* auch nicht die Gesamtheit des Industrieproletariats, sondern nur eine kleine aktivistische, zu allem bereite Elite. Hundert Jahre später sind wir schlauer und wissen, dass Sorel sich mehrfach geirrt hat. Der schwerste seiner Denkfehler war, dass der Generalstreik der grösste Mythos des Proletariats sei.[25] Der grösste Mythos der Arbeiterbewegung ist weder Sorels Generalstreik noch Marx' katastrophenhafte Revolution, vielmehr ist es die Arbeiterklasse selbst. Diese Debatte scheint mittlerweile ausgestanden. Heute erkennen wir, dass die Geschichte der Arbeiterbewegung von jenem mächtigen Wunsch geleitet wird, deren Produkt sie gerade ist. Von ungebrochener Aktualität hingegen bleibt die Stellung, die Sorel dem Mythos als schöpferische Kraft der Geschichte zuweist. Alles, was er zur Nachahmung empfiehlt, ist abgeschaut vom Passionsweg des Christentums. Wiederholt verweist er auf »die wunderbare Geschichte der Kirche, die alle Vernünfteleien der Politiker, der Gelehrten und der Philosophen zu Schanden gemacht hat.«[26] Doppelt und dreifach unterstreicht Sorel die Bedeutung der in den Apokalypsen geschilderten Katastrophen für den Mythos des Chri-

Vorbild Christenheit

---

[24] Sternhell, Entstehung, 40
[25] Sorel, Gewalt, 31
[26] Sorel, Auflösung, 65

Herrschaft und Heil stentums. »Jeder Zwischenfall der Verfolgung entlieh der Mythologie des Antichrist etwas von seinem fürchterlich dramatischen Charakter.«[27] Später seien die Märtyrergeschichten dann so abgefasst worden, dass sie die erwünschte Gesinnung unter den Gläubigen hervorrufen konnte. Die Vorstellung von einer alles reinigenden Apokalypse sei aber erhalten geblieben. Sorels geschickte Engführung von dem Martyrium der Gläubigen mit der Befreiung von der Unterdrückung soll die Behauptung untermauern, dass alle Menschen, die an den grossen geschichtlichen Ereignissen teilnehmen, sich diese Ereignisse bildhaft vorstellen. Die Ausbreitung der Bilder unterliegt seines Erachtens nicht der Logik, ihre Karrieren sind, wie wir heute sagen würden, im Vorrationalen begründet. Für Sorel ist das emotionale Image ein Ausdruck des Willens, die Welt zu verändern. Das häufige Auseinanderklaffen von Fantasie und Wirklichkeit widerspricht übrigens der mobilisierenden Kraft der Bilder keineswegs. Kritik ficht den Mythos nicht an, eben weil er sich der rationalen Auseinandersetzung nicht stellt. Fassen wir zusammen: Der Mythos gehört einer Vorstellungswelt an, in der sich die Leidenschaften, das Unbewusste und die Wünsche in Bewegung setzen.[28] Metaphern des Heils und der Erlösung werfen jede finalistische Denkform über den Haufen. Da der Mythos keine wahre Fassung kennt, existieren weder eine authentische noch eine ursprüngliche Form. Darum müssen alle seine Versionen ernst genommen werden. Der Mythos ist die Gesamtheit seiner Varianten, seiner Versionen. »Der Mythos«, sagt Sorel, »gibt sich nicht zu einer Zerlegung des Wechsels in aufeinander folgende Abschnitte her, die man aufreihen könnte, so dass sie, auf einen langen Zeitraum gebracht, anzusehen seien, als ob sie eine Evolution bildeten.«[29] Die prinzipielle Überlegenheit der bildhaften Vorstel-

Die Stellung, die Sorel dem Mythos zuweist, bleibt von ungebrochener Kraft. lungen gegenüber allen anderen interpretierenden Verfahren gründet in der Ungeschiedenheit von Erkenntnis, Deutung, Erzählung, Geschichte, Handlung, Sprache und Natur. Das Schicksal konturiert sich im Zusammenwirken all dieser Komponenten.[30] Die Auflösung der Mythologie findet demzufolge bereits im Terminus statt, in der Aufdeckung der vermeintlichen und tatsächlichen Gegensätze von Mythos und Logos.

[27] Sorel, Gewalt, 219
[28] Röttgen, Vulkantänze, 11
[29] Sorel, Auflösung, 58
[30] Egyptien, Anschluss, 248

ANALYSE

Mythos, das ist das einheitliche Absolute. Mythos, das ist das, worin sich *Über die* die Widersprüche der Welt, das Quälende und das Konfliktbeladene *Gewalt* illusorisch gelöst wieder finden. Akademisch gesprochen: Mythos, das ist die einheitsbildende Konstruktion einer unbegreifbaren aber sinnlich wirkenden Welt, die nicht analytisch zu bewahrheiten oder zu dogmatisieren ist. Pathetisch gesprochen: Mythos, das ist die jeden Augenblick harmonische und harmonisierte Vision, in der die Ordnung sich selbst betrachtet und verstärkt: *der Ort des Heiligen*[31] Am Beginn der Neuzeit war sie noch jedem Menschen geläufig: diese Harmonie, die Besitzer und Besitzlose, Reiche und Habenichtse vereinigt und sie in einer Form umhüllt hat. An der Spitze der Fronherr, der die Last eines Gottes auf sich geladen und sich dessen Segen und Rache unterworfen hatte; eine zwar gänzlich überflüssige Geste, die ihn aber mit einer wundervollen Aura erfüllte. Sein Verzicht war mythische Wirklichkeit geworden. Indem der Herr sich vom gemeinsame Leben mit seinem Volk lossagte, erschien er als der Arme inmitten eines illusorischen Reichtums, als derjenige, der sich für alle opfert, während die anderen sich nur für sich selbst und ihr Überleben opferten.[32] Das Opfer des Besitzenden und des Nichtbesitzenden begründet den Begriff des gemeinsamen Schicksals. Erst in dieser Perspektive ist ein so berühmter Satz, wie der des französischen Journalisten Maurice Barres, zu verstehen, der am Beginn des Ersten Weltkriegs sagen wird: »Wie es sich gebührte, ist unsere Jugend losmarschiert, um Ströme *unseren Blutes* zu vergiessen.«[33] Der Zeitpunkt von 1914 ist der beste Moment für diese Wort. Denn der Erste Weltkrieg wird den endgültigen Schlusspunkt unter den zweihundertjährigen Abgesang des europäischen Adels setzen. Zugleich bildet dieser Krieg nach 1789 und 1848 den dritten Höhepunkt der bürgerlichen Epoche, was bedeutet, dass der Strom des Mythos längst auch aus anderen Quellen und nicht nur aus denen des Gottesgnadentums gespeist wird. Der Wert der Mythenanalyse erweist sich für den Historiker in der grossen Synthese von Vorstellungen und Ereignissen. Man blickt in ein Zwielicht aus aufwärts und abwärts gerichteten Strahlen. Nach Antonin Artaud freilich, der grossartig einseitig war, sind alle Mega-Mythen der Menschheitsgeschichte schwarz und deshalb

---

[31] SI, Bd. 1, 291
[32] SI, Bd. 1, 291
[33] Zit. n. SI, Bd. 1, 292

nur in einer Atmosphäre von Gemetzel, Folterung und vergossenem Blut vorstellbar.[34] Dieser Blickwinkel ist genauso verengend wie der Sorels, der mit seiner These einseitig auf eine goldene Zukunft hinzielt. Vernarrt in den Wunsch, die Mythen für die Geschichte produktiv zu machen, deutet Sorel auf etwas, das im 20. Jahrhundert eine neue und aggressive Generation von politischen Manipulanten auf den Plan rufen wird. Genau deshalb plagt Ortega y Gasset ja der Verdacht, dass die Anfänge seiner eigenen Epoche, der Massenmensch der Dreissigerjahre, bereits in Sorels »Taktik der starken Hand« anklingen. Sorel, meint Ortega, sei der erste gewesen, der den Bürger für feige gehalten und darum auf den angriffslustigen Arbeiter gesetzt habe.[35] Mit der *direkten Aktion* sei die bürgerliche Ordnung auf den Kopf gestellt worden. Was Sorels Denken auszeichnet ist nach Ortega ein ungeschminktes Verhältnis zur Gewalt. Habe die Gewalt bis anhin als *ultima ratio* gegolten, proklamiere Sorel sie als *prima ratio*. Sei Gewalt bis zum Erscheinen dieses Mannes nichts anderes gewesen als Vernunft, die verzweifelt, so habe Sorel aus ihr eine »Magna Charta der Barbarei« gemacht.[36] Aber Vorsicht, auch Ortega täuscht sich, und das zweifach: über das Wesen der Gewalt wie über Sorel. Denn nicht dieser hat den Geist aus der Flasche gelassen, nicht dieser entzündet den gefährlichen Cocktail. Das werden andere tun. Gewiss steht Sorel aus verständlichen Gründen unter Verdacht. Schliesslich werden wir im 20. Jahrhundert in einem Übermass Erfahrungen mit selbstentgrenzter Gewalt machen. Mit Gewalt, die durch ihre Akteure nicht mehr zu steuern ist. Der enthusiastische Sorel schenkt dieser Eigendynamik von Gewaltprozessen viel zu wenig Beachtung. Aber wir verdanken seiner seltsamen Lehre auch eine Entdeckung: Es gibt eine besondere Faktizität des Gewaltereignisses, das seine Opfer mit einer machtvollen Bewegung erfasst und keine Rücksicht auf die Grenzen ihrer Körper nimmt. Diese Gewaltförmigkeit der Gewalt, der Kreislauf der Verletzungen, der wirkliche Schmerz, die wirkliche Zufügung, die Gewalt, die ihren Opfern jeden Spielraum nimmt – sie besitzt immer eine generelle Affinität zu unseren Vorstellungen. Sorel stösst uns auf die Inszenierung dieser kontingenten Vorgänge. Das Gewaltsame der Gewalt mag das Motiv einer Tat sein, aber ihre Wirkung lässt sich nie ohne Konnex zur Darstellung und Präsentationsweise denken, die die Ausübung von Gewalt enthält. Wenn wir unserer Geschichtsfeld nur weit genug öffnen, erkennen wir sofort, dass das

Raum der Geschichte

---

[34] Antonin Artaud, Das Theater und sein Double, München 1996, 33
[35] Ortega, Aufstand, 137
[36] Ortega, Aufstand, 54

Gewaltsyndrom mit Bildern, Vorstellungen und Fantasien gesalzen ist wie mit Feuer. Ein kurzes Beispiel: Die Schweizer Bauern, so will es die Überlieferung, haben gegen die zahlenmässig weit überlegenen Ritterheere obsiegt. Dieses Bild vom schönen Sieg des einfachen Manns über die gepanzerten Ritterheere ist durch Forschungsarbeit mehrfach relativiert worden. Die schweizerischen Schlachthorden waren einfach in der Überzahl. Dennoch hat sich dieser Mythos über lange Zeiträume hinweg bis heute erhalten. Wir haben keine andere Erklärung dafür, als dass dem modernen Bürger die Vorstellung vom dekadenten Eisenmann gefällt. Da liegt der Ritter, seines Pferdes beraubt, hilflos auf dem Rücken und strampelt, weil die teure, schwere Rüstung ihm jede Agilität raubt, über die der durch Reichtum unbelastete Landsmann verfügt. Der Mythos ist eben das, worin die Widersprüche illusorisch gelöst werden.

Sorel öffnet einen Raum, in dem sich das Vergangene in seiner Tiefenstruktur beleuchten lässt.

AUFKLÄRUNG

Der Krieg findet immer einen Weg. Jede Mythologie – sei es eine private oder eine nationale – wurzelt in Gewalt, bestenfalls in Selbstbetrug. Dieser radikale Gedanke wird die konträre und bilderstürmerische Botschaft des niederländischen Schriftstellers Willem Frederik Hermans aus dem Zweiten Weltkrieg sein. Es wird die niederschmetternde Erkenntnis aus einem Krieg sein, der Gut und Böse scheinbar so sauber sortiert. Auch Raymond Aron teilt bis zu einem gewissen Grad Hermans Pessimismus. »Es war verführerisch«, sagt Aron in Hinblick auf schon früher ausgestandene Epochen, »die Grösse der imperialen Völker der *Tugend* zuzuschreiben und die Überlegenheit der Waffen für den Beweis einer totalen Überlegenheit der Sitten und der Kultur zu halten.«[37] Da Altösterreich dieser Verführung äusserst bereitwillig erlegen ist, wirkt der Sog des Habsburgermythos entsprechend penetrant nach. Wenn Historiker der Gegenwart davon sprechen, dass jemand »die Schärfe des österreichischen Schwertes zu fühlen bekommt«, wenn sie den »rundum harter Sensenschlag« der Schwarzgelben in einer längst versunkenen Epoche bewundern, dann schlagen sie metaphorisch dem Feind noch einmal die gefürchtete Eisenhand in die Zähne.[38] Der habsburgische Mythos tradiert ein Weltbild, dem gegenüber die ideologi-

Bilder aus Liebe

---

[37] Aron, Frieden, 74
[38] Dietrich, Österreichs, 21, 66, 49

schen Wertbilder der Neuzeit sicher eine Verarmung der Fantasie darstellen und die nackten Wände der Demokratie grau erscheinen. Aufgrund ihres bleibenden ästhetischen Vorsprungs existieren die Feldzeichen der Kaiserlichen weiter in den Winkeln des gegenwärtigen Bewusstseins. Wie beim Turiner Leichentuch scheint der Zerfall des Mythos zu stocken, sein Stoff nicht weiter zu modern. Die Bilder vom rundherum gütigen Kaiser brennt sich mit jedem Jubiläum weiter in die Hirne der Nachgeborenen ein. Aber dieses kitschige Vermächtnis der Monarchie ist nur ein Beispiel unter vielen. Die wirkmächtigen Muster des mythischen Denkens bleiben auf allen Gebieten präsent. Sind wir denn, so könnte man fragen, überhaupt ein aufgeklärtes Zeitalter? Nein, oder nur sehr beschränkt. Sogar Hegels Lehre hat sich letztlich als geschichtsträchtige Mythologie erwiesen, als sie nämlich jene Gestalt annahm, die wir als *Ideologie* bezeichnen. In ihrem Bestreben, *wissenschaftlich* zu erscheinen und zu gelten, streifen die Ideologen den fantastischen Aufputz der älteren Mythologien ab. Sie treten als Experten verkleidet auf.[39] Aber sie sind nur neue Erzähler, Künstler in Gegenwartssprachen, ohne dass sie die Hauptschwierigkeit überwinden. Vor diesem Hintergrund ist im 20. Jahrhundert der Gedanke einer Dialektik der Aufklärung unvermeidlich geworden. Er besagt, dass der Mythos, die erste Form von Aufklärung, deren Prozess vorantreibt, und zwar bis, am Ende, die Aufklärung endgültig in den Mythos zurückfällt, dem sie eben nie entrinnen kann. Hans Mayer, der in seinen Versuchen zu *Goethe* die Gegensätze Mythos und Aufklärung[40] reflektiert, schliesst sich dem Befund an, dass jede mythische Etappe virtuelle Aufklärung sei, und »jede Aufklärung strebt zurück ins Mythische«.[41] Betrachten wir unter diesem Gesichtspunkt nun die Katzenzähigkeit des Österreichmythos, verheisst die Schwärmerei berufskritischer Kreise noch Schlimmeres als bloss den matten Abglanz einstiger Grösse. In der österreichischen Literatur hat die Dialektik der Aufklärung beinahe flächendeckend versagt, und tut es bis heute. Von zentrifugalen Kräften an den Rand gedrängt, rasten die österreichischen Autoren stets im verklärenden Extrem ein. Selbst ein als kritisch geltender Gerhard Roth lebt noch vom letzten Abrieb jenes Theresientalers, der schon so viele Jahrhunderte bei den Stämmen des schwarzen Erdteils kursiert. Wie unzählige andere glaubt Roth innig daran, dass Österreich das Land ist, in dem der erste Europäer aufgetaucht sei. »Durch die Verwandtschaftsbeziehungen, Liebes-

Der erste Europäer

---

[39] Steiner, Jean, 192
[40] anhand von Thesen von Lukács und Adorno bei Goethe und Schiller
[41] Zit. n. Dedecius, Polens, 41

beziehungen, Kommerzbeziehungen ist das Schönste in der Habsburger Monarchie entstanden, dem so viele österreichische Schriftsteller nachgetrauert haben, wie zum Beispiel Josef Roth und Robert Musil, nämlich der erste Europäer.«[42] Wieder bleibt das Verbot, vom Baum der Erkenntnis zu essen, weit eindrucksvoller als die Aufforderung, einem kategorischen Imperativ zu folgen. In der österreichischen Literatur hat die Dialektik der Aufklärung flächendeckend versagt, und das ist kein Wunder. Man erinnere sich nur der bewegenden Zeilen, die sich ein Lernet-Holenia abgerungen hat, um zu demonstrieren wie fest der rhizomartig wuchernde Mythos im Boden der Realität verwurzelt ist. »Hatte man einst auch«, schreibt er in einem Roman, »als man noch in den Linien oder knapp vor den Linien gestanden, gemeint, mit den Regimentern die Landschaft zu überziehen wie mit unverrückbaren geometrischen Figuren, in denen man, immer und überall, genau wusste, an welcher Stelle jeder einzelne, wie in einem Sternbild, stand: die Adler, die Trompeter, die Offiziere, und darin die hermetische Ordnung selbst einen Toten noch aufrechterhalten hätte – so fühlte man auch heute noch das Gefüge der Gemeinsamkeit, einer schrecklicheren freilich denn je, und dass man sich nur *mit* den Leuten, sondern *in der Gemeinschaft* der Leute, aus der es kein Entrinnen mehr gab, gegen die Gefahr bewegte. Gegen welche Gefahr? Man wusste es nicht. Man weiss es nie.«[43]

Der Mythos treibt den Prozess der Aufklärung voran, bis die Aufklärung wieder in ihn zurückfällt.

SPLITTER

Griechenland, Rumänien, Albanien, die Tschechoslowakei, das wiederhergestellte Serbien, sogar Israel ... Nach 1918 werden viele moderne Nationen auf nationalen Mythen auf- und wiederaufgebaut. Je weiter man sich der Gegenwart nähert, desto mehr wirkt die einigende Kraft der Bilder dann mittels mobiler Bestandteile, von denen das kleinste Modul nationale Stereotype oder Feindbild heisst. Sicher wurde dieser Zerfall durch die notorischen Schwäche unserer Literatur und die karikaturale Vereinnahmung der Geschichte durch die Nationaldichter begünstigt. Im Grund gilt der Selbstauflösungsversuch des Mythos in Kunst und Literatur nicht so sehr dem Gefühl als dem Logos, und zwar dem Logos in seiner volkstümlichen Erstarrung – als Vorurteil. Unter *nationalen Stereotypen* versteht man in der Psychologie das ewige Fest-

Kleine Münze

---

[42] Gerhard Roth, in: Arnold, Österreich, 30
[43] Lernet-Holenia, Mars, 100

halten an bzw. die Wiederholung von immer denselben Handlungen und Sätzen. Demnach hätten die Angehörigen eines Volks spezifische, typische Eigenschaften. Die Schotten geizig, die Spanier feurig, die Deutschen fleissig. Der Vorurteilscharakter solcher Vorstellungen liegt auf der Hand.[44] An ihrer Verbreitung wird deutlich, dass es sich bei Feindbildern nicht um individuelle Verzerrungen der Wahrnehmung handelt. Feindbilder sind im gesellschaftlichen Prozess entstandene und erzeugte Wahrnehmungsmuster. Durch die Benennung des Feinds werden bei einer Vielzahl von Menschen in unterschiedlichen Situationen und mit unterschiedlicher Voraussetzung gleiche oder ähnliche Vorstellungen geweckt. Sie werden *gelernt*.[45] Aber Feindbilder sind – wie alle Vorurteile – nicht nur ungeprüfte oder einfache, falsche Urteile. Wenn dies so wäre, hätte man keine Schwierigkeiten, sie sofort aufzugeben, indem man neue, entgegengesetzte Informationen auf Tapet bringt. Tatsächlich aber ist es für das Feindbild typisch, dass sein Besitzer sich dagegen wehrt, neue Informationen überhaupt zur Kenntnis zu nehmen. Eine Vorurteilsstruktur verhindert die Wahrnehmung entgegenwirkender Informationen.[46] Die Dinge nehmen ihren Lauf. Und dieser Lauf wird durch Ideen – im Sinn von selbstständigen Kräften, die von aussen in ein Geschehen eingreifen und es lenken können – weit weniger bestimmt, als die Produzenten und Konsumenten von Ideen glauben und glauben möchten.[47] Auch in die andere Richtung ist hier ein Vorbehalt angezeigt. Nämlich gegenüber der Ansicht, die besagt, dass Bilder allein schon in der Lage seien, neue Mythen und Bräuche zu schaffen. Selbst in den so genannten archaischen Gesellschaften ist der Mythos vor allem eine Angelegenheit der Sprache. Die gesamte christliche Kunst beruht auf dem Mythos eines bestimmten Buches. Das mythische Denken unterscheidet sich vom analytischen nicht durch seine Mittel, sondern durch seinen Geist. Und dieser besteht a} in der Weigerung, die betreffenden Schwierigkeiten zu zerlegen, b} in der Weigerung, sich mit einer Teilantwort zufriedenzugeben, und c} im Streben nach einer Erklärung, die die Gesamtheit der Phänomene umschliesst. »Angesichts mythischer Vorstellungen ist es weniger interessant, nach ihrem Ursprung zu fragen als nach der geistigen Einstellung der Menschen zu ihren eigenen Mythen«, hat der Anthropologe Claude Lévi-Strauss versichert. Die Untersuchungen, die er

Vom starken Geist

---

[44] Hautsch: Faschismus, 38
[45] Friedensanalysen 1, 40
[46] Friedensanalysen 1, 42
[47] Kondylis, Politik, 120

in verschiedenen Weltregionen durchgeführt hat, bestätigen die Allgemeingültigkeit dieser geistigen Prozesse. »Von den Mythen existieren stets verschiedene Versionen. Nun wählt man allerdings nicht zwischen diesen Versionen, man unterzieht sie nicht der Kritik, man dekretiert nicht, welche davon die einzig wahre oder wahrer als eine andere ist; man akzeptiert sie alle gleichzeitig und lässt sich von ihren Abweichungen dadurch nicht stören.«[48]

Im 20. Jahrhundert erodiert die Kraft des Mythos und zerfällt in Feindbilder

KONTROVERSE

Im 20. Jahrhundert liess der Mythendiskurs den Status einer Theorie hinter sich und erreichte jenen der Praxis. Zugleich fand er mit der spannenden Kontroverse zwischen Norman O. Brown und Herbert Marcuse auch einen philosophischen Höhepunkt. In dieser Begegnung prallte 1967 ein Vertreter der Psychoanalyse in ihrer extremsten Form auf einem Philosophen der Neuen Linken. Es ging nicht darum, wer von ihnen der *wahre* Revolutionär war. Die beiden Kontrahenten führten vielmehr mit neuen Begriffsbildungen jene Überlegungen fort, die Sorel begonnen hatte. Brown, ein professoraler Prophet, ein »Dionysos mit Fussnoten« [Theodore Roszak], vertrat die Auffassung, man müsse sich von der Historie ab und zum Mysterium hinwenden. »Um die Realität der Politik zu erkennen, müssen wir an den Mythos glauben, an das, was uns als Kindern erzählt worden ist. Römische Geschichte ist die Geschichte von den Brüdern Romulus und Remus.«[49] Mehr noch: Geschichte sei sämtlich der Brudermord nach dem Vatermord. Politische Parteien seien einfach Verschwörungen zur Entmachtung des Vaters, und hinter der Politik stehe immer das Ritual von Opfer und Mord.[50] Brown argumentierte wider die Trennung von Geist und Körper, von Wort und Tat, von Reden und Schweigen. Er suchte nun ganz bewusst Verschmelzung in seinem Denken, *mystische Teilhabe* Für ihn hat mit der Psychoanalyse zwar als ein weiterer Fortschritt der wissenschaftlichen Objektivität begonnen; aber die Psychoanalyse, bemängelte er, wolle die Überreste primitiver ursprünglicher Partizipation nur aufdecken, um sie zu tilgen. Sie wolle die Welt der Träume, der Magie, des Wahnsinns untersuchen und sezieren. »Das Ergebnis der Psychoanalyse ist die Entdeckung, dass Magie und Wahnsinn allgegenwärtig sind, und

Brown gegen Marcuse

---

[48] Claude Lévi-Strauss, Gespräch mit Didier Eribon, taz, 22.7.1989
[49] Brown, Love's, 24
[50] Brown, Love's, 27

Neue Esoterik Träume der Stoff, aus dem wir gemacht sind. Das Ziel kann nicht die Abschaffung des magischen Denkens oder des Wahnsinns sein; das Ziel kann nur bewusste Magie, bewusster Wahnsinn sein; bewusste Beherrschung dieser Feuer. Träumen, während wir wachen.«[51] Mit Brown warf sich 1967 ein konziser Denker für das mythische Ganze ins Zeug und wischte in fulminanten Formulierungen den Gedanken des Fortschrittsoptimismus vom Tisch. Brown wollte die Realität Nietzsches nicht länger hinter der Realität von Marx verbergen. »Der nächsten Generation muss gesagt werden, dass der wahre Kampf nicht der politische Kampf ist, sondern dass es darum geht, der Politik ein Ende zu machen. Von der Politik zur Metapolitik.«[52] Für diesen Amerikaner war die Mythologisierung der Welt noch bei weitem nicht abgeschlossen – in hinreissenden Sätzen verlangte er einen Übergang vom Machthandeln zur Poesie. »Vernunft ist Macht; machtvolle Argumente; Machtpolitik; Realpolitik; Realitätsprinzip. Die Liebe kommt mit leeren Händen; das ewige Proletariat; wie Cordelia, die Nichts bringt.«[53] Herbert Marcuse versuchte auf Browns Enthusiasmus kühl zu reagieren. Er bestritt die Sinnhaftigkeit von mystischer Teilhabe und der Verschmelzung der Gegensätze zu einer Totalität. »Die symbolische Deutung interpretiert in beide Richtungen: sie enthüllt den verborgenen, den wahren Inhalt der Wirklichkeit und sie symbolisiert den wahren Inhalt: Sie mystifiziert die Möglichkeiten der Befreiung. Revolution, Freiheit, Erfüllung werden ihrerseits symbolisch

Der Konflikt – symbolische Ziele und Geschehen. Symbolisch wofür? Die Antwort
zwischen bleibt in Geheimnis gehüllt, muss es bleiben, da Brown ein Absolutes,
Esoterik und eine Totalität, ein Ganzes im Sinn hat, das alle Teile und Trennungen,
Exoterik alle Spannungen und alle Bedürfnisse, das heisst alles Leben ver-
erreicht schlingt. Denn eine solche Totalität gibt es in keinem Sinn oder Un-Sinn
einen neuen und nicht einmal die freie Einbildungskraft sollte sie in Betracht zie-
spannenden hen, denn sie ist die Verneinung jeglicher Freiheit und jeglichen
Höhepunkt. Glücks.«[54]

POESIE

Mythos der Norman O. Brown kam keineswegs, wie er versprochen hatte, mit lee-
Nähe ren Händen. Was wir Realität nennen, nannte er Illusion, Lüge und

---

[51] Brown, Love's, 221
[52] Brown, Love's, 247
[53] Brown, Love's, 247
[54] Herbert Marcuse, in: Brown, Love's, 242

Traum. Das galt auch für die Realität, die wir Krieg nennen. »Es gibt nur *eine* Psyche; auf sie bezogen, ist jeder Konflikt innerpsychisch, jeder Krieg Krieg im Innern, Bürgerkrieg. Der äussere Feind, das sind wir selbst [ein Teil von uns], projiziert; unsere eigene Schlechtigkeit, die wir verbannt haben. Die einzige Verteidigung gegen eine Gefahr von innen besteht darin: wir machen aus ihr eine äussere Gefahr und können sie dann bekämpfen. Dann sind wir auch bereit, sie zu bekämpfen, ist es uns doch gelungen, uns vorzumachen, sie sei nicht mehr wir.«[55] Damit näherte sich der rasante Philosoph in Siebenmeilenstiefeln den ungeschminkten Ansichten seines Landsmanns W. James, für den bereits 1922 die nackte Wahrheit gelautet hatte, dass die Menschen den Krieg herbeisehnen. »Die Menschen wollen den Krieg«, sagte James. »Sie wollen ihn so oder so: als Selbstzweck und ohne Rücksicht auf jegliche denkbare Folge. Er ist die Krönung des Lebensfeuerwerks. Der geworbene Soldat will ihn heiss und direkt. Die nicht kämpfen, wollen ihn im Hintergrund und immer als eine offene Möglichkeit, als Nahrung für die Fantasie. Krieg ist menschliche Natur an ihrem äussersten Punkt. Wir sind auf der Welt um unsere äusserste Grenze zu erreichen. Er ist ein Sakrament. Die Gesellschaft würde ohne den mystischen Blutzoll vermodern.«[56] Noch einmal zurück zu Brown. Wie vor ihm bereits *Kriege der* Georges Bataille, der eine Zeit lang den Faschismus auf seinem eige- *Liebe* nen Feld schlagen wollte, repräsentierte auch Brown eine delirierende Dialektik. Nietzsche und Freud – in dieser Spanne vibrierte der Bogen seines Geistes, bis er am extremsten Punkt das Gegenteil von Krieg verlangte: den *wahren* Krieg – in der Poesie.[57] »Es geht also nicht darum, den Krieg abzuschaffen, sondern den wahren Krieg zu finden. Öffnet das verborgene Herz in Kriegen gegenseitiger Mildtätigkeit, in Kriegen der Liebe.«[58] Diese Position war 1967 schon nicht mehr neu. Sie war davor von mehreren künstlerischen Avantgarden eingenommen worden. Brown hat sie nur neu formuliert. Im Medium der Kunst erschien eine mythologische Interpretation länger schon als die eigentlich aufklärerische, denn einzig sie vermochte eine Ahnung zu vermitteln, die sich dem bloss rationalen Diskurs verweigerte.[59] Auch ohne das Stichwort der Moderne zu strapazieren, lässt sich sagen: Die künstlerische Transformation des Mythos in zweckfreie Werke ist seit der Zersplitte-

---

[55] Brown, Love's, 145
[56] James, Remarks, 304
[57] Brown, Love's, 154
[58] Brown, Love's, 161
[59] Egyptien, Anschluss, 253

Im der Kunst rung des Gottesordnung überhaupt nicht mehr zur Ruhe gekommen.
erscheint Was in den Künsten geschieht, ist die Wiedereinsetzung des Sinnbilds
eine mytho- in sein universelles Recht. Was in Kunst und Literatur vor sich geht, ist
logische kulturgeschichtlich die Übernahme der früheren Funktion des Mythos.
Interpre- Wer sich auf ihre Seite stellt, macht es sich einfach. »Wenn jegliche
tation als die Poesie Mythologisieren ist«, behauptet der, »und die Poesie sich nach
aufkläreri- der Wiedergabe der Mythen von der Welt sehnt, dann ist die Mytho-
sche. logisierung der Welt noch nicht abgeschlossen.«[60]

DISTANZ

Umgekehrter Für Marcuse blieb Browns Mystifizierung der Liebe im altehrwürdigen
Weg Dilemma der Psychoanalyse gefangen. »Was abgeschafft werden muss, ist nicht das Realitätsprinzip; nicht alles, sondern bestimmte Dinge wie Geschäft, Politik, Ausbeutung, Armut.« Und was Marcuse auf Browns Interpretation der Menschheitsgeschichte antwortete, gilt noch im vermehrten Mass für Sorel. »Vielleicht«, so Marcuse, »kann nur die extremste Bildersprache die Tiefendimension der Geschichte erhellen, das unauflösliche Netz aus Lust und Entsetzen, Wahrheit und Täuschung. Die Bildersprache jedoch ist nicht ausreichend; sie muss mit Realität gesättigt werden: die Symbolik muss das, was sie symbolisiert, wieder einholen. Der König muss nicht nur als Vater, sondern auch als König gezeigt werden, dass heisst als Herr und Meister; Krieg und Wettstreit und Kommunikation müssen nicht nur als Paarung, sondern auch als Krieg und Geschäft und Sprache gezeigt werden. Solange die Analyse nicht den umgekehrten Weg vom Symbolischen zum Wörtlichen, von der Illusion zur Realität dieser Illusion einschlägt, so lange bleibt sie ideologisch und ersetzt die eine Mystifikation durch die andere.«[61] Sieben Jahre nach diesem Glanzmoment in den hitzigen Debatten der Sechziger, 1974, versuchte der Philosoph Ernst Bloch erneut das emotionale Denken, diesmal mit einer kleinen Energielehre, zu retten. Der deutsche Philosoph unterschied simpel zwischen einem Kälte- und einem Wärmestrom. Der Kältestrom ist klar, detektivisch, höhnisch, eiskalt. Für sich genommen ist der Kältestrom nichts als Ökonomismus, er zieht
Blochs seine Impulse aus der ökonomischen Kritik. Der Wärmestrom dagegen
Energielehre besitzt Farbe, was unsere Fantasie angreift, was sie moralisch bewegt.

---

[60] Egyptien, Anschluss, 247
[61] Herbert Marcuse, in: Brown, Love's, 238

Der Wärmestrom versteht sich auf Temperatur, auf Sprache, zeichnet sich aus durch Bilder, brilliert durch Tempo, Ausdruck und persönliches Vorbild. Selbst Werte wie Verehrungswürdigkeit spielen da eine Rolle. Die Französische Revolution, so Bloch, sei voll von dieser Wärme gewesen: die Umarmungen auf dem Marsfeld, die Marseillaise.[62] Wo immer die Menschheit in Bewegung gerate, geraten auch weiterhin die Moleküle in Schwung. Blochs kleine Energielehre ist natürlich nur ein Modell, mit allen dazugehörigen Vor- und Nachteilen. Es speist sich in erheblichem Mass aus der Emotionalität, was nicht die zuverlässigste Quelle für intellektuelle Impulse ist. Erneut stellt sich hier die Frage: Redet Bloch mit seiner Energielehre nicht wiederum einer »Rationalität des Irrationalismus« das Wort? Keineswegs. »Nicht Irrationales irrational belassen«, hat er geantwortet, »sondern das Problem, das im Irrationalen steckt, so lösen, dass ein Rationalismus des Irrationalen herauskommt«.[63] In dieser Richtung muss auch Sorel verstanden werden.

Solange die Analyse nicht zur Realität vorstösst, ersetzt sie eine Mystifikation durch eine andere.

WAHRHEIT

Der Mythos stellt eine entscheidende Kraft im politischen Gefüge dar. Nicht nur als Beiwerk, als ästhetische Arabeske, sondern als der notwendige Hebel, damit sich überhaupt etwas bewegt: Gerade weil er irrational ist, weil er sich nicht kritisieren lässt, weil er nicht auf den Begriff gebracht werden kann.[64] Die gelungene Französische Revolution und die misslungene europäische Revolution von 1848 sind genau so wenig ohne Wärmestrom vorstellbar wie das Augustfieber 1914, der Aufstieg Hitlers oder der Zusammenbruch des Kommunismus 1989. Die Mythen sind freilich keine astrologischen Jahrbücher, sie sind eine Form des emotionalen Denkens, sie sprechen gleichermassen die Sprache des Herzens *und* des Kopfes. »In Mythen steckt unbestreitbar ein analytisches Vermögen«, beteuert Paul Virilo.[65] Doch worin besteht dieses Vermögen? Der Mythos zeigt eine Tendenz auf, keine greifbare Realität, sondern das Resultat einer statischen Sichtweise. Der Historiker studiert das mythologische Denken, um die laufenden Veränderungen zu erfassen und seinerseits das eigene Denken in Bewegung zu setzen. Darum ist die *Geschichte der Gewalt* in hohem Mass eine Geschichte

Mythos und Historie

---

[62] Zit. n. Traub, Gespräche, 215, 223
[63] Zit. n. Traub, Gespräche, 211
[64] Röttgen, Vulkantänze, 15
[65] Virilo, Krieg, 17

Bretter einer der Mythen, revolutionärer und gegenrevolutionärer, kriegsstarker und
Bühne friedenmächtiger Mythen: des Habsburgermythos, des Mythos vom Weltfrieden, des Mythos des rationalen Angreifers, des Mythos von der anständigen Wehrmacht, des Mythos der atomaren Apokalypse, des Mythos von der Unbesiegbarkeit im Volkskrieg. Niemand hat vollendeter ausgedrückt, wie das Mythische über das Historische hinauswachsen kann, als Arthur Schnitzler. »Die Bedeutung einer Gestalt für die Menschheit«, lesen wir in seinen Notizen, »beruht nicht auf ihrer *historischen*, sondern auf ihrer *mythischen* Wahrheit, die in jedem Fall eine Wahrheit von höherem Rang bedeutet. Nur wenigen historischen Gestalten wohnt die Kraft inne, ins Mythische emporzuwachsen, ja manche von diesen mythisch werdenden Gestalten hören eines Tages sogar auf, historisch zu sein; sie sind es vielleicht niemals gewesen. Die Sehnsucht war es, die solche Gestalten ins Licht rief, der Glaube erhält sie lebendig, und der Zweifel vor allem ist es, der an ihrer Vergöttlichung teilhat.«[66] Napoleon ist gewiss eine solch entrückte Gestalt, Galilei und Gandhi sind es ebenfalls. Auf einer weiteren Stufe verdichten sich Einzelschicksale zu einem überindividuellen Typus, wie beim unbekannten Soldaten geschehen, der Zeitfigur des Ersten Weltkriegs. Alle markanten Ereignisse innerhalb der menschlichen Gesellschaft sind Veränderungen in der Gestalt symbolischer Repräsentation, sind Neuorganisation des Theaters, der Bühne für menschliches Handeln.[67] Auf
In der dieser Bühne treten reale und imaginierte Personen als mythologische
Erzählung Spieler in einen Wettstreit ... und gleichen doch ihrer Konsistenz nach
der Vergan- vollkommen dem Nebel. Umgekehrt bewirkt gerade die Hoffnung, dass
genheit sich auf dieser Bühne ein Sinn zeigen möge, den Anklang der historischen
erweist sich Erzählung beim Publikum. Wir berühren hier den wundesten Punkt –
die mythi- der Geschichtsschreibung. Denn sie verkleidet sich in die Forderung,
sche Wahr- Geschichte möchte zur Wissenschaft werden, anstatt zu sein, was sie
heit von durch Jahrtausende war: eine durch und durch spekulative, häufig auch
höherem ästhetische Wirkung anstrebende *Kunst des mitreissenden oder raunen-*
Rang. *den Diskurses*[68]

---

[66] Schnitzler, Aphorismen, 181
[67] Brown, Love's, 106
[68] Steiner, Jean, 194

GEFAHR

In den Mythen steckt also ein analytisches Vermögen. Gut, zugleich aber ist die Analyse der Mythen ständig selbst von der Gefahr der Mythisierung umstellt. Der Geschichte – als Werkzeug der Gegenwart – droht ständig der Rückfall in das, was jedermann ohnehin schon kennt. Dieser Umstand macht das mythologische Denken speziell für den raunenden Diskurs der politischen Rechten, mit seinen Wertskalen und verabsolutierten Begriffen, so unerhört attraktiv. Hier wimmelt es nur so von glühenden Heroen und verborgenen Weisen. »Mythos«, hören wir jemanden sagen, »ist keine Vorgeschichte; er ist zeitlose Wirklichkeit, die sich in der Geschichte wiederholt. Dass unser Jahrhundert in den Mythen wieder Sinn findet, zählt zu den guten Vorzeichen.« Das hat Ernst Jünger unmittelbar nach dem Zweiten Weltkrieg verkündet.[69] Was der deutsche Jahrhundertschriftsteller damit auslobt, ist in letzter Konsequenz fatal. Sicher, auch eine rituelle Betrachtungsweise ist eine historische Betrachtungsweise. Aber ihre Beleuchtung der Hintergründe bleibt ohne Integrität. Die Faszination, die der Mythos auf die Rechte ausübt, ist verständlich. Das Arsenal der Märchen und Legenden, auch der politischen, bietet einen unerschöpflichen Fundus auf die Lebbarkeit jedweder Enttäuschungsverarbeitung in der Imagination, während man in der Realität ihre Inadäquanz einsehen muss. Das Ritual, darum fasziniert es, ist ganz einfach eine Neuinszenierung der Vergangenheit. In der ewigen Kreisbewegung entfesselter Urgewalten, die sich in der Rückkehr zum Anfang vollendet, verschwindet die Möglichkeit, Fragen zu stellen nach dem Warum von gegenwärtigen Zuständen. Gefahr droht aber auch von anderswo her – von der Ökonomie selbst. Ja möglicherweise übersteigen die neuen Gefahren sogar jene aus dem Mythengebräu politischer Tendenzen. Paraxoderweise hat ausgerechnet die Informationsgesellschaft der Aufklärung am stärksten die Schwingen gestutzt und den Streit um die Wahrheit verschärft. Die Medien haben den Takt, in dem pure Fakten aufeinander folgen, ständig erhöht. Unter diesen Bedingungen wird die Interpretation der Fakten tendenziell obsolet. Die Schwimmer in der Faktenflut haben schlicht keine Zeit, keine Chance, vor allem aber keine Geduld und keine Lust mehr, Tatsachen zu interpretieren, Interpretationen zu lesen oder Meldungen bereits als Interpretationen wahrzunehmen. Heutzutage überlagern sich in der Sphäre des Politischen Realität und Klischee, Inter-

Attraktive Verweigerung

Was jedermann kennt

---

[69] Jünger, Waldgang, 54

Märchen bieten den Fundus für die Enttäuschungsverarbeitung in der Imagination. esse und Marketing derart, dass keiner mehr recht weiss, mit welcher Grösse man es eigentlich zu tun hat. Eine Zivilisation aber, die die Faktenflut heiligt, Interpretationen aber unter Ideologieverdacht stellt, fällt in ihrer intellektuellen Substanz wieder hinter die Aufklärung zurück.[70] Das gilt für wesentliche Teile unserer Medienlandschaft. Sicher, es gibt noch das Buch, in dem etwas umständlich erklärt wird. Noch gibt es Leser, die nach Zusammenhängen suchen. Aber die historische Blindheit wächst. Für Kritik ist weder Platz noch Zeit. Triumphierend erklimmt der Mythos erneut den Sockel einer als objektiv begriffenen Herkunft. Am Ende könnte dann buchstäblich das als Geschichte gelten, was jedermann ohnehin schon kennt.

---

[70] Michael Winter, SZ, 25.10.1997

WIEN DER JAHRHUNDERTWENDE
Zur Ambiguität der Moderne

IKONEN

Die Jahrhundertwende ist ein erinnerter Ort: die Berggasse und ihr *Europa der* Jahrhundertfall Sigmund Freud, Wahn und Traum, Talent und Genius. *Tugend* Die Gesellschaft des *Millenniums,* also die Gegenwart, erinnert sich der Gesellschaft des *Fin de siècle* wie an einen erst gestern verstorbenen Verwandten. So wird die Ordinationscouch des wiedereingewienerten Dr. Freud heute als überragende Ikone der entlegenen Epoche gefeiert. Mimmo Paladino hat das psychoanalytische Möbel als gefundenes Ausgrabungsobjekt gemalt, Antoni Tàpies hat es zu einer schokoladigen Sarg-Skulptur verarbeitet, und Stararchitekt Hans Hollein hat den Armstuhl des Nervenarzts mit der Couch des Patienten zu einem Gesamtmöbel zusammenwachsen lassen.[1] So also pflegt die Gegenwart das Andenken an die Vergangenheit, indem sie deren Artefakte mystifiziert. – Sigmund Freud, der goldene Metropolit, der grosse Befreier vom Realitätsprinzip... freie Rede, freie Vereinigung, zufällige Gedanken, spontane Bewegungen, das waren seine Themen.[2] *Die Traumdeutung,* erschienen 1899, darf neben Joyces' *Ulysses* und Benjamins *Passagenwerk* als eines der grossen Erzählbücher des Jahrhunderts gelten. Was darin versammelt ist, sind zuerst und zuletzt verblüffende Geschichten. Heute sehen wir klar, dass durch solche Hervorbringungen der Kultur dem politischen Aufstand im Weltkrieg ein geistiger und kultureller Aufstand zu Beginn des Jahrhunderts vorausgegangen ist. Der feste Wille, die Welt von den Giften des 18. und des 19. Jahrhunderts zu reinigen und die Ablehnung der bürgerlichen *Dekadenz* haben wissenschaftliche und künstlerischen Avantgarden quer durch Europas miteinander verbunden. Die neuen Formen, die sie erzwangen, hiessen Klassizismus in der Kunst und Nationalismus in der Politik. In diesem Sinn war das 20. Jahrhundert wieder nur ein explodierendes, ein in Stücke gehendes 19. Jahrhundert. Überall zogen sich die Linien von gestern fort; und die Tendenz zur Übersteigerung der Formen und der Inhalte – die Übersteigerung zur äussersten Konsequenz – ist vielleicht der einzige durchgehende Zug des neuen Säkulums. Arnold Böcklins

---

[1] Thomas Zaunschirm: Wiener Diwan. Sigmund Freud – heute. Ausstellung der Wiener Festwochen 1989
[2] Brown, Love's, 212

berühmte *Toteninsel*, ein Lieblingsgemälde der Deutschen, repräsentiert den Zeitstil von 1883. Es wirkt aufgeheizt mit sakraler Feierlichkeit und Melancholie; es ist ohne den Alkoholdunst der deutschen Kommersstimmung undenkbar. Ein Halbkreis hoher Felsen verschmilzt so perfekt mit antiken Kunstformen, dass der Betrachter nicht weiss, ob er hier von Kultur oder Natur sprechen soll. Die Toteninsel ist nach Freuds Coach die zweite Ikone der Jahrhundertwende. Die dargestellte Szenerie wirkt, wie schon ein Zeitgenosse des Malers festgestellt hat, als ob der vorletzte antike Mensch vom letzten zu Grab gebettet würde.[3] Die Malerei Böcklins hat unter spätromantischen Musikern eine reiche Rezeption erfahren. Namentlich Richard Strauss und Gustav Mahler haben Kompositionen nach seinen Bildern geschaffen. Ebenfalls nicht zufällig wird die *Toteninsel* 1939 zur Ausstattung der Reichskanzlei erworben, wo das Gemälde prominent in Hitlers Arbeitszimmer hängt. Denn das NS-Verständnis der *Volksgemeinschaft* basiert genau auf dieser Einheit der Lebenden und der Toten. Böcklins Gemälde ist das Kultbild einer auflösungs- und verwesungstrunkenen Zeit, die dem Purgatorium des Ersten Weltkriegs mit Heilserwartung entgegensieht. In dieser Hinsicht ist das 20. Jahrhundert tatsächlich nur eine

Fortgesetzte endlose Serie von übersteigerten Tugenden älteren Datums. Die sieg-
Linien haften Blicke, der nervöser Charakter, die strikte Gerichtetheit des Epochenübergangs – das alles sind Eruptionen in einer endzeitlichen Landschaft. Wir stossen um die Jahrhundertwende auf pikareske Figuren mit einer ästhetischen Paranoia und einem wütenden Verewigungsehrgeiz. Gustav Seibt hat sich aber durch die Eigenwilligkeit dieser Szenographie nicht blenden lassen und betont die Übersteigerungen des Alten in dem, was das neue Jahrhundert zu bieten hat: »Der realistische Roman wurde zum Bewusstseinsroman, die moderne Lyrik zur Buchstabengrafik und zur Lautmalerei, die atonale Musik zum Geräusch, die Lichtmalerei zum Farbquadrat, die Bourgeoisie zum alles verschlingenden mittelständischen Kleinbürgertum, das bürgerliche Amüsement zur Massenkultur, die Fotografie zum Film und Fernsehen, die Lochkartenmaschine zum Computer, das Telefon zum Internet, die Atomtheorie zur Bombe, der Rassismus zum Holocaust. Doch die in alle Richtungen fliegenden Elemente lassen sich nicht mehr zusammenfügen, es sei denn man spulte den Film der Geschichte rückwärts.«[4] En-

---

[3] Schuster, Jahrhundert, 48
[4] Gustav Seibt, Die Erde wurde winzig, und die Zeit begann zu rennen, in: Berliner Zeitung, 31.12.1999

gen wir die doch etwas ausgreifende Analyse wieder auf das Feld des Ideologischen ein, so lässt sich immerhin bereits vermuten, dass Faschismus und Nationalsozialismus nicht einfach ein Auswurf des Ersten Weltkriegs sein können. Als Zivilisationserscheinungen bilden sie auch die totale Ablehnung der herrschenden politischen Kultur zu Jahrhundertbeginn ab. »Im Zwischenkriegsfaschismus, unter dem Regime Mussolinis wie in allen anderen faschistischen Bewegungen Westeuropas, gibt es nicht eine einzige Idee von Belang, die nicht im Laufe des Vierteljahrhunderts vor August 1914 langsam herangereift wäre«, sagt der israelische Politikwissenschaftler Zeev Sternhell, und es gibt keine Gründe, ihm darin nicht zu folgen.[5] Was, wollen wir wissen, macht die Natur dieser Eruption aus, die sich im 20. Jahrhundert ereignet? Physikalisch gesprochen ist es immer noch dieselbe Explosion, die in der Mitte des 18. Jahrhunderts gezündet wurde und das 19. Jahrhundert angetrieben hat: die industrielle Revolution.

Das 20. Jahrhundert ist ein explodierendes, in die Stücke gehendes 19. Jahrhundert.

KULTUR

Der Begriff der Moderne hat viele Väter. Und es wäre durchaus reizvoll wegen seiner Vagheit auf ihn zu verzichten; zu viele widersprüchliche Wertungen verknüpfen sich mit dem Begriff. Doch letztlich erweist er sich bei der Untersuchung der Jahrhundertwende doch als hilfreich, um das spezifische Zusammenwirken künstlerischer mit politischer Avantgarden verstehen zu können. Bereits in dem aus dem Militärischen übernommenen Avantgardebegriff kündigt sich ja eine unheilvolle Verquickung von Modernisierung und autoritärem Machtanspruch an. Der französische Philosoph und Naturwissenschaftler René Descartes, der als einer der Väter der Moderne gilt, hat eine Weltanschauung begründet, die Körper und Seele, Geist und Materie, als getrennt voneinander betrachtet und im lebenden Organismus eine Art Maschine erblickt. Historisch definieren wir die Moderne als die zeitlich weit gespannte Epoche, die im Westeuropa des 17. Jahrhunderts mit Thomas Hobbes' Vision vom Staat, dem alle ihre Rechte übertragen, ihre Geburtsstunde erlebt und mit der Industriegesellschaft als Lebensform sich vollendet. Anders formuliert: Der Begriff Moderne bezeichnet jenen grossen Prozess, der die Aufsprengung des *einheitlichen Mythos* zum Ziel hat. Bei Hobbes sehen wir den Anfang: im *Leviathan* bejaht er zwar die oberste

Was heisst Moderne?

---

[5] Sternhell, Entstehung, 18

Gewalt eines Souveräns, verneint jedoch ausdrücklich ein Gottesgnadentum. Im Unterschied zu allen religiösen und politischen Mythen, die auf eine Erlösung oder End-Harmonie abzielen, oder jedenfalls auf den Modernisierungsprozess eine harmonisierende Antwort geben wollen, beschreibt der Begriff der Moderne das Agens einer Auflösung. Sein Hauptkennzeichen heisst Aktualität; durch sie wird der Begriff erst zur Formulierung des gesellschaftlichen und technischen Fortschritts. Die abstrakte Rationalität der Moderne wird in formaler Logik ausgedrückt, und ihre Formbestimmtheit als *technologische Vernunft* mystifiziert.[6] Man sieht also, dass die Moderne den Mythos keineswegs in den Abgrund stürzen kann, sondern nur eine überholte Form zerschlägt und neue bewegliche Bilder in Umlauf bringt. Was ist die Impulsfigur des Prozesses, den wir beschreiben? Ekstein sieht in der Moderne zunächst einmal eine Kultur, in der vor allem das sensationelle Ereignis zählt. In dieser Kultur werden sowohl die Kunst als auch das Leben zu einer Sache der Energie, die beide zu einem Ganzen verschmelzen lässt.[7] Nach Auffassung der Avantgardisten sollen Kunst und Philosophie das Tor zur Welt des Erlebens aufstossen. Die neue Werte heissen: Beweglichkeit, Vorläufigkeit, Verfügbarkeit, kommunikative Kompetenz. Die Reaktion des Publikums wird für die Erfahrung der Kunst ebenso wichtig wie die Akteure selbst. Die Kunst der Moderne soll erregen, provozieren, inspirieren. Jede Nachricht soll selbst zum Ereignis werden. Das Entweder-Oder, das die Ethik verlangt, verwerfen die Erneuerer zugunsten eines ästhetischen Imperialismus, dem schlichtweg nach allem verlangt.[8] Um die Jahrhundertwende stülpt sich eine erneuerungswütigen Bohème nach aussen, ein egoistisches Sozialaristokratentum, in dem sich die Sehnsucht nach Macht und Grösse mit Rebellentum paart. Im Zentrum steht der Kult um den Philosophen Friedrich Nietzsche sowie die Wiederentdeckung Max Stirners, dessen zentrales Werk bereits 1844 erschienen ist. Nietzsche ist der Prophet des gesteigerten Lebens als letzter Wert, und er wird zur Leitfigur der Epoche. Die moderne Dissidenz, die Nietzsche predigt, richtet sich gegen alle Verhaltensweisen, die mit Autoritätsgläubigkeit und Anpassertum zu tun haben; gegen die Spiessermentalität und gegen die Bürgerlichkeit. Alles soll leben, aber nur eins soll bitte aufhören: das Mittelmass, der Bürger. Ein Boden, auf dem die Verherrlichung des freien Willens besonders gut gedeiht, sind die Künstlerkolonien. Um die Jahrhundertwende gibt es

Therapie der Neurosen

[6] Hartmann, Alternative, 40
[7] Ekstein, Tanz, 35
[8] Ekstein, Tanz, 61

bereits an die hundert solcher Ansiedlungen in Europa, in denen 2.700 Künstler, vornehmlich Maler, arbeiten und leben. Viele von ihnen wollen den *neuen Menschen* erschaffen und beschäftigen sich mit theosophischen und okkultistischen Ideen. Andere besinnen sich zurück auf ein ursprüngliches Leben in der Natur. Dass in den Kolonien ein Bohèmeleben herrscht, dass viel getrunken wird, der Sonntag missachtet und überhaupt lockere Sitten herrschen, das stimmt nicht überall.[9] Doch als Sozialmodell werden diese Künstlerkolonien scheitern, weil sich mit Staffeleien eben kein *Wohlstand für Alle* schaffen lässt. Als Ort des Protests, als Ort der Abweichung und der Dissidenz hingegen hinterlassen sie eine breite Spur in der Kulturgeschichte des 20. Jahrhunderts. – Die Begriffe Natur und Leben als »Verkörperung des Wertvollen« verknüpfen sich in der Philosophie Nietzsches zur Vorstellung eines natürlichen Lebens, auf dessen Grundlage man die »Vernichtung des Erstarrten« glaubt vollziehen zu können. In seinem Buch *Menschliches, Allzumenschliches* verkündet dieser Vorreiter der Modernisten, dass »die matte Menschheit des grössten und furchtbarsten Kriegs bedarf, um nicht an den Mitteln der Kultur ihr Dasein selbst einzubüssen.« In *Also sprach Zarathustra* geht Nietzsche weiter und rät seinen Zeitgenossen »nicht zur Arbeit, sondern zum Kampf« zu schreiten, da »der Krieg und der Mut mehr grosse Dinge getan haben als die Nächstenliebe«. Nietzsches Hang zur Apokalypse ist unübersehbar; doch er ist keineswegs der erste, der diese Eigensinnigkeit pflegt. Bereits am ersten April 1876 hat man den 34jährige Philipp Mainländer erhängt aufgefunden. Dieser Deutsche entwarf in den Siebzigern eine Verfallslehre der physischen Welt und behauptete einen Trieb der absoluten Vernichtung. Im Gegensatz zu seinem Idol Arthur Schopenhauer propagierte der pessimistische Engel Mainländer eine unverkennbare Thanatos-Sehnsucht und eine Apologie der Selbstauflösung – aus der er schliesslich die radikale Konsequenz zog und sich entleibte. Um die Jahrhundertwende gilt der Nihilismus dann meist an sich und nur selten der Kultur gegenüber. Allerorten begegnen uns nun zivilisationskritische Ausfälle und ein offener Pessimismus. Der Kunstpublizist Theo Kneubühler warnt allerdings davor, die Expressionismen dieser Zeit in Pausch und Bogen einfach als Kriegshetze abzutun. Der Hass, meint Kneubühler, sei vor 1914 immer nur emotionaler Aufruhr – Hass, der keine politischen Konsequenzen zeitigt.[10] Viele Halbavantgardisten und Versuchsintellektuelle sind vorübergehend bereit, sich kopfüber den Lehren

---

[9] FAZ, 14.11.1997, 43
[10] Theo Kneubühler, in: Szeemann, Monte, 150

Kropotkins oder Nietzsches zu verschreiben. Viele sind bereit, vom antiautoritären Sozialismus zu verschieden Formen eines gewalttätigen Nationalismus überzuwechseln. Ekstatisch verkünden sie den Weltenbrand. Etwas muss geschehen. Man will gefährlich leben, Gefahren bestehen. Wir haben es hier mit gegenbürgerlichen Imaginationen, mit alptraumhaften inneren Spannungen zu tun, die sich künstlerisch entladen, teils ekstatisch oder als kalt genossene Vernichtungswollust. Während die Psychoanalyse und der Verbrennungsmotor Probe laufen, explodieren so manchem Maler die Farben im Kopf, zerfallen so manchem Schriftsteller die Wörter im Mund. Dennoch sind Neukunst und Wortsplitter kein Aufruf, dessen mörderische Konsequenz ihren Schöpfern irgendwie bewusst gewesen wäre. Dem, der in einem Zeitstil lebt, ist dieser Stil nicht sichtbar. Der zynische Expressionismus bleibt Literatur, bleibt bloss Literatur, im Kreis Gleichgesinnter mit rotem Kopf entworfen. »Kaffeehaus-Literatur aus dem Bohème-Ghetto«, sagt Kneubühler, »politisch ahnungslos bis naiv, Schreibtäterei, die immer forcierter auftrat, auftreten musste, um nur eine kleine Wirkung zu erzeugen.«[11] – Also nicht die Künstler und Literaten sind es, die den Krieg auslösen. Allerdings spiegeln sie überdeutlich die Massenstimmungen wieder, die zu ihm hinführen – das grosse Vakuum der Moderne, das schon in der ziellos hin und her schweifenden Linie des Jugendstils beschlossen liegt.

Friedrich Nietzsche ist der Prophet des gesteigerten Lebens als letzter Wert.

PHILOSOPHIE

Wiener Fin de siècle

Wenn die Natur der Moderne die industrielle Revolution ist, haben wir in Wien ein Problem. Die künstlerische und kulturelle Aufwärtsentwicklung, die der Stadt um 1900 zu Weltgeltung verhilft, lässt sich nur mit einer stockenden Industrialisierung in Verbindung bringen. Das *Fin de Siècle* sieht nämlich bereits ein Österreich-Ungarn, das den Anschluss an die industrialisierten Staaten Europas weitgehend verloren hat. Sicher, das Wien der Jahrhundertwende ist in vielen wissenschaftlichen und kulturellen Disziplinen bahnbrechend. In der Medizin, in der Psychologie, in der Nationalökonomie, in der Philosophie. Aber die spezialisierte, kleinbetriebliche Produktion ist im habsburgischen Wien weiter verbreitet als in den meisten westeuropäischen Industriezentren oder in Prag. Erst aufgrund von ausländischen Direktinvestitionen ist

---

[11] Theo Kneubühler, in: Szeemann, Monte, 152

die elektromechanische Industrie zu einem Leitsektor aufgestiegen.[12] Die Menschen hier wissen, dass die Industrialisierung anderswo einen Dunstschleier über ganze Städte gelegt hat, dass es himmelschreiende Gewässerschäden, Gestank und Luftverunreinigungen gibt. Unter den Kleinbauern und -bürgern der Monarchie hat eine diffuse Technikangst um sich gegriffen; die Furcht vor wirtschaftliche Einbussen zu einer fundamentalistischen Industriekritik geführt.[13] Die Impulsfigur der Wiener Moderne hat darum eine ganz andere Gestalt als ihre Geschwister in Berlin, London und Paris. Die hiesigen Künstler und Wissenschafter können in der praktischen Wirklichkeit ihre Vorstellungen von Rationalität nicht finden und durchsetzen. Sie scheitern an der Unbeweglichkeit eines System und schaffen sich darum in Kunst und Wissenschaft quasi eine Gegenwelt – eine Ordnung ohne moralische Falschheit [Sigmund Freud, Arthur Schnitzler], einen Kosmos ohne verlogene Ornamentik [Adolf Loos, Karl Kraus], ein System ohne barocke Metaphysik [Ludwig Wittgenstein, Arnold Schönberg] und ohne feudale Irrationalität [Josef Schumpeter].[14] Möglicherweise ist damit auch schon die Frage nach dem Besonderen der Wiener Moderne beantwortet. *Wien als die Mehrzahl von eins aus Rationalismus und Materialismus.* Jedenfalls geben sich viele Studien damit vorzeitig zufrieden. Doch lässt sich der Aufbruch der Wiener Kultur von den zeitgleichen Avantgarden, insbesondere der Berliner Moderne, nicht genauer unterscheiden? Wenn es nämlich ein besonderes Element des *Wiener Fin de Siècle* gäbe, dann wären doch auch die widersprüchlichen Entwicklungen der beiden Kaiserreiche leichter verstehbar. Erstaunlicherweise schweigt die umfangreiche Literatur zur Epochen-Erfahrung recht beharrlich zu dieser Differenz. Die beliebte Beschäftigung mit dem Wien der Jahrhundertwende verliert sich gern im Kult der Persönlichkeiten und im Taumel des Jugendstils. So kann der Glaube an das Genie ungebrochen fortleben... Hugo von Hofmannsthal hat seinerzeit die Wiener Moderne definiert, indem er die Analyse des Lebens und die Flucht aus dem Leben, die Anatomie und das Träumen, für sie charakteristisch fand.[15] Das wäre zumindest ein Beginn für ein besseres Verständnis der geistigen Vorgänge. Alfred Pfabigan erscheint die Wortkombination *Wiener Moderne* überhaupt äusserst ungesichert. Er schliesst hier jene vermittelnden Position mit ein, die von einer *gespaltenen Moderne* spricht,

Was ist spezifisch?

---

[12] Joachim Becker/ Andreas Novy, in: Kurswechsel, 2/1999, 7
[13] s. Studien von Thomas Büschefeld, 1997, und Ulrike Gilhaus, 1995
[14] Helmut Kramer/ Otmar Höll, in: Dachs, Handbuch, 57
[15] Zit. n. Kohn, Kraus, 1

womit gemeint ist, dass sich im Gefolge von schwach entwickeltem Liberalismus und Industrialismus Wien eben stärker auf dem praktischen Feld der Ästhetik entwickelt habe.[16] Pfabigan begnügt sich inhaltlich mit den beiden von Hofmannsthal her bekannten Seiten des Phänomens: einer asketisch-funktionalistischen, also auf Vernunft setzenden Moderne versus einer schönheitstrunkenen, rauschhaften und »vernunftkritischen« Moderne.[17] Entsprechend anerkennt er, dass da die »hohe Kultur der Gesellschaftskritik« und dort die Bereitschaft den »Weg nach innen« zu gehen in Wien stärker ausgeprägt war als in den vergleichbaren Städten.[18] Zu den wenigen gelungenen Versuchen über dieses Thema gehört ein Essay von René Weiland, in dem dieser eine spezielle *Ambiguität der Jahrhundertwende* herauszuarbeiten versucht. Mit Ambiguität ist der spezifische Willen gemeint, Ende und zugleich auch Anfang eines Prozesses zu sein. Weiland erklärt das Wien der Jahrhundertwende zum Namen eines Orts und zum Namen eines Zeitabschnitts, wo ein Untergehen mit einem Anfangen koinzidiert. Er erklärt es zu einem Ort und Zeitabschnitt, wo ein Neues gerade dort entstehen kann, da man bereit ist, dem eigenen Untergehen zu folgen.[19] Es existieren drei Varianten dieser ortsüblichen Mentalität: 1. die Affirmation der romantisch-idealistischen Dekadenz kraft einer *Mystik der Nerven;* 2. die modernistisch-materialistische Haltung eines Positivismus, mitsamt seiner euphorischen *Antimetaphysik;* und 3. eine Art tragischer Humanismus oder eine Klassik *ex negativo.* Das übergreifende Beispiel für alle drei Varianten könnte der 1880 geborene Jungphilosoph Otto Weininger abgeben. Niemand hat seinen Standpunkt so schrill und so masslos anklagend wie Weininger formuliert. »Jedes wahre, ewige Problem«, brüllte er in die Welt hinaus, »ist eine ebenso wahre, ewige Schuld.«[20] Der tiefgläubige Denker predigte einen ethischen Dualismus, ein strenges Schwarz-Weiss-Denken, dem er alle Erscheinungen der empirischen Welt unterwarf. Der Schlüssel zur Lösung des Welträtsels liege im ethischen Verhalten verborgen. Alles Böse im Menschen entstehe durch einen Mangel an Bewusstheit. Und Bewusstheit sei nichts als das Streben nach Sittlichkeit.[21] Nun könnte man einwenden: Solche Ansichten trafen auch für Kita Terujiros, den japanischen Weininger, zu.[22] Verfech-

Otto Weininger

---

[16] Pfabigan, Enttäuschung, 102
[17] Pfabigan, Enttäuschung, 55
[18] Pfabigan, Enttäuschung, 67
[19] René Weiland, in: Pircher, Début, 15
[20] Zit. n. Kohn, Kraus, 31
[21] Weininger, Dinge, 156
[22] Kita Terujiro: Über die Nation oder Der wahre Sozialismus

ter einer reinen Ethik waren kein Wiener Spezifikum. Doch nicht so schnell! Weiningers zweiter Einfall war die Radikalisierung des Mikrokosmos-Gedanken: das heisst, jede Daseinsform in der Natur sollte einer Eigenschaft im Menschen entsprechen. Diese Idee führte zu ungeheuer komischen Ergebnissen, etwa als Weininger den Hermaphrodismus der Pflanzen in psychologischen Kategorien diskutierte oder die Tiefseetiere als Symbole des Bösen denunzierte. Gar nicht mehr lustig wurde es allerdings, als der Jungphilosoph sein schwarzes Gericht auf andere Gebiete auszudehnen begann. Arthur Schnitzlers Pansexualität wurde bei Weininger zur Pan-Antisexualität, Rosa Mayreders Feminismus zum Antifeminismus, Theodor Herzls Zionismus zum Antisemitismus. Kein kategorischer Imperativ dürfe je mehr die Stimme des Bluts überwuchern, predigte Weininger. Mayreder hatte die *Kulturkrise* der Jahrhundertwende als eine Krise der Männlichkeit diagnostiziert.[23] Und wie in einer trotzigen Reaktion darauf wuchs sich Weiningers Ethik des Tragischen zu einer doppelt virilen, kriegerischen und kompromisslose Forderung aus.[24] Er war vom apokalyptischen Charakter seines Zeitalters so sehr überzeugt, von dem letzten herannahenden Entscheidungskampf zwischen zwei polar entgegengesetzten Möglichkeiten, dass er in dieser Hinsicht der grossartigen Einseitigkeit des Weininger-Verehrers Karl Kraus ähnelte. Nach Weiningers Ableben wird man immer wieder seine schwierige Persönlichkeit als Entschuldigung für sei Denken ins Treffen führen. Er habe doch nur die kulturgeschichtlich bedingten Probleme, unter denen er persönlich litt, ins Absolute gehoben und sie in das Prokrustesbett seiner Metaphysik gezwungen, versichert etwa Hans Kohn in seiner ansonsten hervorragenden Studie über das Wien der Jahrhundertwende.[25] Doch Weininger war beileibe kein Einzelfall. Auch ein Lyriker wie Albert Ehrenstein, einer der produktivsten Expressionisten, sah die Frau als Zerstörerin des Manns und in der Sexualität einen niederen biologischen Vorgang. Weiniger war das zur Fratze verzerrte Epochengesicht. Der Glaube, dass der Mensch im Grunde gut sei, entsprang einem breiten Selbstvertrauen, das sich das Kollektiv durch die ungeheuren wirtschaftlichen und politischen Fortschritte seit der Renaissance erworben hatte.[26] Angstvoll, hysterisch, bisweilen offen rassistisch und menschenverachtend verzerrte sich die-

Fratze der Epoche

---

[23] Pfabigan, Enttäuschung, 33
[24] Kohn, Kraus, 43
[25] Kohn, Kraus, 35
[26] Fromm, Seele, 15

Wien zeigt ses Antlitz des Chronotopos in Weiningers Gestalt zur Fratze, die die
den Willen Katastrophe andeutete. Dieselben unterirdischen Adern des Zeitgeists
Anfang und erspürend liess Karl Kraus eine traumhaft-traumatische *Vison vom Wie-*
Ende zu sein. ner Leben in das Fazit münden: »Ich erschoss mich.«

TOD

Weininger »Hart gegen sich selbst und streng gegen die anderen.« So wird Otto
und Seidel Weininger von seinem Freund und Studienkollege Moritz Rappaport beschrieben. »Von eiserner Selbstzucht, jeden Moment zur Anspannung aller Kräfte und zur Einsetzung seiner ganzen Person bereit, behielt er doch stets einen soldatischen Habitus.« Und weil Weiningers Charakter so innig mit dem seiner Zeit übereinstimmt, ist es gewiss auch mehr als eine persönliche Tragödie, dass dieser Mann seinen eigenen Ansprüchen nicht mehr gerecht werden kann: Weiniger hält sich selbst für einen Verbrecher. Er fühlt in sich einen ungeheuren Antrieb zur Lüge, zur Grausamkeit, zum Mord. Unmittelbar vor seinem Freitod schreibt er auf: »Ich morde mich selbst, um nicht einen anderen morden zu müssen.« Dann erschiesst sich der Dreiundzwanzigjährige in einer Oktobernacht 1903 in Beethovens Sterbehaus und stirbt anderntags im Wiener Allgemeinen Krankenhaus.[27] – »Genie-Fatzkerei« würde ein anderer dieses Schicksal vielleicht nennen, wenn er es ihm bekannt wäre: der 15 Jahre jüngere Alfred Seidel. Dieser deutsche Jungphilosoph wird seinem Wiener Kollege im Alter von 29 Jahren in den Tod folgen. Seidels Verzweiflung erscheint irgendwie wie eine Antwort auf die Realisation von Weiningers Verzweiflung, ohne je eine Alternative gewesen zu sein. Seidel, für den es nichts Negativeres gibt als das Gerede von der Positivität, wird die Analyse des Bewusstseins zu einem neuen Extrem des Denkens vortreiben: zu einer Analyse der Analyse. Keiner der beiden Denker, weder Weininger noch Seidel, gerät in das Alter, in dem die Erfahrung eine Spur von Verfallsgeruch verbreitet und die Freude am Neuen von Tag zu Tag schwindet. Beide sterben sie jung; ein paar Jahre nur, nachdem sie eingetreten sind in das übersichtliche Gebäude der Rechtsordnung und der Vernunft. Für Seidel wird das Leben 1924 allerdings um des Lebens willen zu verneinen sein: und zwar um des nichtgesteigerten, harmonischen, unbewussten Lebens willen. Auch er begibt sich auf eine depressive Tour. Zuerst entthront

---

[27] am 4.10.1903

Seidel die absolute Idee durch die Geistesgeschichte und versperrt sich so mit seinem zersetzenden Verstand selbst den Weg dorthin, wo Weininger Rettung gesucht hat: beim ethischen Dualismus. Weininger erscheint alles als ein moralisches Dilemma, ein Gerichtstag, der ihm die Furcht einflösst, dass er nicht imstande sein könnte, seinem höhen Ideal zu genügen. Anders Seidel: Er meint zu erkennen, dass man mit dem Wissen um das Wie keine Kultur retten kann, und dass dieses Wissen selbst Symptom des Verfalls ist. In seinem Abschiedsbrief bezeichnet er den Freitod als »Beginn der grossen Verzweiflung der abendländischen Kultur, wie er mit Schopenhauer und Max Weber eingesetzt hat«. Bleiben wir noch einen Augenblick bei diesem Vergleich. Denn schliesslich könnte es ja sein, dass die von einzelnen unter Einsatz ihres Lebens verfolgten Denkleistungen, die hellsten wie die tragischsten, die verblüffendsten wie verruchtesten, untereinander in Verbindung stehen. Gewiss ist das Sterben von Philipp Mainländer, Otto Weininger und Alfred Seidel von grosser Aufrichtigkeit. Das lässt den Eindruck entstehen, dass es sich um pathologische Selbstmorde handelt, vollzogen an einem schwermütigen Nachmittag. Alle drei dürften sich zum Grundprinzip ihres Handelns gemacht haben, sowieso zu sterben, ob im Scheitern oder im Erfolg. Nun ist es aber das menschliche Unvermögen, dass man sich nicht ausserhalb der Zeit stellen kann, um unbefangen abzuwägen, welchen Tod man zu welchem Zeitpunkte sterben will.[28] Weininger stirbt einen Tod, der die Erfahrung der Enttäuschung mit einschliesst. Er ist über sich selbst ernüchtert und will – gegen alle Einsicht der Vernunft – im Tod seiner Vorkriegsethik treu bleiben. Als sich scheinbar alle Welt gegen ihn verschwören hat, ist er bereit, sich zu opfern, um schweigend das Leben zu schützen. Alfred Seidel hingegen wählt einen Tod vor der Erfahrung des enttäuschenden Handelns. Er meinte im Voraus erkannt zu haben, dass Geschichte nicht durch den menschlichen Willen zu bewegen ist. Seidel schlägt damit bereits das Kapitel der Nachkriegsmoderne auf: Er kürzt den Weg ab und glaubt nur mehr in der Selbstauslöschung eine Vernunft zu erkennen. Der Weltkrieg reisst also einen ungeheurer Graben auf in der Psyche einer ganzen Generation. Was ist das für eine Vernunft, mit der man 1924 klarerweise den Tod sucht, aber 1903 noch nicht? Versuchen wir das näher zu bestimmen. Die Selbstaufopferung ist sicher keine Maxime des modernen Bewusstseins.[29] Aber die Moderne reanimiert die jahrhunder-

Selbstopferung wofür?

---

[28] Mishima, Tempel, 95
[29] Sofsky, Traktat, 223

tealte Diskussion mit viel heisser Luft. Bei Weininger steht noch der furchtlose Held, der sein Leben für seine Ideen hinschenkt, im Vordergund. Weininger weiss: Der einzige Opferakt, zu dem ein Bodhisattva berechtigt ist, ist das Opfer seiner selbst. Am Ende stirbt dieser Manichäiker gekränkt und enttäuscht über die Verblendung, die ihn vermeintlich umgibt, während sie in Wahrheit nur ihn selbst lückenlos umfangen hat. Bei Seidel lässt sich dann entdecken, wie aus Weiningers Wirklichkeit, der Wirklichkeit des apokalyptischen Denkens, die im Weltkrieg in Stükke zerfällt, sich sogleich eine neue Wirklichkeit herauskristallisiert. In ihr wird dann nicht mehr der furchtlose Held, der für seine Ideale stirbt, den Grenzpunkt der Moralität markieren – sondern das Individuum, das bedenkenlos für den anderen in den Tod geht. Bekannte Namen werden grosse Stücke auf diese Philosophie halten; Curzio Malaparte wird den neuen Gedanken der Selbstaufopferung für andere nach dem Zweiten Weltkrieg sogar zum Topos der europäischen Lebensauffassung erklären. »Wir waren auf dem Gipfel eines erloschenen Vulkans«, verkündet der Dichter, als es nur mehr lebendige Menschen und tote Menschen auf der Erde gibt. »Dort unten, soweit mein Blick reichte, bedeckten Tausende und Abertausende von Leichen die Erde. Sie wären nichts als zerfallendes Fleisch gewesen, diese Toten, wenn nicht unter ihnen mancher sich befunden hätte, der sich für die anderen geopfert hatte, um die Welt zu retten, damit alle diejenigen, welche diese Jahre der Tränen und des Bluts überlebt hatten, Unschuldige und Schuldbeladene, Sieger und Besiegte, sich nicht schämen mussten, Menschen zu heissen. Unter diesen Tausenden und Abertausenden toter Menschen gab es sicherlich auch den Leichnam eines Christus. Was wäre aus der Welt, aus allen geworden, wenn sich unter so vielen Toten nicht auch ein Christus befunden hätte?«[30] Es werden also diese aufopferungsvollen Toten sein, die die Welt in zwei Kriegen retten. In Europa zählen nur diese Toten.

Die Moderne akzentuiert die Kontroverse über den Sinn der Selbstaufopferung.

KUNST

Plüschiger Haremsduft Obwohl Gustav Klimt am meisten seine Epoche ausdrückt, geht er am wenigsten mit ihr unter. Seine hoch zielenden Ambitionen als Maler kündigen sich bereits 1899 an, als er den Auftrag für die Decke der Wiener Universitätsaula ausführt. Hier verwandelt sich der alte Klimt,

---

[30] Gek. zit. Malaparte, Haut, 319

der pflichtschuldige, historisierende Dekorateur, in einen neuen, avantgardistischen Allegoriker der menschlichen Verhältnisse.[31] Die riesigen Leinwände, die er für die Universität bemalt, zeigen die Verkörperungen von *Philosophie, Medizin* und *Jurisprudenz* – und würden sie nicht in den letzten Tagen des Zweiten Weltkriegs vernichtet werden, zählten diese emblematische Illustrationen der Epoche heute neben Freuds Coach und Böcklins *Toteninsel* gleichfalls zu den Ikonen der Zeit. Nun könnte man einwenden: Unkonventionelle Posen, sinnliche Selbstvergessenheit und erotische Freiheit – das findet sich auch beim Franzosen Auguste Rodin. Was Klimt dem hinzufügt, nennt der Kunsthistoriker Kirk Varnedoe, »die besondere Atmosphäre einer unterwasserhaften Lethargie«.[32] Das genau ist es, was diese splitternackten, rotfahlen Geschöpfe auszeichnet: eine Müdigkeit, die sie wie eine leichte Ohnmacht gefangen nimmt. Die Lemuren der Zeitenwende tragen unheimliche Kometenschweife ums Haupt, Haarsternhaare; ihre Zeichen sind chlorfarbener Honig und duftiges Salbeiöl, goldene Schlangen und ein beunruhigendes erotisches Schmachten. »Unter diesen edelsteinernen Baldachinen«, wusste Ludwig Hevesi, der bedeutende Propagandist der Sezession, »wohnt die Benebelung eines Traums von märchenhafter Juwelenwelt, wo kostbar und heilig das nämliche bedeuten.«[33] Klimt hat mit den Universitäts-Gemälden die Metaphern für eine von Sinnlichkeit überflutete subjektive Welt formuliert. Der öffentliche Skandal um die Zurückweisung der Bilder markiert das endgültige Scheiterns der liberalen Kultur in Wien. Oder wie Pfabigan sagt: Der Streit um die Universitätsbilder demonstriert den Konflikt zwischen der moralischen und ästhetischen Kultur des Liberalismus.[34] Noch weihevoller als auf den drei Uni-Gemälden laufen die Ströme Klimt'scher Phantasie im legendären Beethovenfries in der Sezession zusammen. »Ein unheimliches Gleissen, von dem sich das Auge vergiftet fühlt«, registriert Hevesi beim ersten Anblick im April 1902. Die Grundidee des Friesgemäldes folgt einem Spiel von Sentimentalität und Machtverehrung: hier die hochstaplerische Schuld der Schwachen, dort die leuchtende Gestalt des unkränkbaren Retters aus der Not. Die Schwachen erflehen den Schutz der Starken in Gestalt eines Ritters in goldener Rüstung auf der linken Wand. Auf sein blankes Schwert gestützt, hört der Mann in der Rüstung das Hilfeflehen notgedrängter, abgezehrter Menschen. Er er-

Klimts Beethovenfries

---

[31] Varnedoe, Wien, 151
[32] Varnedoe, Wien, 153
[33] Hevesi, Jahre, 447
[34] Pfabigan, Enttäuschung, 107

scheint dabei ebenso sehr als *der Führer*, als der Neue Mensch und als der Weisse Ritter, jedenfalls als eine Figuration der Vollkommenheit. Auf der Frontseite hockt ein übelriechender Gigant: Typhoeus, der geflügelte, perläugige Affe, ein dunkles chimärisches Wesen mit zähnestarrendem Rachen. Rund um ihn das Gewimmel der »feindlichen Gewalten«, die da heissen: Ausschweifung, Zügellosigkeit, Krankheit und Wahnsinn. Über ihren dämonischen, bleichen, blutgeschminkten Frauengesichtern schweben wiederum die »Sehnsüchte des Menschen«, um Trost in der Poesie zu suchen. Die ganze Prachtszene gipfelt in der Darstellung eines Engelschors, der ein sich umarmendes Paar einschliesst. Eine Liebesvereinigung als Inbild des Satzes: »Diesen Kuss der ganzen Welt«. – Mit dem Beethovenfries hat Klimt den direkten Weg gefunden, einen bestimmten Nerv der Wiener Psyche zu berühren. Hier geht es, so Varnedoe, um jene Phantasien, wo sich das Verlangen nach Lust und Luxus vermischt mit den passiven Angstgefühlen von Ekel, Melancholie und mit der Furcht vor der Vergänglichkeit. Gierige Kleinbürger wandern zwischen den Welten; überall überlagert ein sinnlicher Spott ein tapferes Versagen. »Dieser Flirt von Dichtung und weicher Pornographie mit seinen Visionen von geschmeidigen Frauen, die mit halbgeschlossenen Augen in moschusduftender Lässigkeit zerfliessen, berührt einen grundsätzlichen und komplexen Gedanken.«[35] Wie liesse sich dieser komplexe Gedanke näher fassen – soziologisch, ästhetisch, psychologisch? Die vergoldete Eleganz, mit der der Beethovenfries auftrumpft, ist oft für ein Kennzeichen von Dekadenz gehalten worden, für die Vision einer narzisstischen Oberschicht, die sich in fruchtlosen Ästhetizismus flüchtet. Und das ist sie ja auch. Darüber hinaus wurde erkannt, dass Klimts den immer wiederkehrenden Traum der Wiener von der unbegreiflichen Pracht des Ostens, einer herrschaftlichen Opulenz, beschwört. Es lässt sich ausserdem festhalten, dass Wien sich durch das Spielerische besonders auszeichnet und Klimt ein besondere Gespür für den Glanz des Lichts und die Exotik der Ferne verkörpert. Auch das. Wie in der primitiven Kunst verschliesst der Maler in seinem Werk die Merkmale einer ursprünglichen Liebe, die Intensität erdgebundener Beobachtung und die Lust am Material zu einem Geheimnis.[36] Hevesi hat schon in der *Jurisprudenz* »die alte Goldgrundwelt des Mittelalters« gesehen, »das gleissende und glimmende, und über sie ausgegossen das goldgewordene Lächeln der mystischen Rose«.[37]

Fruchtloser Ästhetizismus

---

[35] Varnedoe, Wien, 157
[36] Varnedoe, Wien, 159
[37] Hevesi, Jahre, 447

Man könnte den grundsätzlichen und komplexen Gedanken dieser Untergangskunst auch ganz einfach Affirmation der romantisch-idealistischen Dekadenz kraft einer *Mystik der Nerven* nennen. Klimts Sensibilität demonstriert damit auf ganz unvergleichliche Weise den Willen, Anfang und Ende zugleich zu sein. Er verkörpert am reinsten die ästhetische Seite der zweideutigen Jahrhundertwende. — Man kann über die Wiener Kunst um 1900 nicht sprechen, ohne die Frühexpressionisten zu erwähnen. Wie Karl Kraus ist auch Oskar Kokoschka ein glühender Weininger-Verehrer. Zusammen mit Egon Schiele und Richard Gerstl bildet Kokoschka jenes Dreigespann, das den Grundpfeiler des »österreichischen Expressionismus« abgibt. Was genau darunter zu stehen ist, das lässt sich gar nicht so leicht sagen. Wie die Jugendstilvirtuosen bejahen auch die Expressionisten die Dekadenz. Aber das Zeittypische der neuen Strömung ersieht man erst in der Funktion, die die Rezeption dem neuen Malgestus zuerkennt. Heute wissen wir, dass der romantische Geniekult ein Irrtum der Kunstideologie über sich gewesen war. Um 1900 bröckelt die romantische Fassade bereits, aber je stärker sie das tut, umso stärker wird versucht, den Geniegedanken an den Künstler rückzubinden. Der Kunsttheoretiker Ludwig Erik Tesar zum Beispiel schreibt 1909 der Geschichte ein Kraft zu, deren Dynamik sich *Der Künstler* angeblich gerade des Künstlers bemächtigt, um sich ihre Bahn zu bre- *als Seher* chen.[38] Tesar benutzt dabei die psychoanalytische Terminologie des Überbewussten, um die Geschichte als jenes Agens zu kennzeichnen, das sich des Genies als Medium bedient. Rainer Fuchs wird später zeigen, wie die Kunsttheorie damit dem »Wollen und Arbeiten des Künstlers« geschickt eine in der Geschichte angelegte Gerichtetheit und Zwangsläufigkeit unterstellt. Der Künstler wird der Geschichte als Werkzeug anempfohlen, um der »grossen Menge« voranzugehen. Man könnte einwerfen: Die Glorifizierung des künstlerischen Menschen ist damals notwendig gewesen, um ihn vom bösen Verdacht des Bürgerschrecks rein zu waschen. Aber man hätte damit eine wertvollen Einsicht verschenkt. In Tesars Theorie wird die Geschichte in eine Idee – in die des Überbewussten – verkehrt. Er stilisiert den Künstler zum Erfüllungsgehilfen irrationaler historischer Wirkungskräfte.[39] Geschichtliche Vorgänge erscheinen nun gleichsam als eine höhere Macht, und die Zukunft wirkt angefüllt mit unendlichen Möglichkeiten. In diesem Gedanken legt die Interpretation des Frühexpressionismus einen neuen Massstab vor. Das Bewusstsein nimmt einen neuen Standpunkt ein, die

---

[38] Rainer, Apologie, 74
[39] Rainer, Apologie, 75

Eine Müdig- Menschheit erklettert eine Höhe, von der aus den Transfigurationen des
keit nimmt Vergangenen immer neue Akte der Verklärung folgen. Die Grenzen von
den Kunst- aktuellen Zuständen zum Traum werden unklarer. Man begreift Kunst
betrachter und Geschichte als Anfang und Ende eines machtvollen Prozesses –
gefangen. womit sich der Bogen zur Ambiguität der Wiener Moderne erneut
schliesst.

FORSCHUNG

Vierhundert Kehren wir nun der ersten Lokalvariante der Moderne den Rücken.
Aale Wenden wir uns von der Kunst ab und der modernistisch-materialistische Haltung eines Positivismus zu: dem Hang zur unverblümten Empirie mitsamt seiner euphorischen *Antimetaphysik*. Wir wissen zum Beispiel, dass Sigmund Freud schon als junger Mann knapp dem Ruhm entgangen ist, als erster die Bisexualität des Aals entdeckt zu haben.[40] Seine früheste wissenschaftliche Arbeit, seine zweite Veröffentlichung überhaupt, ist 1877 unter dem Titel *Beobachtungen über Gestaltung und feinen Bau der als Hoden beschrieben Lappenorgange des Aals* erschienen. Für diese Studie hat Freud 400 Tiere seziert. Er ging dabei streng mathematisch-naturwissenschaftlich vor, legte Tabellen an und addierte ihre Ergebnisse. Solche Prüfungsverfahren waren längst das Kernstück einer techno-logischen Vernunft, die soeben in einem berühmten Wissenschaftstreit auf Wiener Boden methodisches Neuland betreten hatte. Der Physiker Ludwig Boltzmann, geboren 1844, stellte sich klar in einen Widerspruch zu den Energetikern und anderen Phänomenologen seiner Zeit. Daraus entbrannte eine Kontroverse, in der beide Seiten nicht mehr über das, was wirklich war, diskutierten, sondern nur mehr über wissenschaftliche Modelle und Paradigmen. Das Wien der Jahrhundertwende führte nun einen Diskurs des Wissens und der Wahrheiten, der Geschichte machen wollte, wobei der Wille zur Gewinnung von Wahrheiten durch den Begriff des Modells hindurchgehen musste. Man wünschte, dass es in der Auseinandersetzung solche gab, die recht haben, und solche, die sich irren, so wie es am jüngsten Tag Gute und Sünder geben wird.[41] Auch wenn Boltzmann später die Erfahrung der Umkehrbarkeit, der Negentropie, nicht erspart blieb – aus seiner Erfahrung heraus schlug er die Vorgangsweise im Wissenschafts-

---

[40] Harald Leupold-Löwenthal
[41] Michel Serres, Boltzmann und andere, in: Pircher, Début, 59

streit zur generellen methodischen Anwendung vor. Die Empirie sollte sich sich nicht mehr im Aufstapeln von sinnlich Gegebenem erschöpfen, sondern darauf abzielen, Gesetze zu erfassen und auf dem Boden des Begriffs zu bleiben. Die Wissenschaft sollte der Natur ihr Material [die Aale] entnehmen und ihr dafür die Methode [statistische Modelle] liefern. An die Stelle von sinnlicher Gewissheit trat damit die Frage nach Wirkungszusammenhängen, trat die Vorstellung von einem Kreis von Kreisen, die Abstraktion eines Modell von Modellen. In ihnen, und sonst nirgendwo, musste der Sinn gesucht werde – von der Struktur der Einzelbeobachtung bis zu der letzten allumfassenden Einheit. Hier kehrt die Zweideutigkeit der Wiener Moderne auf einer begrifflichen Ebene wieder. Die Frage nach einem Absoluten war unwissenschaftlich und daher müssig. Die akademischen Elite begann sich mit allen erdenklichen Formen des Realismus zu brüsten; sie verwies fremdartige und störende Sinnfragen in eine Zone ausserhalb ihrer Zuständigkeit. Boltzmanns Vorstellung von Kreisläufen ohne einen inneren Mechanismus, der sie zusammenhält, ohne Anfang und Ende, wurde zu einer Lieblingsgedanken der Intelligenz. Die modernistisch-materialistische Haltung des Positivismus mitsamt seiner euphorischen *Antimetaphysik* schlug Wien nachhaltig in ihren Bann. Sie wurde gewissermassen zum *Kritik der* aseptischen Schmerz des Untergangsprogramms. — Schreiten wir gleich *Moderne* fort zur dritten und letzte Variante der Wiener Moderne: dem tragischen Humanismus einer Klassik *ex negativo*. Man denke dabei an die weisse Reinheit und holzschnittartige Schlichtheit der Form: ein weiteres Ideal der Zeit. Um 1902 erhebt Adolf Loos die schmucklose Einfachheit zum Gebot einer höheren Ordnung, die zugleich platonisch und weltbejahend sein soll. Die Wiener Werkstätte beginnen mit der Produktion so genannter *einfacher Möbel*. Dieser Hang zur Sparsamkeit, zu geometrischen Objekten, die das Wohlbefinden vergrössern sollen, korrespondiert auf unsichtbare Weise mit der scharfen Selbstkritik und dem Selbstgericht im literarischen Leben. Also mit Kraus, bei dem, wie Hans Weigel sagt, »das österreichische Selbstgericht legitim zum Weltgericht wird und *vice versa*«.[42] Hier findet auch der Austromarxismus seinen Platz in der Wiener Moderne. Denn dessen Theoretiker geraten auf philosophischem Gebiet ins Schlepptau des Neukantianismus und des Positivismus. Alle Phänomene zusammen bedeuten, dass die Wiener Moderne eine ihr eigene Reflexivität gewinnt, die sie unmittelbar zum Gegenstand ihrer eigenen Kritik werden lässt. Unter diesem Gesichts-

---

[42] Zit. n. Kohn, Kraus, 64

punkt wird es sogar fragwürdig, ob die Moderne das Subjekt oder das Objekt der Eroberung ist, so dass die Kritik der Moderne in die Kritik *an* der Moderne übergeht.[43] Der Glaube an die Zivilisation muss als ein eurozentrischer Mythos erscheinen, in dem sich die Moderne selbst anbetet.[44] Hier tun sich Abgründe auf, bei deren Anblick einem schwindlig werden kann. Hier fehlt eine definierbare Vertrautheit zu den Dingen, die uns umgeben; es gibt kein rasches, geradliniges Argumentieren, was etwa Kraus durch übersteigerte Selbstsicherheit wettmacht. Im Spiegelsaal der Reflexionen gelingt es sogar, einem so problematischen Begriff wie dem Irrationalismus noch einen Doppelsinn abzutrotzen: indem man das Vernunftgebäude der Unvernunft als die spiegelverkehrte Reflexion der Vernunft in sich selbst sieht.[45] Allein, diesen klassische Humanismus kennzeichnet auch eine tragische, dem Tageslicht abwandte Seite. Die weisse Moderne ist spermizid, abtötend, und hinterlässt eine Abwrackung, die das Schiefe des Augenblicks umschnürt. Tragisch erscheinen Klassizismus und Humanismus ja nicht etwa, weil sie wirkungslos bleiben, sondern weil ihre Protagonisten eine bestimmte Funktion ihrer Kritik übersehen. Es gibt so etwas wie eine Kritik aus innerer Notwendigkeit, eine Kontrast-Ideologie, die Anklage um des *Grenzen der* inneren Ausgleichs willen sucht und schnell zur Selbstentschuldigung *Kritik* und Selbstrechtfertigung wird. Das ist die dunkle und die verdrängte Seite des geistigen Aufbruchs. »Bei den Kontrastideologien mit Selbsttäuschung ist der Einfluss eines neuen Gedanken oft deshalb so stark, weil er als Ausgleich eines Mangels aufgenommen wird«, lehrt Seidel.[46] Bei Kraus wuchert ein Wahrheitssadismus, die Pathologie seines Hasses; bei Loos das Kulturgewolle, die Bejahung der künstlerischen Intensität um einer ästhetischen Kultur willen. So besitzt jeder von ihnen seinen blinden Fleck. Immer existiert etwas Befremdliches, was den rigorosen Kritiker hindert, gegen sich selbst zu denken. Wer freilich der Ansicht frönt, die Wiener Moderne würde nur an den Rockschössen der Freud'schen Psychoanalyse, der atonalen Kompositionen Schönbergs und anderer radikaler Produkte der Wiener Kultur hängen, riskiert sie zu blossen Illustrationen der Epoche herabzuwürdigen. Wer bloss ihre Werke bewundert, umschifft die schwierige Frage, warum denn die Kunst der Jahrhundertwende nicht selbst zu einer ebenso radikalen

---

[43] Vietta, Silvio: Die Modernekritik der ästhetischen Moderne, in: Kemper, Moderne, 531
[44] Sofsky, Traktat, 224
[45] Gerd Kimmerle, Der Tod des antizipierenden Bewusstseins, in: Konkursbuch 11/1983, 54
[46] Seidel, Bewusstsein, 154

Kraft der modernen Kultur geworden ist.⁴⁷ Nichts wird die Schwäche der weissen Moderne drastischer enthüllt als der Krieg. Nichts wird ihre illusionäre Tatsachenfolie schneller zerreissen als der Ruf an die Waffen. Der grosse Zertrümmerer Adolf Loos meldet sich zum Einrücken mit einer massgeschneiderten, am Kragen offenen Uniform, die Goldmann & Salatsch eigens für ihn entworfen hat.⁴⁸

Der Wille zur Gewinnung der Wahrheit geht durch den Begriff des Modells.

ISRAEL

Die Stadt ist viel zu klein. »Wien wird jetzt zur Grossstadt demoliert«, hat Kraus 1897 geklagt und damit natürlich die literarische Welt des Kaffeehauslesers gemeint. Das kulturelle Leben der Metropole ist stark jüdisch geprägt. Ja, es ist wichtig zu sehen, dass die moderne Kultur des *Fin de siècle* überwiegend eine Kultur der jüdischen Bürger Wiens ist. In der Medizin, in der Psychologie, in der Nationalökonomie, in der Philosophie: auf all diesen Gebieten nehmen Menschen jüdischer Abstammung entscheidend Anteil. Es gibt um die Jahrhundertwende keinen anderen Ort, an dem das Thema Integration oder Assimilation der Juden so sehr im zukunftsträchtigen Vordergrund steht wie in Wien. 1869 haben die Juden zusammen rund vier Prozent der Gesamtbevölkerung der Monarchie ausgemacht.⁴⁹ Im Jahr 1900 weisst die Religionsstatistik 146.926 Personen mit israelitischem Bekenntnis für Wien aus; das sind 8,8 Prozent der Stadtbevölkerung.⁵⁰ Erklärungen, warum der Antisemitismus im 20. Jahrhundert einen so fruchtbaren Widerhall finden kann, greifen unterschiedlich weit in die Historie zurück. /A/ Jakov Lind zum Beispiel hört bereits in den Bürgerrechten, die das relativ liberale Altösterreich den Juden geschenkt hat, die Zeitbombe der kommenden Katastrophe ticken. Solange man Juden an ihrer Tracht, Sprache, Schrift und an ihrem Namen erkennen hat können, seien sie zwar Fremde, aber übersichtlich fremde Vögel im europäischen Wald gewesen. Erst als sie ihre Sprache und ihre Namen zu wechseln begonnen haben, seien sie Millionen Deutschen und Österreichern verdächtig geworden.⁵¹ /B/ Eine andere Theorie sucht die Wurzeln des Antisemitismus in einer Funktion des modernen Staats selbst. Foucault hält den

Jüdische Intelligenz

---

⁴⁷ Varnedoe, Wien, 220
⁴⁸ Varnedoe, Wien, 233
⁴⁹ Schmidl, Juden, 57
⁵⁰ Statistisches Jahrbuch der Stadt Wien für das Jahr 1902, Wien 1904, 50
⁵¹ Zit. n. Steiner, Jean, 156

Rassismus buchstäblich für den umgedrehten revolutionären Diskurs, der sich zugunsten der bewährten Staatssouveränität einsetzt.[52] Seine Besonderheit sei es nun einmal, dass der Rassismus an die Technologie der Macht gebunden sei.[53] Dieser These geht die Vorstellung voraus, jeder Staat besitze eine Tötungsfunktion; niemand als der Staat setzt die Zäsur zwischen dem, was leben, und dem, was sterben muss.[54] Diese staatliche Tötungsfunktion kann nach Foucault nicht anders gesichert werden als eben durch Rassismus. »Im grossen und ganzen sichert der Rassismus die Funktion des Tods in der Ökonomie der Bio-Macht.«[55] /
C/ Eine dritte Theorie sucht die Wurzeln der Schmach des 20. Jahrhunderts im Kolonialismus der grossen Imperien. Demnach hängen Aggression nach aussen und Agonie im Inneren eng miteinander zusammen. Der Kolonialismus habe den Weg nach vorn, den Dialog der fremden Kulturen mit der europäischen Moderne, verbaut. Tatsächlich finden die muslimischen Aufklärer schon seit Bonapartes Zeiten keinen Partner mehr für einen Dialog in Europa. Die viel gerühmte Multikulturalität der Doppelmonarchie muss als nützliche Chimäre angesehen werden. Gewiss werden in Wien die erste serbische, die erste griechische und sogar die erste ukrainische Zeitung gedruckt. Aber die Lehre vom Willen zu Leben und die Verneinung des Willens zum Leben, diese beide widerstreitenden Kräfte, die in der Brust eines Weininger toben, sie haben ihre zersetzende Wirkung um 1900 längst getan. – Vielleicht kann man sich auf folgende Annahme einigen: Rassismus ist immer eine Sammelbecken-Ideologie, und der Rassismus der Jahrhundertwende übernimmt die Tugenden, die Moralvorstellungen und die Wohlanständigkeit des 19. Jahrhunderts als Stereotypen, um diese den ererbten Eigenschaften einer überlegenen Rasse zuzurechnen. Jede Abweichungen davon wird als Degeneration bekämpft. Und ein Staat mit faktisch dreizehn Nationalitäten und zwölf Religionen bietet hiefür ein schier endloses Betätigungsfeld. Bemerkenswert ist, dass jüdische Soldaten in der k.u.k Armee weniger antisemitischen Vorurteilen und Diskriminierungen ausgesetzt sind als im Zivilleben. Dem Militär nahe stehende Zeitungen reagieren betont heftig auf rassistische Auslassungen.[56] Und während zahlreiche Studentenverbindungen die Satisfaktionsfähigkeit der Juden bestreiten, ist es in der Armee unmöglich, ein Duell zu ver-

Schmach des Epoche

---

[52] Foucault, Verteidigung, 95
[53] Foucault, Verteidigung, 299
[54] Foucault, Verteidigung, 297
[55] Foucault, Verteidigung, 299
[56] Schmidl, Juden, 68

weigern, weil der Gegner Jude ist.[57] Schon 1890 hat es einen solchen Fall bei den Wiener Dragonern gegeben. Während der Antisemitismus im Zivilleben wie eine Seuche um sich greift, kann es ein Jude in der Kaiserarmee, anders als in Deutschland, bis zum Brigadegeneral bringen.[58] Will er weiterkommen, muss er sich taufen lassen; die Taufe bleibt das Entreébillet in die höhere Gesellschaft.[59] Die Armee ist sehr auf eine ausgleichende Gerechtigkeit bedacht; immer wieder ist sie es gewesen, die den Impuls der Modernisierung weiter getragen hat. Schon 1844 ist ein gewisser Simon Hirsch Regimentsarzt des Ulanen-Regiments Nr. 4 geworden – was damals der Stellung eines Chefarztes in einem zivilen Krankenhaus entsprochen hat, wo die Juden noch keinen Zugang hatten.[60] Zur Jahrhundertwende kommen die aktuellen Probleme der Modernisierung jetzt direkt in antisemitischen Ausschreitungen zur Sprache: 1905, zum Beispiel, inszeniert die antisemitische Kleiderinnung wegen angeblicher Verlockung zum Diebstahl einen Boykott gegen das Warenhaus Gerngross. Der Rassist wird sich nie mit einer Projektion begnügen, wenn er mehrere aktivieren kann. Begierig saugt er alles auf, was seinen Hass bestätigt.[61] Darum verschmelzen in den Protesten gegen Gerngross Antijudaismus, Antikapitalismus und die Angst vor der eigenen Verführbarkeit zu einem unentwirrbaren Konglomerat aggressiver Gefühle. Das deutsch-liberale Bürgertum ist soeben von den Deutschnationalen eines Georg Ritter von Schönerer abgelöst worden. Das Ideal der akademischen Künstler heisst Schaffung eines einheitlichen *deutschen Stils*, den der Schaffende nicht zuletzt an sich selbst zu vollbringen hat. »Wir werden den deutschen Stil haben, wenn wir ihn wirklich wollen.«[62] Die Katholischkonservativen sind soeben in die Christlichsozialen Partei hineingewachsen. Diese hat ihre Sturm- und Drangphase im letzten Jahrzehnt vor 1900 durchlebt und sich als Partei des Kleinbürgertums und der Bauern etabliert. Ihre Politiker versprechen diese Gruppen vor dem Untergang zu bewahren, der ihnen von den Sozialdemokraten ständig prophezeit wird und zum Teil auch tatsächlich stattfindet. In ihrer Gründungsphase haben die Christlichsozialen Grossbetrieben und Kartellen den Kampf angesagt, habe Kleinbetriebe anstelle von Industrialisierung im grossen Stil verlangt. Seit 1897 stellen sie den Bürgermeister in Wien und geben schritt-

Der Herrgott von Wien

---

[57] Schmidl, Juden, 75
[58] Schmidl, Juden, 224
[59] Heinrich Heine
[60] Schmidl, Juden, 52
[61] Ebermann, Offenbarung, 346
[62] Hildebrandt, Krieg, 336

Die Multi- weise ihr ursprüngliches Programm auf. Aus dem Antigrosskapitalismus
kulturalität wird Antisemitismus, Antiliberalismus und katholische Soziallehre. Pünkt-
der lich zur Jahrhundertwende repräsentiert der klerikale Kurs Karl Luegers
Monarchie die Mehrheit von Wien. Seine erste Amtshandlung nach der Ernennung
ist eine zum Wiener Bürgermeister ist es, Juden von der Zulassung als städtische
nützliche Lieferanten, kommunale Beamte und als Arbeitnehmer kommunaler Un-
Chimäre. ternehmen auszuschliessen.

PARABEL

Ökonomie Ein Wiener geht nie unter, das nicht. Aber 1910 beginnt sich der Schwer-
des Unter- punkt schöpferischer Leistungen von Wien nach Berlin zu verlegen.[63]
gangs Könnte es sein, dass der ganze Prozess der Wiener Moderne von Anfang an eine gigantische Abwärtsbewegung gewesen ist? Durchaus
möglich. Im Oktober 1903, vier Monate nach Erscheinen seines hetze-
rischen Opus Magnum, hat Otto Weininger durch einen Revolverschuss
ins Herz seinem Leben ein Ende gesetzt. »Jede Erkenntnis ist Wiedergeburt«, lautet der letzte seiner Einträge ins Taschenbuch. Jede Erkenntnis ist Wiedergeburt, also Anfang und Ende zugleich. Ludwig Hevesi,
der Herodot der Sezession, erschiesst sich im Februar 1910 in seiner
Wohnung in der Walfischgasse. Vor ihm am Schreibtisch: drei herab
gebrannte Kerzen und die skizzenhafte Niederschrift einer Monographie des Malerlieblings der Wiener Kunstwelt, Rudolf von Alt. Während
die Staatsspitze, während die der Aristokratie verpflichtete Elite, ihren
Suizid mühevoll sublimiert, suchen viele im Spiel mit der Liebe oder
im Spiel mit Geld den Vabanquekitzel mit der eigenen Existenz. Ein
solches Vergnügen lässt sich bekanntlich schwer auskosten, ohne selbst
zum Spielzeug zu werden. Die Tage der Staats-Agonie rücken näher,
und je deutlicher das geschieht, desto heftiger wollen die Menschen
ihr als anonym erkanntes Leben als Erlebnis wieder erkennen. Der
Nachwelt erscheint das, als würde der Krieg nur aus Todesangst und
aus Langeweile gesucht – um einem impressionistischen Seelenzustand
zum Ausdruck zu verhelfen. Aber die Langeweile ist eine Selbsttäuschung, die dazu dient, umso heftiger aus der Routine ausbrechen zu
können. Im Sommer 1910 notiert Georg Heym in seinem Tagebuch: »Es
ist immer das Gleiche, so langweilig, langweilig, langweilig. Es geschieht nichts, nichts, nichts. Wenn doch einmal etwas geschehen

[63] Kohn, Kraus, 8

wollte, was nicht diesen faden Geschmack von Alltäglichkeit hinterlässt... sei es auch nur, dass man einen Krieg begänne, er kann ungerecht sein. Dieser Friede ist so faul, ölig und schmierig wie eine Leimpolitur auf alten Möbeln.«[64] Ein grosse Gefühl der Müdigkeit, einer Friedensmüdigkeit, stellt sich ein, in Österreich-Ungarn mit doppelter Inbrunst. »Darum schätzt man die Katastrophen, weil sie die Verantwortung auf sich selbst nehmen«, notiert Robert Musil 1912, »und braucht das Unglück, weil es heftige Gestikulationen erzeugt, hinter denen jeder Mensch erlischt und konventionell wird. Man lebt sein politisches Leben wie ein serbisches Heldenepos, weil das Heldentum die unpersönlichste Form des Handelns ist.«[65] – Am konzisesten kommt der Zeitgeists der Wiener Jahrhundertwende fraglos in der berühmte *Reitergeschichte* von Hugo von Hofmannsthal zum Ausdruck.[66] 1898 als Schreibübung verfasst, führt uns der Autor darin durch die innere Landschaft eines k.u.k. Wachtmeisters während des Italienfeldzugs 1848. Die Geschichte beginnt genauso wie der Weltkrieg beginnen wird: mit einer Menschenjagd in Maisfeldern. Hofmannsthal verzichtet völlig auf jede psychologische Erhellung seiner Figuren. Nicht ein einziges Mal fragt er nach dem Warum der Handlung, nach der Begründung der merkwürdigen Seelenverfassung seiner Personen. Der Wachtmeister wird einfach von der unheimlichen Peitsche des Schicksals durch suggestive Stimmungen und Regungen gejagt. Er taumelt, angeregt von allerlei Einbildungen, innerhalb kürzester Zeit durch die extremsten Zustände. In dem einen Augenblick vom Bewusstsein bestandener Gefechte erfüllt, sehnt er sich im nächsten unerwartet nach »Behaglichkeit und angenehmer Gewalttätigkeit«. Im übernächsten Moment wird Hofmannsthals Wachtmeister von der Todesahnung in Form seines reitenden Spiegelbilds ereilt. Er lebt allein in Gefühlen, die weder Richtung noch Folgen haben und die er für die einzige Wahrheit zu halten geneigt ist. Und diese Art zu leben führt ihn schliesslich an den dunkeln, wirbelnden Strudel der Ekstase heran, und es bleibt ihm nichts anderes zu tun, als sich nun selbst in den Schlund hinabzustürzen. Als der Wachtmeister in einem Gefecht einen schönen und tänzelnden Eisenschimmel erbeutet, »leicht und zierlich wie ein Reh«, und als er diese Beute auf höheren Befehl wieder auslassen soll, kann er seinen inneren Zorn nicht überwinden und begeht eine folgenschwere Insubordination. Starr und stumm hält er dem fordernden Blick seines Vor-

Geschenk und Erlebnis

---

[64] Zit. n. Schuster, Jahrhundert, 72
[65] Robert Musil, Politik in Österreich, Gesammelte Werke, Hamburg 1978, Bd. 8, 995
[66] Hofmannsthal, Reitergeschichte

gesetzten aus, der ihn daraufhin auf der Stelle blitzartig mit der Pistole erschiesst. – Unter den zahlreichen Interpretationen dieser Geschichte halte ich diejenigen für bedeutsam, die sich auf die traumgleiche Erlebniswelt des Wachtmeisters einlassen. Denn in dieser inneren Zuständigkeit der Figur deutet sich bereits die kommende Heterogenität der Wahrnehmungsfelder im Krieg an. Freilich beantwortet das noch nicht die Frage nach der unverständlichen Weigerung, das Beutepferd loszulassen. Was also bewegt den Soldaten zu viel Stolz und Selbstverachtung? Ekel vor der Banalität? Erstarrung vor der Kompliziertheit der Welt? Ich neige eher dazu, seine Weigerung für einen rätselhaften Sucid zu halten. Der Wachtmeister weiss ganz genau, was auf ihn zu kommt. Doch innerlich erregt, richtet er sich – nach vier an diesem Tag glücklich überstandenen Gefechten – selbst durch die Kugel des anderen. Das prächtige Erlebnis, die Fähigkeit des Erlebens, wird in der *Reitergeschichte* zu einer tragischen Kategorie und wendet sich als Parole, als bewusste Forderung, gegen das Leben selbst. Das Pferd steht in Hofmannsthals Parabel als Symbol für ein anderes und besseres Leben – für etwas, das nur als Geschenk zu haben ist. Der Soldat, der es bewusst zu ergattern versucht und dabei sein Abenteuer als Sensation auffasst – er ergreift die Gelegenheit, durch seine Widersetzlichkeit den eigenen Tod zu einer letzten Sensation seines Lebens zu machen. Tod und Wiedergeburt, Anfang und Ende in einem. Hofmannsthal enthüllt mit der Reitergeschichte das Geheimnis einer Mentalität, in der es nun federleicht wird, lieber heroisch zugrunde zu gehen als gekränkt weiterzuleben.

Die Langeweile ist eine Selbsttäuschung, um aus ihr ausbrechen zu können.

DAS ENDE VOM ANFANG
Vorwort zum Zweiten Band

1

Es sind immer dieselben Fragen, die es lohnen um Antworten zu ringen. Solche nach dem Wesen von Macht und Moral, nach dem Zusammenwirken von Politik und Gewalt – Fragen, die trotz ihrer langen und bewegten Geschichte noch keine Überinvestierung an Sinn erfahren haben. Oder weiss jemand mit Bestimmtheit zu sagen, was Aristoteles mit seiner Feststellung gemeint hat: »Der Mensch ist ein politisches Tier«? Wollte er damit sagen, dass es eine gewichtige soziale Kosmologie gibt, die uns Menschen vom Tier unterscheidet? Dass also der Wettbewerb der menschlichen Gestaltungskraft im Prozess der Zivilisation zielstrebig in eine Richtung wirkt? Wollte er uns sagen, dass wir hinsichtlich der Zukunft zu einem nervösen Elan verurteilt sind? Oder, dass Ideen und Interessen ewig in einem Widerstreit stehen werden? – Nun, halten wir zunächst einmal fest, dass die Fragen über die letzten Dinge offen stehen. Weiters halten wir fest, dass viele dieser Fragen auf eine sehr ähnliche Weise gestellt werden: »Ist der Mensch ein politisches Tier?« – »Ist der Mensch zu einer Welt ohne Gewalt fähig?« – »Täuschen sich die Menschen gegenseitig mit Moral?« – Schon die Fragestellungen stimmen hier ein in die Apotheose des Menschen über die neu entdeckte Vernunft; die anthrophozentrische Perspektive verrät eine wahre Auserwähltheitsgewissheit der Erkundung. Ich meine, wenn schon die Fragen zu den letzten Dingen nach den Regeln solcher Übereinkünfte komponiert sind, dann sollte man sich auch den Antworten nur vorsichtig, in Analogien, nähern. Natürlich ist die Verlockung gross, die Sphäre der Theorie insgesamt hinter sich zu lassen. Natürlich geht ein Reiz davon aus, politische Begriffe einzufordern und sich am Erfolg einer Praxis zu messen. Aber das wäre voreilig. Denn die Ansicht, dass man sich schwierigen Fragen besser auf Umwegen nahert, sie hat einen wirksamen Nutzen: Sie zwingt uns zur näheren Bestimmung unserer Begriffe. Und das ist von grösserem Wert als ein blinder Erfolg. – Man könnte zum Beispiel sagen: So wie es zum Wesen der historischen Methode gehört, *forschend zu verstehen*[1], so bestehe das Wesen der politischen Kämpfe doch darin, *praktisch zu handeln*. Eine solche Analogie leuchtet unmittelbar ein. Und da wir klug genug sind zu wis-

Das politische Tier

---

[1] Johann Gustav Droysen

Vom Hang zur Wirkung sen, dass auch das Nichthandeln eine schmerzliche Handlung sein kann, gelangen wir auf diesem Weg zu einer wichtigen Einsicht. Wir erkennen im *Hang zur Wirkung* das ersten Merkmal des Politischen. – Der Mensch ist ein politisches Tier, welches Behauptungen aufstellt, das Züge im Spiel des Lieferns von Gründen macht, um bestimmte Interessen darzustellen. Seine Interessen und Bedürfnisse können auf diese Weise noch nicht durchgesetzt werden. Aber dieses Tier nimmt so teil an einem diskursiven Prozess, führt ein Konto, um sich über sich selbst klar zu werden, um sein Wohl vom Wohl der anderen Tiere abzugrenzen. – Sollte Aristoteles wirklich das gemeint haben, als er das grosses Wort in Umlauf gesetzt hat: den politischen Diskurs als implizite Navigation im Raum der Interessen? Vielleicht ist auch das noch zu wenig sublim gedacht; vielleicht ist Franz Blei der Sache weit näher gekommen, als er Politik »die Nachgiebigkeit scheinbar unnachgiebiger Überzeugungen, Interessen, Haltungen« genannt hat? – Eine *Kulturhistorie des Kriegs* verfügt über ein sehr probates Mittel, um die Analyse zu vertiefen. Sie muss die Tauglichkeit der Definitionen am Krieg, an der allgemeinen Ökonomie der Waffen, messen.[2] – Erinnern wir uns an den Zweiten Weltkrieg! Damals haben deutsche Landser ein schmales Buch aus dem Zentralverlag der NSDAP im Tornister durch ganz Europa und über Europa hinaus geschleppt. Dieses in gigantischen Auflagenzahlen vertriebene Pamphlet sollte den geröteten Gesichtern in der libyschen Wüste, der einsamen Soldatenpsyche im Schneesturm am Elbrus oder mitten in den atlantischen Wassermassen helfen, die Frage nach dem Sinn des Tötens und des Getötetwerdens zu beantworten. Was stand in diesem Büchlein? In einer weit ausholenden Geste erklärte die deutschen Propaganda darin den »Krieg ohne Beispiel« zu einem eminent politischen Krieg. »So ist dieser Krieg in unserer Betrachtung ein *politischer Krieg,* in dessen sieghaftem Verlauf wir die kriegerische Bewährung unserer Weltanschauung im Ansturm ihrer Feinde zutiefst erleben.«[3] Politik heisst das, sei eine vom Krieg gestiftete und bestätigte Feindschaft. Mit diesem Gedanken haben sich die deutschen Wehrmachtssoldaten tragischerweise einer dreifachen Täuschung hingegeben: a) der strategischen Täuschung, dass der Zweite Weltkrieg für die Deutschen positiv verlaufen werde, b) der politischen Täuschung, das sich eine Überzeugung im Stahlbad gegnerischer Geschosse konstituiere, und c) der ideologischen Täuschung, dass im Krieg die Ideen in einer nie zuvor gesehenen Reinheit miteinander im Endstreit lägen.

Der politische Diskurs ist die implizite Navigation im grossen Handlungsraum der Interessen.

---

[2] »Der Krieg ist eine allgemeine Ökonomie der Waffen.« Foucault, Verteidigung, 185
[3] Jordan, Sinn, 23

2

Woher soll die Politik verlässliche Handlungsmuster nehmen? Wer stellt sie ihr zu Verfügung? Die Moral? Die Geschichte? Kaum, denn das Verhältnis von Politik und Moral – es hat immer etwas Schwebendes, Arbiträres, Zwiespältiges, weshalb wir ja auch zwischen Ideen- und Wirkungsgeschichte streng unterscheiden. Diese Differenzierung unterstreicht die Ernsthaftigkeit des historischen Worts. Mein persönlicher Zugang zur Geschichte, um noch direkter darauf zu sprechen zu kommen, hat wenig von einer Ironie mit mir selbst. Ich bestreite weder, dass meine Obsession für das Vergangene durch mein Interesse für die Gegenwart motiviert ist. Noch erhebe ich den Anspruch, Geschichte in den Dienst der absoluten und reinen Erkenntnis zu stellen. Die Initialfrage lautet *keineswegs:* Was ist an dem und dem Punkt der Vergangenheit wirklich geschehen? Die Frage lautet vielmehr: Was sind die Ursprünge der gegenwärtigen Probleme? Oder: Wie ändern unsere aktuellen Probleme ihr Gesicht im Licht ihrer Anfänge? – Das ist die Ausgangslage, die alle kommunizierenden Zeitgenossen – ob nun Historiker, Politiker oder Journalisten, ob Intellektuelle oder Nur-Schriftsteller – miteinander teilen. Gleichgültig, ob wir es nun wollen oder nicht, wir benutzen die Erzählung der Vergangenheit als Metapher für die Gegenwart. Allein darum, und nicht etwa, weil ständig neue Fakten ans Licht gefördert werden, aus diesem simplen interessengeleiteten Grund ändert sich die Vermittlung der Vergangenheit mit jeder folgenden Generation. Es genügt also nicht zu sagen, dass Geschichte trügerisch sei, ein Lügengewebe, in dessen Falten sich eine erbärmliche oder auch eine grossartige, auf jeden Fall aber eine andere Geschichte verstecke. Man wird sich auch eingestehen müssen, dass die Geschichte mehr eine Kunst der Erzählung als irgendetwas anderes ist. Die Geschichte ist eine Konstruktion der Gegenwart, die sich ständig ändert. Und nur darum bleibt sie lebendig. – *Übergegenwärtigkeit,* wie das Georg Simmel genannt hat. »Nur wer Kraft für die Zukunft hat«, heisst es in seinem Nachlass, »wird die eigentliche Würdigung der Vergangenheit haben. Es kann ja wohl jemand sich in eine einzelne vergangene Epoche vertiefen, sie für die einzig wertvolle halten und daraufhin alle Gegenwart und Zukunft ablehnen. Aber dies ist dann nicht Vergangenheit überhaupt, die er versteht und würdigt, sondern eine Einzelheit, die ihm *inhaltlich* gerade adäquat ist. Der blosse *laudator temporis beati* ist ein subjektiv bestimmtes Wesen, dem das objektiv bestimmte Verhältnis zur Vergangenheit fehlt. Zu diesem gehört jene Kraft der

Warum Geschichte lebt

Wir benutzen die Historie als Metapher für die Probleme unserer Gegenwart.

Übergegenwärtigkeit, die sich unvermeidlich auch in die Zukunft hinein erstreckt.«[4]

3

Gleichklang *Sinnstiftung* heisst das Amt des Historikers. Bereits sein Instrument, die
der Worte Sprache, zwingt ihn, die Bedeutung der Dinge fest im Auge zu behalten. Bekanntlich gehört es zu den besonderen Raffinessen unserer Sprache, dass wir nicht zwischen Geschichte und Geschichtsschreibung unterscheidet. So zwingen uns die eigenen Worte tatsächlich Geschehenes und Erzähltes ständig in einem Paarlauf zu denken. Man kann den Akzent bei diesem Problem auch etwas anders setzen. Der französische Philosoph Jacques Rancière hält die Homonymie von Geschichte und Erzählung eher für ein Unglück unserer Sprache.[5] Für ihn besteht die eigentliche Leistung der Historie darin, dass es ihr gelungen sei, das Spiel der Homonymie beizubehalten und die Ambivalenz des Namens gegenüber dem szientistischen Zeitalter auszuspielen: also sowohl Wissenschaft als auch Erzählung zu sein. Egal, welcher Auffassung man nun zuneigt, der freundlichen oder der angestrengten, kein historischer Diskurs bewegt sich auf absolut sicherem Terrain. Jeder knüpft immer wieder sprunghaft auf gegenläufigen Ebenen der Reflexion an. Ja, wer eine These vertritt, der muss bis zu einem gewissen Grad sogar auf das verzichten, worauf es dem Historismus ankommt – nämlich darauf, die spezifische Eigenart jeder dargestellten Situation detailgetreu herauszuarbeiten. Ein guter Historiograph wird den Vorwurf der Theorielastigkeit leicht ertragen. Schliesslich hat die Geschichtsschreibung ganz andere Aufgaben, als die eine Partei zu Genies und die andere zu Lumpen zu erklären.[6] Was uns die Erforschung der Vergangenheit abverlangt, ist immer eine Gradwanderung. In einem Moment geht es um die Rekonstruktion des im Abstrakten versteckten Individuellen. Dann wieder genau um das Gegenteil. Eine Arbeit, die zu pragmatischen Aussagen kommen möchte, darf sich von der scheinbaren Gleichheit von Situationen und Ereignissen nicht täuschen lassen; aber sie wird andererseits auch nicht zu jeder jeweils spezifischer Eigenart der Ereignisse und Situationen vordringen können. Es ist und bleibt ein unauflöslicher Widerspruch: In dem einen

---

[4] Simmel, Fragmente, 45
[5] Rancière, Namen, 10
[6] Erich Mühsam über die bayerische Räterepublik, in: Revolutionäre Tat, Nr. 2/ 1926

Raum darf die Verschiedenheit, die Einmaligkeit der historischen Geschehnisse so wenig wie möglich verwischt werden. In dem anderen Raum ergeben erst Mikro- und Makrogeschichte zusammen ein Bild, das so etwas wie existenzielle Bedeutsamkeit besitzt, weil es über die blossen Zufälligkeiten menschlichen Daseins hinausreicht. – Man könnte sagen, die imaginäre Bibliothek, von der wir hier sprechen, sie umfasst mehrere Säle, so dass wir flink von einem Schreibpulten auf das andere überwechseln müssen. – Eine Geschichtsschreibung, die sich weigert, die so genannten Tatsachen anzubeten, eine solche Geschichtsschreibung ist gezwungen, in jedem Schritt und in jedem Aspekt, den sie freilegt, die Umrisse, die Inhalte und die Bedingungen der jeweils versäumten Möglichkeiten zu entdecken. Das verlangt ein ständiges Abwägen der Faktoren. Wählen wir zum Vergleich das Verhalten in einer Schlacht; so etwas mag unpassend sein für eine *Geschichte der akazienartigen Gewächse,* aber in einer Kulturgeschichte des Kriegs ist es das nicht. Das Kräftemessen im Krieg beruht bekanntlich auf objektiven, weitgehend statisch erfassbaren Faktoren. Waffenarsenale, Technologie, Aufklärung und so weiter, sie bilden die Grundlage für die eigene bzw. feindliche Über- oder Unterlegenheit. Im historischen Fach sprechen wir von Recherche, Quellenlage und Thesen – sie bilden die Grundlage von Forschergeist und Disziplin. Beim Kräftemessen im tatsächlichen Kampf spielt neben den objektiven Faktoren aber auch der subjektive Faktor eine ganz wesentliche Rolle. Also die Lageeinschätzung, die Wachsamkeit, die Reaktionsfähigkeit eines jeden einzelnen Kämpfers. Besonders das Kalkül über die eigenen und gegnerischen Stärken und Schwächen entscheidet über Sieg oder Niederlage. Auf dem historeographischen Feld ist es ähnlich. Sicher, was zählt, das sind belegbare Fakten. Aber der Forscher kann sich nie wirklich sicher sein, ob nicht in der Zukunft neue Informationen auftauchen. Die belegbaren Tatsachen hinterlassen ausserdem eine lückenhafte Beweiskette, die mit den subjektiven Faktoren – der Vernunft und dem Wahnsinn der Akteure – nicht geschlossen werden kann. So gesehen bleibt also das Geschichtsbild ständig im Fluss, und es ist einfach falsch, von einer Objektivität der Forschung zu reden. *Objektivistisch* ist nicht dasselbe wie objektiv. Unter objektivistisch verstehe ich, sich von den subjektiven Definitionen der Akteure unabhängig zu machen und gleichzeitig zu begreifen, dass immer nur eine Annäherung an die Objektivität zu haben ist.

Der subjektive Faktor

Wer sich weigert, so genannte Tatsachen anzubeten, wird versäumte Möglichkeiten entdecken.

4

Vielwissen und Vielverstehen Was sich über den Krieg sagen lässt – dass er nicht zu seinem Begriff gelangt, dass er in einer ungeheuren Ballung kulminiert –, das lässt sich gut und gerne auch vom Begriff der Geschichte behaupten.[7] Auch unsere Vorstellungen vom Verflossenen sind schwer auf einen Nenner zu bringen. »Die historische Kausalität ist schlechterdings unentwirrbar«, war Egon Friedell überzeugt, »sie besteht aus so vielen Gliedern, dass sie dadurch für uns den Charakter der Kausalität verliert.« Der Krieg, genauer: der Begriff des Kriegs, enthält eine Abstraktion, und diese entspricht auf der Ebene der Zeit der in der Geschichte enthaltenen Abstraktion und ihrer Wirkung. Friedell dachte, die Geschichte der Menschheit wiederhole sich nie. Warum sollte sie denn? Sie verfügt über einen derart unerschöpflichen Reichtum von Einfällen, dass sie stets neue Melodien zum Vorschein bringt.[8] Friedells Historia – sie ist unendlich einladend und kreativ. So stark ist sie das, dass selbst das lange 19. Jahrhundert nicht genügt hat, um die basalen Zusammenhänge von 1789 schlüssig zu erlären. Der grundsätzliche Eindruck ist heute kaum anders. Speziell die neuere europäische Geschichte erscheint uns als ein opulentes Lese- und Denkabenteuer, in dem Banales neben Gewichtigem, in dem Abstraktes neben Handfestem erscheint, ohne je in eine Ordnung gepresst werden zu können. Was liegt also näher, als vor dieser Fülle zu kapitulieren? – Das Dilemma findet sich umstandlos auch in der Kriegsgeschichte. Was, so fragen wir uns, wenn die Skeptiker doch recht haben? Wenn die Kriegsursachen retrospektiv gar nicht mehr entschlüsselbar sind, weil sie aus einer derart hohen Zahl von widersprüchlichen Fakten und Ereignissen bestehen, dass sie kein aus Ursache und Wirkung zusammengesetztes Bild mehr ergeben? Was, wenn selbst die diachronische Betrachtung versagt, weil die Ereignisse einen so extravaganten Querstrich durch das Buch der Geschichte ziehen, dass das Fazit dabei vollkommen unleserlich wird? Diese Bedenken sind keine Marginalien. Weder die fortwährende Spezialisierung der Wissenschaft noch die Erosion ihrer Fächergrenzen oder die vielfältige Vernetzung der Kenntnisse haben uns geholfen, darauf eine Antwort zu finden. Die Skepsis hat sich immer nur weiter vergrössert.

Aufstand der Skeptiker Das Misstrauen freilich ist alt; es breitet sich im Wissensraum schon seit Generationen aus. Ich möchte das Aufkommen dieser Geschichts-

---

[7] Negt, Geschichte, 837
[8] Friedell, Kulturgeschichte, 9

skepsis hier mit dem exemplarisch Wandel des vergessenen russischen Denkers Alexander Ivanovič Herzen [1812-1870] illustrieren. Wer war Alexander Herzen? Als Spross einer Adelsfamilie mit deutscher Muttersprache hat dieser Bilderbuch-Revolutionär des 19. Jahrhunderts seine Klasse verraten und sich 1848 auf die Seite der aufständischen Republiken geschlagen. Aus seinem eigenem Land, dem Zarenreich, vertrieben, bereiste er halb Europa und wählte seinen Namen nach Tolstois Romantitel *Kind des Herzens.* Der russische Exilant war kosmopolitisch und aufgeklärt; er führte das, was man heutzutage eine offene Beziehung nennt und erlitt überhaupt alle Höhen und Tiefen des Daseins stets aus der ersten Reihe. In den Augen von Anarchisten-Papst Mickhail Bakunin war Herzen der letzte *einsame* russische Kämpfer. Leo Tolstoi sah in ihm zuerst einen Menschen von konfusem Intellekt und morbider Eigenliebe und später jemanden mit der selten Kombination von funkelnder Brillanz und Tiefe. Man könnte vielleicht sagen: Dieser noble Russe war ein typischer 48er-Revolluzer, eigensinnig, widersprüchlich und radikal. Mit einer kleinen, gewichtigen Ausnahme allerdings: Er konnte elegant formulieren.

Was, wenn die Zusammenhänge aus einer zu grossen Zahl von Ereignissen bestehen?

5

Als der 35jährige Alexander Herzen im Jänner 1847 erstmals die russische Grenze nach Westen überschritt, war er tief beeindruckt von der Fülle der vorgefundenen geschichtlichen Zeugnisse. Von einer Geschichte, die, wie er meinte, im europäischen Leben immer weiterwirke und dieses Leben mitgestalte. »Viel hat dieses Land erlebt«, heisst es in seinem ersten Brief aus dem Rheinland. »Viel Europa überhaupt. Jahrhunderte blicken aus jedem behauten Stein, aus jedem beschränkten Urteil; hinter jedem Europäer sieht man die ganze Ahnenreihe majestätischer Gestalten wie in der Prozession der königlichen Schatten in *Macbeth.*«[9] Allein: Diese Bürde der Vergangenheit, so empfand Herzen, sei eine Last – sie beschwere den Menschen, sein Handeln, sein Tun. Die Westeuropäer hätten bereits zuviel Überlebtes mit auf den Weg genommen: »Grösste Widersprüche, historische Gewohnheiten und theoretische Ideale, Überreste antiker Kapitole, kirchlicher Geräte, Liktorenbeile, Ritterlanzen, Bretter kurzlebiger Jahrmarktbuden, Fetzen königlicher Gewänder und Tafeln mit Gesetzen im Namen der Freiheit,

Das Gedächtnis Herzens

---

[9] Zit. n. Piroschow, Herzen, 89

Gleichheit und Brüderlichkeit.« Auf seinen Reisen durch die in revolutionärer Erwartung erhitzten Städte und Länder gelangte der Russe schliesslich zur festen Überzeugung, dass Europa über kurz oder lang an dieser Last, die es mit sich schleppt, zugrunde gehen müsse.[10] Und dann erhob sich wirklich der Sturm von 1848, der heftigste Orkan, den das 19. Jahrhundert gesehen hat. Und als sich die aufgewühlten Blätter wieder gelegt hatten, waren zwei weitere Jahre vergangen. 1850 glich Europa dann einem Friedhof, hatte alle politischen Hoffnungen mit Gewalt begraben – und Herzen war ein anderer geworden. Schon seine Metaphern waren nun andere. Wenn er jetzt als Autor zu Bildern griff, dann nicht mehr zu den Überresten antiker Kapitole, sondern zu Ähren und Unkräutern. Bilder aus dem Zyklus der Natur verdrängten in seiner Sprache die Bilder vom Absterben der Kultur. Im übertragenen Sinn sah er nun Pflanzen auf einem historischen Feld wachsen. Und dieses historische Feld war keine Bürde mehr; Herzen dachte jetzt vielmehr, die Historie bilde die Basis des Volks, sein ganzes sittliches Leben, seine Gewohnheiten, seinen Trost. Der Schriftsteller war gerade mal zwei Jahre älter geworden, aber in diesen zwei Jahren hatte er viel erlebt, noch mehr beobachtet und dabei die ganze Zuversicht seiner

Gescheiterte Jugend verloren. Herzens ursprüngliche Auffassung von der Ge-
Revolution schichtlichkeit Europas hatte sich in das komplette Gegenteil verkehrt. Jetzt, nach 1848, verurteilte er die Phrasendrescherei der Kaffeehaus-Agitatoren, ihr Stänkertum, ihren Pseudo-Revolutionarismus. Von seinem Londoner Exil aus kritisierte er, dass sich die kritische Intelligenz nach den Fehlschlägen der Revolution vom Volk weiter entferne; dass sie mit dem Niederbrennen des historischen Felds beginnen wolle, ohne seine wirklichen Geheimnisse zu kennen. Das war eine überraschende Predigt nach der grossen Niederlage! Herzen forderte jetzt, man müsse bei Umwälzungen langsam vorgehen, um nicht noch grösseres Unheil zu beschwören. Es sei nun einmal ungleich viel schwerer, den Konservatismus der Masse zu bekämpfen als den Konservatismus von Thron und Altar. – Herzen hat auf diese Weise nicht eigentlich resigniert, aber er ist unvergleichlich vorsichtiger geworden, hat strenge Schlüsse aus den harten Auseinandersetzungen von 1848 gezogen. Ja, man wird mit einiger Berechtigung behaupten dürfen, dass Herzen in den wilden Aufrufen seiner Kampfgenossen nun schon die kommende Exzesse der Barbarei heraufdämmern sah. Geschichte und Geschichtemachen – das erschienen diesem Mann nun absolut undankbar und

---

[10] Piroschow, Herzen, 89

sinnlos: »Die Absurdität der Wirklichkeit beleidigt uns, gerade so, als *Alexander* hätte jemand versprochen, dass alles in der Welt ungemein schön und *Herzen zieht* harmonisch sein müsste. Wir haben genug über die tiefe abstrakte *strenge* Weisheit von Natur und Geschichte gestaunt; es ist an der Zeit zu er- *Schlüsse aus* kennen, dass Natur und Geschichte voll von Zufällen und Sinnlosig- *der Nieder-* keiten, Unordnung und Stümperhaftigkeit sind.«[11] *lage 1848.*

6

Eine Welt der Risse, Sprünge und Verwerfungen tut sich auf. Und mit *Beliebige* jedem Rückblick auf die weltbewegenden Ereignisse der Menschheits- *Wolken-* geschichte vergrössert sich die Kluft ein Stück weiter. Alexander Her- *formen* zen hat in seinen Schriften und Tagebüchern das genaue Gegenteil der traditionellen Analyse vorgeführt. Die orthodoxe Methode hofft unterhalb der Oberflächen auf eine grundlegende, dauerhafte Rationalität zu stossen, die wesenhaft mit dem Guten und Richtigen verbunden ist. Diesen Glauben hat Herzen nach 1948 verloren. Danach hat er in seiner eigenen Zeit nur mehr Zufälle und Sinnlosigkeiten, Unordnung und Stümperhaftigkeit entdecken können. Am Ende von Herzens philosophischen Reflexionen ist folgerichtig ein antimetaphysisches, ja nihilistisches Moment gestanden: Im historischen Prozess drückt sich nichts mehr aus, was sich als durchgehender, einheitlicher *Sinn* interpretieren liesse. Die Menschen fallen samt ihrer Kultur einer radikalen Vergänglichkeit anheim.[12] Geschichte wird an diesem Punkt nicht mehr als emanzipativ fortschreitendes Kontinuum begriffen, das der Mensch zu seiner Selbstverwirklichung in politischen Kämpfen bearbeitet. Nein, die Kämpfe, die gekämpft, und die Schlachten, die geschlagen werden, sie entwickeln sich von einem Augenblick zum nächsten, wobei sich jeder soviel holt, wie er bekommt, und soweit geht, wie er kann. Geschichte verläuft nicht linear-fortschreitend, sondern in einzelnen Wirkungszusammenhängen. Und Erkenntnis ist in diesem Ensemble kein einmaliger Akt, kein Katalog fixierter Sätze, sondern ein mehrsträngiger, verzweigter Prozess, der sich zwischen den Polen des Rationalen und des Experimentellen zuträgt. Ein halbes Jahrhundert nach dem Riss im Weltverständnis des Alexander Herzen hat der in Böhmen geborene Sprachphilosoph Fritz Mauthner diese Skepsis weiter ge-

---

[11] Herzen, Revolution, 26, 162
[12] Schmidt, Geschichte, 25

Logisches schürt. Mauthner, eine markante Gestalt der Jahrhundertwende, woll-
Wörterbuch te sich vom Wissenschaftsbegriff gleichfalls nicht blenden lassen. »Auch
Meteorologie nennt sich eine Wissenschaft«, meinte er spöttisch und
definierte Geschichte mit den verblüffenden Worten: »Die Geschichte
der Ereignisse ist die Geschichte von menschlichen Handlungen, die
entweder durch die Macht des einzelnen handelnden Menschen oder
durch die Masse der gemeinsam handelnden Menschen wichtig erscheinen.«[13] Bei Mauthner rückte scheinbar das Handeln und Tun in den
Mittelpunkt der Definition; ja selbst die Zuversicht der Jugend schien
wieder darin Platz zu haben. Doch ins Staunen musste die Welt geraten, als Mauthner dieses Handeln genauer unter die Lupe nahm. Eine
pragmatische Geschichte, meinte er, müsste eigentlich jedes Mal den
Willen der handelnden Personen kennen. Doch das sei ein Ding der
Unmöglichkeit. Ein Wille existiere in Wirklichkeit nicht, weil der einzelne Willensakt selbst nur ein sprachlicher Ausdruck sei für das Resultat bewusst oder unbewusst wirkenden Ursachen. »Kein Offizier und
kein Geschichtsschreiber kann sagen, warum im gegebenen Augenblick
einer Schlacht das eine Bataillon tapfer vorrückte und das andre da-
vonlief.«[14] Wie Herzen in seinem Lebensabenteuer, gelangte Mauthner
Nach Fritz nun auf dem theoretischen Weg zur Einsicht, dass man der Geschich-
Mauthner te nie und nimmer trauen dürfe. Vom Standpunkt der Erkenntniskritik
bleibt uns im Jahr 1908 aus kannte man die Erscheinungen der Geschichte noch
der Wille der weniger als die Erscheinung eines einzelnen Blatts am Baum. Die letz-
handelnden ten Ursachen der Geschichte, so Mauthner, bleiben für uns mit einem
Menschen dreifachem Siegel verschlossen: Oft sind uns die Tatsachen unbekannt,
für immer meistenteils die materiellen Gründe, immer aber der Wille der handeln-
verborgen. den Menschen.[15]

7

Vom Sinn des Das Misstrauen gegen die Geschichte hat einen Namen: es heisst Zu-
Zufalls fall. Doch welches Ereignis ist so nun ein Zufall, welches Schicksal und
welches Notwendigkeit? Wir kennen leidenschaftliche Denkernaturen,
die der Vorstellung von der Existenz des Zufalls vehement widerspro-
chen haben. »Der Zufall würde die Telepathie unmöglich machen, die
doch eine Tatsache ist«, hat Otto Weininger gewettert, und er hielt nicht

---

[13] Mauthner, Wörterbuch, Bd. 1, 640
[14] Mauthner, Wörterbuch, Bd. 1, 641
[15] Mauthner, Wörterbuch, Bd. 1, 642

lange hinter dem Berg mit seiner Begründung. »Er würde den Zusammenhang der Dinge, die Einheit im Universum streichen. Wenn es einen Zufall gibt, so gibt es keinen Gott.«[16] Die Gegenposition dazu hat der Italiener Benedetto Croce zwei Jahrzehnt später bezogen. Dieser Antiheglianer und Antimetaphysiker hat von 1922 an die Lehre vertreten, die historische Kritik habe die Autonomie der Metaphysik widerlegt; was ihren Platz eingenommen habe, sei nicht mehr Philosophie, sondern Geschichte oder, was auf dasselbe hinausläuft, Philosophie als Geschichte und Geschichte als Philosophie.[17] In Coces offener Geschichtskonzeption besitzen Ungereimtheiten und Zufälle eine Art Hausrecht. Aber nicht nur Croce, auch viele andere, zahlreiche Literaten, behandeln die Risse, Sprünge und Verwerfungen der Vergangenheit mit geduldiger Liebe und dauernder Hingebung. So hat sich zum Auftakt des Zweiten Weltkriegs besonders der österreichische Schriftsteller Alexander Lernet-Holenia vom schillernde Geheimnis des Zufall umtreiben lassen. »Was in der Welt zwangsläufig und selbstverständlich geschieht«, sagt er in einem seiner Romane, »was gar nicht anders geschehen kann, vollzieht sich durch Zufälle und Missverständnisse. Denn das Notwendige und Selbstverständliche wäre aus sich selbst gar nicht imstande, anderer Notwendigkeiten und Selbstverständlichkeiten, die ihm entgegenstehen, Herr zu werden. Das Notwendige ist an sich nichts als eine fortwährende Vorbereitung, Bereitschaft und Anpassung der widereinander stehenden Dinge, und es gibt unendlich viel Notwendiges, das, ohne in Aktion getreten zu sein, in sich selbst erstickt. Erst wo der irre Funke des Zufalls das brütende Gemisch der Spannungen, ehe es vom Wind der Zeit wieder verweht ist, entzündet, vollzieht sich die Explosion der Ereignisse. In diesem Sinn sind Zufall und Missverständnisse die einzigen, höchsten Zwangsläufigkeiten. Denn Notwendiges an sich gibt es immer und überall. Aber erst in der Auslösung sinnloser Zufälle im wüsten Missverständnis, durch welches das ursprünglich gar nicht gemeinte, das eigentlich Sinnvolle in Bewegung gerät, offenbart sich der Wille des Schicksals.«[18] Mit diesen Worten stimmt Lernet-Holenia ein in jenen Strom des Skeptizismus, der die Geschichte voller Sinnlosigkeiten sieht. Lernet-Holenia ist allerdings weit mehr ein Kind seiner Zeit als Croce. Er neigt zur Mythologie und laboriert an einem Idearium der Schmerzen. Für diesen Autor existiert so etwas wie eine Ordnung der niederen und der höheren Zufälle, eine Hierarchie der schmutzige und der ehrlichen Missverständnisse. Das

Blitzartige Erhellung

---

[16] Weininger, Dinge, 53
[17] *filosofia-storia*
[18] Lernet-Holenia, Traum, 260

mag verworren klingen, und ist es auch. Allein: Dieses Phantasma einer Ordnung der Zufälle ist eines Dichters ja durchaus würdig; es ist ein höchst notwendiges Mittel, um zum Kompositeur von Fiktionen zu werden. Nur im Kontext der Kritik – da ist das ganz anders. Hier produziert eine Hierarchisierung der Zufälle keine wirklich überzeugenden Ergebnisse. Ein Beispiel: Dass die nationalsozialistischen Putschisten im Juli 1934 ausgerechnet zum Zeitpunkt der Wachablöse vor dem Bundeskanzleramt in Wien eingetroffen sind, das war ein historischer Zufall. Welcher Kategorie soll er angehören? Den ehrlichen oder den schmutzigen Zufällen? Immerhin ist das Ergebnis dieser Geschehens für das Ziel des NS-Angriffs, Engelbert Dollfuss, tödlich ausgegangen. Oder nehmen wir ein anderes Beispiel: War der Umstand, dass sich der durch den März 1938 traumatisierte Schriftsteller Hans Lebert in der Dankesrede für den 1992 verliehenen Franz-Grillparzer-Preis von den »Nestbeschmutzer« unter seinen österreichischen Schriftstellerkollegen abgegrenzt hat, war dieser Umstand bloss ein wüstes Missverständnis? Wüst, und dennoch einer höheren Kategorie von Zufall zugehörig, weil die Beschimpfung der vermeintlichen Beschimpfer schlagartig die kommunikative Kluft zwischen den Generationen nach dem Zweiten Weltkrieg offenbart hat? – Wie man sieht, führt eine Taxonomie der Zufälle das diskursive Denken nicht sehr weit. Gewiss ist der Zufall, dieses flackernde Irrlicht, ein sprechendes Äquivalent zur Absurdität der Wirklichkeit, weil es da und dort einen direkten Einblick in die Historie gewährt: die blitzartige Erhellung. Aber nicht dem Zufall gilt unser Augenmerk, sondern dem Schauspiel, das er in Bewegung setzt.

Mancher Zusammenhang offenbart sich erst, wo der Funke des Zufalls aufflammt.

8

Entwicklung des Wetters Auch die Geschichte hat ihre Geschichte. Und es ist sehr lehrreich, die Gedanken zu studieren, die das Geplänkel der Ereignisse im 19. und 20. Jahrhundert begleitet haben. Otto Weininger, der Philosophie und Kunst für verschiedene Formen einer vertieften Selbstbeobachtung hielt, spitzte seinen Beitrag zum Thema auf die provokante Frage zu, ob auch die Natur eine Geschichte hat, ob die Zeit auch für das Naturgeschehen als Ganzes gerichtet sei. Führt man diesen Gedanken konsequent zu Ende, mündet er in der reizvollen Frage: »Ob es eine Entwicklung der Gewitter, des Wetters gibt? Und wenn ja, ob diese mit der menschlichen Geschichte korrespondiere?«[19] In dieser Polemik geht es nicht mehr um

---

[19] Weininger, Dinge, 53

die Übereinstimmung von Logik und Tatsachen, nicht mehr um Linearität versus Brüchigkeit von Zeitläuften, nein, Weininger demoliert den Entwicklungsbegriff selbst. »Es gibt keine Entwicklung; was den Menschen zutiefst bewegt, ist ja nur der Wunsch nach Entwicklung; es gibt nur ein Bedürfnis, der Gesamtheit der zeitlichen Ereignisse einen realen Sinn ausserhalb der Zeit unterlegen zu können; es gibt keine geschehene, sondern nur gewollte Geschichte.«[20] – Was ist dazu zu sagen? Nun, erstens konnte dieser Denker in seiner fiebrigen Neugier gar nicht anders; bei Weininger musste alles, selbst das Kleinste, zum epochalen Ereignis, zum Umsturz, geraten. Er wollte auf keinen Fall jemand sein, der Überlieferungen und Dogmen für Gedanken hielt. Nach Weiningers unbescheidener Auffassung bleibt es immer und ewig das qualvollste Leiden des Menschen, keine Geschichte zu haben, und sein sehnsüchtigstes Motiv für alle Zeiten, endlich Geschichte zu erleben.[21] Doch der Bescheid fiel negativ aus: »Es gibt keine Geschichte des Menschen«, wandte Weininger ein, »weder des einzelnen[22], noch auch, wenn ich ihn mit den anderen vergleiche, die Tausende von Jahren vor ihm gelebt haben. Es gibt nur eine Geschichte jenes Baus, zu dem sich die objektiven Leistungen der einzelnen vereinigen; es gibt nur *Kulturgeschichte*. Alles andere, z. B. der Krieg, wird nicht an der Idee der Vollkommenheit des Baues gemessen; es ist Epos, es wertet nicht.«[23] In diesen Worten schwingt deutlich der weiningertypische Perfektabilismus mit, der rabiate Glaube an die Vervollkommnungsfähigkeit des Menschen; er stand im höchsten Kurs. Und mit Weininger hat die ganze Generation des Ersten Weltkriegs die Menschheitsgeschichte für einen unmöglichen Gedanken gehalten. Erst im Laufgraben begann das, was diese Generation an ihre Stelle gesetzt hat, die Kulturnation, langsam zu sinken. Heute wissen wir, dass dieses Ideal, und die Weltauffassung, die im Kulturbegriff zum Ausdruck kommt, regelrechte Konjunkturen erlebt. Nach etlichem Auf und Ab im 20. Jahrhundert steht heute wieder eine Abwärtsbewegung vor der Türe. »Die Unzufriedenheit über den Paradigmenwechsel in den Geschichtswissenschaften von *Gesellschaft* zu *Kultur* nimmt zu«, sagt zum Beispiel Ludger Heidbrink von der Universität Lüneburg, »da in der Konzentration auf die lebensweltliche Pluralität das Verständnis machtpolitischer Zusammenhänge und so-

Klopfzeichen der Gesellschaft

---

[20] Weininger, Dinge, 151
[21] Weininger, Dinge, 152
[22] der Charakter bliebt konstant, auch wenn einzelne Züge lange Zeit verschwunden scheinen
[23] Weininger, Dinge, 152

Der kulturge-schichtliche Ansatz lässt das Verständnis für Machtpolitik schwinden. zialer Dominanzen zu schwinden droht«.²⁴ Und Heidbrink ist nicht mehr der einzige. Trotz all den Grenzüberschreitungen nach hierhin und dorthin, trotz der modernen transdisziplinären Verknüpfung von Wissenskulturen, erodiert das kulturgeschichtliche Gebäude heute an allen Enden. Erneut vernehmen wir den Ruf, die Geschichte müsse der Gegenwart verlässliche Handlungsmuster zur Verfügung stellen. Aber wie soll das eine Wissenschaft leisten, die seit Jahrzehnten auf die Kultur rekuriert und alle ihre Entwürfe allein an der Idee der Vollkommenheit des Baus misst? Wie sollen wir auf diese Weise dem nächsten Regenschauer entkommen?

9

Kurven-reicher Verlauf Eigentlich ist es wenig erstaunlich, dass sich stets dieselben Fragen zurückmelden. Dass immer jene Probleme auf der grossen Anschlagtafel wiederkehren, die die heftigsten Leidenschaften entfesseln. Verwunderlich wäre es eher, wäre das Gegenteil der Fall. Wenn es allerdings stimmt, dass keine abstrakte Weisheit von Natur und Geschichte existiert, wenn es wahr ist, dass uns der Wille der handelnden Menschen letztlich für immer verborgen bleibt, wenn es zutrifft, dass Zufälle und Missverständnisse den Lauf der Welt regieren – warum existiert dann überhaupt noch der Wunsch nach historischem Wissen? Oder anders gefragt: Wenn es stimmt, dass Geschichte keine alles ausgleichende *Ungerechtigkeit* kennt, warum interessiert es uns dann noch, was die blinde Göttin der Gerechtigkeit in dieser oder jener unwiederholbaren Situation für uns vorgesehen hatte? – Erstaunlicherweise beschleicht vor der Wucht solcher Fragen heute niemanden mehr ein Gefühl der Pein oder der Beschämung. Jeder scheint in seinem tiefsten Inneren bereits zu ahnen, dass die Arroganz des Weltenlauf keine Weisheit ist, die sich durch irgendetwas wieder wettmachen liesse. Vor allem, dass der Buchweisheit hier enge Grenzen gesetzt sind, hat sich herumgesprochen. – Warum also sollte der Mensch dann beim Zurückblicken etwas verachten? Es gibt keinen Grund dazu. Nehmen wir einfach an, die Beschäftigung mit dem Vorgefallenen, sie sei ungefähr so genetisch wie die Beschäftigung mit dem Ausgedachten. Nehmen wir einfach an, wir träumen während wir wachen. Nehmen wir an, die Projektion in die Vergangenheit sei genauso beliebt wie die Projekti-

---

²⁴ Ludger Heidbrink, Die Zukunft der Geschichte, NZZ 19.8.2000, 53

on in die Zukunft; und die Liebe zum historischen Text spiegle bloss die Liebe zur literarischen Fiktion. Um mit diesem Blick erfolgreich zu arbeiten, sollten wir auch anerkennen, dass die reale Geschichte mehr als der blutvolle Niederschlag geschichtsschöpferischer Ideen ist. Das Idearium der Menschheit muss das spezifische Gewicht verlieren, das uns die Ideengeschichte glauben machen will. Die Gedanken werden keinesfalls wertlos, das nicht. Denn es interessiert ja weiterhin, was man zum Beispiel 1942 dem deutschen Wehrmann in den Tornister gesteckt hat. Es interessiert uns a) wegen der blutigen Spur, die diese Armee durch Europa gezogen hat. Und es interessiert uns b) wegen der daraus resultierenden Fragen, deren Schatten in die Gegenwart ausgreifen, auch wenn viele mögliche Antworten partout kein Pointen abwerfen wollen. In der Geschichte bläst für alles der gleiche Wind: für die kleinen und miesen wie für die grossen und menschheitsbewegenden Fragen: »Wie hat es zu einem 1914 kommen können?« »Hätte es ein Auschwitz ohne den Zweiten Weltkrieg gegeben?« – Und: »Warum ist der Kommunismus 1989 nahezu friedlich implodiert?« Mit grosser Wahrscheinlichkeit, um gleich bei letzterem zu bleiben, war das Ende der UdSSR und ihres Imperiums wohl ebenso wenig eine geschichtliche Notwendigkeit wie der bolschewistische Sieg durch den Putsch von 1917 eine war.[25] – Heute will es manchmal scheinen, als ob uns das 20. Jahrhundert eine besondere Ballung ungelöster Fragen hinterlassen hat. Fragen, denen wir uns nur respektvoll nähern können; *respektvoll* heisst hier in konzentrischen Kreisen. Eine veritable Hartnäckigkeit scheint geboten und bukolische Beschaulichkeit völlig fehl am Platz. Dann wieder wirkt es, als würde sich der alte Ruf nach Frieden und Glück in den Konfliktlagen des 20. Jahrhunderts noch unfriedlicher und noch unglücklicher zurückmelden. Die Welt ist in diesem Säkulum zu einer Deponie geworden. Eine Schwarzweissrhetorik dringt aus allen Lautsprechern, und die geheimnislosen Lügen der Politik inklinieren in Richtung eines kakophonischen Larms. Und so beruhigen wir uns in einer Art Selbsthypnose mit der Hoffnung: Wenn auch die mit Runzeln und saurem Schweiss bedeckten Stirne nur wenig fruchten, so bringt uns jede präzise Formulierung der Fragen der Lösung doch ein beträchtliches Stück näher.

Punkte der Kulmination

Die Beschäftigung mit Geschichte ist ungefähr so genetisch wie die mit Literatur.

---

[25] Kondylis, Politik, 137

10

Terror aus Heute bleibt das Gros der Arbeit an der Geschichte auf Experten und
Überdruss Fachdiskussionen beschränkt. Auf fein abgezirkelte Kreise und fest eingehegte Leserbriefspalten. Diese Öde des modernen Geschichtswissens, die fälschlich mit Desinteresse gleichgesetzt wird, produziert unablässig Missverständnisse, enttäuschte Hoffnungen und in wenigen exemplarischen Fällen sogar puren Wahnsinn. Der austro-bajuwarischer Terrorist Franz Fuchs, ein mörderischer Einzelgänger, hat sich in den Neunzigern bekanntlich als dritter General einer Phantomarmee gegen eine neue »Türkenflut« imaginiert. Damals hat also einer genug gehabt von den kleinbürgerlichen Tischredenrevolten, genug vom Katzenjammer des Nationalen. Mit gesuchter Geringschätzung des Lebens hat Fuchs probiert, die Gesellschaft in ihre ferne Vergangenheit zurückzubomben. Man könnte auch sagen: Während die Fachhistoriker mit liebloser Eifersucht über ihre Ergebnisse wachen, versickert das historische Halbwissen quälend in unbestimmte und pathologische Kanäle. Schillernde Begriffe wie *Identität* finden heute eine enorme Verbreitung. Der gute Wille, die Liebe zu Menschheit und der Hass gegen alles, was dem Mittelstand am Weg herumliegt – diese Trias feiert eine quälende Auferstehung. Unsere heutige Situation ist doppelt ärgerlich, weil sich ja rational durchaus bestimmen lässt, unter welchen Rahmenbedingungen die Gegenwart verlässliche Auskunft von der Geschichte erhalten könnte. Um den Weltzustand wie in einem Brennglas zu sehen, müssen nur einige wenige fundamentale Grundsätze beachtet werden. *1. Kehre die Rolle des Fragenden in die des Erinnernden um.* Vergangenes historisch artikulieren heisst nicht, erkennen »wie es eigentlich gewesen ist«. Es heisst, nach den Worten von Walter Benjamin, »sich einer Erinnerung bemächtigen, wie sie im Augenblick der Gefahr aufblitzt«.[26] Das mag für nüchterne Gemüter zu poetisch klingen; in diese Formulierung lässt sich gewiss auch eine Brise Aktivismus hineingeheimnissen. Aber das ändert kein Jota an Benjamins grundlegenden Botschaft, dass die Vergangenheit dort von höchstem Interesse für uns ist, wo die menschliche Existenz sich exponiert, wo sie dem Tod gegenüber tritt. *2. Was man fangen will, muss man zunächst loslassen.* Geschichtswissenschaft hat mit einem immer schon strukturierten Stoff zu tun, wobei sich Erzähltes oder Erinnertes dem tatsächlich Geschehenes anschmiegen muss. Durch diesen Vorgang kommt weniger ein Abbild des Gesche-

---

[26] Benjamin, Kritik, 81

hen zustande als eine rastlos sich erweiternde, ergänzende und berichtigende Vorstellung von demselben. Der Inhalt der Geschichtserzählung ist somit keine spekulative Konstruktion, kein welthistorisches Totalwissen, sondern allemal ein vermitteltes, gewordenes, also selbst wieder ein historisches Resultat. *3. Kehre die Rolle des Gasts in die des Gastgebers um.* Wenn Geschichte und Erzählung die Rolle eines doppelseitig begründenden Ereignisses spielen, dann deshalb, »weil ihre Gewalt mit dem theoretischen Skandal des Ereignisses im allgemeinen übereinstimmt.« Das lehrt Jacques Rancière, für den sich die Geschichte in einem seltsamen Streit mit dem Immergleichen realisiert. »Das Ereignis gewinnt seine paradoxe Neuheit aus dem, was mit Wieder-Gesagtem zusammenhängt, mit ausserhalb des Kontexts, an unrechter Stelle Gesagtem, einer Untauglichkeit des Ausdrucks, die zugleich eine ungebührliche Überlagerung der Zeiten ist. Das Ereignis besitzt die Neuheit des Anachronistischen.«[27] *4. Das Wasser trüben, um die Fische zu ergreifen.* In meiner *Geschichte der Gewalt* geht es darum, ohne Furcht vor weissen Uniformen und gelben Schnurbärten eine Ambivalenz auszuspielen, darum, Geschichte und Nicht-Geschichte miteinander zu verbinden.[28] Ich versuche schreibend die Fähigkeit zu gewinnen, Namen und Ereignisse zu verschränken, weil – auch das sagt Rancière – allein die Sprache der Geschichten tauglich ist, »die der historischen Wissenschaft eigentümliche Wissenschaftlichkeit hervorzuheben«.[29] Man darf nur den Buchstaben nicht für die Sache selbst nehmen. *5. Alle erfüllen einen Zweck, nur der Forscher ist ein Tölpel.* Ein kritischer Zugang zur Vergangenheit impliziert zunächst eine Absage an die Nostalgie und die Nichtbeachtung politischer Komplexe. Man fragt weiters, welche Rolle der einzelne spielt. Das ist schwierig und lässt sich am besten vom Ergebnis her beurteilen. Am Ende jedes Erzählstücks wird jedenfalls die Vergegenwärtigung einer bestimmter Situation stehen, in der die historische Realität nur das Kolorit für ein psychologisches Dilemma abgibt. Einzelne solche Kapitel könnten »Herzen und die 48er-Revolution«, »Jacques Vaché und der Grabenkrieg« oder »Georges Bataille und der Faschismus« heissen. Aber immer handeln sie von der Erkenntnis der Geschichte, von der Kapitulation des Überlebens und der Schuld der praktischen Vernunft. Ich meine, jeder historische Moment trägt ein menschliches Antlitz, verkörpert sich im Lebensschicksal und im Charakter seiner Akteure. Erstaunlicherweise geben dabei die Lebenswe-

Strategeme der Betrachtung

---

[27] Rancière, Namen, 50
[28] Rancière, Namen, 15
[29] Rancière, Namen, 16

ge der ganz Grossen am wenigsten her. Eine Sichtweise, welche die Relevanz von Persönlichkeiten am durch den Verlauf der Geschichte erwiesenem Erfolg misst, eine solche Sichtweise würde ausserdem achtlos an Randfiguren und ihren phänomenalen Eigenschaften vorübergehen. In unserem Fall an den austroeuropäischen Stimmen eines Josef Rauch, Heinrich Lammasch, Rudolf Grossmann, Josef Popper-Lynkeus oder Hans Thirring – also an den erfolglosen Jägern, den verborgenen Weisen und den vergessenen Rekruten der Freiheit. Ist das schon Schwärmerei? Nein, das ist es nicht; nur wenn man der Versuchung erliegt, das bisher Vernachlässigte als das allein Massgebende zu bewerten, dann wäre es Schwärmerei. Und das soll nicht geschehen! Auf der Ebene des Biographischen und des Anekdotischen haust schliesslich wieder ein eigenes Monster, vor dem man sich in Acht nehmen muss. Im Anekdotischen ist die Verlockung mächtig, die ewigen Niederlagen von Geist und Vernunft als Beweis für die Unabwendbarkeit des Immergleichen auszugeben. Und auch das führt in die Irre. *6. Wer keinen Ton erzeugt, erzeugt auch kein Echo.*Ästhetische Kategorien sind ganz unangemessen. Was zählt, sind belegbare Fakten und bedachte Theorien. Doch das klingt einfacher als es ist. Wo es an Faktizität mangelt, da gewinnen die fatalen ästhetischen Argumente schneller an Gewicht, als man glauben möchte. Zwar würde ein Historiker niemals behaupten, dass richtig sein muss, was schön ist. Aber die Vorstellung, dass nur das Schöne richtig sein kann, sie sitzt weit tiefer in unserem Denken verwurzelt, als uns lieb sein kann. Symmetrische Modelle, dialektische Methoden, begriffliche Geometrien –

Historisches Wissen gibt verlässliche Auskunft und verschweigt sich im rechten Moment. das alles ist leicht entzündbar, und das gewitzte Parlando des Wissenschafters eine verschwiegene Reminiszenz an das künstlerische Denken. Das Gift ist schleichend, sein Resultat tödlich: Originalität. Man könnte andersherum fragen, warum denn die Nüchternheit so schwer durchzuhalten ist? Und die Antwortet darauf lautet dann: Weil es für einen schwachen Geist ebenso schwer ist, sich mit Gedanken zu befassen, wie es für einen wachen Geist schwer ist, sich von ihnen freizuhalten.

11

Europäisches Zentralkomitee Es gibt am Beginn des 21. Jahrhunderts europaweit enorme ideologische Erfindungen und Fälschungen. Die rätselhaften Explosionen in den Munitionsfabriken des Ersten Weltkriegs, die Deserteure der deutschen Wehrmacht im Zweiten Weltkrieg, das massenhafte Krankfeiern der

Industriearbeiter – um nur drei Komplexe zu nennen –, sie werden vom Sitz des akademischen Tempels aus ohne erschrockenes Gewissen ignoriert. Was die universitäre Forschung aus den Archiven wiedergibt, das macht sie zwar zum Material einer Reihe diskursiver Funktionen. Aber diese erscheinen, als wäre die Zeit irgendwie schon vor Jahrhunderten stehen geblieben. *Den Gebildeten ein Vergnügen bereiten, den Fürsten Lektionen in Politik erteilen, die Jugend an Rhetorik und Moral schulen* – es scheint, als wären die historischen Wissenschaften über weite Strecken immer noch ein aristokratischer Zeitvertreib für Prediger und Sittenlehrer. In welchen Hörsaal man auch hineinlauscht, welche TV-Dokumentation man aufmerksam verfolgt, überall strotzt es von sonnenklaren Wahrheiten. Alle Redner scheinen das Register der Skandalrhetorik zu beherrschen, alle scheinen sie das Rezept zu kennen, wie die menschlichen Angelegenheiten in vernünftiger Weise geordnet werden können. Der nuancierte Blick wird in die Ecke des Schrulligen und Widerläufigen gedrängt. Das kärgliche und kurze Leben der Untertanen, es ist in diesem Augenblick tief unter der Geschichte der Eliten und ihrer Institutionen verschwunden. Im medialen Raum blitzt es überhaupt nur mehr dann auf, wenn der irrationale Hass der Konsumgesellschaft gegen das Phantasma einer ruralen Bedürfnisarmut ausgespielt werden muss. Dann wird es noch einmal vorgeführt: das Wunder des einfachen Lebens. Aber sonst? – Die Mandarine der Wissenschaft, sie sind nur gegen Verrückte und Idioten gerecht, nur ihnen verzeihen sie ihre naturgegebenen Mängel. Alles andere wird unter dem Sammelnahmen Geschichte irgendeinem Banner zu Opfer gebracht. Die Einfalt der Massen der Kultur, die Mühsal der Hände dem Fortschritt, das Elend der Arbeit dem Gewinn, die Loyalität der Bürger dem Staat und die Ruhe der Betrachtung der Geschwindigkeit. Auf diese Weise lässt sich bestens verbergen, dass es hinter den Kulissen eine andere, eine einfache Geschichte der täglichen Sorgen gibt. Die Geschichte Millionen unbekannter Leute. Natürlich ist auch dieser Gedanke eine Konstruktion, eine ergänzende und berichtigende Vorstellung des Erinnerten. Doch die Geschichte der unbekannten Leute unterscheidet sich in einem Punkt elementar vom Esprit der Prediger und Sittenlehrer. In ihr lassen sich die Elemente eines gesellschaftlichen Geflechts erkennen: in der Resistenz der Masse gegen die ideologischen Manöver der Eliten lässt sich die Taktik einer bestimmten Kriegskultur studieren – unabhängig von der Macht und jeweils in einer Besonderheit, die sich innerhalb einer historischen Epoche organisiert. Mit scharfer Gelassenheit ist auf dem Boden der Tatsachen viel zu lernen. Etwa, dass das tägliche Leben hartnäckiger ist als die Theorien; dass, was nicht gebeugt

Phänomenologie der Gefühle

wird, ganz automatisch, also aus Erfahrung an den Nutzen der Lüge und der Verbergung glaubt; dass der Widerstand, um nicht selbst die Integrität der Rede zu gefährden, fintenreich, stillschweigend und indirekt sein muss. Aus den gleichen Gründen setzt die *Geschichte der Gewalt* nicht einfach eine exaltierte Bürgertugend an die Stelle der veralteten Frömmigkeit. Weil sie ein Beitrag zur Geschichte des *gemeinen Mannes* ist, seiner Überlebensstrategien und seiner Gefühle, fehlt ihr mitunter bewusst der zusammenfassende Schluss. Da ist sie der ausgleichender Ersatz für die erlittenen Verluste. – Der Wiener Philosoph und Kritiker der Atombombe, Günther Anders, hat vor einem halben Jahrhundert das Fehlen einer *Geschichte der Gefühle* beklagt.[30] Dieses Fehlen, so Anders, stelle das wohl grösste Desiderat der Geschichtsphilosophie und der Geschichtswissenschaft dar. Anders hat damit nicht jenes Verfahren der Einfühlung gemeint, dessen Ursprung in der beständigen Trägheit des Herzens zu verortet ist, jener Einfühlung, die von Benjamin dem Historismus zugerechnet wird. Was aber meinte er dann? Emotionen sind geistige Dispositionen, die in der Psychologie einer Person die Funktion haben, ihr Einstellungen und Orientierungen gegenüber der Welt zu geben. Man könnte behaupten: Menschen suchen nach Objekten, die für die Erfüllung oder Frustration ihrer Begierden verantwortlich sind; diesen Objekten gegenüber entwickeln sie Einstellung, die sich in inneren Zuständen und Haltungen manifestiert: eben in Gefühlen. Doch für den Forscher teilen diese Gefühle im allgemeinen das Schicksal des Willen der handelnden Personen. Ihre Wallungen zu erkennen ist meist ebenso ein Ding der Unmöglichkeit, wie aus dem Funkenregen der Äusserungen den genauen Willen einer Person zu bestimmen. Denn der einzelne Gefühlsakt ist ebenfalls nur ein sprachlicher Ausdruck, der ihn erwirkenden Ursachen. – Hat sich der Ruf nach einer Chronik der Gefühle damit erledigt? Nun, Günther Anders gab sich

Institutionalisierte Wissenschaft verbirgt, dass es eine Geschichte der täglichen Sorgen gibt.

felsenfest davon überzeugt, dass die Lücke der Geschichtswissenschaft durch ein kapitales Vorurteil verursacht wird. Nämlich das Vorurteil, das Gefühlsleben sei *das* Konstante, *das* Nicht-Historische in der Geschichte der Menschheit. Was bestenfalls existiere, hat Anders beklagt, sei eine Geschichte der Gefühle in unbeabsichtigten Versionen. Heute sehen wir das etwas gelassener, möglicherweise resignativer, vielleicht aber auch mit besonnener Intensität. Denn die unbeabsichtigte Version einer solchen Geschichte, das wäre schon eine ganze Menge.

---

[30] Anders, Antiquiertheit, 311

12

Was erzählt nun der zweite Band der *Geschichte der Gewalt?* Die Ka- *Abgeschnitte-*
tastase des Zweiten Weltkriegs erzählt er. Das beginnt zunächst mit dem *ne Fragen*
gnadenlosen Ablauf des Ersten Weltkriegs. Der Leser und die Leserin
werden allerdings selten auf realistische Kampfschilderungen stossen.
Es wird nicht gezeigt, das *wirkliche Gesicht* des Kriegs. Warum nicht?
Sollen wir uns die Grausamkeit vergangener Generationen nicht mehr
vergegenwärtigen? Das Kriegsthema berührt ja zwangsläufig den
sensibelsten Bereich der Darstellung – die Fragen: Wie viel geschilderte
Grausamkeit erträgt der Mensch? Wann ist eine Abbildung Information, wann ist sie Selbstzweck, wann Sensationsmache? 1914 und 1915
haben speziell deutsche Künstler eine Willenskraft bewiesen, auch die
bestialischsten Szenen der Gefechte detailscharf festzuhalten. Nichts
sollte ausgelassen werden, was sie selbst gesehen oder was ihnen Soldaten und Zivilisten von Grauen und Vergewaltigungen erzählt hatten.
Indirekt gingen diese Maler und Lyriker dabei einer grellen Forderung
ihrer Zeit auf den Leim. Die Moral von 1914 war bekanntlich die hart-
leibige Moral von Kürassieren. Sie hat unentwegt Opfer und Selbstver-
leugnung vom einzelnen verlangt. Auf dieser Linie hätten die Künstler das Weglassen der Gräuel als patriotische Pflichtverletzung betrachtet. – Das beantwortet allerdings noch nicht die eingangs gestellte Frage:
Brauchen wir die Bilder des Grauens, um die Grässlichkeiten der
Quälerei und die Martern des Tötens zu erfassen, brauchen wir *naturalistische* Darstellungen? Von Immanuel Kant ist das Grauen als ein
negativ Erhabenes benannt worden. Bestialität, Mord, Exzess, die mi-
nuziöse Schilderung menschlicher Perversionen und Entsetzlichkeiten
– das alles entbehrt selten einer zwiespältigen Faszination. Noch die
abstossendsten Schlachtgemälde fesseln den Betrachter, weil er sich in
dem humanen Arsenal an Bestialitäten unwillkürlich wieder findet. Man
sieht etwas von sich selbst im Täter oder im Gemarterten. Für die, die
Verstehen wollen, ergibt das noch lange keine befriedigen Antwort. Von
dieser Sorge her rührt mein Bedenken gegenüber zuviel Darstellung
des Kampfgeschehens. Ich unterstütze lieber das Diktum von Franz
Schuh, »dass die künstlerische Verlebendigung des Furchtbaren nicht
zuletzt an dessen bequeme Abwesenheit erinnert. Sie ist bloss Stimmung.«[31] Und noch ein anderer Zeitgenosse, der Philosoph Rudolf *Gesichter des*
Burger, hat besonders genau hingesehen auf die Schlachtgemälde. Die *Grauens*

---

[31] Franz Schuh, Krieg und Literatur, in: Amann, Österreich, 8

naturalistische Beschreibung oder Abbildung der Gewalt, sagt Burger, tendiert allein schon deshalb zur Kriegspropaganda, weil sie als Darstellung einen sinnvollen Zusammenhang zwischen ihren Elementen bestehen lässt, den sie dem Dargestellten unterschiebt. »Das geordnete Bild einer Zerstörung ist als *Bild* ein sinnvoller Zusammenhang, es präsentiert einen *Sinn der Zerstörung*, es repräsentiert nicht die *Zerstörung von Sinn*. Genau aus diesem Grund tendiert die kritische Darstellung zum süsslich-weinerlichen Genrebildchen.«[32] Gut, wird der Leser einwenden – die Verzerrungen, Verwerfungen, Versehrungen müssen wir eben in Kauf nehmen. Das Problem wird ja durch Ausblenden der Grausamkeit kaum geringer! Auch wenn wir den Tod gar nicht sehen wollen, existieren doch die Bilder von ihm, und es entstehen immer Neue. Wie gesagt: Die Lust am Abbild des Entsetzens ist eine zwiespältige Lust. Sie nährt den umfassenden Verdacht, dass dabei noch andere als die vordergründig intendierte Botschaft transportiert werden. Was die bildende Kunst betrifft, so lässt sich das an einem prominenten Beispiel leicht erhärten. Nehmen wir nur die alte Kunst der Gemälde, der Stiche und Radierungen. In ihr dient der bethlehemitische Kindermord vorzüglich zur affektreichen Darstellung seelischer Qual und dumpfer Brutalität. Als wäre die Ermordung aller in Bethlehem und

Welchen Sinnzusammenhang stellt ein Bild des Grauens her? Was blendet es aus?

Umgebung geborenen Knaben im Alter von zwei Jahren nicht schon grausam genug, die alten Meister haben die Qualen der verzweifelten Mutter, die sich in Todesverachtung über ihr Kind wirft, wieder und wieder gezeigt. Dieses Bild ist als Topos und zeitloses Ideal in die Kunstgeschichte eingegangen, während Väter, die sich den mordenden Soldaten, entgegenstellen, nur äusserst selten dargestellt werden.[33] Das Problem ist demnach nicht bloss, was ein Bild des Grauens darstellt, das Problem ist, was es *nicht* darstellt.

13

Vom richtigen Hinsehen

Genau hinsehen, um zu begreifen. Dieses Vorhaben leuchtet unmittelbar ein. Warum aber auf den Krieg hinsehen? Warum nicht auf Österreich und seine Musik, seine Kunstschätze oder eine andere heilende Botschaft? Der Krieg ist das Reich der Gefahr und das Reich der Enttäuschung. Er lässt die bewaffneten Gegensätze auf reine Weise her-

---

[32] Burger, Vermessungen, 153
[33] Pokorny, Erwin: Deutsche und niederländische Zeichnungen, 16. und frühes 17. Jahrhundert, Linz 1998, 94

vortreten, es gibt keine Zweideutigkeiten, keine Grauzonen mehr. Denn es existiert keine noch so gesicherte Position, die nicht von weit überlegenen Kräften überrannt werden könnte. »Die Welt des Kriegs hat immerhin den Vorteil, dass sie dem dummen Geschwätz des Optimismus keinen Raum lässt«, hat Guy Debord einmal gesagt.[34] Man weiss mit Bestimmtheit, dass es Streit gibt und am Ende alle Sterben werden. Ganz gleich wie gelungen die Verteidigung ansonsten sein mag. Die intellektuelle Beschäftigung mit dem Krieg verlangt also eine Disziplin, die jeden Idealismus blamiert. Vielleicht muss man sogar ein bestimmtes Alter erreicht haben, um sich darauf einlassen zu können, gut möglich. Es ist, als betrete man den Rand der Erde, schreite über den Horizont und sähe ein Stück von dem, was auf der anderen Seite liegt. – Fragen Sie heute einen durchschnittlichen erwachsenen Zeitgenossen, wie viele Österreicher und Österreicherinnen im letzten Krieg umgekommen sind! In neun von zehn Fällen erhalten Sie falsche Antworten. Es waren 5,58 % der Bevölkerung oder 372.000 Tote und dauernd Vermisste.[35] Bei einer Umfrage vierzig Jahre nach Kriegsende, im März 1985, gab immer noch mehr als die Hälfte aller befragten Österreicher an, einen oder mehrere Verwandte verloren zu haben.[36] Sicher, der Weltkrieg II ist jetzt lange her und niemand ist verpflichtet, sich die moralische Schuld der letzten Generation aufs Haupt zu laden. Ausserdem ist es fraglich, ob das Wissen, dass dieser Krieg eine Drittelmillion Österreichern das Leben gekostet hat, wirklich der Wahrung des Friedens dient. Wir sollten uns ernsthaft die Frage stellen, ob denn die Erinnerung die oberste Maxime der Zukunftsgestaltung sein kann. Die ewige Diskussionen der Pädagogen wirken längst kraftlos und müde. Jahrzehntelang hat man behauptet, man müsse die Gedanken gegen den Krieg richten und gegen sich selbst, und sofort damit anfangen. Doch trotz der geballten Optimismuserzeugung sind die wunden Punke des modernen Lebens weiter unbeantwortet geblieben. Schlimmer, die Fragen haben sich im Wohlstandklima der nördlichen Hemisphäre nur weiter vermehrt. Was bedeuten zum Beispiel diese fetzigen Videogames, was bedeutet der sagenhafte Kult der Gewalt in Freizeit und Unterhaltung? Bedient die heute medial zur Schau gestellte Mordlust etwa eine anthropologische Konstante? Ist sie eine zivilisatorische Kompensation, und wofür? – Wir wissen es nicht, oder nur höchst ungenau. Was wir hingegen deutlich erkennen, das ist, dass die Anrufun-

Was die Geschichte lehrt

---

[34] Debord, Pangyrikus, 83
[35] Kleindel, Österreich, 371
[36] IMAS 1985

gen und Appelle der Pädagogen ins Leere laufen, weil keine *Wahrheit* erinnert werden kann, sondern nur verschiedene Partikel der Geschichte ihrer Verdrängung. – Aus der Geschichte kann man nur lernen, so das berühmte Wort Georg Friedrich Hegels, dass man aus der Geschichte nichts gelernt hat. Oder wie es im Original heisst: »Was die Erfahrung aber und die Geschichte lehren, ist dies, dass Völker und Regierungen niemals etwas aus der Geschichte gelernt und nach Lehren, die aus derselben zu ziehen gewesen wären, gehandelt haben.« So vielgestaltig die Kriege der Neuzeit auch gewesen sein mögen, so ausdifferenziert die Gewaltkulturen im Alltag sind – jeder neue Waffengang scheint Hegels Annahme weiter zu bestätigen. Wozu also genau hinsehen, wenn sich aus der *Geschichte der Gewalt* ohnehin nicht mehr lernen lässt als die Tatsache, dass der Mensch zur einen Hälfte ein Lamm ist, zu anderen aber ein Raubtier, roh, gierig, verschlagen und überall gleich? Zahlreiche Denker haben am Topos *historia magistra vitae* gezweifelt, viele von ihnen sich der Optimismuserzeugung verweigert. Der feine Unterschied, den Ingeborg Bachmann von Hegels »niemals« trennt, er mag nur als ein geringer Trost erscheinen. Gleichwohl ist es ein Trost! Die Geschichte lehrt, sagt die Bachmann, aber sie hat keine Schüler. Dass sie wenigstens lehrt, das pardoniert rückwirkend zumindest ihre Akteure.

Es ist fraglich, ob die Erinnerung die oberste Maxime der Zukunftgestaltung sein kann.

14

Krieg und Wahrheit

Keiner kommt aus dem Krieg, ohne ein anderer geworden zu sein. »Der Krieg ist der gewaltigste Enthüller von politischen Wahrheiten und Wirklichkeiten.« Mit diesen Worten hat Siegfried Flesch seine Weltkriegserfahrung 1918 bilanziert. »Er zerreisst den Schleier aller politischen und wissenschaftlichen Humbugphrasen.«[37] Das war nach viereinhalb Jahren Durchhalteparolen keine Einzelmeinung mehr. Die Frage ist nur, was der Zusammenprall der Millionenheere genau enthüllt haben soll, was nicht schon zuvor zu sehen gewesen wäre. Was soll der Krieg denn aufgedeckt haben, was sensiblen Naturen nicht schon vor dem Augusterlebnis 1914 bekannt war? Dass der Krieg aus Begierden entsteht; dass Kinder, die auf die Welt kommen, ihn bereits im Gedächtnis tragen? War es das? Der expressionistische Maler Franz Marc, ein Gefallener der Mittelmächte, hat im europäischen Kladderatsch keinesfalls etwas an-

---

[37] Flesch, Oesterreichs, 88

deres sehen wollen als den vormaligen Friedenszustand in »anderer, eigentlich ehrlicherer Form«.[38] Spricht aus dieser bitteren Formulierung eine tieferen Einsicht in das Wesen der Dinge, oder kommt hier nur ein für den Krieg typisches Paradoxon der Wahrnehmung zum Ausdruck? Was soll es nach den Abnutzungsschlachten zu erkennen gegeben haben, als die mit Phrasen bemalten Transparente kaputt waren und darunter wieder der Friede zum Vorschein kam? – Das ist eine schwierige, doch die Strukturen der Historiographie unmittelbar betreffende Frage. Einen wichtigen Hinweis zu ihrer Klärung hat der polnische Nachrichtenjournalist Ryzard Kapuściński in seinen viel späteren Berichten aus Angola geliefert. Der Krieg, meint Kapuściński, sei nur für jene Wirklichkeit, die in seinem blutigen, abstossenden Inneren sitzen Für diese Eingeschlossenen zerreisse er den schönen Trauerschleier, der die Menschen im Krieg umgibt. – Es muss also eine Art Stillstand sein, der im Krieg zum Bruch mit den früheren Illusionen führt. Ein Stillstand, der Zivilisten und Militärs gleichermassen umfasst. Tatsächlich besteht seit dem Ersten Weltkrieg das Wesen des Kampfs nur mehr zu einem geringen Teil in einem Gefühl der ständigen Todesgefahr. Zum grösseren Teil besteht es in dem Fluch, am Prozess des gegenseitigen Mordens pflichtgemäss teilnehmen zu müssen.[39] Im 20. Jahrhundert *Auf das* heisst Krieg vor allem Warten. Auf die Ablösung warten, auf Briefe *Morgen* warten, auf das Essen warten, auf den Morgen warten, auf den Tod *warten* warten.[40] Es ist der Zufall, meint Erich Maria Remarque im bekanntesten aller Nachkriegsromane, der uns im Krieg so gleichgültig macht. Ebenso zufällig, wie ich getroffen werde, bleibe ich am Leben. Im bombensicheren Unterstand kann ich zerquetscht werden, und am freien Feld zehn Stunden Trommelfeuer unverletzt überstehen.[41] Heute passiert nichts anderes. Im modernen, mit chirurgischen Schlägen aus der Luft geführten Präzisionskrieg bleibt der Zivilist nur mehr durch tausend Zufälle am Leben. Wie die letzten Bombardements von Belgrad gezeigt haben, kann sich niemand darauf verlassen, dass die Zieldefinition auf der Basis wirklich aktuellen Strassenkarten erfolgt. Und jeder Mensch glaubt und vertraut dem Zufall. Was dem Überlebenden als eine gewaltige Enthüllung erscheint, als Riss im Trauerschleier, das dürfte die simple Tatsache sein, dass er in einer Falle gesessen hat, die genauso gut hätte zuschnappen können. Aus diese Perspektive ist

---

[38] Zit. n. Jirgal, Wiederkehr, 48
[39] Stepun, Wie, 259
[40] Roland Dorgeles, zit.n. Jirgal, Wiederkehr, 31
[41] Remarque, Westen, 103

Zum Wesen alles Vorangegangene zwangsläufig *unehrlich*. Wo das Leben aus freien
des Kampfs Aktivitäten besteht, bleibt uns der Zufall unserer Existenz verborgen.
gehört eine In diesem Sinn kommt keiner aus dem Krieg, der nicht ein anderer ge-
Art Stillstand. worden ist.

15

Auslotung Alexander Lernet-Holenia, der Dichter, der gerne das süsse Gift des
der Sprache Mythos versprüht, lässt einmal einen Soldaten mitten im Gefecht erwachen: Er hat alles nur geträumt. Lernet-Holenia will damit sagen: Keiner kehrt aus dem Reich der Toten zurück, doch könnte es ein Zwischenreich geben, wo Leben und Sterben sich annähern, wo einem Erlebnisse der anderen Art zustossen und Geschichten sich auf neue und zugleich nicht gänzlich unvertraute Weise fortschreiben.[42] Sicher, dieses Zwischenreich ist spekulativ. Aber nehmen wir doch einmal an, dass der Krieg eine Pforte sei. Der Tagtraum des Kriegers gleicht ja durchaus dem erzählerischen Verfahren, das über den Horizont schreiten will, um ein Stück von dem zu sehen, was auf der anderen Seite liegt. Diese Nähe besagt, Erzählen sei kein dem Kriegsthema konträr entgegengesetztes Mittel. In ihren gelungensten Momenten sollte die Sprache jenen Charakter erreichen, den das Überleben im Krieg haben muss.[43] Zur Erinnerung: Was *mit* etwas erreicht wird, das ist der Zweck. Was *in* etwas erreicht wird, das ist das Ziel. Der Zweck meines schriftstellerischen Unternehmens ist es, den Leser mit der *Geschichte der Gewalt* gleichsam an die Fersen eines unglücklichen Jahrhunderts zu heften. Denn das 20. Jahrhundert erweist sich im Rückblick – jedenfalls in moralischer Hinsicht – als Tiefpunkt der Menschheitsgeschichte. Es waren ja nicht nur die beiden Weltkriege, die zwischen 1900 und 1987 einhundertsiebzig Millionen Zivilisten das Leben gekostet haben. In der Kette der stillen und lauten Völkermorde nimmt die vom nationalsozialistischen Deutschland ausgeübte Massenvernichtung eine besondere Stellung ein. Sie ist zu einer überragenden Ikone der globalisierten Welt geworden. Und je unbeweglicher diese Ikone wird, je stärker sie in den Fundus der abrufbaren Effekte einrückt, desto inhaltsleerer wird sie. –
Eine Liste Mein Ziel ist es, dieser sich gegenwärtig ausbreitenden Sprach- und
erstellen Begriffslosigkeit etwas entgegenzusetzen. Ich denke, dass jede Generation die Argumente für und wider Gewalt aufs neue austauschen

---

[42] Lernet-Holenia, Baron
[43] Clausewitz, Kriege, 166

muss. Das jede Generation aufs Neue lernen muss, dass es zweierlei Mittel gibt: die des Kriegs und die des Rechts. Und ich will über diese einfache Tatsache hinaus auch noch wissen, ob man die Macht nur in militärischen oder auch in zivilen, nichtmilitärischen Kategorien messen kann. Möglicherweise heisst ein Buch wie dieses schreiben nichts als eine Liste anfertigen für alle, die Krieg führen. »Denn was wir sagen können ist, dass der Krieg erklärt wurde... aber welche Art von Krieg und gegen wen?«[44] Die Ursache der meisten blutigen Auseinandersetzungen – sie ist bekannt wie die Kreuzigung von Jesus Christus. In jedem beliebigen Konflikt kann der Druck, rascher zu handeln als der Gegner, überwältigend werden. Krieg bricht also heute wie ehedem wegen falscher Einschätzungen und Fehlkalkulationen aus. Diese Einsicht bedarf keiner Revision. Warum geht es dann? Der Liste, welche am Ende der langen Untersuchung der austroeuropäischen Kriegskultur stehen könnte, dieser Liste gehen viele andere Listen voraus. Wer auch nur einen Buchstaben der Gewaltformel entziffern will, muss alle bekannten Sprachen sprechen. Oder nüchtern: Jede Studie gewinnt erst durch ihre konsequente Anlage klare Aussagen. Darum versuche ich die Vorgänge auf politischer und zwischenstaatlicher Ebene weiterhin mit dem Ringen dreier widerstreitender Prinzipien zu erklären. Das Ziel dieses Verfahrens bleibt eine *Theory of everything* – eine Theorie, die eine einheitliche Beschreibung des politischen und des kriegerischen Universums von den kleinsten bis zu den grössten Dingen liefern soll. Das Ergebnis aber wird zwangsläufig enttäuschen; es wird weit davon entfernt sein, eine einheitliche Beschreibung des Mikro- und des Makrokosmos zu liefern. Was der Leser am Ende in den Händen halten wird, sind bestenfalls die schattenhaften Umrisse einer noch umfassenderen Theorie.

Jede Generation muss die Argumente für und wider den Krieg aufs neue austauschen.

16

Was ist Krieg? Tod
Macht? Eine Relation
Recht? Regularität
Neutralität? Balance
Geschichte? Erzählung
Politik? Nachgiebigkeit

Vorauseilende Gedanken

---

[44] Carrière, Literatur, 7

17

Autor und Meine Ansichten sind noch unreif. Oder in chinesischer Blumigkeit: Im
Autorschaft ersten Band der *Geschichte der Gewalt* wird ein Ziegelstein in Erwartung eines Jadesteins geworfen. Das hat kaum gut gehen können. Wenn es gelingt, die Vorgeschichte des österreichischen Kriegs zu erzählen, so die Arbeitshypothese, dann nur auf einem graziösen Umweg. Indem man kontinuierlich den Strang jenes historischen Kontinuums verfolgt, der hinter den Schlachten und jenseits der Militärinstitutionen eine kulturelle Konfiguration beschreibt. In ihr, in dieser Kriegskultur, sollte eine Gesamtheit der Institutionen des Landes sichtbar werden. Soviel vorausschauende Selbstsicherheit wird selten belohnt. Nun, nach der wiederholten Lektüre des ersten Bands erscheint es mir, als läge sein Sinn ganz woanders beschlossen. Geschichtsbilder sind untrennbar mit der Biographie der Individuen und ihrer Familienangehörigen verwoben. Zwei Generationen von Offizieren stecken in meinen Knochen. Mein Grossvater mütterlicherseits, Georg Herndl, ist eines von acht Kindern eines Sensenschmieds aus Leoben gewesen – und er hat mit Adolf Hitler gemeinsam die Volksschulbank gedrückt. Herndls
Politik und Familie war wegen besserer Verdienstmöglichkeiten nach Ober-
Gewalttabu österreich gezogen. Für das fleissige Kind wurde später ein Gönner gefunden, der ihm eine höhere Schulausbildung finanzierte. 1910 ging mein Grossvater dann als Freiwilliger zum Militär. Als der Krieg 1914 begann, bekleidete er bereits den Rang eines Kavallerieleutnants. Herndl kämpfte erst an die Ostfront, später an die Südwestfront, wo er in italienischer Kriegsgefangenschaft geriet, aus der es ihm zu entfliehen gelang. 15 Granatsplitter im Fuss hat mein Grossvater von den Sočakämpfen nach Hause mitgebracht, und die Pigmentierung seiner Gesichtshaut rührte von einem Giftgasangriff her. Diese Vita hat mich als Kind nie unbeeindruckt gelassen. Für meine Generation sind die Weltkriege eben noch mehr als ein Text. Ihre Nachwirkungen sind biographisch greifbar. Der Krieg ist für uns weder ein Faktor neben anderen, noch ein in sich geschlossener Bereich, zu dem nur Eingeweihte Zutritt haben. Heute denke ich: Es sind diese Erinnerungen, die mein nachhaltiges Interesse an dem grossen politischen Tabu imprägnieren. Denn um ein solches handelt es sich. Man kann das nicht deutlich genug unterstreichen: Die Angelegenheiten der Armee und der Verteidigung, sie sind heute ein Komplott, bei dem sämtliche Beteiligte dichthalten. Der Kriegsfall ist von einer Angelegenheit aller in den allgemeinen Prozess der Insiderdelikte getreten. Er ist aus der Verwaltung der politischen Werte heraus gefallen und in die dumpfe Perspektive des Bud-

gets eingerückt. Ja, ich zögere nicht zu sagen: Die Fragen der nationalen Sicherheit erfreuen sich heute derselben Komplizenschaft und derselben ironischen Resignation seitens der *Konsumenten* wie die Machtverhältnisse im Bereich der Wirtschaft und der Information. Unser gesellschaftlicher Konsens hinsichtlich der Militärpolitik ist einmalig: Wenn Nationalökonomen Steuersätze, Juristen die Gesetze und Ingenieure die Strassen produzieren, sagt sich die Mehrheit der Bürger, warum sollen dann nicht auch Generalstäbler bestimmen, wie, wo und gegen wen das Land zu verteidigen ist. Über praktisch alles kann man im freien demokratischen Westen diskutieren, nur bei der Armee ist das immer ganz anders. Dabei wäre es höchst an der Zeit, den normativen Kern unserer Kultur, also die Erwartungen eines möglichst guten und eines möglichst schlechten Lebens, in dieser Hinsicht kritisch zu durchleuchten. Seit der Aufklärung ist die Bewaffnung des Kollektivs keine Weltanschauung mehr, oder sollte zumindest keine mehr sein, sondern eine Frage des praktischen Nutzens. Jede Armee muss ein Mittel zum Zweck der Verteidigung einer Lebensweise sein, ein Instrument zur Durchsetzung mehrheitlich bestimmter politischer Absichten. Es gibt eine Auffassung, die alle Demokraten miteinander teilen: Man kann jeden politischen Willen zum Grundsatz erheben, aber das Mittel, das zu seiner Durchsetzung dient, es muss im Interesse der Sache jederzeit diskutierbar bleiben. Denn es könnte ja sein, dass sich aus einer Entwicklung heraus ein anderes Mittel anbietet, mit dem sich das Ziel rationaler erreichen lässt. Aus diesem und keinem anderen Grund müssen die Gewaltmittel immer wieder hinterfragt werden. Nur so kann man ihre Brauchbarkeit überprüfen. – In diesem basalen Sinn stellt der zweite Band der *Geschichte* erneut den Antrag auf eine Generaldebatte. Ich weiss natürlich, dass die Chancen auf eine offene Diskussion in einem politisch unbedarften Umfeld verschwindend gering sind. Als Autor kann man ohnehin nur hoffen, das einem der Faltenwurf des Schicksal gnädig ist. Dass einem zum Beispiel nicht das Pech eines Robert Jan van Pelts ereilt, dessen herausragende Auschwitz-Studie *1270 to the present* vier Wochen nach Daniel Goldhagens umstrittenen Buch erschienen ist, und das durch diesen unglücklichen Start – absolut zu Unrecht – dem Medienhype um Goldhagen zum Opfer fiel.

Wer den Antrag auf Diskussion militärischer Gewalt stellt, ist immer noch ein halber Verräter

18

Die Norische Republik ist der Titel des zweiten Bands der *Geschichte der Gewalt*. Er schildert die Katastase des Zweiten Weltkriegs. Also die Vorgänge im Zeitraum von 1914 bis 1939, wobei sich der austriatische

Vom Markieren der Zeit

Begriff des Norischen nur auf die Jahre 1919 bis 1933 bezieht. – Kann es in unserer Epoche überhaupt schon eine Überstimmung geben hinsichtlich die Zäsuren des letzten Jahrhunderts? Noch ist das historische Material ja unruhig wie ein Meer. Das slowenische Städtchen Kobarit – deutsch: Karfreit, italienisch: Caporetto – hat in besagtem Säkulum gleich sechsmal seine Staatszugehörigkeit gewechselt, wobei die Bevölkerung immer slowenisch geblieben ist. Kann es über dieses bewegte Material heute schon eine Übereinstimmung geben? – Für den Historiker bedeutet das Setzen der Zeitmarken genau jenen entscheidenden Moment, in dem er strategische Position bezieht. Und so sind die wichtigsten Markierungen meines Unternehmens fraglos die drei herausragenden Daten des 20. Jahrhunderts: 1914, 1945 und 1989. Bei näherer Betrachtung erweist sich aber keines von ihnen als eine undurchlässige Grenze. In jedem dieser Jahre gibt es Kontinuitäten, Serien und undezidierte Übergänge, überall setzen sich die Spuren des Gestern im Morgen fort. Es ist, als würde das Unheil des 20. Jahrhunderts nur mehrfach gewendet und in rhythmische Schwebe versetzt. In *Maria Theresiens Tränen*, dem ersten Band der *Geschichte*, kommt ein weit zurückliegendes Ereignis, die Erste Teilung Polens 1772, zu gewiss unerwarteten Ehren. Weiters werden darin die Revolutionen von 1789 und 1848 sowie die Ruptur von 1870 gebührend berücksichtigt. Im zweiten Band folgen nun Wendedaten, an denen die österreichische mit der europäischen Geschichte zusammenklappt: 1918, 1933 und 1938. Jedes einzelne dieser Jahre eröffnet dem Archivar schräge Ausblicke und Fluchten. Aber egal, welches Ereignis wir in Spiel bringen: Nichts wird je wieder so sehr im Mittelpunkt des gesamten Unternehmens stehen wie 1914, das Alpha des europäischen Doppelkriegs, dessen Omega wir wahrscheinlich mit 1989 angeben müssen. Auf die Frage nach dem Schlüsseldatum zur Geschichte der Neuzeit würde ich ohne Zögern antworten: »1914!«. Jeder, der die drei letzten Jahrhunderte auch nur in den groben Zügen zu überblicken vermag, wird zugeben müssen, dass kein anders weltgeschichtliches Ereignis das Ausmass an Irrationalität am Beginn des Ersten Weltkriegs übertroffen hat. Der 4. August war ein präzedenzloser Fall. Irrational waren allerdings nicht die folgenden mörderischen Schlachten, sondern die bürgerliche Wohlanständigkeit, das Pflichtgefühl und die brave Ahnungslosigkeit, mit der das Ereignis über jene hereinbrach, die wohl gehandelt, aber nicht begriffen haben. – Ähnelt diese exotische Situation nicht auch gewissen grundlegenden Schwierigkeiten von heute? Nein, das ist keine Warnung vor der Gefahr eines neuen Weltenbrands, der selbst in der massiven Konfrontation der westlichen Industrienationen mit fanati-

schen Muslimstaaten nicht zu befürchten ist. Der Vergleich ist vielmehr eine konstruktive Aufforderung zur Selbstbeobachtung und zur Verweigerung von Selbstabstraktion. Es wäre doch vollkommen falsch, die Gegenwart zu einem aktuellen Residuum echter Humanität zu erklären. Sie ist kein Zufluchtsort der Vernunft. Sie ist aber auch nicht das Gegenteil. Selbst der Blutrausch von 1914, der uns im Rückblick wie ein einziger gespenstischer Ausbruch von Kollektivsadismus erscheint, selbst der ist aus höchst honorigen, ja seelsorgerischen Motiven erfolgt. Die Vollstrecker der Feldzüge haben einander davor und danach als Anhänger einer Religion der Liebe hofiert. Ihr Vernichtungswille, ihre menschenverachtende Zerstörungswut, entsprang einem durchaus logischen Impuls der Vernunft. Die argumentative Rechtfertigung für die Freisetzung der Gewalt ist 1914 mit den Schlagworten von »Sicherheit«, »Verteidigung« und »Notwehr« im Handumdrehen gefunden gewesen.
– Ich sage es noch drastischer: Wenn wir nach dem Krieg fragen, so fassen wir weniger den Willen das Böse als den Willen Gutes tun zu wollen ins Auge. Diese Perspektive hat weit reichende Konsequenzen, vor allem für das Geschichtsbild. Das Gestern erscheint jetzt nicht mehr als ein Feld, auf dem moralische Kräfte miteinander im Endstreit liegen. Das Erinnern wird zu einem Verdichtungsprozess. Was heisst das? Es heisst, dass es kein ewiges Richtmass gibt. »Die Suche nach einer verlorenen Zeit ist nicht so sehr sentimental erinnerungssüchtig, keine klassisch-bürgerliche Beschäftigung, sondern motorisch und sozial effektiv«, hat Karl Heinz Bohrer über den kriegerischen Auftakt zum 20. Jahrhundert gesagt. Geschichtskonstruktion ist Gesellschaftskonstruktion. Und es hiesse die Rückspiegelung der Geschichte auf die Gegenwart viel zu leicht zu nehmen, wenn wir die grundsätzliche mentale Übereinstimmung der Situationen ignorierten. 1914 ist, nach einer kurzen Sekunde des Zögerns, zum ersten Mal eine einschmeichelnde Melodik erklungen. Der Tanz über den Gräbern kam seither nicht mehr zu Ruhe. Und damit die Bewegung nicht mitten im Takt erstirbt, drehen wir uns heute notfalls auch ohne Musik weiter. Die Schritte sind immer noch die gleichen: *Rechts vorwärts, links seitwärts und dabei Drehung, links rückwärts, rechts seitwärts, schliessen.*

Eine basale Übereinstimmung mit der Mentalität von 1914 lässt sich nicht bestreiten.

19

Wo liegt Austrien? Österreich ist ein Buch mit vielen herausgerissenen Seiten.[45] Am schlimmsten hat es die Kapitel erwischt, in denen vom Stechen und Hauen, vom Schiessen und vom Sterben die Rede ist. Und das sind fast alle. Manche Blätter wurden fein säuberlich mit einem scharfen Gegenstand aus der Mitte des Buchs getrennt, ohne die Bindung zu verletzten, andere wurden mit einem Prankenhieb entfernt, dritte gingen ganz einfach verloren. Manche Buchseiten sind nur teilweise erhalten, wurden von Flammen versengt, sind wellig geworden von Nässe und Feuchtigkeit. Viel Papier im *Buch Österreich* ist brüchig und fleckig geworden. Wieder andere Blätter sind vergilbt oder in rätselhaften veralteten Handschriften verfasst, also kaum mehr zu lesen. Was macht das schon, werden die Ignoranten sagen, wenn uns die wahren Kräfte der Geschichte ohnehin verborgen bleiben! Was kümmern uns ein paar fehlende Seiten, wenn wir den tieferen historischen Zusammenhang nur erahnen, aber niemals lückenlos beschreiben können! – Es macht eine Menge, um nicht zu sagen: Es macht einen Unterschied um das Ganze. Der Historiker ist ja weder Antiquar noch Sammler, sondern er ist Restaurateur und Kopist. Er versucht das zerschlissene Etwas forschend zu verstehen, den Text schreibend zu lesen. Und beim Restaurieren und Kopieren allein wird ein guter Autor auch nicht stehen bleiben: Er wird das Buch wenigstens um ein paar Seiten erweitern. – Betrachten wir die Sache unter dem Gesichtspunkt der Publizität, dann geht es niemals darum, den ellenlangen Bibliotheksreihen, die sich wortreich zur glorreiche Vergangenheit Österreichs bekennen, einen weiteren Prunkband hinzuzufügen. Ein gewitzter Autor wird sich nicht einfach in den *Restaurateur, Kopist* geschichtsleeren Saal verklärender Metaphern begeben, in dem die Monarchie und die Zweite Republik von ihren Verehrern auratisiert werden. Der historisch Denkende wendet sich den Tatsachen zu, doch wird ihm schon ein Minimum an Ereignissen genügen. Der Wechsel vorwärts treibender und zurückhaltender Kräfte ist ihm geläufig. Denn was wissen wir mit Sicherheit? Wir wissen, dass sich Politik im konfliktgeladenen Rahmen der Geschichte als in ihr sich vollziehendes, durch sie aktualisiertes und an konkrete Zustände gebundenes Geschehen ereignet. Der Restaurateur ist gewarnt! Auf jeder Seite erwarten ihn Schwierigkeiten. Am Krieg zeigt sich schnell die schreckliche Bedingtheit des ahistorischen Denkens. Die Folgen lassen sich ringsum studie-

---

[45] Für die nächste Generation: *Österreich ist ein Site mit lauter Deadlinks*.

ren. In der Tat sind die meisten der frischen Seiten im *Buch Österreich* mit Sehnsuchtsdunst beschlagene Erinnerungen. Nur wenigen Autoren ist es bisher gelungen, zwischen Mythenverehrern [Alexander Randa, Friedrich Heer] und Mythenzerstörern [Siegfried Flesch, Albert Fuchs] eine Balance zu bewahren. Vom Publikum sowieso ganz zu schweigen. Gordon Sheperd hat diesen Mangel deshalb gleich vollständig dem Leser überantwortet: »Die Beharrlichkeit der österreichischen Legende ruht eher auf den Zuhörern als auf den Erzählern.«[46] Aber das ist nur zum Teil richtig. Gewiss leidet die österreichische Öffentlichkeit an einer Schwäche des republikanischen Bewusstseins. Die habsburgischen Untertanen haben praktisch unter derselben Krankheit gelitten wie heute ihre austroeuropäischen Nachfahren: an akuter Stenose, also der Verengung des Horizonts.

Viele Seiten im »Buch Österreich« sind mit Sehnsuchtsdunst beschlagene Erinnerungen.

20

Stenose des Horizonts ist keine unheilbare Krankheit. Und trotzdem ist der Blick in die Vergangenheit stark eingetrübt, ist die Sicht heute durch Arroganz verstellt. Die Erste Republik hat zum Beispiel weder 176 Monate gedauert, wie das die Sozialdemokraten behaupten, noch 221 Monate, wie man im volkparteilichen Milieu meint, sondern gerade mal 163 davon. Die Erste Republik Österreich hat das Licht der Welt exakt in dem Moment erblickt, da Karl Renner im September 1919 in St-Germain zerknirscht und schweigend die Friedenbedingungen der Entente unterzeichnet hat. Und sie hat ebenso tragisch mit der staatsstreichartigen Auflösung des Parlaments im März 1933 ihr Leben ausgehaucht. Diese Fakten haben ganze Generationen von Leitartiklern freilich nicht daran gehindert, ihre Irrtümer brav auszusitzen. – Nein, Stenose des Horizonts ist eine heilbare Krankheit! Aber das Heeresgeschichtliche Museum, es seufzt das Märchen vom friedvollen Österreich[47] immer noch mit einer Inbrunst, als hätte es nie auch nur den leisesten Zweifel an dieser Geschichtsversion gegeben. – Übrigens darf auf dieser Erkundung die Polysemantik dieses Österreich-Begriffs, dessen Definition nach wie vor offen ist, nie aus den Augen verloren werden. Der Ausdruck ist einerseits unabtrennbar von den historischen Ereignissen – und trotzdem erweist er sich auch als ein Phänomen, dessen jeweiliger

Reise nach Zwischeneuropa

---

[46] Shepherd, Odyssee, 10
[47] Gerhard Roth, in: Arnold, Österreich, 32

Bedeutungsinhalt sich erst im Rekurs auf die spezifischen Interpretationsinteressen erschliesst. Der nationale Diskurs ist die Kunst, Dinge neu zu sehen; oder er sollte es zumindest sein. Im ersten Band habe ich versucht, den Leser gegen den austrozentrischen Überlegenheitsdünkel zu immunisieren. Im zweiten treten wir nun ein in eine Problematik, die bis in die Gegenwart anhält. Der Österreich-Begriff ist ein Nebenthema dieser Untersuchung. Und er bleibt es deshalb, weil er heute jenes Geflecht von Mythen, Neurosen und Tabus darstellt, welches die öffentliche Rede von Identität durchzieht. Gegen das Pathos dieser Rede setze ich die genaue Kenntnis der Geschichte. Denn es ist nichts als eine romantische Kulturidee, die dem gegenwärtigen Begriff von der Austroidentität zugrunde liegt. Die Anhänger dieser Idee begreifen *Identität* als eine organische Entität, die sich kaum je verändern lässt. Dabei übersehen sie, dass Kultur und Politik weit mehr mit Gewohnheiten und Konventionen, auch mit Spiel und Fassade zu tun haben. All das prägt das Selbstbild einer Nation weit stärker als irgendwelche Gene. Die Nation ist nie etwas Naturwüchsiges, sondern sie verändert unter den jeweiligen historischen Bedingungen ihre Substanz. Eine über sich selbst aufgeklärte Aufklärung braucht folglich nicht nach sprachlich-kultureller Identität zu fragen! Ihr ist es *Österreich* mehr um ein Gefüge stabilerer politischer Institutionen zu tun, wozu die *hat keine* Pressefreiheit genauso gehört wie das Asylrecht. Also lassen wir mit der *Idee* Sache ruhig auch den Begriff fallen. Wir brauchen das schwammige Wort Identität nicht, um uns über Österreich und Europa zu verständigen. In der *Geschichte der Gewalt* gilt es als ausgemacht, dass wir stets nur über Vorstellungen vom Österreichischen – und darum auch nur annäherungsweise vom österreichischen Krieg – sprechen. Man muss sich unbedingt vor den überkommenen *Bildern* hüten. Um ein für die Zukunft taugliches Österreich aus der Lektüre jenes zerschlissenen Buchs zu gewinnen, verwerfen wir die scheinbar stimmigen Neufassungen mancher Seiten. Der frisch aufgetragene Glanz wird genauso Schicht für Schicht abgetragen wie die hässlich karikierten Übermalungen. Was übrig bleibt, ist oft kaum mehr ansehnlich. Vom allem das grell hinausposaunte Österreich des Geistes schrumpft häufig zusammen auf ein mickriges Nichts. Oder, um es noch einmal mit der Literatur zu sagen: In Robert Musils *Mann ohne Eigenschaften* begibt sich ein vaterländisches Komitee auf die Suche nach einer *österreichischen Idee* Es findet keine. Österreich hat keine Idee. – Was von den zerschlissenen Seiten des Österreichbuchs übrig bleibt, das ähnelt oft mehr einer Komödie, einer aufgeblasenen Staatsoperette als einem erhebenden Schauspiel. Aber Restaurieren heisst nun einmal Auswählen, heisst Entscheidungen treffen. In einigen wenigen Fällen werden vom Buch nur noch Bruchstücke von Blättern zu finden sein, Fragmente, die nur noch vom Schmutz der Tradition zusammengehalten werden; in anderen Fällen existieren nur noch Farbschatten auf der Faserung. Sie lassen Glorie und Elend vergangener Zeiten kaum mehr erahnen. Ich versuche die vorhandenen Reste meist ohne zeitgemässe Überzeichnungen zusammenzufügen, um ein möglichst ungeschminktes Bild der Vergangenheit zu erhalten. Zu diesem Zweck erfolgt die Arbeit auf vier thematischen Plateaus: a.} rund um die Ersten Polnische Teilung 1772, b.} rund um den Kriegseintritt 1914, c.} rund um den Selbstverrat Österreichs 1938, und d.} rund um den Zusammenbruch des Kommunismus 1989. Jeder dieser Schnitte auf der Zahlengeraden wird von mindestens einem vergessenen Text markiert, der dem Plateau Farbe und Stimmung verleiht. Im ersten Band sind das Neumairs *Unpartheyligkeit* von 1625 sowie Fleschs längst eine Neuedierung verdienender Grossessay *Oesterreichs Stellung in Europa* von 1918. Im zweiten Band kommt George Cohns fulminante Studie über die *Neo-Neutralität* von 1937 hinzu. In ganz Europa verschwinden gegenwärtig dutzende, ja hunderte solche Dokumente von enormer Bedeutung, werden nicht mehr gedruckt, von keinem Verlag mehr herausgegeben. Auch eine noch so ausführliche Zitierung kann kein Ersatz dafür sein; die *Geschichte der Gewalt* ist kein Speicher. Vielmehr nimmt das Zitat in meiner Methode eine präzise Funktion ein. Es ermöglicht den Gegenstand diachron zu verfolgen und zugleich synchron Tiefenschichten zu begreifen.

Es geht nicht um Identität, sondern um ein Gefüge stabiler Institutionen.

21

Im Inland wird gerne die Frage gestellt, ob denn der Österreicher ein besonderes Verhältnis zu seiner Geschichte habe. Das ist eigentlich komisch, weil einem partout kein Grund einfallen will, wieso ein Armenier zur armenischen oder eine Französin zur französischen Geschichte ein substanziell anderes Verhältnis haben sollte, als der Österreicher zur seinen. Aber genau das wird immer wieder behauptet. Ich nenne zwei Beispiele für die angeblich besondere Beziehung des österreichischen Menschen zu seiner Herkunft. So hat es den Schriftsteller Alois Brandstetter in seiner Studienzeit immer gerührt, dass an unserer Alma Mater Rudolphina österreichische Geschichte nicht gelehrt, sondern *gepredigt* wird.[48] Brandstetter vertraute die Rührung

Die Grösse der Kleinheit

---

[48] Brandstetter, Überwindung, 14

darüber schmunzelnd der Literatur an. Und ein Vertreter der nächsten Schreibgeneration, der Romancier Robert Menasse, hat auf verschmitzte Weise zurückgelächelt. »Geschichte«, so Menasse, »ist ja in Österreich das, was Medien als etwas verbreiten, das wir glücklicherweise irgendwie überlebt haben. Als solche, sozusagen als ein System von Narben, ist sie völlig im Heute aufgegangen, Vergangenheit, Gegenwart und Zukunft sind hier früher und umfassender als anderswo in eins zusammengefallen.«[49] Das ist schnittig gesagt; aber zum Beweis für einen substanziell anderen Umgang des Österreichers mit seiner Vergangenheit reicht das Bonmot nicht hin. Natürlich ist der unablässig in der Öffentlichkeit zelebrierte Untergang der Donaumonarchie ein heftiges Indiz in diese Richtung. Man kann leicht den Eindruck bekommen, das Verschwinden und Wiederauftauchen sei im 20. Jahrhundert quasi zur zweiten Natur des Österreichers geworden. Jede neue Mutation dieses Menschenschlags sollte sich als vorläufig erweisen. Die im *Fin de siècle* geborene Generation hat das Ende der Zeiten gleich viermal erlebt: 1. als Untergang der Habsburgermonarchie, 2. als Ende der Ersten Republik, 3. als Kollaps der Austrodiktatur, 4. als Apokalypse der Ostmark als Bestandteil des Dritten Reichs. Und so mancher Quergeist würde heute am liebsten auch noch den »Anschluss an die Europäische Union« hinzufügen. Aber das ist ein ausgemachter Unsinn! – Sicher, das Schicksal des Donau-Alpenstaats nimmt sich im Zeitraffer ziemlich eindrucksvoll aus: Erst das Gottesgnadentum – dann Bettler Europas – Untergangsrepublik – Herrgottsstaat – Tausendjähriges Reich – Vierfache Besatzung – Insel der Seeligen – Brückenkopf der Union. Doch dieser erzählerische Trick täuscht; ein solches Tempo hat der Weltenlauf zur selben Zeit nahezu überall in den industrialisierten Nationen erreicht. Nur in wenigen Winkeln Europas ist alles beim Alten geblieben. Der Grenzpfahl am 1.156 Meter hohen Predil-Pass segelte, ohne sich je von der Stelle zu rühren, in 71 Jahren durch sechs verschiedene Staaten: von der Doppelmonarchie in den SHS-Staat, weiter ins Deutsche Reich, später vom faschistischen Italien zurück in die Volksrepublik Jugoslawien, bis er 1989 in Slowenien sein vorläufig letztes Domizil fand. Und dieser Grenzpfahl ist noch ein einfacher Fall. Das 20. Jahrhundert – das heisst überall Brüche und Zufälle und Sinnlosigkeiten. In diesem Punkt unterscheidet es sich nicht von seinen Vorläufern. Ein weiteres, ebenso willkürlich aus der Datenbank herausgegriffenes Beispiel für die Absurdität der Neuzeit ist das Schicksal der Ungarn in Siebenbürgen: Die Ungarn in Siebenbürgen waren im Mittelalter eine

Tempo des Weltenlaufs

---

[49] Menasse, Ästhetik, 166

Macht für sich, im 17. Jahrhundert waren sie autonom, im 18. Jahrhundert gehörten sie zu Altösterreich, nach 1848 zu Ungarn, nach 1918 zu Rumänien, 1940 erneut zu Ungarn und seit dem Ende des Zweiten Weltkriegs bis heute wieder zu Rumänien.[50] Also der Grenzstein am Predil sagt es, die Ungarn in Siebenbürgen sagen es: Menasses Behauptung, »noch nie« habe in der Geschichte die Bevölkerung eines Landes so oft in so kurzer Zeit ihre Identität wechseln müssen, diese Behauptung ist falsch! Zahlreichen Europäern ist es in den letzten Generationen ganz ähnlich ergangen. Menasse flunkert überhaupt gerne; denn das Flunkern soll der Pointe, die er darauf folgen lässt, erst den rechten Schwung verleihen. Noch nie habe eine Bevölkerung so oft ihre Identität wechseln müssen, behauptet Menasse. »Mit dem Erlebnis, dass daraus nicht das Bedürfnis nach Erlangung einer wirklichen Identität entstand, sondern das Bedürfnis nach der Erlangung eines endgültigen Transvestismus.«[51] – Wir haben hier ein prächtiges Beispiel für das Gallertartige des Identitätsbegriffs vor uns. Mit diesem Wort lässt sich im Handumdrehen aus dem Nichts ein Etwas erschaffen, lassen sich mühelos verbale Kraftakte vollbringen, gefühlschemische Reaktionen auslösen und anschliessend die Brisanz des Problems wieder einschläfern. Klaus Theweleit hat nicht umsonst gesagt: »Das einzige Vergnügen für halbwegs bewegliche Leute besteht darin, unidentisch zu sein.« *Miserable Begriffe* Menasse und andere Medienintellektuelle kritisieren seit Jahren mit viel Verve wahlweise das Nichtvorhandensein oder den Verlust der österreichischen Identität, ohne das einer von ihnen je sagen könnte, was damit eigentlich gemeint sein soll. Identität ist ein vollkommen holistischer Begriff – und auch das, was sich heute als sanfte Alternative zu ihm abzuzeichnen beginnt, krankt am selben Mangel: die Luftblase *Europa* und die Luftblase der *westliche Zivilisation*. Europa, das ist ein überstrapaziertes Schlagwort, dessen östliche Grenze einfach niemand kennt. Paul Valéry hat Europa deshalb auch lieber als Teil Eurasiens, als *Cap d'Asie*, beschrieben. Und die westliche Zivilisation? Diese verzerrende Definition westlicher Kultur durch offizielle Quellen ist in den USA schon einmal auf das vielsagende Kürzel »von Plato zur Nato« gebracht worden.[52] Es stimmt zwar, das sich der Universalismus nur im Medium eines weltweit funktionierenden politischen Raums vollziehen kann. Aber die Gleichheit aller Menschen ist nicht von den Griechen zu lernen; die griechische Klassik hat zugleich mit ihren Leistungen

---

[50] Pfaff, Furien, 217
[51] Menasse, Ästhetik, 140
[52] McBride, E.: Western Civilisation: From Plato to Nato, The Activist, Nr. 21/1988

Viermal auch den Barbaren und Untermenschen erfunden – von ihr führt kein
das Ende direkter Weg zu den Menschenrechten.[53] Das politische Denken begann
der Zeiten: nicht bei den Griechen. Die älteste uns überlieferte Verfassungsdebatte
1918, 1933, fand anderswo statt: in Form des prophetischen Universalismus des
1938, 1945. alten Israel.

22

Politisches Nationalgeschichte ist im 19. und 20. Jahrhundert zu einem zentralen
Universum Strukturmerkmal der europäischen Geschichte geworden. Und das keineswegs grundlos. Die Fortschreibung des nationalen Diskurses schien schon allein aus Gründen der besseren Übersichtlichkeit geboten. Und sie könnte genau deswegen auch weiterhin geboten sein. Egal, wohin man gegenwärtig sein Augenmerk richtet: Nationalgeschichte ist ein Thema. Warum sollte sie ausgerechnet in einem kleinen Staat wie Österreich keines mehr sein? Die Ö-Formation der Geschichte ist im globalitären Zeitalter ja nicht einfach abgeschlossen. Die Ablehnung aller kollektiven Vorstellungen hinsichtlich der Nation durch die Europa-Idee oder den Glauben an eine Globalisierung ist sehr kurzsichtig. Der Versuch, die Existenz von Nationen zu negieren oder der Versuch, überhaupt keine glaubhaften kollektiven Einheiten mehr definieren zu wollen, erfolgt seit den Neunzigern hauptsächlich mit dem Blick *nach oben*. Hier regiert der Wunsch, die Nation in übergeordneten Einheiten – Europa oder die ganze Welt – aufgehen zu lassen. Aber das ist nur eine Tendenz der Entwicklung. Es gibt auch noch die Ablehnung der Nation aus dem älteren, dem vornationalen Motiv. Diese gefährliche Tendenz strebt – mit dem Blick *nach unten* – durch eine Fragmentierung des Gesellschaftskörpers eine neue Absonderung an.[54] Heute reden wir ganz ungeniert von Modernisierungsgewinner und Globalisierungsverlierer, heute geistern Kapital- und Wirtschaftsflüchtlinge durch Räume und Netze, es gibt Verlosungen von Greencards und abgewohnte Trabantenstädte mit archaischen Zeichen an den Wänden. Es ist, als hätte dieses heillose Durcheinander von kybernetischer Neuordnung und Destruktion dem politischen Bewusstsein die Sprache verschlagen. Ich sage: Misstrauen wir den Medien; sie sind bloss Effektoren von Ideologie. Misstrauen wir der Grossraumpolitik; sie ist ein akrobatisches

---

[53] Egon Flaig: Unsere fremd gewordene Antike, NZZ, 6.10.2001
[54] Emmanuel Todd, zit. n. Le Monde Diplomatique, 2/1998, 7

Nachhutgefecht im Schatten kontinentaler ökonomischer Schlachten. Die Nationalgeschichte wird auf absehbare Zeit das zentrale Strukturmerkmal der öffentlichen Debatten bleiben. Denn das Faktum der Nation ist untrennbar verbunden mit der Konstitution der menschlichen Gesellschaft als einer säkularen Gesellschaft. Es herrscht heute der allgemeine Eindruck, dass der Weltstaat mit jeder länderübergreifenden Katastrophe, mit jedem transnationalen Terrorakt näher rückt. Und in den Köpfen ist das ja auch der Fall. Aber in der politischen Realität wird so lange nichts passieren, bis eine neue politische Sprache überprüfbare Vorsprünge und Vorteile gegenüber der alten geschaffen hat. Und von solchen Vorteilen kann durch die Institutionen der Europäischen Union und der Vereinten Nationen noch keine Rede sein. – Gut, werden Sie sagen, aber die Alternative kann ja wohl kaum Nationalpatriotismus heissen. Wir haben genug vom Gebräu des Chauvinismus! Seine Nachteile sind doch offensichtlich. Robert Menasse meint etwa, dass Österreichs Öffentlichkeit von einem ideologischen Muster des Kleinbürgertums charakterisiert sei. Diesem kleinbürgerliche Muster zufolge habe alles über sich selbst hinaus etwas zu bedeuten. Alles, was in Österreich gesagt und gedacht werde, habe eine Bedeutung, die für den gesellschaftlichen Kontext verbindlich sei. Menasse spricht von *Ö-Formation* einer wahren Ekstase der Bedeutungszuschreibungen; von einer Sucht, *der Geschichte* den Dingen ihr jeweiliges konkretes Gesicht herunterzureissen, um deren exemplarische Maske zu zeigen. »Der Kleinbürger«, so Menasse, »kann nichts tun, ohne es als exemplarisch und gesellschaftlich verbindlich zu empfinden.« Hinter allem, was unwesentlich sei, müsse etwas Hintergründiges stecken.[55] »Dadurch zeigt sich alles Unwesentliche, das gerade im Mittelpunkt der öffentlichen Auseinandersetzung steht, auf geradezu bizarre Weise mit Bedeutung aufgeladen, das man nur versteht, wenn man eben mitbedenkt, dass es immer um etwas anderes geht. Das ist der Grund, warum es in Österreich keine sachliche Diskussion geben kann: weil hier jede Diskussion immer gleich symbolisch ist.«[56] Die Folge: Die mentale Grundhaltung in diesem Land kennzeichnet und verzerrt den politischen Diskurs bis hin zur Karikatur. Symbolische Politik heisst: Wer die 1918 aufgekommene Dolchstosslegende bestreitet, schiebt die Schuld am Ersten Weltkrieg automatisch auf das Konto der Mittelmächte. Wer die Verstrickung der Ostmärker in die Verbrechen des NS-Regimes thematisiert, polemisiert womöglich

---

[55] Menasse, Ästhetik, 135
[56] Menasse, Ästhetik, 42

gegen einen rechtsextremen Landeshauptmann. Symbolische Politik heisst: Wer die Rechtmässigkeit der Nürnberger Prozesse in Frage stellt, der verharmlost Auschwitz und glorifiziert womöglich das jährliche Ulrichbergtreffen der SS-Veteranen. – Dies ist die kleinbürgerliche Seele der Öffentlichkeit, von der sich Menasse umstellt sieht. Dies ist die Agonie, aus der er kein Entkommen kennt. »In Österreich ist es nicht so, das etwas, das öffentlich gesagt oder getan wird, entweder richtig oder falsch ist, sondern es hat Symbolwert oder es hat keinen. Es ist nicht einfach wirksam oder unwirksam, sondern es hat Symbolkraft oder nicht.«[57] Diese Beobachtung ist wichtig! Denn wenn Menasses Befürchtungen sich bewahrheiten, dann hat das zweimal aus militärischen Niederlagen hervorgegangene Österreich überhaupt noch keinen politischen Nationalwerdungsprozess durchlaufen. Wenn das stimmt, wäre man einfach von einem vorpolitischen in einen nachpolitischen Zustand übergewechselt, ohne je die Regeln der Rationalität im politischen Raum durchmessen zu haben. Wenn Menasses These richtig ist, wäre Aufklärung im nationalen Rahmen ein nahezu hoffnungsloses Unterfangen. Wenn seine These stimmt, dann ist – bildlich gesprochen – jeder Versuch, beim Klatschen auf den Ton einer Hand zu hören, vergeblich. Dann schlummert der Geist nicht, sondern das Gewaltlot hat ihn vor zirka einem halben Jahrhundert erschlagen. Fakten und Argumente in unseren Gesprächen wären dann ohne Belang. Jede neue These über den österreichischen Krieg würde bloss Bestätigung oder Ablehnung einer bereits vorgefassten Meinung sein. Eine Dominanz der symbolischen Politik hiesse weiters, dass der Einfluss der Medien unumkehrbar wäre, dass sich die Verhältnisse nur mehr unfreiwillig und zufällig gegen die Macht wenden könnten, dass die Aufklärung nur mehr auf Fehlfunktionen der Ordnung hoffen darf. Wenn Menasses These stimmt, dann ist alles schon verloren.

Im Faktum der Nation konstituiert sich die menschliche als eine politische Gesellschaft.

23

Gesalzen mit Feuer Niemand versteckt mehr Bomben in Torten. Nein, das nicht. Aber immer noch sterben Opfer in einem Krieg, sterben Welten, ganze Welten mit ihnen und versinken in das Nichts, ohne sich gegenseitig gekannt zu haben.[58] Braucht es noch irgendein anderes Argument gegen Gewalt? Die Individuen sollen ihr eigenes Leben führen und sie sollen mit

---

[57] Menasse, Land, 42
[58] De Unamuno, Frieden, 285

anderen einen Umgang unter Ebenbürtigen pflegen können. Allein, es wird noch lange dauern, bis alle Erdenbewohner diesen Globus als ihren Heimatplaneten betrachten. Verglichen mit der vier Jahrzehnte währenden Ära des Kalten Kriegs und der relativen Stabilität des von der Vormachtstellung der USA und der UdSSR bestimmten Blockgegensatzes, trägt der heutige Zustand der Welt wieder die Merkmale eines sich ausbreitenden Chaos.[59] Der Streit über die Ursache der Gewalt ist also nicht zu Ende. Der Zwist über den Zwangscharakter gegenwärtiger Ordnungen, die endlose Debatte über die Macht der Technik und die Technik der Macht, die Wut auf den Profit der Anleger – all das hat keinen Funken von Brisanz eingebüsst. Es lässt sich natürlich nicht übersehen, dass viele Kritiker die Vorzeichen gewechselt haben, statt ihre strategischen Illusionen preiszugeben. In jedem neuen Konflikt muss das Lager der Pazifisten Leute abgeben an die westlichen Werte, an die Menschenrechts-Ideologie. Andere wieder haben so schlechte Erfahrung mit der Stiftung von Gemeinschaften gemacht, dass sie sich nun ganz gegen sie richten. Sagen wir: Die Subversion von gestern hat sich als Äquivalent einer bestimmten Denk- und Produktionsweise erwiesen.[60] Darum heisst der aktuelle Modus der Intelligenz Anpassung und Rückzug. Wir erleben den Leerlauf der analytischen *Begeisterung* Potentiale, und in diesem Leerlauf erfasst uns eine durchaus verständ- *für Interven-* liche Panik. Denn das Neue der Gewalt – die Sozialverhältnisgewalt im *tionen* globalen Rahmen, die expressive Seite des Tötens als überall gültige Münze der Kommunikation –, dieses Neue ist schwer zu begreifen, solange unser Denken auf die Logik expandierender Räume ausgerichtet ist. Und hierin stimmen die Gegner der Globalisierung mit den Befürwortern überein. Die radikale Transformation der Kommunikationsverhältnisse fügt noch etwas weiteres zum Chaosgefühl hinzu. Seit den Golfkriegen wechseln die Akteure der Industrienationen ja nur mehr den Joystick am Playboard gegen den Joystick im Cockpit von Jagdjets ein. Der Übergang vom heiteren Spiel zur elektronischen Kriegsführung ist hauptsächlich eine Frage der Zugangsberechtigung zu Programmen. In sträflicher Weise vernachlässigt die industrielle Zivilisation so die Herausbildung moralische Hemmnisse der Tötungsbereitschaft, die einen jungen, ins Leben trendenden Menschen vom Wechsel auf den Sitz eines Jagdbombers abhalten könnten. Und wie sollte das auch gelingen, wenn sich doch virtuelle Simulation und kriegsentscheidende

---

[59] Hirsch, Wettbewerbsstaat, 171
[60] Baudrillard, Kool

Gefechtsführung mittels integrierter, hochkomplexer Sensoren in der sinnlichen Wahrnehmung kaum mehr voneinander unterscheiden lassen? Die Gewöhnung an eine homogene Struktur der Wahrnehmung durch Unterhaltungsreize, die kognitive Gewalttätigkeit unseres Alltags, ist drauf und dran zum Angelpunkt der neuen Gesellschaftssicherung zu werden. Die ewigen Fragen und Nörgeleien der Pädagogen, sie sind zum Stillstand gelangt. Das problematisierende Denken stösst an eine Grenze. Ein Durchschaubarmachen der unechten Aura, des echten Scheins, taugt meist mangels eigener substanzieller Füllung nicht mehr dazu, konkrete Leit- und Vorbilder zu entwickeln.[61] All das macht verständlich, warum kritische Geister lieber die Vorzeichen in ihrem Kampf wechseln. Das Nichtwissen der Nachkriegsgeneration, das auf dem Nichtwissenwollen basierte, wird durch ein bequemes Bescheidwissen ersetzt. Ob im Sudan oder in Serbien – kein strategischer Bombenschlag, zu dem nicht jeder Zeitgenosse ungefragt eine eigene Meinung hätte. Wir haben es seit dem Fall der Berliner Mauer mit einer geradezu niederschmetternden Begeisterung für Interventionen zu tun, die vom Völkerrechts nichts weiss und sich um Völkerrecht nicht schert. Und die Themenführerschaft der Intervenienten in der Öffentlichkeit der westlichen Industrienationen ist überwältigend, solange es um die Sicherung der ökonomischen und kulturellen Hegemonie geht. Die Politiker der Ersten Welt haben sich in den Laboratorien des Kalten Kriegs das manipulierende Wissen der Meinungstechniker zu eigen gemacht. Sie sind nicht mehr aufzuhalten. Heute sickern die alte Farbenbildheit und die neuen Gewaltbereitschaft gemeinsam vor, von den Kommandostellen bis zum letzten Individuum.

Das Nichtwissen der Nachkriegsgeneration ist durch ein Bescheidwissen ersetzt worden.

24

Stein-gegen-Stein

1989 ist die Welt in eine neue Kriegsepoche geschlittert. Aber der Streit um Begriffe und Wortbedeutungen ist der alte Kampf um politischen Einfluss geblieben. Neu an der Massendemokratie ist nur, dass der als stärker gilt, der sich die Formel vom Schutz der Schwächeren am besten zu eigen macht. Unter dieser Prämisse erstreckt sich die *Geschichte der Gewalt* unvermeidlich in die Zukunft hinein. Ihr Gegenstand ist übergegenwärtig, und was die aktuellen Debatten betrifft, so kritisiere ich schon lange nicht mehr die militärische Landesverteidigung an

---

[61] Horstmann, Untier, 31

sich, sondern ihre avisierte Aufgabenstellung: ausserterritoriale Kriegsschläge für offene oder verdeckte Bündnisse. Keine Frage: Auch dieser Standpunkt muss sich notwendigerweise auflösen, wenn die nationale Souveränität zugunsten eines Systems der kollektiven Sicherheit zurücktritt. Bis es allerdings soweit ist, haben wir die Debatte über die Elemente der Nationalkonstrukts ernsthaft weiter zu führen. Die Bedeutung des nationalstaatlichen Diskurses nimmt tendenziell ab. Aber vergessen wir nicht: Er enthält im Nukleus einen Begriff des Politischen, der sich im Medium einer anderen Philosophie noch nicht gefunden hat. Verteilungsgerechtigkeit im Weltmassstab ist genau wie Verteilungsgerechtigkeit im nationalen Rahmen keine Frage allein des politischen Willens. Sie ist eine Frage der diesen Willen konstituierenden Gewalt. Solange der transnationale Verfassungsprozess über eine etwaige Statutenreform der Vereinten Nationen nicht hinauskommt, solange hat der nationalstaatliche Diskurs nirgendwo ausgedient. – Was bedeutet das für die Politik der Parteien? Wenn wir uns die österreichische Aussen- und Sicherheitspolitik näher ansehen, so folgt sie heute keinem Begriff, der einen präzisen historischen Sinn enthält, sondern nur einer vagen politischen Auslegung. Die Diplomatie und das Bundesheer sollen irgendetwas im Sinn von *Schutz* erzeugen. Dabei gehen alle im *Grouchy* Parlament vertretenen Parteien von der Annahme aus, Verteidigung be- *Contrerians* stünde darin, das zufällig Angegriffene zu schützen. Jeder Schachspieler weiss, wie katastrophal eine solche Stein-gegen-Stein-Strategie ist. Was die Landesverteidigung können muss, das interessiert ausser zwei Dutzend Heeresstrategen und dem Milizverband praktisch niemanden. Auf diese Weise bleiben die Definitionen der sicherheitspolitischen Ziele im öffentlichen Diskurs ebenso auf der Strecke wie die wissenschaftlichen und technischen Parameter der Verteidigung oder eine vertiefte Risikoanalyse. Man könnte einwenden, das sei doch alles kein ernsthaftes Problem, weil die klassischen Bedrohungen Österreichs ohnehin hochgradig fiktiv seien. Und ich gebe dieser Ansicht für eine absehbare Zukunft innerhalb einer erweiterten Europäischen Union auch hundertprozentig recht. Aber selbst wenn Österreich und die Union keine Kriege führen, so verschwindet der Krieg doch nicht vom Erdball. Genau um diesen Abgrund, und nicht etwa um die österreichische oder europäische Selbstbefindlichkeit zu diskutieren, besitzen wir den Begriff der Neutralität. Was lässt sich zur Beilegung von Konflikten tun, was zur Bekämpfung von Hunger, Elend und Abhängigkeit? Wie muss der Beitrag zur globalen Verteilungsgerechtigkeit seitens der drittreichsten Nation innerhalb der Union aussehen? Indem wir unsere qualitative Analyse nicht auf das Freund-Feind-Schema beschränken, erkennen wir, wie komplex die Verhältnisse wirklich sind. Indem wir die konkrete Staatenpraxis nachvollziehbar machen, indem wir sie mit den dahinter wirkenden ökonomischen Kräften und den davor aufgebauten Ideologien in Verbindung setzen, beschreiten wir sogar Neuland. Und das ist dringend notwendig. – In diesem Zusammenhang muss allerdings noch etwas bedacht werden. Nicht alle Bedrohungen, die die Sicherheitsexperten diskutieren, sind hochgradig fiktiv. Jede Gesellschaft kennt auch Gefahren, deren Ursachen nicht erst langwierig bearbeitet werden können, sondern gegen die sie augenblicklich Festigkeit zeigen muss. Das 21. Jahrhundert ist von dieser Logik nicht ausgenommen, wie der jihadische Terrorismus seit September 2001 gezeigt hat. Die Geister werden sich noch lange streiten, ob dieser Anschlag in New York nun unter Hightech oder Lowtech firmiert. Wichtig scheint mir vorerst nur, dass es in einem politischen Buch nicht darum gehen kann, jede positive Bezugnahme in gegenwärtigen Konflikten zu verweigern. Es kann kein Ziel sein zu einem *grouchy contrerian*, zu einem nörgelnden Nein-Sager, zu werden.

Die heutige Verteidigungspolitik enthält keinen präzisen historischen Sinn.

25

Krieg der Information

Früher einmal stand der Krieg in Buchstaben aus Luft geschrieben, in einer Schrift aus Zeit und Dunkelheit. Heute erscheint er als taghelle Erledigung professioneller Sicherheitsorgane, als ebenso bedauerliches wie zwingendes Management internationaler Krisen. Wir haben uns dabei eine Sprache zugelegt, die, wenn sie vom Tod spricht, sich zugleich auch von ihm distanziert, als gehe es dabei nicht um den eigenen Tod. Wir schieben den Tod von uns weg, verbegrifflichen ihn, halten uns raus aus der Sache. So ereignet sich etwas höchst paradoxes: Der Tod ist trotz der medialen Bilderflut, mit der er vermarktet wird, total abwesend. Ob einer ins Gras beisst, den Löffel abgibt, das Zeitliche segnet – es wird für den Zuseher so bedeutungslos wie die Personenmine, die irgendeinen unbekannten Soldaten zerreisst. Es folgt keine Trauer und es folgt kein Applaus, es sei denn, dieser Tod wird herausgegriffen, aufbereitet, inszeniert. Diese Beobachtung kann in der hochinformierten Welt täglich millionenfach nachvollzogen werden. Und daraus ergeben sich mehrere Konsequenzen. I.\ Wahrscheinlich ist man nur dann richtig *zivil*, wenn man die Frage nach dem Tod nachdrücklich stellt. Wir brauchen nicht beschützt zu werden vor einer Frage, die zu unserer Existenz gehört: der Frage nach dem Tod des Individuums und dem der Gattung. II. \ Wer dem kurvenreichen Verlauf der Geschichte verfolgt, dem darf es ruhig auch darum gehen, den Hang zur Destruktion in jedem von uns sichtbar zu machen. Schliesslich soll die Abhandlung ja beantworten, wie sich heute angemessen über Gewalt sprechen lässt. Wie also vorgehen? Ohne den Hochmut des Ideologen! – Aber mit dem dringlichen Argwohn gegen die avisierte Zukunft in Form ausserterritorialer Kriegsschläge europäischer Staaten. Ohne fertige Rezepte in der Tasche – aber mit einem notorischem Misstrauen gegen drohende und verdeckte Bündnisse in der Sicherheitspolitik. III. \ Der Kritiker hat keinen Grund, die Vorzeichen zu wechseln. Es war nie wirklich seine Aufgabe, konkrete Leit- oder Vorbilder für die Politik zu entwickeln. Es genügt vollkommen, wenn er versucht, einen Zusammenhang zwischen vergangenen und zukünftigen Ereignissen zu sehen. Es genügt eine Diskussion auszubreiten, die es erlaubt, auf Vernunftgründen eine Entscheidung zwischen Bündnis oder Neutralität zu fällen. IV. \ Um eine solche Frage überhaupt stellen zu können, ist der nationale Diskurs weiter vonnöten. In der bereits antiquierten politischen Sprache von Wille und Tat heisst das: Der Voluntarist, für den nur der Wille zählt, wird Österreich als etwas nehmen, das bereits existiert und etwas produziert; er wird sich an den veralteten Grundsatz halten, dass Denken die Welt regiert. Der Aktionist hingegen, der sich am Handeln orientiert, wird Österreich als etwas nehmen, das erst zu schaffen ist; er wird an den Grundsatz erinnern, dass Handeln die Welt regiert. Jeder hat auf seine Weise unrecht. Denn entscheidend für den Erfolg ist nicht allein das Heute und Morgen. Entscheidend ist, dass eine mehrheitsfähige, pluralismuskonforme und rational geläuterte Politik einen Spalt der Tür zu den Erfahrungen der Vergangenheit öffnet. Nur das verdient die Bezeichnung: *Redesignösterreich*.

Sechs Konsequenzen

V. \ Ich kann nur in weitläufigen Prospekten die wichtigsten Position im kriegswissenschaftlichen Streit mit ihren schiefen und verzerrten Perspektiven, ihren Trugschlüssen und Idiosynkrasien beschreiben. Mit all den selten gesehnen Farben, den unerhörten Nebengeräuschen und den Aussichtspunkten ins Jenseits. Die Moderne hält für uns vielfältige Zumutungen bereit. Ich möchte abschliessend drei besonders hervorheben. Das böse Bescheidwissen, das unter lautem Getöse das Nichtwissen von Gestern ersetzt hat – es verlangt eine doppelte Aufmerksamkeit: gegen den Gegenstand und gegen sich selbst. Dann die Präzison der neuen Waffen, die das Leben mit einem einzigen Mausklick wie Strohhalme umknickt – auch diese Realität verlangt eine doppelte Nüchternheit: gegen die Geschwindigkeit des Todes und gegen die Trägkeit des eigenen Herzens. Und zu guter Letzt die kleinbürgerli-

	che Seele der Öffentlichkeit – sie schliesslich verlangt eine Aufklärung, die sich für ihre eigene Begrenztheit interessiert. Ein Buch, welches das
Der Tod ist	nicht zustande bringt, dient primär der Selbstvergewisserung. VI. \
trotz der	Letztlich ist die *Geschichte der Gewalt* nur der Versuch, genau hinzu-
Bilderflut	sehen. Letztlich bewegt den Autor der simple Gedanke: Wenn man richtig
abwesend.	hinsieht, muss man am Ende auch begreifen.

LECHTS UND RINKS
Das politische Ozma-Problem
RICHTUNG

Was ist rechts? Was ist links? Die Beantwortung dieser Fragen mutet *Jandls* beleidigend einfach an. *manche meinen / lechts und rinks / kann man Richtung nicht velwechsern. / werch ein illtum* Diese zwölf Wörter bilden eines der beeindruckendsten Gedichte deutscher Sprache nach 1945. Ihr Autor, Ernst Jandl, hat sie mit dem Titel *lichtung* versehen. Der Sprachwitz des Verses beruht auf dem einfachen Verfahren der Buchstabenvertauschung. Und weil im Titel diese Technik wiederholt wird, kann der genauso gut als *richtung* gelesen werden. Jandls Durcheinanderbringen der Buchstäblichkeit, sie erzeugt auf diese Weise einen bemerkenswerten Wirbel von Sinn und Bedeutung. An der Oberfläche gibt das Gedicht gleichsam die simple Meinung wieder, man könne nichts miteinander vertauschen. Beim ersten Hinschauen stimmen die Worte harmlos ein in das weit verbreitete Urteil, die Unterscheidung von Links und Rechts sei heute irgendwie bedeutungslos geworden. Doch bei genauer Lektüre stellt sich das als Irrtum heraus! Jandl führt uns gewissermassen an uns selbst vor, wie wir den Sinn des Gesagten überprüfen. Als Leser bemerken wir nämlich sofort den Buchstabentausch, und wir müssen dabei erkennen, dass *lechts* trotzdem rechts und *rinks* trotzdem links bleibt. Jandls Gedicht dementiert also auf den zweiten Blick die erste oberflächliche Aussage und bestätigt in einer logischen Volte, dass die alte Richtungsunterscheidung wie eh und je in Kraft ist. Man kann links und rechts nicht *velwechsern,* sehr wohl aber verwechseln.[1] Rechts und links sind politisch und theoriegeschichtlich höchst aufgeladene Ausdrücke. Was genau bedeuten sie? Wofür stehen sie? – Nicht einmal die Naturwissenschaft ist ohne weiters imstande, den Bewohnern einer fernen Galaxie zu übermitteln, welche Richtung wir mit dem jeweiligen Begriff bezeichnen. Die Zuweisung im Raum, wie wir sie im Alltag gebrauchen – sie geht in letzter Konsequenz immer von der eigenen Sicht oder Händigkeit aus; sie ist mithin subjektiver Natur. Eine Mitteilung an ferne Galaxien, was links und was rechts bedeuten, ist darum schwer möglich. Genau genommen kann das nur dann funktionieren, wenn wir gemeinsam mit den ausserirdischen Fremden ein asymmetrisches Objekt oder eine für beide Planeten gül-

---

[1] Stefan Broniowski, Volksstimme, 23.6.2000, 15

tige Bewegungsrichtung beobachten. Die Physiker bezeichnen diese verblüffende Hilflosigkeit als *Ozma-Problem*.[2] – Und jetzt kehren wir wieder zu unserem eigentlichen Thema zurück. Spätestens seit 1989 leidet auch der politische Diskurs an einem schweren Ozma-Problem. Die Entdeckung des physikalischen Paradoxons ist für den Streit um das öffentliche Interesse zentral geworden. Es gehört zu den Standartgerüchten der letzten Jahrzehnte, dass die alte Raummetapher als politische Unterscheidung bedeutungslos geworden sei. Ja, es scheint, als hätte ihr Definitionsproblem auf die Verfasstheit des politische Lebens insgesamt durchgeschlagen. Erstaunlicherweise sind es genauso oft die Rechten wie die Linken, die die alte Raummetapher für überlebt erklären. Man möge das polare Schema in Ehren zu Grab tragen, vernehmen wir häufig, die abgenutzten Etiketten hätten im 21. Jahrhundert ihre Bedeutung verloren. Die Unterscheidung trage mehr zur Verwirrung in den Debatten bei, anstatt zu erklären. Rechts und links, heisst es, seien Produkte aus der Ära der Dampfmaschine und des Stahls, völlig inadäquat im Zeitalter der Elektronik, des Digitalziffern und der Massenkultur. Man müsse sich von ihnen wie von guten alten Bekannten verabschieden: freundlich, aber bestimmt; wir sollten uns anderswo nach
Krankheit Orientierung und moralischer Unterstützung umsehen.[3] – Sicher ist die
der Wörter Krankheit der Politik vor allem eine Krankheit der Wörter.[4] Man hat die *Tyrannei* für ebenso heilig erklärt wie die Freiheit, weil ohne Tyrannei der Mensch den Gedanken der Freiheit angeblich nicht fassen kann. Man hat den *Krieg* gesegnet, weil er die Vorbedingung des Frieden sei. Überall begegnen wir in der hohen Politik dieser unseligen Sophistik, die die Merkmale des Guten verwischt. Nur: Gibt es etwas Ideologischeres als die Behauptung, es gäbe überhaupt keinen Gegner mehr? Gibt es etwas Ideologischeres als die Festlegung, die Positionen seien nicht mehr genau festlegbar? Nein, es gibt keine gewaltigere Nebelmaschine als die These, die Ideologien selbst befänden sich in einer Krise. Das genaue Gegenteil ist wahr. Egal, von wo aus das politische Schisma seinen Ausgang genommen hat, vom Körper oder vom Sonnenstand, von der Sitzverteilung der Liberalen und der Konservativen im französischen Parlament … die grossen Meinungsverschiedenheiten, die die Bestimmung von rechts und links seit zwei Jahrhunderten heraufbeschwören, sie sind trotz des unablässigen Totengeläuts äusserst leben-

---

[2] Wachtel, Linksphänomen, 151
[3] Christoph Lasch, was ist bloss mit der Rechten los?, Ästhetik und Kommunikation, Heft 65-66/1987, 68
[4] Rancière, Namen, 34

dige und nutzbringende Debatten. *Rechts* und *Links* sind Kürzel für Inhalte im Zentrum der politischen Kämpfe. Selbst wenn unerhört viel Energie in diesem Diskurs auf das Konto von Missverständnissen und Täuschungen geht, das Links-Rechts-Schema erschliesst nicht nur die politische Denkwelt, es dient uns als Instrument zur Entzifferung eines komplexen Zeichensystems, und es zwingt uns auch die Bedeutung gewisser Dinge fest im Auge zu behalten. Damit weitet das Schema den Spalt des Vorhangs zu den dramatischsten Szenen der jüngeren Geschichte.

Das Gerücht, die Unterscheidung in rechts und links sei bedeutungslos, ist falsch.

MODELL

Alle Bestimmungen von Links und Rechts, mit denen wir im Alltag hantieren, sind kulturell vermittelt. Die Definition für die Kreisbewegung zum Beispiel geht von der Uhrzeigerrichtung aus. Und da die ersten Sonnenuhren nun einmal nördlich des Äquators entstanden, beschrieb der Schatten für den vor der halbkreisförmigen Skala stehenden Betrachter eben eine Rechtsbewegung. Diese Bestimmung dürfte später aus Gewohnheitsgründen für das Ziffernblatt der mechanischen Uhren übernommen worden sein. Seither wird die Bewegung, die der Zeiger gewöhnlich vollführt, als *rechtsläufig,* die Bewegung entgegen dem Uhrzeiger aber als *linksläufig* bezeichnet. Diese Übereinkunft ist im Grund äusserst banal; und ihre Banalität kann Links und Rechts wohl kaum zu den beiden angefochtensten Begriffen des Politischen gemacht haben. Was aber ist es dann? – Nun, die politischen Definitionsversuche sind vergleichsweise jung. Und der letzte richtige Kugelblitz zu diesem schwierigen Thema ist in Italien niedergegangen. Norberto Bobbio, einer der gewichtigsten unter den Philosophen des späten 20. Jahrhunderts, hat in den Neunzigern mit einem Aufsehen erregenden Plädoyer versucht das politische Ozma-Problem zu lösen. Bobbios Streitschrift erregte nicht nur Aufsehen, weil sie in Italien über zweihunderttausend Leser fand. Der sozialliberale Denker, der Rechtsphilosophie an der Turiner Universität lehrte, schien das Rätsel der politischen Unterscheidung auf verblüffend einfache Weise gelöst zu haben. Bobbio formulierte in seiner Schrift sehr klug, komponierte nach allen Regeln der Übereinkunft und der Wahrscheinlichkeit. In Rechts und Links sah er zunächst einmal zwei *antithetische* Begriffe, was bedeutet, dass keine Doktrin gleichzeitig links und rechts sein kann. Ohne Rechte gibt es keine Linke und umgekehrt. Die beiden Ausdrücke stehen nicht für absoluten Begriffe oder Worte, sondern für relative. Bobbio lehrt uns,

Norberto Bobbio

dass die beiden Systeme, die wir mit den Wörtern verbinden, als wechselseitig kommentierende Systeme aufzufassen sind. »Was links ist, ist es im Verhältnis zu dem, was rechts ist. Die Tatsache, dass rechts und links einen Gegensatz darstellen, bedeutet lediglich, dass man nicht gleichzeitig links und rechts sein kann. Aber es wird damit nichts Inhaltliches über die beiden sich gegenüberstehenden Lager angezeigt. Der Gegensatz bleibt, auch wenn sich die Inhalte des Gegensatzes verändern können.«[5] – Man mag dem zustimmen oder auch nicht, das eigentliche Definitionsproblem beginnt jetzt erst. An den Kriterien einer genauen Begriffsbestimmung sind schon vor Bobbio viele gescheitert. Man hat den polaren Gegensatz der Positionen zum Beispiel mit *Tradition gegen Emanzipation* erklärt; aber das Gegenteil von Tradition wäre Innovation und das Gegenteil von Emanzipation Ordnung und Paternalismus. Eine Paarung, die wenig Sinn macht. Als ebenso unbrauchbar haben sich andere Gegensätze erwiesen: der von Klassik gegen Romantik, der von Hierarchie gegen Gleichheit, der von Fortschritt gegen Konservation, weiters das Paar von Virtu und Fortuna, das von Selbstbestimmung und Führerschaft sowie das Paar von Kultur und Natur. Nicht eines dieser Begriffspaare hat das Rechts-Links-Verständnis nachhaltig erhellen können. Man hat sogar versucht, den Unterschied am Verhalten von Gefolterten festzumachen: Während die Linken unter den Händen der Häscher alles einfach mit sich geschehen lassen, mussten wir erfahren, vertrauen die Rechten auch noch dem, der sie foltert.[6] Für die Arbeit am Begriff bringt das wenig. – Bobbio hat sich in seiner Arbeit eher unspektakulär für den Widerstreit von *Freiheit gegen Gleichheit* entschieden. Rechts- und Linksrichtung werden von ihm ganz klassisch durch den politischen Gegensatz von Liberalismus und Egalitarismus getrennt. Politisch, sagt Bobbio, laufe die Differierung zwischen Anhängern und Gegnern der Gleichheit auf folgendes hinaus: »Auf der einen Seite diejenigen, die der Meinung sind, die Menschen seien eher gleich als ungleich, auf der anderen Seite diejenigen, die glauben, dass wir eher ungleich als gleich sind.«[7] Der Egalitarismus, so Bobbio, sei in diesem Spiel der Versuch, die Ungleichen etwas gleicher zu machen. Behutsam nimmt er in diesem Zusammenhang die Linke vor einem Vorurteil in Schutz. »Die Gleichheit, von der die Linke spricht, ist eigentlich immer eine Gleichheit *secundum quid*, je nach Arbeit oder je nach Bedürfnis, aber niemals eine absolute

Skizze einer Meinung

---

[5] Bobbio, Rechts, 71
[6] Mishima, Sturmgott, 364
[7] Bobbio, Rechts, 78

Gleichheit.«[8] Was damit gemeint ist, demonstriert Bobbio in einer Analogie. Auch im Hinblick auf den Tod seien schliesslich alle gleich, weil alle sterblich sind. Aber in Hinblick auf die Art und Weise des Sterbens sind wir alle ungleich, jeder stirbt auf andere Weise.[9] Was nun den zweiten zentralen Gedanken des politischen Universums, die Freiheit, betrifft, so sieht Bobbio bei Rechten wie Linken freiheitliche und autoritäre Tendenzen miteinander im Streit. Der Freiheitsbegriff wird von ihm also nicht genauso umstandslos der Rechten zugeordnet wie das Gerechtigkeitsziel der Linken. Nach Bobbio dient das Kriterium der Freiheit nämlich dazu, das politische Ordnungssystem nicht so sehr im Hinblick auf seine Ziele zu unterscheiden, sondern im Hinblick auf die Mittel oder Methoden, die zur Erreichung der Ziele einsctzt werden.[10] Hier liegt die Besonderheit und das Neue dieses Modells. Indem Bobbio die Dyade Liberalismus-Egalitarismus nicht vollkommen mit Links und Rechts gleichsetzt, sondern beide Ebenen aufeinander bezieht, erhält er eine Ordnung mit vier politischen Quadranten: a* liberal-egalitär, b* liberal-nichtegalitär, c* nichtliberal-egalitär, d* nichtliberal-nichtegalitär. Damit sind grob die vier Grundpositionen umrissen. Man kann es auch so sagen: Die grosse Dyade Liberalismus-Egalitarismus kennt die Gleichheit als relevantes Unterscheidungsmerkmal zwischen der gesamten Rechten und der gesamten Linken. Freiheit hingegen ist das relevante Unterscheidungsmerkmal zwischen dem gemässigten und dem extremistischen Flügel sowohl innerhalb der Rechten wie innerhalb der Linken.[11] Die zweite grosse Dyade Extremismus-Moderatismus wird dann aber nicht gleichgesetzt mit *rechts* und *links*, vielmehr markiert sie bei Bobbio eine grundsätzliche Übereinstimmung der inneren und der äusseren politischen Positionen. Die moderaten Kräfte der Rechten wie der Linken – also Sozialdemokraten, Liberale und Konservative – bekämpfen gemeinsam die Extremisten in beiden weltanschaulichen Lagern. Der Moderatismus ist gradualistisch und evolutionistisch, das heisst, er kennt gemässigte Rechte wie gemässigte Linke. Ihm gegenüber berühren sich die Extreme beider Hauptrichtungen in der Ordnung eines Kreises. Was äusserste Linke und äusserste Rechte programmatisch miteinander verbindet, ist ihre Ablehnung der Demokratie – sprich: Antidemokratie. In der Tat gilt Demokratie vom äusseren Punkt des politischen Spektrums aus als Synonym für Mediokratie, für die

Moderat versus extrem

---

[8] Bobbio, Rechts, 69
[9] Bobbio, Rechts, 77
[10] Bobbio, Rechts, 83
[11] Bobbio, Rechts, 84

Herrschaft des Mittelmässigen.[12] Linke und rechte Ultras stimmen weiters überein in der heroischen Tugend des Muts und der Kühnheit, die sie einfordern. Und die polemische Gegenüberstellung von Krieger und Krämer führt nach Bobbio schliesslich unweigerlich zur Rechtfertigung, wenn nicht gar zur Verherrlichung von Gewalt.[13] Wenn die Übereinstimmung der Extreme aber so gross ist, warum wirken die Terroristen der Politik dann nicht gleich zusammen? Auch darauf weiss Bobbio eine Antwort: Kommunismus und Faschismus stützen sich gegenseitig, weil erst das grelle Feindbild der eigenen Existenz die Rechtfertigung gibt. Ein Bündnis der Ultras bleibt eine historische Absurdität. »Der Gegensatz der Werte ist stärker als der Gegensatz der Methode«, betont Bobbio.[14] Fassen wir zusammen: Die liberale Weltsicht des italienischen Denkers entspricht in vielen Punkten dem, was im 20. Jahrhundert als Totalitarismustheorie diskutiert wurde. Bobbios politische Flügel setzen sich im Uhrzeigersinn aus folgenden Gruppierungen zusammen:

Bobbio unterscheidet die Richtungen mittels der Begriffe Freiheit und Gleichheit.

Extreme Rechte – Faschisten, Nationalsozialisten
Rechte Mitte – Konservative, Freiheitliche
Linke Mitte – Liberale, Sozialdemokraten
Extreme Linke – Kommunisten, Jakobiner

HISTORIE

Selbstfeiercharakter Bobbios Plädoyer für das Links-Rechts-Schema kam 1994 einigermassen überraschend. Es war ein erfrischender Aufruf zur politische Einmischung, zur Lust am Demokratischen. Doch seine Argumentation war zu perfekt, die Sätze waren Modellen nachgebildet und dazu bestimmt, in den Schulen anderen Nachahmern als Modell zu dienen. Bobbios populäre Argumentation ist von derselben bestechenden, geometrischen Eleganz wie Friedrich Schlegels Antwort auf Kant von 1796.[15] Es mag komisch erscheinen, aber ausgerechnet in diesem Text findet sich ein entscheidender Einwand gegen Bobbios Zirkelschlüsse. »Die Gleichheit und Freiheit erfordern, dass der allgemeine Wille der Grund aller besonderen Tätigkeiten sei«, hat Schlegel gelehrt, womit er den Cha-

---

[12] Bobbio, Rechts, 39
[13] Bobbio, Rechts, 40
[14] Bobbio, Rechts, 42
[15] Versuch über den Republikanismus

rakter des Republikanismus definiert haben wollte. Freiheit und Gleichheit, so Schlegel weiter, seien für sich genommen nichts Positives, sondern reine Negationen. Beide seien wesentliche Merkmale zum Begriff des Staats. Dieses Problem des Abstrahierens ist uns aus dem Alltag durchaus vertraut. Wir bezeichnen gewöhnlich mit Freiheit, was nur ein freiwilliger Verzicht auf Freiheit ist.[16] Wo solche Begriffe mehr meinen, geraten sie rasch zu Negationen. Der Begriff der Gleichheit wird etwa zu einer Verneinung von Abhängigkeit, der Begriff der Freiheit zur einer von Hierarchie. Der Nutzen von Negationen ausserhalb der Philosophie bleibt sehr beschränkt. Nach Michel Foucault liegt das erste Kriterium für Freiheit in der Möglichkeit, anderen die Freiheit zu berauben.[17] Entsprechend könnte man behaupten: Das erste Kriterium der Gleichheit liege in der Möglichkeit, anderen die Gleichheit zu diktieren. Die Schwierigkeiten mit diesem Begriffspaar potenzieren sich noch um ein Vielfaches bei Ableitungen wie *antiliberal* und *nichtegalitär*. In der politischen Geschichte stelzt man mit solchen mehrfachen Negationen geradezu blind im Nebel der Tatsachen und Fakten umher. So unprätentiös sich Bobbios Einlassungen auch ausnehmen mögen, sie können die Schwierigkeiten kaum lösen. Im Gegenteil, sein Modell suggeriert letztlich sogar eine subtile Wertung. Auf der höchsten Abstraktionsebene ergibt sich ein doppelt positives [liberal-egalitär], gleichsam gutes, und ein doppelt negatives [antiliberal-antiegalitär], also gleichsam böses Definitionsfeld, dem die Historie nirgends standhält. Um einem solchen Dilemma zu entkommen, sollte man ganz genau entscheiden, bis zu welchem Punkt man Bobbio folgen möchte. Ich denke, man kann der ersten Dyade von Freiheit/Gleichheit, von der er spricht, aus Gründen der Übereinkunft und der Wahrscheinlichkeit durchaus zustimmen. Es muss aus genannten Gründen aber höchst spekulativ bleiben, die zweite Dyade [Moderatismus-Extremismus] einfach auf die erste zu beziehen. Um den Schwierigkeiten der Abstraktion zu entgehen und gleichzeitig die Tiefenschärfe im Modell beizubehalten, finde ich es sinnvoller der Ideengeschichte ein gewisses Mitspracherecht bei der Fixation der Begriffe zuzugestehen. Ich sehe auch wenig Grund für eine symmetrische Polarität der Gegenssatzpaarungen. Was für die eine Seite gilt, muss als Drehung, Spiegelung oder Schraubung *nicht* auch für die andere gelten. Das Verständnis für die realen Vorgänge sollte höher rangiert als die Schönheit radikalgeometrische Gebilde. – Befragen wir also die Geschichte! Das Parteienspektrum, das

Name und Überschwang

---

[16] Bataille, Struktur, 47
[17] Foucault, Verteidigung, 182

sich in den Grundzügen bis in unsere Tage erhalten hat, wurde erst im 19. Jahrhundert in allen Nationen entwickelt. Praktisch jeder fundamentale Konflikt hat nach einem Links-Rechts-Verständnis gesucht – was eher für die Stärke als für die Schwäche dieser Begrifflichkeit spricht. Das semantische Kampffeld wurde dabei übersäht von terminologischen Tretminen, wurde ausgelegt mit begrifflichen Mehrdeutigkeiten und leeren Worthülsen wie *totalitär* oder *fortschrittlich*. Dabei hat die Definitionsmacht versucht, sich stets der schillerndsten Begriffe durch Ein- oder Ausgrenzung zu bemächtigen. Der amerikanische Romancier Walker Percy gab einmal der Verwunderung darüber Ausdruck, dass die Linke das spöttische Akronym *links*, das von der Rechte für sie erfunden wurde, auch tatsächlich akzeptiert hat. Percy spielte darauf an, dass rechts in unserem Sprachgebrauch auch aufrecht, geschickt, richtig, rechtmäßig, gerecht, ordentlich, redlich und gut bedeutet – während links mit ungerade, schwach, falsch, krumm, unrecht, dunkel, verderblich, unheilvoll und böse assoziiert wird. Es lässt sich nicht verleugnen: Unsere Sprache ist extrem wertend. Selbst im naturwissenschaftlichen Gebrauch verwendet man Termini wie lotrecht und rechter Winkel, Richtung und aufrechter Gang. Vollends positiv wird dieser Rechtsdrall *Subtext der* der Sprache, wenn es um das Gemeinwesen geht. Abstrakte Begriffe *Sprache* wie Menschenrecht und Rechtsstaatlichkeit gehören zum Einmaleins der politischen Kommunikation. Behaupte niemand, solche Zuordnungen hätten keine Relevanz. Sogar im verschlafenen Burgenländischen Landtag stritt man sich schon heftig darüber, ob solche Definitionen als »ideologisch« oder als »pathologisch-idiotisch« zu werten seien.[18] – Kulturgeschichtlich ist das Thema ein Fass ohne Boden. Bereits im Alten Testament kam es mit der religiösen Mystifizierung zu einer moralischen Bewertung von Links und Rechts. Nicht zufällig stehen die Gerechten am Jüngsten Tag auf der rechten Seite Gottes.[19] Wie, fragen wir uns nun, hat diese christliche Bevorzugung von Rechts und die christliche Diskriminierung von Links Eingang in das politische Selbstverständnis der Linken gefunden? Percy konnte sich die Übernahme der Metapher nur mit der merkwürdigen amerikanischen Tradition erklären, in der es den Feinden gestattet wird, einen Namen zu vergeben. Dies geschehe aus der heimlichen Ahnung heraus, dass unsere Feinde stets das schlechteste in uns am besten kennen, und dass es eben am besten sei, wenn sie es sagen.[20] – Ein schöner Gedanke, keine Frage. Aber hilft er uns

---

[18] APA 358, 5.12.1994
[19] Wachtel, Linksphänomen, 93
[20] Percy, Liebe, 26

weiter? Lässt sich das politische Ozma-Problem damit irgendwie überwinden? Wohl kaum; denn man darf durchaus vermuten, dass Linke immer noch öfter mit Linken übereinstimmen und Rechte mit Rechten. Und das tun sie ganz unabhängig von subtileren Bedeutungen der Zeichen. Die diskriminierenden Zuschreibungen sind des weiteren auch nicht kulturspezifisch. Auch ein japanischer Rechter wie Yasutani Hakuun hat vor einem ganz anderen kulturellen und religiösen Hintergrund nicht darauf verzichtet, seine Gegner mit einem haarsträubenden Vergleich zu denunzieren. »Alle Maschinen«, behauptete er, »werden mit Schrauben zusammengebaut, die Rechtsgewinde haben. Rechtsgerichtetheit zeigt an, das etwas entsteht, während Linksgerichtetheit Zerstörung anzeigt.«[21] – Auch wenn es stimmt, dass Sinistrismus und Dextrismus einander kommentierende Systeme sind, jedes von ihnen funktioniert in jeweils eigenen Bahnen. Ich meine, gerade die Geschichte zeigt, dass sich in beiden Hemisphären haarscharfe Brüche abzeichnen, bei denen sich jeweils mindestens zwei unversöhnliche Positionen ohne besondere Rücksicht auf den gemeinsamen Gegner gegenüberstehen. Es gibt Linke, die mit Linken, und Rechte, die mit Rechten derart hart ins Gericht gehen, als ob vom grossen ideologischen Gegenüber gar keine Gefahr ausginge. Diese Konfrontationen sind keine taktischen Sonderfälle oder Anomalien, sondern eminent konstruktive Elemente der politischen Raumordnung. Untersuchen wir also diese Brüche in einem historischen Schnelllauf, und wenden wir uns dabei zunächst der Linksrichtung zu. Der soziale Flügel der politischen Klasse hat den inneren Bruch mit den Stichworten *Reform und Revolution* kenntlich gemacht.

Da Freiheit und Gleichheit Negationen sind, muss die Ideengeschichte antworten.

SINISTRISMUS

Der innerlinke Konflikt verlief historisch alles andere als geradlinig. Wir haben es hier mit Rissen und Verwerfungen zu tun, die jeweils über Jahrzehnte nachwirkten. Ob die Linke auf affirmative oder auf subversive Strategien setzte, ob sie den friedlichen Weg oder die Verkriegerung suchte, ob Kompromiss oder Ruptur dominierten, Fatalismus oder Voluntarismus, ob Stimmrecht oder Dauerkampf angepeilt wurden – das Spannungsverhältnis zwischen evolutionärem und explosionsartigem Sozialwandel ist von den progressiven Kräften seit der Französischen Revolution nie wirklich befriedigend aufgelöst worden. Das lateinische

Linke Hemisphäre

[21] Zit. n. Victoria, Zen, 235

Wort *revolutio* bedeutet Umwälzung. Und in diesem Sinn scheint es vor allem im 18. Jahrhundert gebraucht worden zu sein. 1789 bestand das revolutionäre Bewusstsein in einem ständigen Überangebot der Idee gegenüber der wirklichen Geschichte. Das revolutionäre Bewusstsein strukturierte zwar das Imaginäre der jakobinischen Militanz, real war es jedoch die Illusion, einen Staat zu besiegen, der schon nicht mehr existierte.[22] Revolution war demnach der Gattungsname einer falschen Gegenwart der Ereignisse, die eine bestimmte Unkenntnis der Realität mit einer Utopie verschwistert hatte.[23] Diese enge Verbindung des Revolutionsbegriffs mit kollektiven Wünschen und Sehnsüchten zeigt sich noch deutlicher im Bereich der Technik. Auf diesem Gebiet ist das revolutionäre Bewusstsein ein so starkes Begehren, dass es die Tradition, die das Neue unbedingt brechen will, gleich miterfindet. Die Revolution des Buchdrucks zum Beispiel erfand das Elend des Analphabetentums; die Revolution der Schiffsschraube verkürzte die Distanzen zur See und isolierte zugleich ganze Völkerschaften in der Abgeschiedenheit kontinentaler Weiten. In diesem Sinn erfindet die Revolution das, wogegen sie aufbegehrt. – Kehren wir nun zurück zur politischen Geschichte. Im Streit um den Konstitutionalismus des 19. Jahrhunderts entzweite sich die Linke automatisch in gemässigte und fanatische Positionen, in geduldige Demonstrierer und elegante Parforcereiter, in Argumentierer und Verschwörer, die sich gegenseitig als »Philister« und »Wasserbrotsozialisten«, als »Speichellecker«, »Kunstpatrioten« und »Anarchisten« denunzierten. Vor diesem bewegten Hintergrund nährten die Fragen von Taktik, Tempo und Temperament bald nicht mehr den Gegensatz von Explosion und Evolution. Hier kam etwas anderes in Gang. Neue Gegensätze überlagerten den bereits bekannten alten: die unterschiedliche Einschätzung der Kräfte, der weit gespannte Horizont der Ziele. Der linke Dissenz formulierte sich mehrmals neu. Im 19. Jahrhundert standen sich oppositionelle Aristokraten, Kaufleute, Arbeiter und Intellektuelle als Konstitutionalisten und verschworene Bruderschaften unversöhnlich gegenüber. Man betrachtete einander durch die ideologische Brille als »Obrigkeitswerkzeug« oder als »Totengräber« des Absolutismus. Hier konsensualistische Sozialpolitiker und ungefährliche Altruisten, dort zündende Redner und Wühler, der gleich morgen das »Himmelreich auf Erden« errichten wollten. Vereinfachend könnte man sagen: Eine im 19. Jahrhundert immer stärker werdende Praxis des

Ideen der Revolution

---

[22] François Furet
[23] Rancière, Namen, 63

Reformismus glaubte nicht mehr an die Rettung der Welt durch Revolution, sondern durch Staatskunst. Die moderaten Linken stimmten ihr Handeln zunehmend ab auf die Wirklichkeit und knüpften moralische Vorstellungen an vernünftige Gründe. Der ungeduldige Rest hingegen fühlte sich dadurch von den übergeordneten Zielen abgeschnitten, er abstrahierte von der praktischen Wirklichkeit, wurde immer idealistischer und sah sich frei seinen Gefühlen zu folgen. Das Ergebnis: Die Linke spaltet sich auf in Anhänger und Gegner des Parlamentarismus. – Doch auch diese Unterscheidung beschreibt die Kluft, die sich auftat, nur unzureichend. Denn das Lager der Revolutionäre war ja seinerseits voller Gegensätze. Bei Pierre-Joseph Proudhon war die Revolution nur ein bescheidenes Mittel, eine Art Handreichung, ein chirurgischer Eingriff, der im Augenblick der Geburt einer neuen Gesellschaft die Entbindung einleitet, aber sie war kein Abenteuer, dessen Konsequenzen unabsehbar sind. »Ohne Handstreich ist keine Reform möglich«, betonte Proudhon. In der chiliastischen Gedankenwelt von Gracchus Babeuf und Filippo Buonarroti hingegen wurde die Revolution zu einem Wert an sich, ein teurer und luxuriöser Artikel. Der Umsturz soll ein reinigendes Ereignis sein, aus dem die Menschheit geläutert hervorgehen würde. Für Karl Marx wieder musste die heiss ersehnte und unvermeidliche Revolution eine unentbehrliche Katastrophe sein, mit der eine verfluchte Epoche zu Ende ging. Das Thema erlebte also immer neuen Auflagen. Politisch war der Streit, der sich an der Frage *Reform oder Revolution?* entfachte, vor dem Ersten Weltkrieg bereits entschieden. Die gemässigte Linie hatte sich in allen Ländern der industrialisierten Welt durchgesetzt. Trotzdem beeinflussten weiterhin verschiedene politische Strömungen mit einem dezidierten Revolutionsvokabular die Arbeiterbewegung. Das dürfte allerdings weniger das Ergebnis von Klassenkämpfen als das eines allgemeinen geistigen Umbruchs gewesen sein. Das Anziehende am Kommunismus war ja, dass er jede *Distinktion,* die die unteren Klassen oder Rassen von den besitzenden Klassen oder Völkern trennte, negierte. Nur ignorierten – wie George Bataille zu bedenken gab – die Anhänger das bewusstlos. »Die kommunistische Bewegung ist im Prinzip ohne Einschränkung eine Maschine, um die Differenz zwischen den Menschen abzuschaffen: alles, was *distinguiert,* muss verschwinden.«[24] Die Wende zum 20. Jahrhundert hat weitere erstaunliche Sehnsüchte hervorgebracht: solche nach uneingeschränkten Rechten, solche nach dauerhafter Erneuerung und Enthemmung. Eine gewitzte Bohème, ein egoisti-

Die geballte Faust

---

[24] Bataille, Struktur, 61

sches Sozialaristokratentum, paarte die Sehnsucht nach eigener Macht und Grösse mit neuem Rebellentum. Viele Intellektuelle waren, wenigstens vorübergehend, bereit, sich vorbehaltlos den Lehren Pëtr Kropotkins oder Friedrich Nietzsches zu verschreiben. Andere waren bereit, vom antiautoritären Sozialismus zu verschiedenen Formen eines gewalttätigen Nationalismus überzuwechseln. Ekstatisch wurde vor 1914 der Weltbrand verkündet. Man wollte gefährlich leben, Gefahren bestehen. Etwas musste geschehen. Und so geschah es dann auch. Die Spaltung der Sozialisten im Ersten Weltkrieg verlängerte jetzt den an und für sich erledigten Reformismusstreit um weitere sechs Jahrzehnte. Nach 1918 verschoben sich die Gewichte kurzfristig sogar derart heftig, dass sich auch Um- und Weiterbildungen des Marxismus ausserhalb des kommunistischen Machtbereichs verbal wieder zur Revolution bekannten. Zum Beispiel der Austromarxismus, dann die revisionistische Lehren eines Georg Lukács, eines Antonio Gramsci und schliesslich der Eurokommunismus. Das glühende Bekenntnis der gestrengen Linken zum Tag X, von dem an alles anders werden würde, es betraf aber keineswegs nur die Methode der Auseinandersetzung, wie das Bobbio nahelegt. Es ging nicht nur um die Rolle der Gewalt als Geburtshelferin der Revolution, es ging auch um Fragen des richtigen Zeitpunkts, der Übergangsstufen, der historischen Notwendigkeit von Demokratie überhaupt. Während die gemässigte Linke – die Sozialisten – den Gang des Fortschritts abzuwarten schien, der ihnen die Regierungsmacht von selbst in die Hand geben würde, waren Bolschewiken und Militante darauf aus, diesen *Fortschritt* selbst voranzutreiben.[25] Staatsrechtler meinen, eine Revolution sei die Änderung einer Verfassung mit anderen als den in ihr vorgesehenen Mitteln.[26] Doch das ist die halbe Wahrheit. Auf dem Prager Kongress von 1912 hatte Lenin seine Anhänger aufgefordert, die proletarischen Massen durch Kader straff zu organisieren und auf den *Mystifiziertes* Geist des Volks zu vertrauen. Er hatte damit eine folgenschwere Philo-*Volk* sophie der Revolution begründet: eine Volksmystik.[27] Lenins Schriften skizzierten detailliert, wie eine der Entwicklung voraus schreitenden Avantgarde den Fortschritt antreiben kann. Das marxistisch-leninistische Credo hiess, der Kapitalismus könne allein gewaltsam gestürzt werden. Und es sollte ein Menschenleben lang dauern, bis die grosse Kommunismusdämmerung hereinbrach. Herbert Marcuse, der 1964 zur »grossen Verweigerung« gegen die anonymen Repressionsmechanismen

[25] Mattick, Spontanität, 51
[26] Haffner, Geschichte, 120
[27] Servier, Traum, 275

der Gesellschaft aufrief, ging bereits andere Wege. Er warte eindringlich vor einem »Despotismus der Freiheit« und stellte Marx' Begriff der proletarischen Diktatur ins Zentrum seiner Kritik. »Die Theorie einer erzieherischen, vorübergehenden Diktatur schliesst die paradoxe Vorstellung ein, dass der Mensch *gezwungen werden muss, frei zu sein*« Freilich waren weder Marx noch Lenin die geistigen Väter dieser Vorstellung. Beide rekurrierten auf Jean-Jacques Rousseaus seinerzeitige Rechtfertigung für die Ausübung von Zwang: Wie können Sklaven, hatte Rousseau gefragt, die nicht einmal wissen, dass sie Sklaven sind, sich befreien? Seine Antwort: Sie müssen gelehrt und gelenkt werden, frei zu sein.[28] In diesem Sinn war der Revolutionsglaube mindestens ebenso ein direktes Erbe der Aufklärung wie der evolutionäre Glaube der Reformer an die Kraft des besseren Arguments und die Verwirklichung praktischer Ziele.

Die innere linken Gegensätze umfassen weit mehr als Taktik, Tempo, Temperament.

VIOLENZ

Wie gesagt: Der verwickelte Methodenstreit beleuchtet nur wenig. Man denke bloss daran, dass die wohl dienstälteste Regierungspartei der Welt, die Partei der Institutionalisierten Revolution [PRI] in Mexiko, erst nach sieben Jahrzehnten schlapp gemacht hat. Die linken Projekte unterscheiden sich eher nach politischen denn nach taktischen Absichten. Betrachten wir nun das moderate Lager: Es versammelt sozialistische, sozialdemokratische, sozialliberale und radikaldemokratische Positionen. Innerhalb dieses Pools herrscht zwar ein Meinungsstreit über das richtige Tempo des Gesellschaftswandels – allerdings durch Reformen. Politische und moralische Ansprüche kommen sich permanent ins Gehege. Und je weiter nach rechts man schreitet, desto stärker werden die Kräfte des Beharrens, bis hin zu jenem Sozialkonservatismus, der überhaupt keinen Grund mehr sieht, etwas zu ändern. Politik bedeutet an diesem Punkt nicht mehr, sich auf gesellschaftliche Konflikte und Differenzen einzulassen und sie auszuhandeln, sondern lediglich, sie zu vermeiden. Für die weniger Duldsamen unter den Progressiven ist im Englischen der treffende Ausdruck *radikal*, also an die Wurzel gehend, im Gebrauch. Mit radikal ist kein irgendwie gearteter Revolutionarismus gemeint; das war weder bei George Bernhard Shaw und Beatrice Webb um 1880 der Fall, als sie

Kontrolle der Macht

---

[28] Zit. n. Kaiser, Gewalt, 17

die *Fabier*-Bewegung ins Leben riefen, noch als später kritische deutsche Sozialdemokraten die USPD oder – noch später – versprengte Achtundsechziger die ersten Grünparteien aus der Taufe hoben. Im Europaparlament sind die radikalen Kräfte der Reformer in linkssozialistischen und ökologischen Parteien zu finden. Abgeordnete der romanischen Länder haben sich in der Fraktion der Transnationalen Radikalen Allianz [REA] zusammengeschlossen. Ein solcher moderner Sprachgebrauch von *radikal* wäre auch für Zentraleuropa nützlich. Das gegenwärtige, hysterisch verzerrte Verständnis des Begriffs im deutschen Sprachraum demonstriert ja vor allem eins: Dass viel politisches Kleingeld in der Kasse derer klingelt, die die programmatischen Unterschiede der Linken tunlichst verwischen. Die schon klassische Behauptung der Rechten, dass alle Linken Gewaltanwendung im Prinzip bejahen und diese ausschliesslich nach taktischen Gesichtspunkten rechtfertigen, ist ein fixer Bestandteil konservativer Dämonologie. Der Vorwurf ist genauso unausrottbar wie die Mär, dass bei der äussersten, der autonomen Linken, die Anwendung physischer Gewalt ein grundsätzliches Aktionsprinzip sei. Die Grenzen zwischen Gewaltverneinung und -bejahung, behaupten die Denunzianten, verlaufen innerhalb des Linksspektrums derart fliessend, dass für jedermann die Gefahr bestehe, in den *Sumpf* der Bekämpfer des Systems hineinzugeraten. Man darf nicht vergessen, dass es stets der grosse Gegner ist, der den Unterschied zwischen Reformismus und Revolutionismus auf ein taktische Problem reduziert. Selbst wenn man wieder den Quadranten des revolutionären Bewusstseins hernimmt, löst sich die Behauptung oft in Luft auf. Hier, an diesem musealen Ort, haben einst Bolschewiki, Trotzkisten, Maoisten, Sandinisten und anderen stramm-orthodoxe Parteigänger des Marxismus-Leninismus ihre Zelte aufgeschlagen. In Konkurrenz zu ihnen existierte aber auch eine militante nichtmarxistische Linke. Das waren die staatsfeindlichen Sozialrevolutionäre in der russischen Revolution, die Syndikalisten im spanischen Bürgerkrieg, und es sind heute die Zapatisten in Lateinamerika, die keine Macht als notwendig akzeptabel ansehen. Hier, am äussersten Ende des politischen Kosmos, knattern ultrarote, rotschwarze und schwarze Fahnen im Wind. Gewiss zeichnet sich die Praxis der entschlossenen Linken durch eine höhere Gewaltbereitschaft aus. Doch gerade der bewaffnete Aufstand hat seine Theoretiker immer wieder vor unlösbaren Aufgaben gestellt. Wo die Grenze zwischen defensivem Strassenkampf und offensiver Guerillaplanung verläuft, ist in der Praxis weit schwerer auszumachen als auf dem Papier. Und trotzdem, zum dritten Mal: Die Rechte täuscht sich, wenn sie die Gewalt- und Terrorbereitschaft zum alleinigen Kennzei-

Geschlagene Schlacht

chen der Revolutionäre erklärt. Nicht einmal bei Auguste Blanqui oder den famosen Polpotisten war Gewalt ein Selbstzweck. Zu einem tieferen Verständnis des Linksblocks wird man mit dieser These nicht vordringen. Militante Haltungen findet man punktuell auch bei Sozialdemokraten wie Friedrich Adler oder Carlo Mierendorff, die sich gegen Tyrannen bewaffnet haben. Nein, die Wasserscheide innerhalb der Linken ist beinahe unsichtbar, da sie eben nicht an den Bruchstellen von Taktik, Tempo und Temperament verläuft. Das linke Universum ist ein Multiversum und seine Geister trennen sich an einer zentralen Frage: der Frage der demokratischen Machtausübung und ihrer Kontrolle. *Reform oder Revolution?* das heisst: Parlament oder Räte, das heisst: repräsentative Demokratie oder »Alle Macht den Arbeiter, Bauern und Soldaten-Räten«. – In dieser Frage hat sich zwischen parlamentarischen und revolutionären Linken nach dem Ersten Weltkrieg erneut ein unüberbrückbarer Graben aufgetan, auch wenn vom Austro- oder vom Eurokommunismus inspirierte Vermittlungsangebote einen Brückenschlag versucht haben. Immer wieder ist die grosse Zweiteilung einzelnen oder Gruppen als überwindbar erschienen. Schliesslich existieren bei aller ideologischer Gegnerschaft innerhalb der Linken ja gewisse, historisch gewachsene Gemeinsamkeiten. *1 – Das Endziel.* Die gesamte Linke stimmt grundsätzlich darin überein, dass das *letzte Stadium* des Kapitalismus durch die Übernahme der Regierungsgewalt in den Sozialismus überführt werden soll. *2 – Die Gleichheit.* Für die gesamte Linke ist die Freiheit eines jeden durch die Gleichheit aller definiert, der Freiheitsbegriff somit sozial geprägt. Unter Freiheit versteht sie ein Verhältnis zwischen den Menschen, das auf Gerechtigkeit beruht. Indem die linke Theorie den Grundsatz der Gleichheit der Macht, Ressourcen- und Güterverteilung in den Mittelpunkt stellt, wird die Freiheit zu einer von der Gleichheit abhängigen Grösse.[29] *3 – Das Machtverhältnis.* Für die gesamte Linke ist Macht, im Gegensatz zu Stärke und Kraft, immer im Besitz einer Gruppe. Wahre Autorität bedarf weder des Zwangs noch der Überredung.[30] Unter diesem Gesichtspunkt gibt es überhaupt keine antidemokratisch Linke, wie Bobbio das sieht. Vielmehr kreist der grosse historische Streit innerhalb der Linken um das Problem, wie Volkssouveränität ausgeübt werden soll. Die zentrale linke Debatte, die zugleich ein Ziel- und Methodenstreit ist, dreht sich um eine einzige Frage: parlamentarische Repräsentation oder permanente Macht der Räte?

Die These von der erhöhten Gewaltbereitschaft ignoriert die Realität des Linksblocks.

---

[29] Sontheimer, Elend, 203
[30] Hannah Arendt, Zit. n. Kaiser, Gewalt, 12

SCHISMA

Zweiteilung Parlament oder Räte? – das ist die Kardinalsfrage auf der Suche nach
der Linken dem roten Stein der Weisen. Und die Antworten darauf machen einen
Unterschied ums Ganze. Sie ergeben eine deutliche ideologische Perforation entlang von zwei Linien: rechtserhaltende gegen rechtssetzende Gewalt, konstituierte Macht gegen konstituierende Macht.[31] Ein bloss empirisches gegen ein instrumentelles Verhältnis zum Recht. Demokratie mit oder Demokratie ohne Begründung. Ein Gesellschaftsvertrag mit realen Grenzen oder einer ohne. Man kann diese Differenz noch weiter treiben: Macht, die den Transfer von Macht einschliesst, gegen Macht, die jeden Transfer ausschliesst. Die Republik und das Recht selbst auf einen Status reduziert – oder auf ein Verfahren. Ein konstituiertes Vermögen, das einem Gemeinwesen zukommt – oder ein reflexives Verhältnis der Massen zu sich selbst. Übergreifende, souveräne Macht ausserhalb der eigenen Macht – oder Selbstkonstitution der produzierenden Gesellschaft. Politischer Wettbewerb nach logischen Regeln – oder verfahrensmässige Übereinkünfte, die die Institutionen ständig neu formen und formieren.[32] Transparenz und demokratische Kommunikation einer funktionierenden Öffentlichkeit – oder permanente Delegation, Vollzug des Klasseninteresses, Massensubjektivität und wie die mythologisierenden Begriffe der Revolutionsgläubigen sonst noch heissen. Denn genau um das handelt es sich: um fordernde Träume. Man denke nur an Bert Brechts »Lob des Kommunismus«; hier ist das Vertrauen in die Ideologie ein durch und durch religiöses. »Wir sind das Einfache/ über das schwer zu lachen ist«, sagt er.[33] In allen revolutionären Theorien wird Demokratisierung zum einzig massgeblichen Prinzip der Gesellschaftskritik erhoben. Aus dieser verengenden Perspektive negiert bereits jeder Kompromiss die Demokratie in ihrer Definition. Dabei versuchen die Revolutionäre mit ihrem Gleichheitspostulat eine bestimmte Vorstellung vom Guten zu entwickeln, ohne dass dabei etwas Demokratisches herausspringt. – Auf der anderen Seite die gemässigte Linke. Ihre einzige Basis scheint die Beschwörung der Gefahr zu sein, vor der sie Schutz verspricht. Genau genommen gewinnt der reformerische Weg seinen Charakter aus zwei Bestimmungen: a) aus der Legitimationsschwäche des herrschenden Systems, und b) aus der Feindseligkeit, der er begegnet. Bei den Reformern kommt der Sozial-

---

[31] Negri, Arbeit, 176
[32] Negri, Arbeit, 177
[33] Zit. n. Schernikau, legende, II, 5, 6/5

wandel auf eher leisen Sohlen, individuelle Grundrechte werden zum Kampfmittel, und die Übernahme der Regierungsmacht erfolgt durch normative Überbietung. Während die Revolutionäre ihre ganze Energie und manchmal auch ihr Leben opfern, um der reinen Ideen zum Sieg zu verhelfen, scharen die Reformer immer nur schweigende Mehrheiten um sich, die selten Aktivität zeigen, wenn sie nicht sogar ganz auf die Ausübung der Rechte verzichten, die ihnen die Demokratie gewährt. Revolutionäre sind Demagogen, die fortwährend die liberale Weichheit anprangern, den Leichtsinn und die Stärke der Staatsorgane, die angeblich zu sehr auf der Linie des Bestehenden liegen. Reformer sind Organisatoren, mit einem ausgeprägtem Gespür für Interessenslagen, Mentalitäten und Stimmungen; sie kennen nur die Bereitschaft genau das zu tun, was den vertretenen Individuen nutzt. – Der Versuch diese Perforation, diesen Grundkonflikt, zu kitten, zieht sich wie ein roter Faden durch das 20. Jahrhundert. Im aufständischen München von 1918 hat er zum Beispiel die bayrische Nationalregierung gleich zweimal entzwei gerissen: auf der einen Seite standen SPD, USPD, Liberale, radikale Bauern und die Reste der bürgerlichen Parteien, auf der anderen Anarchisten und Moskau-hörigen Kommunisten. In der Mitte dieses Genrebilds: Kurt Eisner, ein salbungsvoller Intellektueller *Zwischen* mit Schlapphut und Christusbart, der als Präsident der Republik die *den Stühlen* ebenso kluge wie hoffungslose Formel *Parlament und Räte* ausgegeben hat. Eisner setzte sich mit dieser Forderung zwischen alle Stühle. Später, nach der brutalen Niederschlagung der ersten mitteleuropäischen Räteexperimente in München und Budapest, haben dann Reformer und Revolutionäre eine breite Zone von flexiblen Übergangspositionen entwickelt, um den tiefen Bruch zwischen ihnen wieder zu verdecken. So hat es in der Illegalität der Dreissiger- und Vierzigerjahre ebenso selbstverständlich Revolutionäre Sozialisten gegeben wie nach 1945 pragmatische Eurokommunisten. Unter diesen Auspizien war das geschichtsphilosophische Drama, das zwischen Sankt Petersburg 1917 und Berlin 1989 abgerollt ist, tatsächlich ein Weltbürgerkrieg um das parlamentarische System. Die Namen Alexander Dubček und Salvador Allende, sie stehen für zwei weltbewegende Versuche, den Graben innerhalb der Linken zu überwinden. Dubček ist 1968 daran gescheitert, das autoritäre Sowjetsystem in der ČSSR in einen »Sozialismus mit menschlichem Antlitz« zu transformieren. Allende bezahlte 1973 die demokratische Eroberung der Macht mittels einer marxistische Wählermehrheit in Chile mit dem eigenen Leben. Aber auch das war noch nicht das Ende der Träume. Erst dem Zusammenbruch des Sowjetkommunismus hat der Revolutionsmythologie ihren Glanz genommen. Warum das so ist, darüber lässt sich eher nur spekulieren. Man könnte zum Beispiel sagen: Der Takt technischer Innovationen scheint mittlerweile eine Geschwindigkeit erreicht zu haben, der selbst die gläubigsten Revolutionisten am Sinn einer forcierten Gesellschaftsentwicklung zweifeln lässt. Der Reformismusstreit, dieser innerlinke Dauerkampf, er wurde mit dem Ende der Sowjets gewissermassen zum zweiten Mal praktisch entschieden. Die gemässigte Linke hat sich erneut durchgesetzt und die meisten Spielformen des Revoluzzertums sind heute restlos diskreditiert. Das gilt allerdings nur für den hoch industrialisierten Norden. In der Peripherie, in den vergessenen Archipelen der Weltgesellschaft, bleibt die Revolution, meist in Form des nationalen Befreiungskampfs, häufig auch weiterhin die einzige Hoffnung auf den Freiheitsdespotismus, der sie immer schon war. Was in Europa 1989 links von der Mitte überlebt hat, das ist der gemächliche Gegensatz zwischen behutsamen und radikalen Reformern. In diesem Spektrum pfeifen heute linksliberale und grüne Strömungen die Melodien zum Akkord grossen sozialdemokratischen Orchester. Seit 1989 regiert damit auch links die ganz unmarxistische Überzeugung, der Kapitalismus könne seine Schwierigkeiten schon selber lösen. Das mag eine Selbsttäuschung sein – wir wissen es nicht. Denn einiges deutet auf den Beginn eines dritten Zyklus im innerlinken Positionskampf hin. Die Gerechtigkeit im globalen Massstab wird immer mehr zum brennenden Thema. Oder wie der Arthur C. Danto den Tatbestand etwas umständlich in der Sprache der Philosophie umreisst: »Unser wissenschaftlicher Begriff von Universalität ist ein Zwilling unseres Universalitätsbegriffs in Sachen Gerechtigkeit.«[34]

Der Reformismusstreit musste zweimal entschieden werden: 1914 und 1989.

DEXTRISMUS

Rechte Hemisphäre Politik kennt kein Ebenmass. Aber so wie die historische Linke geprägt wurde durch den Gegensatz von *Reform und Revolution,* kennt auch die Rechte eine schmerzliche Zweiteilung. Wenn wir das Kartesianische Koordinatensystem aus der Mathematik anwenden, dann trennen zwei auf einer in einem rechten Winkel zueinander stehende Gerade die Gegensätze in vier Hauptfälle: innere und äussere Rechte, innere und äussere Linke. Vertikal, entlang der Y-Achse, verläuft der Gegensatz von rechts und links, also von Freiheit und Gleichheit. Was aber verläuft horizontal, entlang der X-Achse? Welche Mauer scheidet innere und

[34] Danto, Mystik, 52

äussere Hemisphären? Bisher wissen wir nur, dass auf beiden Polen der X-Achse gestritten wird. Wo es dem linken Denken um die Konstitution der Macht geht, herrscht rechts eine fast undurchdringliche semantische Konfusion um den Begriff der Nation. Historisch ist der innerrechte Gegensatz gleich alt wie der innerlinke. Als sich der Lagerstreit über Reform und Revolution herauskristallisierte, da erwuchs zugleich aus der Polarität von Royalisten und Konstitutionalisten das Gegeneinander von *Republik und Nation*. Oder anders formuliert: Was im Sinistrismus das Gleichheitsprinzip und die soziale Frage, wurde im Drextrismus das Freiheitsprinzip und der politische Diskurs. Eine Vielzahl von theoretischen und praktischen Positionen stritt um Bestimmungen der Nation und des Nationalen. Dabei ging es kaum je schlüssiger zu als in den Schriften und den Versammlungen der Linken. Die Schwierigkeit, das grosse Palaver mit wenigen Worten zusammenzufassen, rühren allerdings mehr noch daher, dass die Termini von gestern heute mehr verwirren als sie zum Verständnis beitragen. Die politischen Ausdrücke wurden in den Definitionskämpfen arg beschädigt und bezeichnen jetzt mitunter das Gegenteil vom seinerzeit Gemeinten. Nur ganz zu Anfang, da passten viele Begriffe ganz trefflich. Etwa in der französischen Februarrevolution 1848, als die gemässigten Republikaner die Zeitung *Le National* betrieben und die radikale Gegenzeitung im linken Spektrum *La Réforme* hiess. Heute funktionieren sprachliche Unterscheidungen der Kräfte im Rechtsblock nur sehr eingeschränkt. Am sinnvollsten erweist sich noch eine Differenzierung nach Republikanern und Nationalisten, oder nach Republikanern und Völkischen. Doch auch der Begriff des Völkischen ist heute kaum mehr gebräuchlich. Was wiederum Nation und Republik betrifft, so stehen diese Termini in Europa und den USA in völlig gegenläufiger Verwendung. Die politische Kultur jenseits des Atlantiks verortet *Nation* weit links vom Republikanismus; in Europa ist es genau umgekehrt. Dieses Tohuwabohu hat komplexe historische Ursachen. Unter anderem die, dass die US-Amerikaner noch nie eine geschichtliche Erfahrung mit einer kommunistischen Massenbewegungen gemacht haben und ihre Intellektuellen immer schon marginalisiert waren. Nur unter solchen Bedingungen konnte der Liberalismus mit dem nationalen Diskurs gleichgesetzt werden. Umgekehrt hat bei uns, in Europa, die äussere Rechte nach 1945 jeden politischen Kredit verspielt, sodass sich die Auseinandersetzungen in den Demokratien seither auf Parteien der rechten und der linken Mitte beschränken. Rechter Extremismus ist auf absehbare Zeit diskreditiert – zumindest in den Wohlstandsgesellschaften. Dennoch

Nationaler Diskurs

lohnt es sich, den eurohistorischen Gegensatz von *Nation und Republik* näher zu untersuchen. Denn nichts verbirgt die innere Dynamik der Rechtsrichtungen mehr als zweideutige oder falsch eindeutig gemachte Begriffe wie Volk, Nation und Führer. Die Kritiker von links machen es sich zu einfach: Wenn sie die Rechte wegen ihres Nationalismus anprangern, verteufeln sie jede Art von kollektivem Bewusstsein gleich mit. So wie die Rechte die Linke mit ihrer angeblichen Gewaltbereitschaft traktiert, so die Linke die Rechte mittels des Diabolisierung des Nationalismus. Und noch etwas: Seit 1989 redet man unablässig von der Krise des Nationalstaats. Irgendwie scheint die zentrale Kategorie der Rechten durch den Globalisierungsprozess unterminiert zu werden. Doch das meiste davon ist Polemik, es widerspricht der empirischen Lage der Daten. Emmanuel Todd konstatiert in der Ablehnung aller kollektiven Vorstellungen hinsichtlich der Nation sogar den gemeinsamen Nenner von gegenwärtigen politischen Erscheinungen, die sonst an sich wenig gemeinsam haben: Europa-Idee, Glaube an die Globalisierung, Dezentralisierungstendenzen, Eintreten für eine multikulturelle Gesellschaft. »Der Ultraliberalismus und die Europabegeisterung, die in den Achtzigerjahren aufkamen und in den westlichen Gesellschaften fortan die Gedankenwelt der gesellschaftlichen Eliten beherrschten, haben dies gemeinsam, dass sie die Existenz von Nationen negieren und keine glaubhaften kollektiven Einheiten mehr definieren wollen. Die Ablehnung der Nation erfolgt hier mit dem Blick *nach oben*, also in dem Wunsch, die Nation in übergeordneten Einheiten – Europa oder die ganze Welt – aufgehen zu lassen; die Ablehnung kann sich aber auch mit Blick *nach unten* äussern und eine Fragmentierung des Gesellschaftskörpers anstreben, sei es durch geographische Dezentralisierung oder indem man die Immigranten im Namen des Rechts auf Differenz in ihre jeweilige Herkunftskultur einmauert.«[35] – Genügt es da noch einfach zu sagen, das Nationale stehe im Bereich der Medien-Intellektuellen eben nicht mehr in Mode? Nein, das genügt nicht. Das käme einer Gedankenverweigerung gleich. Es ist schon erstaunlich, aber die Spezialisten für moralische Empörung erhalten heute, was die Nation betrifft, Rückendeckung von den Anhängern einer Weltgesellschaft ohne Grenzen sowie von den dogmatischen Verfechtern eines Europas der Regionen. Man darf sich von dieser Entwicklung nicht beirren lassen. Das Faktum der Nation ist untrennbar verbunden mit der Kon-

---

[35] Emmanuel Todd, zit. n. Le Monde Diplomatique, 2/1998, 7

stitution der menschlichen Gesellschaft als einer politischen Gesellschaft. Die Linke meint gute Gründe zu haben, warum sie die Augen vor diesem Faktum verschliesst. Sie will einfach nicht vergessen, dass erst der moderne Nationalstaat die Glücksverheissung für alle mit der Bereitschaft verband, für diese Verheissung Kriege zu führen. Und das lässt sich ja auch nicht leugnen. Die Französische Revolution und Napoleon haben es erst möglich gemacht, im Krieg nichts als die prinzipielle Selbstbehauptung der Nation zu sehen. Wer zum nationalen Aufstand bereit war, wollte dann meist von kleinlichen Vor- und Nachteilsberechnungen nichts mehr hören. – Doch, sie gesagt, das ist nur ein Teil der Wahrheit. Zum Bedauern der heutigen Linken muss festgestellt werden, dass der Nationalismus eines der mächtigsten, wenn nicht das mächtigste soziale Glaubenssystem des 19. und 20. Jahrhunderts gewesen ist. Die Nation war der Grundbegriff einer dezidiert politischen Sprache. Und als Leitwert steht sie heute nur dort ausser Kraft, wo die Rendite automatisch den Wohlstand garantiert. *Das Faktum der Nation ist untrennbar von der Konstitution der politischen Gesellschaft.*

KOLLEKTIV

Die X-Achse trennt Falken und Tauben. Aber wie schon links findet hier keine Streit um Beutemittel statt. Auch der Eifer der Rechten dreht sich um etwas, was direkt an der Problematik des Rechts teilhat. Was also trennt die ideologieversessenen Rechten? Es ist die Bestimmung der Nation. Während die Falken sie nach scheinbar objektiven Kriterien – also historisch, psychologisch, kulturell, völkisch, rassisch oder aus irgendeiner Kombination davon – bestimmen, kontert die gemässigte Rechte mit einem einzigen Merkmal: dem subjektiven Willen des einzelnen der Zugehörigkeit zu einer Nation oder zu einem eigenen Staat. Wir wollen das genau untersuchen. Für den völkischen Nationsbegriff sind gemeinsame Sprache oder Kultur, biologische Merkmale oder gemeinsame Geschichte unabkömmlich. Dagegen bietet der freie Wille dem republikanischen Nationsbegriff ein über allen anderen Kriterien stehendes gemeinsames Dach – und damit die Basis für das politische Bewusstsein einer eigenen Nation.[36] Die Nationalisten oder Völkischen sind, salopp gesagt, Biopolitiker; die Republikaner hingegen vergeistigte Nationale. Gewiss, dieser Einteilung ist recht grob und übersieht so manche Nuance; dafür hat sie den eminenten Vorteil, praktisch zu sein. *Republik gegen Nation*

---

[36] Tončić-Sorinj, Abgrund, 134

Sie verweist die Mystifizierung der Nation in den Bereich der äusseren Rechten, während die moderaten Haltungen von Konservativen und Liberalen dem Rationalismus, Skeptizismus und Pragmatismus verpflichtet bleiben. Republikanische Politiken sind keine Widerspiegelung sozialer Ursachen, das nicht. Darum hat Hannah Arendt ja auch darauf bestanden, die Amerikanischen Revolution als eine genuin politischen Schöpfung zu sehen. »Republikanische Staaten haben schon deswillen einen absoluten Wert, weil sie nach dem rechten und schlechthin gebotenen Zwecke streben«, hat Friedrich Schlegel verkündet. Und: »Die bürgerliche Freiheit ist eine Idee, welche nur durch eine ins Unendliche fortschreitende Annäherung wirklich gemacht werden kann.«[37] Diese Besonderheit des republikanischen Gedankens hat selbst der mittlere Ernst Jünger, der eine Verbindung autoritärer und liberaler Prinzipien herbei fantasierte, begriffen.[38] »Das Eigenartige des Menschen«, erkannte Jünger 1960, »liegt in der Willensfreiheit, das heisst im Unvollkommenen. Sie liegt in der Möglichkeit, schuldhaft zu werden, Irrtümer zu begehen.«[39] Dieser Punkt ist ganz wesentlich im politischen Diskurs – denn er bedeutet nicht nur, dass es keine politische Wirklichkeit *an sich* geben kann; er bedeutet auch, dass republikanische Politik auf ein verfahrensmässiges Ideal hinausläuft. Diese Offenheit für Neues erinnert ein wenig an den Voluntarismus der revolutionären Linken; tatsächlich ist ja immer wieder eine Verwandtschaft liberaler und libertärer Theorien konstatiert worden. Doch die Linke hat letztlich einem schwebenden Nationsbegriff selten etwas abgewinnen können. Für die Linke ist die Republik bloss die Form, welche der sozialen Handlung öffentlichen Raum sichert. Marx glaubte sogar den Republikanismus als politische Illusion entlarven zu können. Mit welchem Argument? Mit dem Argument, dass das sich in der bürgerlichen Demokratie äussernde Spiel der Freien und Gleichen bloss ein ideologischer Schein sein, der die Herrschaft von Privatinteressen bemäntelt. Es ist auffällig, dass erst die Marxisten des 20. Jahrhunderts begonnen haben, den Nationsbegriff der Rechten zu imitierten, zu persiflierten oder sonst wie nutzbar zu machen. Im nationalen Befreiungskampf oder bei der Abwehr von Rechtsdiktaturen war man nicht mehr so zimperlich bei der Wahl der ideologischen Waffen. Aber ein grundsätzliches Misstrauen gegen den Diskurs der Rechten blieb bestehen. Die Adaptionen des Nationalen von links gerieten häufig diffus, die Folgerungen waren teilweise bi-

Aura der Emotionen

---

[37] Zit. n. Batscha, Friedensutopien, 104, 95
[38] Jünger, Schriften, 323
[39] Jünger, Schriften, 361

zarr. In der Theorie näherte sich zum Beispiel der Rechtsexponent der österreichisch-ungarischen Sozialdemokratie, Karl Renner, der fatierten und der Linksexponent derselben Partei, Otto Bauer, der psychologischen Dimension der Nation an. Solche Verrenkungen bedeuten, dass der grundsätzliche Rechts-Links-Gegensatz in unserem Modell nie ausser Kraft gerät. Was links ist, kann nicht zugleich rechts sein, und umgekehrt. Bis heute sind wir dazu verurteilt, zwischen zwei mangelhaften Konzepten des kollektiven und öffentlichen Handelns zu wählen: Zwischen dem einen, das den Vorrang der Gesellschaft behauptet, aber unfähig ist zu erklären, was zu Veränderungen führt; und dem anderen, das an der Notwendigkeit von Politik festhält, aber unfähig ist zu erläutern, auf welcher Basis sie beruht. Gegenüber diesem zentrale Problem, dem Ursprung des Links-Rechts-Dilemmas, scheinen die inneren Differenzen beinahe zu einem Nichts zu zerschmelzen. Doch, Vorsicht! Die Welt des Handelns verläuft nicht in logischen Bahnen. Und die Geschichte der innerdyadischen Brüche hat einen unbestreitbaren Vorteil: Sie macht uns mit Dynamiken vertraut, die offenbar unabhängig vom jeweiligen Interessenslagen funktionieren ... Fragen wir also weiter: Was ist das Merkmal der äusseren Rechten? Wie manche Linke haben gewisse Rechte schon lange vor dem Aufstieg des Faschismus *Emotionale* erkannt, dass das nationale Ethos tiefer dringen könnte, wenn man es *Bindung* nicht mit Vernunft, sondern mit Gefühlen wachruft. Losgelöst von einer politischer Rationalität legt sich die Nation dann wie ein festgeschnürtes Korsett um die Menschen und erzeugt dabei eine dauerhaft affektive Bindung an das Kollektiv. Ein forcierter Nationsbegriff umkleidet die nationale Gemeinschaft mit einer sehr spezifischen emotionalen Aura, macht sie zu etwas höchst Wertvollem, Sakrosanktem, dem Bewunderung und Verehrung gebührt. Der Mechanismus ist einfach: Eine auf äusserliche Merkmale von Sprache, Kultur oder Rasse rekurrierende Politik transformiert die Gefühle des Einzelnen in Innen und Aussen, in Eigen und Fremd. Indem die Individuen den jeweiligen Nationalstaat dann als ihren eigenen identifizieren, wird er zu einem unhinterfragbaren Bezugsrahmen für politische und soziale Kämpfe. – In dieser Analyse stimmt die republikanische Rechte mit vielen Linken völlig einig. Der gemässigte Rechte lehnt nämlich die Ansicht ab, der Staat werde erst durch den Nationalisten zur Nation, durch einen Untertanen, der sich positiv auf seine Herrschaft bezieht. Zugleich versichern Liberale und Konservative aber, Nationalstaatsdenken müsse *nicht* unweigerlich zum Krieg führen. Die republikanische Rechte sieht sehr wohl, dass die Nation seit der Französischen Revolution zur anerkannte Berufungsinstanz für jedes partikulare Interesse wurde, das

Völkische sich als Allgemeinwohl zu verkaufen verstand.[40] Aber sie verzweifelt
sind bio- darüber nicht, sie verwirft die Begrifflichkeit nicht in Bausch und Bo-
politisch; gen, sondern vertraut auf die Kräfte der Vernunft und der Geistesge-
Republika- genwart, auf das Prinzip der Neutralität und der Äquidistanz und auf
ner vergeis- die Kunst der Balance. Der politische Republikanismus setzt auf das
tigt national. Magnetfeld der Aufklärung.

FREEDOM

Das liberale Nach Bobbio ruht der Liberalismus in der Mitte. Weder eindeutig zur
Dreieck rechten noch zur linken Galaxie gehörend, sondern in beide, je nach
den jeweiligen Zusammenhängen. Dieser Hinweis ist nicht etwa seman-
tischer Natur. Der Eindruck, das ganze politische Ozma-Problem ent-
springe irgendwie dem Liberalismus, ist durchaus dem liberalen Selbstverständnis geschuldet. Liberale Denker betrachten die Welt gerne in
Form eines gleichschenkeligen Dreiecks, an dessen Spitze sie selbst
stehen. Terminologisch ist die Sache ungemein verzwickt: In den USA
sind die *Liberals* eindeutig links.[41] In Europa dagegen werden seit dem
Aufkommen der sozialistischen Parteien die liberalen Ideologeme und
Parteien im allgemeinen Sprachgebrauch als *rechtsgerichtet* oder zur
Mitte gehörend angesehen. In Europa ist der Freiheitsbegriff rechts
positioniert, und darum halte ich es auch für richtig, den Liberalismus
hier einzuordnen. »Freiheit als Pathos kommt nicht in der Utopie vor,
sondern im Naturrecht, und zwar im liberalen Naturrecht des 18. Jahrhunderts, in Verbindung mit dem aufrechten Gang, in Verbindung mit
menschlicher Würde, die nur durch Freiheit gewährt ist«, so Ernst
Bloch.[42] Gut; aber warum sieht sich dann der Liberale selber mit Vorliebe in einem Dreieck, gleich nah oder gleich weit entfernt von seinen politischen Kontrahenten? Das kommt einerseits daher, dass Liberale sich über die Angriffe ihrer Gegner definieren; sie ziehen aus
grösstmöglicher Gefügigkeit die gleichen Vorteile wie aus der erbitterts-
ten Feindschaft.[43] Anderseits zeichnet die moderatesten unter den Rechten eine seltsame Psychologie aus: Sie begeben sich häufig auf einen
Holzweg, weil sie gerne die netten Bürgerlichen wären. Der Liberalismus tappt fast schon schicksalhaft hinein in das, was man seit den

---

[40] Henry Schmidt, Dogmatisches zur Nation, Konkursbuch 27/1992, 175
[41] Bobbio, Rechts, 67
[42] Zit. n. Tr0aub, Gespräche, 67
[43] Ruf in, Diktatur, 144

Anfängen des Parlamentarismus die *Zentrumsfalle* nennt. Mit diesem Problem kämpfen in der Regel Klein- und Mittelparteien, die in einer offenen oder verdeckten Koalition eine politische »Lösung ermöglichen« wollen. Solche koalitionären Geschäfte machen sich nur kurzfristig bezahlt. Denn die meisten Wähler wählen Listen, weil sie Inhalte anbieten, und nicht, damit sie anderen Listen die Durchsetzung von deren Inhalten ermöglichen. – Wie wir gesehen haben, ist das politische System an keinem Ende starr und unbeweglich. Überall gibt es Aktion und Reaktion, fliessende Übergänge, Ansätze, die in anderen Strömungen ihre Spuren hinterlassen. Das gilt für den Marxismus ebenso wie für den Liberalismus oder den Pazifismus, dessen herausragendste Vertreter meist Liberale waren. In diesem Sinn besitzt das liberale Universum eine fast unbegrenzte Fähigkeit, Widerstände zu assimilieren, radikale Opposition zu dulden und sogar zu ermutigen. Die liberale Sonne ist einst in Manchester aufgegangen, sie beschien die ausgesprochen deutschnationalen Mehrheiten im 19. Jahrhundert und hat mit den lilafarbenen Radikalliberalen in Holland oder Belgien noch lange nicht ihren Zenit erreicht. Die antiautoritäre Bewegung der Sechziger hat dieses offene ideologische Gewölbe, und was unter ihm Platz hat, trotzig und empört als *repressiven Toleranz* zurückgewiesen. Dieser *Repressive* Protest war ein typischer Streich der anmassenden Gewissheit von *Toleranz* Linken, die die Welt nicht verstehen, sondern nur *erklären* wollen. Bobbio differenziert ganz richtig zwischen einer positiven Toleranz, die nicht in Skeptizismus verfällt, und einer negativen Toleranz der Beliebigkeit. Für ihn bleibt nur eine »gefährdete Freiheit« entwicklungsfähig, und er votiert für die Freiheit des Intoleranten, weil der freie Intolerante immerhin manchmal, der ausgeschlossene Intolerante aber niemals ein Liberaler werde.[44] In Bobbios Ethik spiegelt sich – ein wenig verdreht – eine seltsame Eigenart des Fanatismus wider. Nämlich der Umstand, dass der kluge Fanatiker der gefährlichere ist, weil er immer eine Erklärung für alles findet, während der dumme Fanatiker rasch resigniert. – Dass der Liberalismus mit dem Freiheitsbegriff allein schwerlich auskommt, ist klar. Auch der liberale Staat privilegiert und diskriminiert bestimmte Verhaltensweisen, ohne dass Gleichheit als normatives Prinzip ausgedient hätte. Christoph Menke, der eindringlich die Konfliktscheu des Liberalismus beklagt, will ihn darum auch anders begründen: nicht in der Illusion bzw. Utopie einer *Kulturneutralität*, sondern im kritischen Engagement gegen gesellschaftliches

---

[44] Bobbio, Zeitalter

Leiden, das heisst: in Mitgefühl und Solidarität.[45] Menke versucht die Liberalen aus einem dogmatischen Traum aufrütteln. Erst der Einspruch gegen die Leiden von Einzelnen, sagt er, sei die wahre Grundlage der Fairness. Ohnehin ist der liberale Traum vom Ende der kulturellen und religiösen Streitigkeiten wohl noch lange nicht ausgeträumt. Dass eine kulturelle Neutralität faktisch nicht erreichbar ist, bedeutet auch nicht – und hier irren die Gegner der Liberalen –, dass sie als Regulativ keine Verbindlichkeit beanspruchen kann. In diesem Sinn bleibt alles offen und der Liberalismus ein unverzichtbares Fundament des politischen Handelns. – Übrigens hat keine der beiden republikanischen Unterströmungen, weder Liberalismus noch Konservativismus, in der österreichischen Geschichte eine wirklich breite Spur gezogen. Zu mächtig haben sich die autoritären Versuchungen von Kirche und Staat erwiesen; zu schwach das Selbstbewusstsein ihrer Vertreter im Sinn der Schlegel'schen Universalrepublik. Bürgerliche Liberale waren auf österreichischem Boden sprichwörtlich Mangelware; politisch konnten sie selten über den Wiener Gemeinderat hinauswirken. Es muss aber auch betont werden, dass es an echten Wertkonservativen und Traditionalisten vom Schlag eines Lujo Tončić-Sorinj ebenso fehlte; zwischen den Kriegen findet man welche im Landbund, später in der Wiener Volkspartei. Aber sie blieben immer die Ausnahme, da unter den Christlichsozialen und Christdemokraten eine intellektuelle Traditionsbildung abseits von volkstümelnder Camouflage praktisch nie stattfand. Aufgrund dieser gravierenden Lücke im politischen Spektrum der Österreichrepublik, aufgrund dieses besonderen politischen Elends, konnte ein Nationalbewusstsein vor 1938 nur als autoritäres Konzept aufblühen. Wir werden gleich sehen, warum dieses völkische Österreichertum gegen den völkischen Nationalsozialismus ein höchst unwirksames Gegengift bleiben musste.

Liberalismus und Konservativismus ziehen in Österreich keine breite Spur

DESPOTIE

Transitorischer Zustand Bleibt uns noch das völkisch-nationale Lager. Wie alle anderen Lager besitzt auch dieses zwei befestigte Tore, eines nach links und eines nach rechts. Auf der einen Seite grenzt die äussere Rechte an die Linksmilitanz und auf der anderen an den Konservativismus. Die Trennlinie innerhalb des völkisch-nationalen Lagers, die verläuft etwas sanfter als zum Beispiel die zwischen Liberalen und Konservativen. Ich bezeichne

[45] Menke, Spiegelungen

die erste Position der äusseren Rechten als *autoritär* und *autoritativ*, die zweite in Abgrenzung dazu als *extrem*. Der Zeltplatz der Autoritären umfasst klerikale und soldatische Rechte, religiöse Fundamentalisten, bekennende Cäsaristen und Bonapartisten aller Couleur. Nicht selten verbergen sich bereits hinter pseudodemokratischen Fassaden Regierungssysteme mit stark ausgeprägten autokratischen Zügen, wie heute in Malaysia und Singapur. Untereinander verbindet die Rechtsdiktaturen eine unbedingter Ordnungswille, ein ungeschminktes Verhältnis zur Ausübung politischer Autorität, des weiteren der demonstrative Nichtverzicht auf Gewalt sowie das positive Bekenntnis zu politischen, religiösen oder militärischen Mythen der Nation. Macht ist hier Herrschaft in den Händen weniger und Autorität beruht auf Zwang oder Überredung. Doch Autoritarismus ist kein Selbstzweck. Auch die fanatischsten Anhänger von *Law & Order* wissen, dass kluge Macht auf Gewalt besser verzichtet. Sie sagen sich das nicht aus moralischen Gründen, sondern weil Macht in der Gesellschaftswelt eine subtile Grösse annimmt, die weit wirksamer ist, wenn sie nicht von Drohungen abhängt. Als institutionalisierte Macht findet die Gewalt neue Formen, wird flexibler und weniger fassbar. Wo das aber nicht funktioniert, da steigen Brutalität, Zensur und Folter zu den zentralen Kategorien auf. Dass *Asiatische* dies kein sonderlich gestriges Konzept ist, erfahren wir täglich aus den *Despotie* Weltnachrichten. Vom alten Mesopotanien bis in die unmittelbare Gegenwart liesse sich eine endlose Liste von Gewaltherrschern, Despoten und Autokraten zusammenstellen. Vom Beginn der Zivilsationen bis herauf zur *islamischen Monarchie* in Brunei, der Militärdiktatur in Burma oder dem despotischen Regime Hun Sens in Kambodscha. Tatsächlich scheint sich die politische Willkür gegenwärtig am stärksten in Asien auszubreiten; und dort wiederum ist der Boden für Rechtsstaatlichkeit nirgends so steinig wie in Südostasien.[46] – Aber auch die österreichische Vergangenheit hat reichlich mit dieser Erfahrung aufzuwarten. Bezogen auf unser Land kann man sagen, dass in den Dreissigern nahezu die komplette bäuerliche und bürgerliche Politik, dass alle aktiven Katholiken und Christlichsozialen in den Bannkreis eines autoritären Österreichbilds gerieten. Lediglich der agrarische Landbund hat den Rubikon nie überschritten und ordnete das Bekenntnis zur deutschen Nation dem Bekenntnis zu Demokratie und Verfassung unter. – Der historische Rückfall von der Republik zur Diktatur vollzieht sich immer und überall mit Notstandsverordnungen und Ausnahmegesetzen. In

---

[46] NZZ, 26.6.1999

ungeübten Gesellschaften scheint es so etwas wie eine latente Bereitschaft der demokratischen Rechten zu geben, lieber zur Diktatur überzugehen als Kontrolle und Einfluss zu verlieren. Schon der gelehrte Schlegel hat sich vom Problem des Krisenmanagements gefangen nehmen lassen. Er entwickelte eine kleine Lehre des Despotismus, die es wert ist, kurz wiedergegeben zu werden. Die absolute Despotie hielt Friedrich Schlegel für schlimmer als das Chaos; sie galt ihm als der Antistaat, als Position des politisch Negativen. Der Philosoph unterschied drei Formen dieser Herrschaft: den *tyrannischen,* den *oligarchischen* und den *ochlokratischen* Typus der absoluten Despotie; also Machtausübung von Individuen, Ständen oder Massen. Von diesen drei Regimen hob Schlegel die aufgeklärte Monarchie positiv ab. Das heisst für ihn war der Republikanismus nicht notwendig demokratisch. Im Fall der Fälle, im Fall seiner Durchsetzung oder im Fall seiner Verteidigung, sollte es durchaus einen rechtmässigen Aristokratismus geben. Zwar waren nach Schlegel politische Repräsentation und Trennung der Gewalten unabdingbare Kennzeichen des republikanischen Staats. Es sollte aber dringliche Ausnahmen geben, wenn Gefahr im Verzug stand. Ausserdem müsse sich ja jede provisorische Regierung zumindest

Zustand der einmal, nämlich am Beginn, notwendig despotisch verhalten.[47] Aus die-
Ausnahme sem Grund sei dann und wann ein *Patriziat*, in dem die Stimmen nicht nach Zahl sondern nach Gewicht bestimmen, mit dem Gesetz der Gleichheit recht wohl vereinbar. – Auf diese Weise hat Schlegel eine Art Notwehr des Staats legitimiert, einen Zustand, in dem vorübergehend die demokratischen Spielregeln ausser Kraft gesetzt werden dürfen. »Die transitorische Diktatur aber ist eine *politisch mögliche Repräsentation* – also eine *republikanische,* vom Despotismus wesentlich verschiedene Form.«[48] – Wir diskutieren hier über den schmalen und schwierigen Grad zwischen unsicheren Demokraten und Autoritären. Schlegel hat diesen unseligen Gegensatz zu verwischen begonnen. Die Lässlichkeit seiner Anschauung kommt einer rechten Disposition zu militärischen und polizeilichen Lösungen sehr entgegen. Und doch muss sich auch die brutalste Diktatur immer wieder als präsentabel anbieten. Schlegel hat also den Autoritaristen eine brauchbare Ausrede für die Absetzung der Demokratie geliefert: ihre Gefährdung. Man darf freilich nicht übersehen, das er 1796 um zwei Ecken herum gedacht hat. Schlegels Argumentation sollte ja vor allem eine Rechtfertigung des Aufstands bezwecken … Wann schlägt die Stunde einer provisorische

---

[47] Zit. n. Batscha, Friedensutopien, 99
[48] Zit. n. Batscha, Friedensutopien, 97

Regierung? Dann, wenn sie eine neuen Gerechtigkeit zum Ziel hat, sagt Schlegel. »Diejenige Insurrektion ist *rechtmässig*«, versichert er, »deren Motiv die Vernichtung der Konstitution, deren Regierung bloss provisorisches Organ und deren Zweck die Organisation des Republikanismus ist.«[49] Bei genauerem Hinsehen entpuppt sich Schlegels Lehre vom Ausnahmezustand also als eine weitere Variante des schon von Rousseau her bekannten »Despotismus der Freiheit«. – Kehren wir nach diesem Exkurs nun zum Ausgang zurück. Zur Frage, was moderate und rabiate Rechte in ihrem Innersten trennt. Für diese Polarität gilt dasselbe wie für die Zweiteilung der Linken: dass sie nämlich nicht an den Gewaltmodalitäten festzumachen ist. Erneut markiert die ideologische Perforation einen Unterschied, der nichts mit Strategie oder Taktik zu tun hat. Wieder geht es um etwas ganz anderes. Hannah Arendt hat die Grenze zwischen der republikanischen und der völkischen Form des Nationalismus am Beispiel des deutschen und französischen Nationalgefühls demonstriert. Republikanischer Chauvinismus und völkischer Nationalismus seien nicht zu verwechseln, meint sie. Den Franzosen wäre es bei aller *Glorie* nie eingefallen zu behaupten, dass Menschen nur dank mysteriöser Qualitäten ihres *Bluts* Stammesfranzosen seien. Arendt folgert daraus: »Die völkische Arroganz ist grösser und schlimmer als der chauvinistische Grössenwahn, weil sie sich auf innere unmessbare Eigenschaften beruft.«[50] Die Trennlinie zwischen Ultrakonservatismus und dem autoritärem Gehaben von Diktatoren verliefe demnach eher unscheinbar entlang politischer Mythen. Wenn auf der Waagrechten des Rechts-Links-Koordinatensystems eine so wichtige Trennlinie verläuft, dann müssen rechts ebenso originelle Grenzgänger zwischen den Welten anzutreffen sein wie auf der linken Seite. Und das ist durchaus der Fall. Ein sehr junges Beispiel ist König Sigme Jingye Wangchuk, der seit 1998 die freiwillige Einschränkung seiner Macht im Himalaja-Königreich Bhutan betreibt. Sein Staatsstreich *von oben* war ein politisch höchst ungewöhnlicher Kraftakt, weil das bhutanesische Parlament gegen die Erweiterung seiner Befugnisse regelrecht revoltiert hat. Statt die eigene Macht zu vergrössern, verfügte der weitblickende König, dass die Regierung nicht mehr von ihm, sondern vom Parlament gewählt werde. Und Wangchuk hat das Kraft seiner Autorität vor zwei Jahrzehnten auch durchgesetzt. Zwar kennt Bhutan heute immer noch keine geschriebene Verfassung, und die Vertreibung nepalstämmigen Bewohner wird regelmässig von der UN-Menschenrechts-

Weise Herrscher

---

[49] Zit. n. Batscha, Friedensutopien, 108
[50] Arendt, Elemente, 481

Der Über- kommission kritisiert. Aber das Ende der Erbdemokratie und die vor-
gang zur sichtige Demokratisierung des Kleinstaats in Indiens und Chinas Schat-
Diktatur ten ist ein wichtiger Schritt in der ungewöhnlich antiautoritären Stra-
vollzieht sich tegie gewesen, die Wangchuk bereits 1981 mit der Einführung von
immer mit Wahlen auf Dorf- und Bezirksebene eingeschlagen hat.[51] Eine seltene
Notstandver- und glückliche Fügung, da der weise Despot in 999 von tausend Fäl-
ordnungen. len bekanntlich ein leeres Versprechen bleibt.

ORDNUNG

Politische Versprechen sind das Schmieröl der Diktatur. Das ideologische Profil
Androiden von Autokraten ist gewöhnlich fantasielos und behäbig. Einmal an die
Macht gelangt, begnügen sich die neuen Herren meist mit dumpfen
*Law-and-Order-*Parolen. Wo die nackte Gewöhnung an die Machthaber nicht hinlangt, da bringen sie gerne Verschwörungstheorien ins
Spiel. Bald flattern sprechende Papageien herum, und die Autoritaristen
muten an wie altertümliche Schachautomaten. Vom obligaten Personenkult einmal abgesehen, ist das ideologische Angebot von Rechtsdiktaturen meist sehr viel gnädiger als ihre Herrn. Die innere Schwäche dieser Regierungsform resultiert aber auch aus der notwendigen
Unschärfe der Begriffe. Die Nation ist nicht leicht zu verorten. Geographische, religiöse, kulturelle und historische Fakten treiben im Nationalen keine beständigen Wurzeln. Ja, geographische Gegebenheiten
machen für die Bestimmung einer Nation überhaupt am allerwenigsten
Sinn – auf dieser Linie könnten sich selbst Österreicher, Tibeter und
Kanadier zur gleichen Nation bekennen. Wenig einleuchtend ist auch
der religionspolitische Nationsbegriff. Das politische Denken von
Fundamentalisten ist meist eine kleinliche Mischung aus Patriotismus
und Individualmoral. Die Glaubenskrieger des religiöser Nationalismus
konzentriert sich auf so triviale Themen wie Sauberkeit, Schulgebet und
Sexualhygiene, sie ereifern sich darüber, dass Frauenpräsenz gegen ein
heiliges Buch sei, und ähnliches. Das ist real nicht bedeutungslos, aber
für die Geschichte des modernen Gemeinwesens und seiner Begriffe
bedeutet es wenig. Die Theoretiker der religiösen Rechten weisen
grosssprecherisch die Trennung von Politik und Religion zurück. Sie
liefern in der Folge aber keine geistreiche Beiträge zu einem sinnvol-
leren Zusammenleben. Die Theoretiker der religiösen Rechten ziehen

---

[51] NZZ, 24.8.1998

für Verbote zu Feld, zum Beispiel von Homosexualität und Pornographie, vermögen uns aber nichts über die Verbindung zwischen Pornographie und jener Konsum-Sucht-Struktur sagen, die den modernen Menschen auszeichnet. Ihre einzige Vorstellung von einer angemessenen Relation zwischen Politik und Religion besteht darin, um religiöse Sanktionen für bestimmte politische Positionen zu beten und Spenden zu sammeln – und wo das nicht ausreicht, Bomben zu legen. Nie aber geht es um einen offenen Diskurs, der für die Konstitution der menschlichen Gesellschaft als einer politischen Gesellschaft unbedingt notwendig wäre. Was die Ansichten von Islamisten und moralischen Christen, von fanatischen Juden oder Hindi oder Buddhisten zum Bereich Wirtschaft angeht, so rücken sie meist Argumente aus der Tradition des liberalen Individuums in den Vordergrund. Was das Gesamtprofil der religiösen Rechten betrifft, da übertreiben sie die Sünden ihrer Gegner und weisen die eigenen Fehler zurück. Kurz: Religiöse Eiferer, Glaubenskrieger, sind ein Opfer dessen, was im Neuen Testament die »Selbstgerechtigkeit der Pharisäer« genannt wird.[52] – Nachdem nun Geografie und Religion abgehakt sind, bleiben noch drei weitere Teilmengen des Autoritarismus übrig: besagter Personenkult, also die Verehrung des jeweiligen Caudillo, dann historische Mythologien und die *Soldatische* soldatische Rechte. Letztere strebt mehr oder minder offen nach einer *Rechte* Militärautokratie: Die Nation wird von der soldatischen Rechten als Ahnenreihe imaginiert, als lebendiges Wesen, für dessen Weiterleben man sich begeistert auf dem Altar des Schlachtfelds opfert.[53] Interessant, und für manche vielleicht überraschend, ist, dass Faschismus und Nationalsozialismus sich nicht auf diese militärische Komponente der Rechtsideologie reduzieren lassen. Nein, das soldatische Denken markiert nur den Übergang von der autoritären zur extremen Rechten. Gewiss, der Wesenskern des modernen Kriegers besteht aus unbedingter Loyalität und einem Fetischismus des Gehorsams. Der Geist, der die soldatische Rechte beseelt, ist der Geist einer Maschine – aber er ist durchaus rational. Vitalismus, Aktionismus und Männlichkeitskult sind den politischen Freikorps nicht unbekannt, das nicht. Aber diese Phänomene sind sekundär und den Zeitmoden unterworfen. In der Hauptsache hat man es hier mit einer technokratischen Idee zu tun: der Unterwerfung des Einzelwillens unter ein einheitliches Kommando. Ein Soldat gehorcht nicht dem erstbesten Offizier, der über ihm steht, persönlich. Er ge-

---

[52] Christoph Lasch, Was ist bloss mit der Rechten los?, Ästhetik und Kommunikation, Heft 65-66/1987, 66
[53] Ehrenreich, Blutrituale

horcht den Befehlen.[54] – Bei diesem Habitus endet das, was ich Autoritätskomplex nenne; jenseits davon beginnt der Extremismus. Jenseits davon besiedeln Rassisten, Faschisten und Nationalsozialisten den äussersten Rand der rechten Dyade. Und auch sie ergeben kein einheitliches Bild. Nach Hannah Arendt setzt der Begriff der Nation immer eine Pluralität gleichberechtigter Nationen voraus. Das geschieht durch einen Volksbegriff, der von vorneherein »eine physisch gegebene Hierarchie der Völker impliziert«.[55] Demnach muss es also gute und schlechte Nationen geben, Herren- und Sklavenvölker, genau wie Faschisten die Existenz von Über- und Untermenschen für glaubwürdig erachten. Sie definieren sich über Abgrenzung und Ausschluss. – Man könnte solche Extremideologien für übertriebenen Nationalismus, für übersteigerte Selbstbehauptungen, halten. Doch das wäre verharmlosend. Iring Fetscher hat den Antibolschewismus als die grosse Lebenlüge des Nationalsozialismus bezeichnet. Die NS-Diktatur gab sich allergrösste Mühe, als Rettungsanker in einer degenerierten Welt zu erscheinen. In seiner Rede zum totalen Krieg sprach Josef Goebbels von einer »Weltrevolution der Juden«, die »ihre internationale, bolschewistisch verschleierte kapitalistische Tyrannei aufrichten« wolle. Verglichen *Die extreme* mit dieser halsbrecherischen Gefahr, so Goebbels weiter, sei der Bol-
Rechte schewismus nur eine sozialistische Tarnung des eigentlichen Ziels der »jüdischen Weltrevolution«.[56] In der nationalsozialistischen Lesart erscheint der Antibolschewismus also als letztes Stadium des Antisemitismus. Solche Propagandatricks verleiten einen leicht zu Annahme, der Extremismus sei insgesamt eine Art Konkurrenzideologie. Sicher, die beiden Parteidiktaturen des 20. Jahrhunderts – Nationalsozialismus und Bolschewismus – sind als erbitterte Feinde gegeneinander angetreten. Doch sie standen sich weit näher, als es die amtliche, auf ideologische Erbfeindschaft eingestimmte Propaganda wahrhaben wollte. Der gemeinsame Feind, die liberale Demokratie und der Verfassungsstaat, wurde in den Dreissigern im Westen gesehen. Mehr als einmal, beim Streik der Berliner Verkehrsbetriebe und beim Hitler-Stalin-Pakt, haben sich Kommunisten und Extremisten auch praktisch miteinander verbündet, um die verhasste Mitte zu bekämpfen. Antiliberalismus und Antirepubikanismus waren weit wichtiger als Antibolschewismus. Sie waren ebenso undingbare Kennzeichen faschistischer Ideologie wie die Vergötterung der Soldatenstiefel. Aber weder dies noch das, auch nicht

[54] Hermans, Dunkelkammer, 216
[55] Arendt, Elemente, 111
[56] Iring Fetscher, FAZ, 11.12.1998, 45

die rigorose Gewaltbereitschaft, treffen den ideologischen Kern des Jahrhundertphänomens. Schliesslich sind die Nationalsozialisten und die italienischen Faschisten nicht durch bewaffnete Aufstände an die Macht gelangt. Die Macht wurde ihnen durch windige Staatsoberhäupter freiwillig ausgeliefert. – Treten wir einen Schritt zurück, um den Blick weiter zu schärfen. Die beliebte Idee, dass die spezifische Differenz des Extremismus in seiner Ideologie zu suchen sei, diese Idee wird nie aussterben. Sie basiert auf der fragwürdigen Annahme, dass faschistische Politiken ein konsequentes, logisches und gut strukturiertes Ganzes seien – nicht weniger kohärent und homogen als etwa der Liberalismus oder der Marxismus. Sehr wahrscheinlich aber ist genau das Gegenteil wahr: Nämlich dass die extreme Rechte ihre Einheit und ihre Durchschlagskraft nicht ideologischen, sondern politisch-organisatorischen Faktoren verdankt. Vermutlich tut man dem Extremismus zuviel der Ehre an, wenn man ihn als Weltanschauung begreift. Wahrscheinlich kommt man der Sache weit näher, wenn man sich seinen politischen Körper als Patronagepartei denkt – als eine auf Machtgewinn ausgerichtete Sammlungsbewegung, deren Führer zwar keine reinen Nihilisten sind, aber ohne System, ohne Kohärenz, so flexibel, dass ihre Komponenten je nach Opportunität aktualisiert oder inaktualisiert werden können. Der ideelle Überbau der Faschismen ist nicht bedeutungslos, aber er wird überschätzt. Der historische Erfolg der aktivistischen Coups ist extrem physischer Natur. Wo er ideell geblieben ist, kam er, wie wir noch sehen werden, dem faschistischen Begehren häufig in die Quere. Und noch etwas: Wir vergessen gerne, dass extremistische Politik verbunden ist mit einer typischen Frontstellung gegen alle – gegen die konservativen Eliten, gegen die Besitzbürger, gegen die Mittelschichten, gegen den Reformismus, gegen den Kommunismus. Extremismus ist ein ortloses Konzept, dessen realpolitische Korrumpierung zwangsläufig erfolgt; es kann nur münden im Kult des Führers, der Aktion, der Dynamik.⁵⁷ Was mich zögern lässt, den Extremismus ganz und gar auf ein Bandenphänomen zu reduzieren, das ist eine bestimmte Affinität von Positionen am äussersten Fluchtpunkt des ideologischen Universums. Die sozialistisch-nationale Synthese im klirrenden Erz eines Georges Sorel, die nationalsyndikalistische Synthese eines Arturo Labriola und der Brutalbolschewismus eines Arnolt Bronnen – solche politischen Irrlichter zwingen uns auch weiterhin über die ideologischen Versatzstücke des Nationalsozialismus und des Faschismus nach-

Führer, Aktion, Dynamik

---

[57] Günter Maschke, Die schöne Geste des Untergangs, FAZ, 12.4.1980

Der Bogen der Rechtsideologien endet beim faschistischen Massenterror

zudenken. Schon klar: Jedes Rutenbündel schwang anders. Der Flirt mit dem Futurismus trennte die Duce-Anhänger von den deutschen Nationalrevolutionären. Und der eliminatorische Rassenantisemitismus wieder unterschied die Nationalsozialisten von italienischen und französischen Gesinnungsbrüdern. Wenn sich aber noch etwas Neues sagen lässt über die Vernichtungsideologie des 20. Jahrhunderts, dann vermutlich aus dieser doppelten Perspektive des romantischen Faschismus und der Übergänge des Geisterreichs nach links.

ULTRA

Übergang der Extreme

»Schönheit der Arbeit ist edelster Sozialismus.« Diesen Wandspruch soll Adolf Hitler persönlich zur Selbstbesinnung seiner Gefolgschaft ersonnen haben. Das Impetuose war typisch für den Extremismus faschistischer Prägung: seine Verknüpfung aggressiv-menschenfeindlicher Aktionen mit revolutionären Phrasen. Die gegen die Arbeiterklasse, gegen die Demokratie und die säkulare Gesellschaft als solche gerichteten Bewegungen verliefen in den Bahnen eines Führerkults. Ihr Ziel aber hiess Übereinstimmung von Verehrten und Regierten; um den höchsten Befehl zu empfangen, bedurfte es ein Höchstmass an Demut. Aus diesem Grund ging die Mobilisierung der Massen mit proletarischem Gehabe und einer sozialrevolutionären Demagogie einher. Diese Praxis unterschied den historischen Rechtsextremismus deutlich von autoritären und autoritativen Konzepten. Es ist kein Zufall, dass die fiebrigsten Idealisten rechts aussen, die Nationalrevolutionäre à la Ernst Niekisch, den Sozialmilitanten von links zum Verwechseln ähnlich sahen. Ein führender Nationalsozialist wie Ernst Röhm hat die deutschen Kommunisten mit erheblicher Sympathie für ihren »revolutionären Elan« bedacht. Als er und seine Vertrauten später von Hitlers Getreuen umgebracht wurden, da registrierten konservative Kreise und die Führung der Wehrmacht die formlose Liquidierung dieser linksaffinen Unterströmung des Nationalsozialismus mit tiefer Befriedigung. Die *militante Linke* der Hitler-Bewegung war damit erledigt.[58] – Auch die im Zweiten Weltkrieg zuletzt geschlagenen Faschisten illustrieren sehr gut die fliessenden Übergänge auf der Y-Achse. So ist es eine wenig bekannte Episode der Nachkriegszeit, dass die italienischen Kommunisten unter Palmiro Togliatti frühere Funktionäre und Würdenträger der Repu-

---

[58] Iring Fetscher, FAZ, 11.12.1998, 45

blik von Saló, also Mussolinis Restrepublik von Hitlers Gnaden, erfolgreich in ihr Lager zog. Diese 20.000 roten Faschisten Italiens wurden auch *Ex-Linksfaschisten, Kryptokommunisten, Togliattis Schwarzhemden* oder *Caronti* genannt. Sie lehnten nach 1945 das faschistische Regime mit derselben Vehemenz ab wie die bürgerliche Resistenzia. – Und umgekehrt? Gab es auch Bewegungen in die andere Richtung? Auch das. Schon lange vor dem Zweiten Weltkrieg waren Sozialrevolutionäre nach Rechtsaussen abgedriftet. Der französische Gymnasialprofessor Gustave Hervé [1871-1944] zum Beispiel hatte sich vom linken Kosmopoliten zu einem rechten Rabauken gewandelt. 1900 als revolutionärer Pazifist vom Schuldienst suspendiert, dann Advokat, 1906 wegen antimilitaristischer Tätigkeit aus der Anwaltsliste gestrichen, trat er einige Jahre für Kriegsdienstverweigerung und schroffsten Klassenkampf ein. 1913 dann die erste Wandlung: Hervé wurde erklärter Militarist. 1927 gründete er eine National-sozialistische Partei.[59] Ein anderes Land, ein anderer Fall: Der pazifistische Schriftsteller Ernst Glaeser fuhr 1939 freiwillig aus dem politischen Exil in der Schweiz nach Deutschland zurück und wurde Schriftleiter der Wehrmachtszeitung *Adler im Süden*. – Angesichts einer Vielzahl solcher Karrieren lässt sich das Phänomen kaum als winselnder Opportunismus abtun. Man könnte in Analogie *Ein ewiger* zur Zentrumsfalle eher von einer typische Peripherie- oder Randfalle *Kreislauf* am oberen Ende der Vertikalachse sprechen. Die ideologische Schallmauer ist an diesem Punkt durchlässig: *Gefährlich leben, Gefahren bestehen,* lautet hier das Motto. Gegenbürgerliche Imaginationen, alptraumhafte innere Spannungen, teils ekstatisch oder kalt genossene Vernichtungswollust – solche keineswegs nur stilistischen Gemeinsamkeiten sind es, die Ultralinke und Ultrarechte miteinander verbinden. Ernst Niekisch hat sich zwischen den Kriegen federleicht über die Tabus hinweggesetzt. Dieser Vorkämpfer einer Reagrarisierung Deutschlands mit russophilen Neigungen bezahlte dafür unter Hitler mit dem Zuchthaus. Sein Nationalismus unterschied sich vom älteren, wilhelminischen Nationalismus nicht nur durch der Härte der Sprache, mit der Niekisch den Wert der Nation zur Geltung brachte. Sein Programm kappte auch rigoros alle bildungsbürgerlichen Reserven, die bis dahin gegenüber Arbeiterschaft und Grossstadt, Wissenschaft und Technik gegolten hatten.[60] Wenn dieser Ultra ein Nationalist war, dann im Sinn eines nationalreligiösen, fundamentalistischen Nationalismus. »Ein Nationa-

---

[59] Szeemann, Monte, 50
[60] Stefan Breuer, NZZ, 20.7.1997

list, dem die Nation, ein Klassenkämpfer, dem die Klasse nichts galt«, wie eine Niekisch-Biografin treffend gesagt hat.[61] Dieser Hypernationalist sah Hitler früh als Verräter der deutschen Sache, weil er das Deutsche Reich in den Untergang führte. Niekisch galt darum nach dem Krieg intellektuellen NS-Abweichlern als leuchtendes Vorbild. Der unbefleckte Nationalrevolutionär erlaubte ihnen genau jene Identifikation mit dem Faschismus, die eine Schuldfrage weit von sich wies. Niekischs unmittelbarer geistiger Verwandter war Ernst Jünger, der sich in den Dreissigern einem »planetarischen Imperialismus« ohne Zwischenvorgesetze, einer »Raumbeherschung von Pol zu Pol«, zugewandt hatte. In diesem schmalen ideologischen Segment am rechtsrechten Rand war das Denken seit dem Ersten Weltkrieg nicht mehr von den Träumen vergangener Utopien geprägt, es war jetzt geprägt vom Geist des Chiliasmus. Wenn es in diesem schmalen Segment einen ideologischen Konsens gab, dann war es wohl die Vorstellung fester Urgründe und entfesselter Urgewalten. – In der Sprache der Astronomen bezeichnet *Revolution* seit dem 16. Jahrhundert den Umlauf der Gestirne. Diese etymologische Herkunft beschwört die Vorstellung einer Kreisbewegung, die sich in der Rückkehr zum Anfang vollendet. Der Extremismus ist eine mythischen Vorstellungswelt, in der Einheit und Vielheit zu einer Allheit verschmelzen. Dabei vollzieht die Nation und mit ihr die ganze Menschheit eine Rückkehr. Der Extremist denkt, die Menschheit drehe sich in ihrem schwankenden Gang ständig um sich selbst, ihre Fortschritte seien nichts als Verjüngungen der Tradition, und alle Systeme, so gegensätzlich sie auch erscheinen mögen, böten im Grund nur wechselnde Ansichten der gleichen Sache. Was der romantische Faschismus verkündet, das ist die Geschichte der Menschheit als ein von gewaltigen Katastrophen unterbrochener ewiger Kreislauf.

Nationalrevolutionäre sehen Sozialmilitanten zum Verwechseln ähnlich.

SCHEMA

Neue Raumlehre Die Koordinatenachsen X und Y bilden keine festen Grenzen. Es ist die politische Geschichte selbst, die eine Reihe von Antworten bereit hält, welche das begriffstheoretische Modell sprengen. Das einschichtig Abstruse, das Schrullige und Widerläufige gewisser Positionen enthüllt sein Geheimnis ganz unverhofft, indem es einfach da ist. In diesem Sinn bilden die Koordinatenachsen von Links/ Rechts und von Innen/ Aussen

---

[61] Rätsch-Langejürgen, Prinzip

keine abgeschlossenen Grenzen. Die vier Dispositionen des politischen Menschen sind Felder in einer fluiden Landschaft. Jede ideologische Behauptung inkliniert nach zwei Richtungen, weil sie zwei Nachbarn hat. Was das Modell betrifft, so bedeutet das: Zusätzlich zu den beiden Koordinatenachsen gibt es Diagonalachsen; sie unterteilen im spitzen Winkel die vier Quadranten noch weiter. Dadurch haben wir insgesamt acht unterschiedliche Segmente vor uns. So setzen sich die beiden politischen Flügel in meinem Rechts-Links-Schema nun wie bei Bobbio aus vier Haupt- und acht Untergruppen zusammen:

Nationalisten – Extremisten, Autoritäre
Republikaner – Konservative, Liberale
Reformer – Sozialdemokraten, Radikale
Revolutionäre – Kommunisten, Militante

Man kann sich dieses Spektrum auf einer Linie oder als Halbkreis vorstellen, als politische Windrose oder als ein Kreis von Farbtönen – jede graphische Form, jede abrufbare Verdichtung, führt zu anderen Auffälligkeiten. Die Anwendung der Kartesianische Koordinatengeometrie besitzt zwei Vorteile: a) Sie erlaubt weit reichende theoretische Spekulationen über innere Beziehungen der Ideologeme entlang der Achsen. Und b) sie gestattet das Problem der politischen Mitte neu zu bestimmen. – Die Spekulationen entlang der Achsen rücken jeweils vier Sektoren ins Bild. So könnte man zum Beispiel die These formulieren, dass sich das Thema entlang der X-Diagonale [Extreme – Autoritäre; Sozialdemokraten – Radikale] um den Gegensatz von Körper und Geist dreht. Oder man könnte vermuten, dass die Konflikte entlang der Y-Diagonale [Konservative – Liberale; Kommunisten – Militante] um den Widerspruch von Individuum und Gesellschaft kreisen; wobei die Übereinstimmung von Libertären mit Liberalen ziemlich genau der Übereinstimmung von Kommunisten mit Konservativen entspricht. – Es ist ein anregendes Spiel, eine mehrschichtige Bestandsaufnahme, in dem es Translationen, Gleitspiegelungen und Drehspiegelungen gibt. Man gelangt durch solche Methoden zu einer Art höheren politischen Astrologie. Bestimmt man auch noch jede einzelne Positionen auf den zwei Hauptachsen vektoriell zur Mitte hin, dann ergibt das eine erstaunliche Kartographie, die alle Jahre neue Gesamtfiguration des Politischen abwirft. – Der zweite Vorteil meines Modells ist, dass sich das Problem der politischen Mitte vom unteren Ende der Vertikalachse, wo sich Sozialdemokraten und Liberale berühren, zur Achsenmitte hin verla-

Die ewige Mitte

gert. Die Suche nach der Mitte des politischen Universums ist bekanntlich die häufigste Quelle von Missverständnissen. Heinrich Lammasch zum Beispiel trat im Herrenhaus der Mittelpartei bei, »weil diese eine Partei der Parteilosen war, in der man in der Regel, je nach seiner Überzeugung, einmal mit der Rechten, einmal mit der Linken stimmen konnte«.[62] Das Kartesianische Modell, in dem alle Richtungen kreisförmig eine Mitte umschliessen, zwingt zur Annullierung der Vorstellung, der Ausgangspunkt aller politischen Debatten befinde sich irgendwo zwischen den gemässigten Kräften. Es ist ganz anders: Je weiter sich zwei Positionen vom Schnittpunkt der Achsen entfernen, desto grösser wird auch die Distanz zwischen ihnen. In diesem Sinn wirken die äusseren und die innere Positionen völlig gleichmässig auf das Ganze ein; Moderatismus und Rigorismus balancieren etwas aus. Leo Tolstois christlicher Anarchismus liegt ja vermutlich weit näher zur Mitte hin, als etwa der Ordoliberalismus des 19. Jahrhunderts. – Das alles sind Gedankenübungen, Lockerungen, Hilfen zur Fabrikation von Thesen. Und Ideen sind erfreulicherweise dazu da, dass Intellektuelle sich mit ihnen bewerfen. Wie bei jedem Modell bleibt auch bei diesem Links-Rechts-Schema genügend Unbehagen bestehen ... Das beliebteste Argument gegen die politische Richtungszuordnung ist bekanntlich, dass sie jüngere politische Bewegungen nicht erfassen kann. Zum Beispiel die Frauenbewegung, die Umweltschutzinitiativen oder die Tierrechtsbewegung. Kritische Linke behaupten zudem, die alte Links-Rechts-Polarität tauge nicht dazu antisemitische, autoritäre, nationalistische oder antifeministische Positionen von Linken darzustellen.[63] Und wahrscheinlich gibt es auch irgendwo kritische Rechte, die behaupten, das Schema tauge nicht dazu, philosemitische, humanitäre und feministische Positionen der Rechten zu geisseln. Solchen Einwänden ist die Sehnsucht nach einer moralisch einwandfreien Welt deutlich anzumerken. Viel wichtiger ist, was die neuen politischen Phänomene bedeuten. Der Kampf zur Gleichstellung der Frau wurde in der Ära der Suffragetten zwar als eindeutig linkes Phänomen wahrgenommen, stand aber ideologisch dennoch rechts. Wo immer es um die Selbstbestimmung der Frau geht, zielen diese Bemühungen auf individuelle Freiheitsrechte und gehören somit dem Kosmos des klassischen Liberalismus an. Feministische Sekten wie SCUD dürfen sogar fraglos der extrem terroris-

Neue politische Bewegungen

---

[62] Lammasch, Lammsch, 19
[63] Jungle World, 32/2000, II

tischen Rechten zugeschlagen werden. Was für den Feminismus gilt, das wiederholt sich auf anderen Gebieten. Man hat etwa lange behauptet, dass sich technologische Werte mit den Raumkategorien nicht als politisches Phänomen diskutieren lassen. Beide, Linke wie Rechte, würden die Technokratie als machtvollen Kulturimperativ ansehen.[64] Aber die Umweltbewegung hat mittlerweile hundertfach das Gegenteil bewiesen und ein enorm breiteres Spektrum zu diesen Fragen ausgebildet. Wo es um die Mitbestimmung von Anrainern und Betroffenen geht, da sind Bürgerinitiativen dem Liberalismus zuzurechnen; wo Naturschutz hingegen auf die Einschränkung von Freiheitsrechten hinausläuft, im Ökofundamentalismus, da haben wir es mit Autoritarismus zu tun. Das soll nicht heissen, dass die Umweltbewegung keinen dezidiert linken Flügel besitzt, im Gegenteil: Der Sozialökologismus des Amerikaners Murray Bookchin zum Beispiel ist pure Revolutionsmythologie. Der totale Sozialstaat mit biologischem Ackerbau und Ganzheitsmedizin, den Frijtof Capra vertritt, hingegen, der driftet über die Y-Achse weit nach rechts ab. Die Schwierigkeiten, die Umweltbewegten immer klar zu verorten, ergeben sich teils aus der enormen Breite ihrer Anliegen, teils aus ihrer konkreten geschichtlichen Herkunft. In den Siebzigern und Achtzigern war das Grüne Projekt in den deutschsprachigen Ländern hauptsächlich ein Versuch der Linken, eine politische Regeneration der Rechten mit Hilfe des Naturbegriffs zu verhindern. – Am einfachsten von den drei Fällen lässt sich die Tier- und Pflanzenrechtsbewegung im Links-Rechts-Schema verorten. Ihre Bandbreite ist schmal und reicht gerade mal von wertkonservativ bis fundamentalistisch, methodisch sind ihre Aktivisten stets bereit zur Verfeindung.

Die Suche nach der Mitte ist schwierig, weil sich die Lage ständig ändert.

SPEKULATION

Zum Abschluss noch ein Ausflug ins Reich der Spekulation. Möglicherweise, möchte ich kurz behaupten, unterscheiden sich stramme Rechte und forsche Linke schon in der Struktur ihrer Psyche. Bei gehöriger Überstrapazierung des Osma-Problems zeichnen sich nämlich im Rechts-Links-Universum so etwas wie die schemenhaften Umrisse der politisch agierenden Persönlichkeiten ab. Psychoanalytisch gesprochen entzweit die Linke das, was man einen Ego-Superego-Konflikt nennt, wobei der Revolutionär den Platz des Ichs und der demokratische Re-

Spiele der Innerlichkeit

---

[64] Roszak, Gegenkultur, 29

former den Platz des Über-Ichs einnimmt. Ganz anders die rechte Politpersönlichkeit: Sie wird von einem Ego-Es-Konflikt beherrscht, wobei jetzt der Republikaner als Ich und der Nationalist als Es figurieren. – Dieser Verdacht, denn es ist lediglich ein Verdacht, geht von den Drehpunkten der X-Achse im Modell aus. Wieder erweisen sich die inneren Konflikte der Dyaden fruchtbarer als die äusseren. »Freiheit und Gleichheit sind keine Gegensätze«, hat der Politologe Anton Pelinka in sehr frühen Jahren, 1974, einmal behauptet.[65] Zu solchen Urteilen kann man nur gelangen, solange man meint, die neuralgischen Punkte lägen an den Berührungsflächen der Hemisphäre. Ich habe versucht zu zeigen, dass die innerdyadischen Gegensätze weit besser erklären, warum so viele synthetische Begriffe und so viele praktische Experimente der Politik auf der Horizontalen angesiedelt sind. – Zurück nun zur Spekulation. Das Über-Ich vereinigt bekanntlich die ethischen und sozialen Normen einer Kultur oder Gesellschaft, das Über-Ich verteidigt Vorstellungen, die sich zu einem für alle Teile verbindlichen *Wertsystem* entwickelt haben. Analytisch gesprochen wird das Ich-Ideal eines Menschen dabei auf eine Instanz projiziert, die zum autoritären Vertreter ihrer Person, zur öffentlichen Seele wird. Repräsentation bedeutet also *Linke und* Gewissen, durch das Gebote und Verbote einverleibt, zu einem ge- *Hornochsen* schlossenen *Innen* – kurz: zu dem werden, was die Psychoanalyse als *Introjektion* bezeichnet. Auf unser Modell übertragen hiesse das: Der Revolutionär [Ich] zweifelt das Prinzip der demokratischen Repräsentation an, das der Reformer [Über-Ich] beharrlich zu schützen weiss. Zahlreiche Konflikte innerhalb des Marxismus scheinen sich auf diesen Mechanismus zurückführen zu lassen. Für die revolutionäre Linke war die Selbstprojektion des einzelnen auf eine öffentliche Autorität immer schon ein Riss im Selbst, eine Selbstentfremdung, um alle Macht und Stärke auf einen anderen Menschen zu übertragen und dabei den eigenen Willen und das eigene Urteil seinem Willen und seinem Urteil zu unterwerfen. Das revolutionäre Ich sieht in der parlamentarischen Repräsentation eine Niederlage, ein nutzloses Scheintheater zur Unterdrückung der menschlichen Würde. Am schonungslosesten hat dies Norman O. Brown ausgesprochen: »Es ist eine geistige Entfremdung, eine andauende Herabminderung des Selbst zu einem Zustand der Unmündigkeit, wie bei Minderjährigen oder Irren. Und der Irrsinn ist, dass man sich selbst in eine Heilanstalt einweist.«[66] – Ich fasse zusammen:

---

[65] Pelinka, Demokratie, 74
[66] Brown, Love's, 108

Der moralische Dauerzank um die Gestaltung der politischen Vertretung, der zwischen Gemässigen und Revolutionären tobt, lässt sich als Zwist zwischen Ich und Über-Ich lesen und scheint das Kennzeichen der linken politischen Persönlichkeit zu sein. In der linken Psyche geht es offenbar darum, das Bild von dem, was sein könnte, mit dem zu vermitteln, was sich an Vorstellungen und Erfahrungen im Lauf der Geschichte zu einem Wertssystem gefügt hat. – Weiter zur Rechten. Die dritte Instanz im Aufbau der Persönlichkeit, das Es, ist bekanntlich die ontogenetisch älteste der psychischen Instanzen. Das Es stellt den Urgrund dar, aus dem sich die beiden anderen Instanzen entwickeln, es liefert die ungeordnete seelische Energie. Das Es ist das Kraft- und Triebreservoir der gesamten Persönlichkeit. Das Ich hat die Aufgabe, die aus dem Es kommenden Bedürfnisse zu prüfen und sie auf die Bedingungen der Realität abzustimmen. Das heisst: einige davon durchzusetzen, andere aufzuschieben oder aber zu unterdrücken, wenn ihre freie Äusserung etwa eine bedrohliche Reaktion der Aussenwelt zur Folge hätte. – Bei der Rechten fügt sich das Freud'sche Modell leider nicht mehr so spielerisch ein in die Ideengeschichte. Aber es decken sich zumindest punktuell bestimmte Elemente des freudianischen Modells mit Elementen der rechten Selbstbeschreibung. Die Instanz des Es hat bei der äusseren Rechten ihr Elysium gefunden. Also verläuft der verborgene Konflikt der rechten Politpersönlichkeit zwischen dem Republikaner [Ich] und dem völkischen Nationalisten [Es]. Natürlich ist es nicht rasend originell, dem gewalttätigen Nationalismus eine Triebhaftigkeit zu unterstellen. Aber warum soll – um im Bild zu bleiben – der Republikaner nicht die Kollektivträume des Völkisch-Nationalen mit den Forderungen der Realität in Einklang bringen, so wie das Ich die Triebregungen des Es? Die pseudoobjektiven, ethnisch-biologischen Begriffe der Nation gehorchen doch einer unbewussten oder nur indirekt zugänglichen Logik der Gemeinschaft und der Harmonie. Das wird niemand in Abrede stellen. Allein aus diesem Umstand bezieht die völkische Mythologie ihre Vitalität und Aggression. Und das republikanische Ich, was tut das in diesem Konflikt? Es grenzt sich durch Konfrontation und Auseinandersetzung mit der linken Aussenwelt von diesem Es ab. Die ungesteuerten und unkontrollierten Äusserungen der Triebe stossen so auf Widerstand und finden nur teilweise und in stark gemilderter Form ihre Befriedigung. – Man könnte solche Spekulationen immer weiter und weiter treiben, verschiedene Triebmodelle und Stufen der Triebentwickelung ins Spiel bringen. Aber die Schwierigkeiten des politischen Diskurses lassen sich ja nicht durch die Begrifflichkeit anderer Diskurse subtrahieren und zum Verschwinden bringen. Das Unbewuss-

Instanzen der Rechten

te, das Über-Ich – all diese Metakonzepte und Erklärungen können nicht genau definiert werden. Die menschliche Innenwelt ist komplizierter als Freud angenommen hat und die politische Welt komplexer als sie durch ein Raumschema hinreichend gedeutet werden könnte. Ich begnüge mich darum mit zwei kleinen Einsichten, die sich aus dem unvollkommenen Spiel mit den Turbulenzen gewinnen lassen. Einmal mit der Einsicht, dass die Unversöhnlichkeit des linken und des rechten Persönlichkeitsprofils letztlich verschiedene Leistungen des *Homo politicus* erbringen, die erst in der Zusammenschau ein sinnvolles Ganzes ergeben. Und dann, zweitens, noch eine vorsichtige These. Natürlich wäre eine politische Realität wünschenswert, die sich auf die Kräfte in der demokratischen Hälfte der Linken und der Rechten beschränkt! Aber es besteht der berechtigte Verdacht, dass die demokratische Rechte und die demokratische Linke ihre Beiträge zur Gesellschaftstransformation nur unter ständiger Bezugnahme auf ihre jeweilige politische Anderswelt zustande bringen.

Rechte und linke Persönlichkeiten ergänzen einander im zum Homo politicus.

IDEOLOGIE DES FASCHISMUS
Die verschwiegene Herkunft
FORMEL

War die christlichsoziale Diktatur in Österreich ein faschistischer Staat? Tenor der
– Nein, 1933 bis 1938 lag das bleierne Gewicht einer klassische Rechts- Verklärung
diktatur auf dem Land. Aus den Trümmern der Ersten Republik war
ein unfähig-brutaler Polizeistaat hervorgegangen, geschmückt mit Salzburger Festspielen, aber unfähig zur grossen Verfinsterung, zur Irreführung, zur fanatischen Verdammung. Der Begriff *Austrofaschismus* trägt
dieser Realität allerdings wenig Rechnung, ja er hilft die fünfjährige
Periode kaum besser zu verstehen als die vom Regime selbst gewählte
Bezeichnung *Ständestaat*. Bekanntlich ist es eine notorische Schwäche
der österreichischen Konservativen, dass sie in Zeiten wachsender
Orientierungslosigkeit wehmütig der Vergangenheit gedenken. Bis in
die Gegenwart herauf werden sinistre Debatten über die Vorzüge der
christlichsozialen Heimwehrdikatur geführt; besonders in der Tageszeitung *Die Presse* wollen befremdliche Interpretationen nie nicht verstummen. Engelbert Dollfuss und Kurt Schuschnigg, kann man da gelegentlich lesen, seien gute Landesväter gewesen. Sie hätten ihr Volk nur vom
Kommunismus und von der Vulgarität der Moderne fernhalten wollen.
– Das Auseinanderklaffen in der Einschätzungen der bleiernen Jahre
spiegelt sich am stärksten in den gebräuchlichen Termini wieder.
Dollfuss und Schuschnigg bezeichneten ihr System selbst als *Ständedemokratie* und als *berufsständischen Staat*. Die alternativen Ausdrücke
Heimwehrstaat und *Polizeiregime* betonen hingegen die übermächtige Rolle der bewaffneten Kräfte. Joachim Giller wiederum spricht von
einem *autoritären Ständestaat*.[1] Ausdrücke wie *christlichsoziale, christliche* oder *katholische Diktatur* sowie *Quadragesimo-Anno-Staat* unterstreichen die kirchenideologische Seite. Am häufigsten hat die Nachwelt allerdings eine farbige Palette von Faschismus-Begriffen in Stellung gebracht:

Austrofaschismus, Heimwehrfaschismus, Halbfaschismus, Konkurrenzfaschismus, Parafaschismus, Protofaschismus, Pseudofaschismus

---

[1] Giller, Demokratie, 157

Begriff Der notorisch respektlose Robert Neumann kritisierte einen »echt öster-
Austro- reichischen Faschismus« und eine »blutige Operettenvariante der ech-
diktatur ten Schurken im Nachbarreich«.[2] Sebastian Haffner sprach in einem vergleichbaren Zusammenhang von einer »Semi-Diktatur im Namen der Demokratie zur Abwehr der echten Diktatur«.[3] – Wie gesagt, das Register ist lang und die Bedeutungen sind vielfältig. Doch der Faschismusvorwurf hat sich hartnäckig über Jahrzehnte gehalten. Nun muss dazu gesagt werden, dass jeder begriffliche Annex zum Stichwort Österreich – also Austrofaschismus, Austromarxismus und Austrobolschewismus – ein zeitgenössischer Kampfbegriff des jeweiligen politischen Gegners war. Das scheint die besondere Eigenart der *Austrobegriffe* zu sein. Mit dem Kombination von Austro und Faschismus hat die Linke in diffamatorischer Absicht die Autoritären in die Nähe der Nationalsozialisten gerückt; mit dem Begriff Austrobolschewismus wieder versuchte die Rechte die Sozialdemokraten in den unbedingten Geruch des Kommunismus zu bringen. Ich schlage für die politischen Welterlösungsanstrengungen der Jahre 1933 bis 1938 den neuen Terminus *Austrodiktatur* vor, und zwar einerseits, um die Analyse vom beschönigenden Selbstbild des Regimes scharf abzugrenzen, und andererseits, um eine vorschnelle Gleichsetzung mit den faschistischen Massenbewegungen des 20. Jahrhunderts zu vermeiden. Die nationalen Parteien der Dreissiger gravitierten *nicht* nach demselben Gedanken. Die Austrodiktatur fand nie einen breiten Massenanhang. Es gab auch keine putschistische Machtübernahme durch eine faschistische Österreichpartei. Dollfuss ist rechtmässiger Kanzler gewesen und hat diese Position benutzt, um einen Staatsstreich *von oben* durchzuführen.[4] Trotz seiner ideologischen Aufmachung ähnelte das Ständeexperiment eher dem traditionellen Potentatentum von rechten Ordnungskräften, einer Militärdiktatur oder einer Einparteiendiktatur, als einem faschistischem System. Gewiss, die beiden Autoritaristen
Der Streit Dollfuss und Schuschnigg waren Alleinherrscher, sie bauten auf das
um Termini Angstzittern der Bevölkerung und inszenierten ihre Macht selbstgerecht
spiegelt ein wie ein Buffo. Dennoch tut eine strenge Unterscheidung von Rechts-
Auseinander- diktatur und faschistischen Rettungsprogrammen Not: Einmal, um die
klaffen der essentialistischen und substantivistischen Definitionen des faschistischen
Einschätzun- Abenteuers zu umgehen. Und dann noch, um die in der Austrodiktatur
gen wieder dicht angelegte österreichische Mischung aus Aggression und Selbst-

---

[2] Zit. n. Weinzierl, Februar, 147
[3] Haffner, Geschichte, 85
[4] Carsten, Faschismus, 219

mitleid besser in den Blick zu bekommen. Die genaue Unterscheidung ist sicher nicht immer einfach. Sie verlangt die begriffliche Anstrengung, den Weltzustand wie in einem Brennglas zu sehen. Und das ist immer wieder erfolgreich gelungen.[5]

APORIE

Kurt Schuschnigg war der Nachfolger von Dollfuss. Er gerierte sich *antidemokratisch, antiliberal, antimarxistisch, antiitalienisch, antibritisch, antinationalsozialistisch* – das heisst, Schuschnigg definierte seinen Standpunkt vornehmlich über seinen politischen Gegner. Freilich gähnte im ideologischen Zentrum seines Regimes keine luxuriöse Leere. Im Gegenteil: Der österreichische Diktatur sah sich in einer Art Balance. »Die ständische Verfassung Österreichs ist ein Mittelding zwischen parlamentarischer Demokratie und Faschismus«, postulierte der Chefideologe der Diktatur, Guido Zernatto.[6] Dieser mächtige nationale Politiker, Führer des Heimatblocks und von Mai 1936 an auch Staatssekretär und Generalsekretär der Vaterländischen Front, hielt die Ständeverfassung für ein Zwitterwesen. Und in diesem Punkt gaben ihm die Linken Recht. »Eine berufsständische Vertretung ist eine reaktionäre Forderung, eine Forderung der Konservativen«, hatte Kurt Eisner 1918 gewarnt.[7] Die Parteien waren im autoritären Österreich verboten, eine Rückkehr zur Monarchie schien unmöglich und den Kommandostaat nach dem Muster Deutschlands, den wollte man nicht. Irgend etwas aber musste man haben, am besten etwas ganz Unpolitisches, das die Menschen nach andern als den Gesinnungsmerkmalen zusammenfasst – also die Berufsstände.[8] Othmar Spann, Volkswirtschaftler und Hohepriester der Gemeinschaftssoziologie, hatte in den Zwanzigern tief in der Truhe mittelalterlicher Vorstellungen gekramt. Spann, als Hochschullehrer in Wien tätig, sah das Heil der kommenden Welt ausschliesslich in der konsequenten Rückkehr zur ständisch geordneten Gesellschaft. Er hatte damit die katholisch-konservative Studentenschaft ebenso beeindruckt wie die deutschnationale. In Spanns Vorstellungswelt ging es um die Wiedererringung einer *Ganzheit,* um ein organisches Weltbild,

Ständische Verfassung

---

[5] zum Beispiel dem englischen Autor F. L. Carsten in seinem Buch *Faschismus in Österreich*
[6] Zernatto, Wahrheit, 82
[7] Eisner, Sozialismus, 83
[8] Ingrim, Griff, 83

das eng verknüpft war mit dem Elitedenken. Im Unterschied zu den romantischen Lehren des 19. Jahrhunderts entwickelte Spann sein Modell allerdings, und das ist ganz wesentlich, aus der aggressiven Ablehnung der parlamentarischen Demokratie. Die Besten sollten über die weniger Guten, die Guten über die Mittelmässigen, usw. herrschen.[9] Hier kam ein tiefes Verlangen nach Hierarchie und Gehorsam zu Ausdruck. Entsprechend sah Zernattos Programm zur Rettung der Menschenseelen dann aus: »Das ständische System kehrt zum gesunden Prinzip der Urwahl zurück, in dem der Einzelne in seinem kleinen Kreis den Mann seines Vertrauens auszuwählen vermag.«[10] In dieser ersehnten Welt wollte man den Stand vom Beruf dadurch unterschieden, dass er den ganzen Menschen umfasste. Man dachte, ja wünschte, der Mensch würde in der Freizeit seine Berufsrolle ablegen wie ein getragenes Hemd, den Stand aber nie. Trotzdem sollte jedes Mitglied der Gesellschaft Arbeit nur in dem Beruf ausüben dürfen, den es gelernt hatte. – Die Verfassung des Diktators Dollfuss sei eine echte *revolutionäre Verfassung,* die ein völlig neues System mit der Tradition des Landes vereinigt, verkündete Zernatto stolz. Sie sei der Versuch, in einer Zeit der Extreme, den Weg der Mitte zu gehen.[11] Konnte man das glauben? 1934, eine revolutionäre Verfassung? Gerade war der Februaraufstand niederkartätscht worden. Nein, die Ständeidee war keinen Augenblick ein vorwärts gerichtetes Konzept. Die Baumeister der Diktatur folgten der längst erschütterten Grundthese der Babenberger und Habsburger: *Bella garant alii, tu felix Austria, nube.* Sie blickten sehnsüchtig zurück in die Vergangenheit und gründeten ihr Projekt auf die verstaubte Ansicht, dass der Familienstand den Staatstand schaffe. Diese enorme ideologischen Verrenkung hatte einen ganz profanen ökonomischen Hintergrund. Bauern und Gewerbetreibende verlangten im notorisch industrieschwachen Staat schon seit Ende der Zwanziger immer stürmischer eine Ständevertretung, um ihre wirtschaftliche Existenz zu sichern. Zehntausende Einzelhöfe waren hoffnungslos überschuldet. Nur deshalb kommunizierten die Christlichsozialen so heftig eine Neuordnung der Prioritäten im Staatsgefüge. Die Heimwehrbewegung und andere rechte Zirkel taten es ihr nach. Mitte 1928 hatte selbst der Landbund Verfassungspläne ständischen Charakters aufgestellt.[12] Alle Vertreter dieser

Gesunder Verstand

---

[9] Österreichische, Moderne, 45
[10] Zernatto, Wahrheit, 123
[11] Zernatto, Wahrheit, 125
[12] Busshoff, Dollfuss-Regime, 99

eigenwilligen Idee gaben sich redlich Mühe, das neue Ideal vom Korporationsgedanken der Faschisten abzugrenzen. Allein, in einem Panorama der Finsternis ist auch ein grauer Tupfen Schwarz. Der Unterschied zwischen Ständestaat und Führerstaat sollte angeblich in einem Mehr an Selbstverwaltung liegen. Alle Berufsstände sollten ihre Eigenart behalten und sich als autonome Körperschaften gebärden dürfen. Nach einem prägnanten Dollfuss-Wort hiess eine ständische Verfassung nichts anderes als eine »grosse Familie bilden«.[13]

Die Ständeidee war eine Verrenkung zur Überwindung des Schuldenbergs.

IDEOLOGIE

Ist die faschistische Ideologie ein geschlossenes, logisch aufgebautes Gedankengebäude oder eine Bündelung von apodiktisch behaupteten Begriffen? – In dieser Frage streben die Lehrmeinungen konträr auseinander. Was die verschiedenen Strömungen des Faschismus miteinander verbunden habe, sei nicht leicht auszumachen, sagt etwa Eric Hobsbawm. »Theorie war nicht die Stärke von Bewegungen, die auf die Unzulänglichkeiten von Vernunft und Rationalität eingeschworen waren und sich dem Primat von Instinkt und Willen verschrieben haben.«[14] Die radikale Gegenposition dazu nehmen Zeev Sternhell und Hans-Dietrich Eckert ein. Für den Professor der Hebräischen Universität Jerusalem war der Faschismus integrierender Bestandteil der Geschichte des 20. Jahrhunderts und – *eine eigenständige Ideologie*.Nie, betont Sternhell, hat eine andere politische Partei die Ziele ihrer Politik und die Mittel ihrer Verwirklichung eindeutiger präzisiert als die *Partito Nazionale Fascista* – und zwar bevor Mussolini es zum Ministerpräsidenten gebracht hatte.[15] Nach Sternhells Auffassung ist die faschistische Ideologie ein »konsequentes, logisches und gut strukturiertes Ganzes«.[16] Der Politikwissenschafter hat damit die kopernikanische Wende der Linken eingeleitet. An die Stelle einer Sichtweise, die das faschistische Regime vom Ergebnis her untersucht, fasst er Faschismus zunächst als eine Bewegung und Ideologie auf, die von einer Eigendynamik getragen wurde. Für Sternhell entsprang das Phänomen einer Verbindung von Elementen, die von Anfang an der politischen Rechten zugehörig waren sowie solchen, die von der Linken herkamen. Die Herkunft von rechts

---

[13] Busshoff, Dollfuss-Regime, 106
[14] Hobsbawm, Zeitalter, 152
[15] Sternhell, Entstehung, 289
[16] Sternhell, Entstehung, 23

ist leicht nachzuweisen. Noch in den Dreissigern entstammte ein Grossteil der Extremisten dem bürgerlichen Milieu. In ihm gab es geistige Unterströmungen, die lange fragile Erscheinungen geblieben waren. Nonkonformisten, konservative Revolutionäre oder Föderalisten, Nationalisten und verschwörungstheoretische Tendenzen – sie hatten in einer langen Übergangsphase keine beständigen Partei- und Zeitschriftenprojekte gebildet. Sternhell beschreibt in seiner monumentalen Studie den schrittweisen Prozess einer Synthetisierung von Ideen aus diesem Milieu mit Ideen einer häretischen Linken. Am Ende des ersten Jahrhundertdrittels steht diese Synthese bei ihm schliesslich als ein geschlossenes Gebäude da. – Aber, wie gesagt: das ist nur die eine Position. Übereinstimmung auf diesem Gebiet herrscht in der Forscherzunft lediglich darüber, dass man das Wesen des Faschismus nicht erfassen kann, indem man eine faschistische Massenbewegung betrachtet. Der schwerlose Rhythmus der Marschformationen, die Hochstapeleien der Führer, das alles kratzt nur die Oberfläche. Das wirklich Erstaunliche ist ja, dass es in der Geschichte keinen Fall gegeben hat, in dem eine faschistische Rotte aus eigener Kraft, ohne Unterstützung von anderer Seite, die politische Macht erobert hätte.[17] Immer gab es Unterstützer aus dem demokratischen Spektrum heraus. Ein anderer fundamentaler Widerspruch: Faschisten und Nationalsozialisten sahen sich als Idealisten reinsten Wassers. Aber selbst als sie erfolgreich ihre Nationen mit weit gespannten organisatorischen Netzen überzogen und geknebelt hatten, konzentrierte sich ihre Politik immer noch auf einen Fundus billiger, abrufbarer Effekte. Der angewandte Faschismus kreiste um vergleichsweise lächerliche stilistische Fragen: solche des Lebensstils und der Inszenierung der Macht. – Man wird also neue Wege beschreiten müssen, um der Rezeptur des Ganzen auf die Schliche zu kommen. Hitler selbst wies auf eine besondere Ähnlichkeiten des nationalsozialistischen Deutschland mit der bolschewistischen Sowjetunion hin. Beide Staaten seien »Weltanschauungsstaaten«, betonte er. Josef Goebbels verneigte sich tief vor der Roten Armee, weil sie von überzeugten Kommunisten geführt werde, während die meisten deutschen Generale dem Nationalsozialismus distanziert gegenüberstanden. Vermutlich, so der meisterliche Zyniker, sei es deshalb auch verkehrt gewesen 1934 die höheren SA-Führer zu liquidieren statt einiger »reaktionärer Generale«. Doch leider, fügte Goebbels verächtlich hinzu, seien Röhm und seine Unterführer auch noch homosexuell gewesen.[18] – Der Hinweis auf die »Weltanschauungsstaaten« sollte die Spur in eine falsche Richtung legen.

Keine Gegenideologie

---

[17] Hautsch, Faschismus, 35
[18] Zit. n. FAZ, 11.12.1998, 45

Und tatsächlich ist der Versuch, den Faschismus aus dem Kommunismus zu erklären, tatsächlich ist der Versuch, ihn zu einer Gegenideologie zu stempeln, später noch unzählige Male gemacht worden. Zuletzt haben François Furet, Stéphane Courtois und Ernst Nolte gemeinsam den *Antikommunismus* zum historischen Paradigma des 20. Jahrhunderts erklärt. Die drei Historiker entwickelten ihre Thesen aus der gemeinsamen Sicht des Kommunismus als »Ideokratie«, als eines Regimes, dessen historisches Existenz sich aus einem ideologischen Wesen heraus entwickelt hat. Sie teilen miteinander die Vorstellung, dass die äussere Linke einen Tumult der Sozialgeschichte ausgelöst hat, um dem Aufstieg einer »Illusion« Platz zu machen. – Gegen die These von der faschistischen Gegenideologie lassen sich gewichtige Argumente ins Treffen führen. So diente dem Italo-Faschismus und dem Nationalsozialismus ja keineswegs der Bolschewismus als Modell, sondern die Kolonialkriege des 19. Jahrhunderts. Faschistisches Gemeinwesen waren auch keine Ideokratien, sondern praktische Amalgame aus physischer Gewalt, industrieller Produktion und einem ästhetischen Spektakel. Egal, welchen Aspekt wir im einzelnen herausgreifen – die Vertreibungs- und Vernichtungspolitik, den Bellizismus oder den biologischen Überlegenheitsdünkel –, all das hat weit zurückreichende Wurzeln, die sich mit den wirtschaftlichen Modernisierungsbestrebungen teils hervorragend, teil sehr schwer vereinen liessen. Dass die monströsen Schiessbudenfiguren an der Spitze ihr ideologisches Fundament dem Marxismus-Leninismus und der liberalen Weltanschauung für überlegen hielten, das war klar. Sie konnten ohne weiteres zugleich das Elend von Weltanschauungen als solches beklagen.[19] Das änderte nichts an ihrem totalitären Anspruch, die eigene Haltung auf letztgültige Argumente zu bauen. Arbeitsminister Robert Ley hat hiezu etwas sehr Bemerkenswertes gesagt: »Der Glaube an die Richtigkeit der nationalsozialistischen Weltanschauung kann wissenschaftlich untermauert werden.«[20] – Nun, auch die Marxisten hielten es ja für entscheidend, die Entwicklung des Sozialismus von der Utopie zur Wissenschaft voranzutreiben. Da wollte die extreme Rechte nicht nachstehen. Beiden Lehren betrieben einen regelrechten Wettbewerb, was ihre Selbstbespiegelung als Szientismus betraf. Nach 1945 ist die Wissenschaftsthese dann rasch in Vergessenheit geraten. Mit Recht. Denn der biologische Determinismus der Nationalsozialisten war eine Adaption völlig ohne eigenen Klang. Bereits Charles Darwins Biologie hatte neben der Zuchtwahl die

Die Wissenschaftsthese

---

[19] Ley, Führer, 11
[20] Ley, Führer, 128

Faschismen sind ein Amalgam aus Elementen unterschiedlichster Provenienz. Gewalt als ursprüngliches und allen vitalen Zwecken der Natur angemessenes Mittel angesehen. Das kam der Einstellung der Faschisten sehr entgegen. Ihre Populärvariante erkannte in der Gewalt sofort eine höhere Rechtmässigkeit.[21] Mit der heliozentrischen Ordnung der Dinge, wie sie die Vernunft vorschreibt, hatte das rein gar nichts zu tun. Für Georg K. Glaser, den Literaten, vollzog sich im Nationalsozialismus zwar der Wechsel zu einem neuen Paradigma, aber das war nicht das Paradigma der Wissenschaft. »Bisher war den Menschen die *Wissenschaft* Schild gewesen, nun wurde es ihnen die *Technik*.«[22]

ANGELIKAT

Die Religionsthese *Sprach der Faschismus das Verhältnis zum Göttlichen an?* – Bis heute mangelt es nicht an Versuchen, Nationalsozialismus und Faschismus als Religion zu verstehen. 1995 haben der Literaturwissenschafter Klaus Vondung, der Sozialwissenschafter Michael Ley und der Politikwissenschafter Julius H. Schoeps gleich drei Vorstösse in diese Richtung unternommen.[23] Sie sehen in der Tatsache, dass der Nationalsozialismus im Gegensatz zum italienischen Faschismus eine antireligiöse Ideologie gepredigt hat, keinen Widerspruch zu ihrer Annahme. Die Religionsthese beraubt den Antisemitismus nicht seiner religiösen Argumentation! Nun spricht tatsächlich einiges dafür, das Phänomen als Glaubenssystem aufzufassen: besonders die apokalyptischen Vorstellungen des Nationalsozialismus. Jede Apokalypse setzt als Folie eine heilsgeschichtliche Deutung der Historie voraus, um den neuen Führer als strahlenden Erlöser erscheinen zu lassen. Genau das traf auf den Nationalsozialismus zu. »In den nächsten tausend Jahren findet in Deutschland keine Revolution mehr statt«, hatte Hitler auf dem Parteitag 1934 gebellt. Schon in der Erregung dieses einen Satzes ist das Versprechen von ewiger Harmonie enthalten. Und die NSDAP blieb bei diesem Satz bekanntlich nicht stehen. Sie versuchte vielmehr die Inszenierung ihrer Heilsgeschichte als einen bombastischen Rückgriff auf die gesamte volkstümliche und mittelalterliche Mythologie. Dieses Gestern, auf das sich der NS-Staat berief, war allerdings ein Kunstprodukt. Die Traditionen der Edelkrieger waren erdacht, ihre Prozessionen blieben ein Spuk, um den Staatsrassismus in einer ideologisch-

---

[21] Benjamin, Kritik, 30
[22] Glaser, Geheimnis, 484
[23] Alle in: Das jüdische Echo, Nr. 44/ 1955

mythischen Landschaft walten zu lassen. Nie traten Faschismus oder Nationalsozialismus wirklich für eine Rückkehr zu einem hypothetischen *Goldenen Zeitalter* ein. Fanfarenbläser und Standartenträger blieben reine Staffage, während hinter den Kulissen die Rüstungsproduktion auf Hochtouren lief. – Seit den Zwanzigern warben übrigens alle politischen Kräfte in schwungvollen Umzügen für ihre Sache. Die in Anlehnung an Faschingstraditionen inszenierte NS-Politik reicht darum nicht aus, um die braune Ideologie vom allgemeinen Hintergrund ihrer Zeit abzuheben. – Es gibt noch einen zweiten, gewichtigeren Einwand gegen die Religionsthese: Eine vergleichbare ideologische Konstellation von Erlösungsanspruch und historischer Folie kennzeichnete auch die Moderne als Ganzes. Im industriellen Fortschrittsdenken lag eine strukturell ähnliche Vorstellung von der Geschichte als planvollem Prozess einer Höherentwicklung vor. Nicht anders als der Faschismus setzte die Moderne voraus, der Geschichte eigne eine besondere Qualität, die man als *Sinn* bezeichnet. Auf dieser Ebene der Abstraktion müsste man also auch die Moderne als Glaubenssystem und Heilsverkündung ansehen. Aus diesem Grund erscheint mir die Religionsthese zu grobmaschig, um zu neuen Erkenntnissen beizutragen. Wenden wir uns also dem nächsten Erklärungsversuch zu. – Aus der sozialökonomischen Perspektive waren beide Faschismen zunächst *defensiv.* Besonders linke Analysen überstreichen gerne deren Anti-Charakter. Man sieht im Extremismus häufig eine bürgerliche Antwort auf das proletarische Klassenbewusstsein in den Jahren der Wirtschaftskrise. Ja, linke Analysen meinen in einem Anflug von Masochismus sogar, der Faschismus habe die bürgerliche Selbstverteidigung den Kriegsregeln des bolschewistischen Angriffs angepasst. Diese These lässt sich durch das Hitler-Wort untermauern: »Wird der Sozialdemokratie eine Lehre von besserer Wahrhaftigkeit aber gleicher Brutalität der Durchführung gegenübergestellt, wird diese siegen.« Man könnte meinen: Was Faschisten und Nationalsozialisten angetrieben hat, das war der Gedanke, es dem Marxismus irgendwie gleichzutun, ihm seine Künste abzuschauen.[24] – Nun ist es wichtig zu registrieren, dass sich auch die These von der Existenz eines eigenen Austrofaschismus auf dieser Ebene bewegt. Der Zeithistoriker Norbert Schausberger erklärt den Umstand, dass Dollfuss und Schuschnigg kein demokratisch-soziales Bündnis für Demokratie gesucht haben zum »eindeutigen Indiz für die These vom Faschismus als einem Stadium einer in Gefahr geratenen ungerechten sozialen und

Extrem der Schmach

---

[24] Niekisch, Reich, 439

im Grunde antidemokratischen Gesellschaftsstruktur«.[25] Wir nennen diese These, die den Faschismus zu etwas erklärt, was genauso gut auch hätte anders ausfallen können, am besten Reaktionsthese. Sie fügt sich hervorragend ein in das Schema der Totalitarismustheorien. Aber Faschismus und Nationalsozialismus waren weder *nur* reaktionär noch *nur* konterrevolutionär, sie waren nicht einfach eine antiproletarische Revolte in einer Phase des niedergehenden Kapitalismus, wie das die Linke sieht. Die Faschismen waren kein Produkt einer machiavellischen Renaissance und auch keine wild gewordene Variante des Marxismus. Sie liessen sich weder reduzieren auf den biologische Determinismus eines Blutmythos, noch auf die grundlegende Verschwörung gegen eine von Freimauern, Sozialisten und Juden verbrochene Dekadenz. Ihre ureigenste Kraft lag nicht im Ideologischen, sondern in der oft unbewussten Faszination, die ihr Auftreten ausübte. Aus diesem Grund können die Krisen der Zwischenkriegszeit die Faschismen nicht erklären. – Um die Analyse weiter in diese Richtung voranzutreiben, ist eine genaue Beschreibung der damals herrschenden Mentalitäten unverzichtbar. Es stimmt schon, dass die faschistische Erfolgsstory als Protestbewegung derjenigen begonnen hat, die sich weigerten, die Niederlage und die Konstitution der Nachkriegsrepubliken zu akzeptieren. Aber diese Phase dauerte nicht lange. Was den Protest in Deutschland virulenter als anderswo machte, war das Überdauern von paramilitärischen Kräften inmitten eines entwaffnetem Staats. Die Krisen der Zwanziger, sie schufen günstige Voraussetzungen für das Überleben der Kampfideologie, ja, die ökonomische Rezension beschleunigten ihre Umwandlung zu neuen Ausrufezeichen. Die triste Realität selbst konnten sie aber nicht hervorbringen.[26] – Fassen wir zusammen: Die faschistisch-nationalsozialistischen Wurzeln reichen vor den Weltkrieg und bis tief ins 19. Jahrhundert zurück. Es bringt nichts zu sagen, die Bewegung der schwarzen und der braunen Hemden hätte überall entstehen können. Im Gegenteil, ihr Auftauchen hat mit der italienischen, der deutschen und der österreichischen Geschichte und Kultur zu tun, mit ganz bestimmten Mentalitäten in diesen Ländern. Jedes Ideologem beruhte auf einer Wechselwirkung von Kultur und Politik. Und die synthetische Ideologie des Faschismus begann mit einer Rebellion der Geisteshaltungen im Vierteljahrhundert vor dem Ersten Weltkrieg. Karl Kraus hat das noch gewusst.

Die Kraft des Faschismus liegt in der Faszination, die sein Auftreten ausübt.

---

[25] Schausberger, Griff, 387
[26] Sternhell, Entstehung, 312

BEWEGUNG

»Mir fällt zu Hitler nichts ein.« Dieser berühmteste aller Sätze von Karl *Ideelle*
Kraus steht am Beginn von seinem Essay *Die Dritte Walpurgisnacht*. *Konzeption*
Kraus hat mit dieser frappierenden Bemerkung für die Nachwelt eine
wunderbare Falle aufgestellt. Mit ihr führt er der jeweiligen Gegenwart
schonungslos ihre Dummheit, Inkompetenz und Aufgeblasenheit vor.
Wer nämlich besagten Text aufschlägt, weiss, dass kein Name in dem
Werk öfter fällt als der des deutschen Reichskanzlers. Die kritisch abwägende Darstellungsgabe von Kraus macht den Essay zu einer kostbaren Analyse von Hitler und seiner Bewegung. Darum könnte der
Verfasser auch nach 200 Seiten mit Befriedigung feststellen, dass ihm
zu Hitler »im Zuge der Betrachtung vielleicht doch etwas eingefallen«
sei. Wer also meint, Kraus habe zu Hitler nichts zu sagen gewusst, hat
das Werk nie gelesen. – Kraus' gesamtes schriftstellerische Schaffen lässt
sich unter ein einfaches Motto stellen: »Der wahre Weltuntergang ist die
Vernichtung des Geistes, alles andere hängt von dem gleichgültigen
Versuch ab, ob nach der Vernichtung des Geistes noch eine Welt bestehen kann.« Man könnte heute sagen, Kraus hat den Beweis geführt,
dass die Organisation der bürgerlich-liberalen Öffentlichkeit, der Journalismus und seine Produkte, verantwortlich gewesen sind für genau
jenen Bewusstseinszustand, der Weltkrieg und Völkermord erst möglich gemacht hat.[27] Und Kraus' souveräne Beherrschung des Stoffs, sein
Grollen, seine Rastlosigkeit, seine Zweifelsucht haben sich im Sommer
1933 nicht mehr auf den zurückliegenden Krieg bezogen. Da nahm der
Satiriker die Hackerkreuzler ins Visier. Was Kraus und andere Fanatiker des Absoluten allerdings leichtfertig übersahen, das war Zweierlei.
Einmal, dass der faschistische Marsch durch die Leichenalleen mit fremden ideologischen Federn begonnen hatte; und dann, dass genau jene
leidenschaftliche Ichbezogenheit im Faschismus eine Hauptrolle spielte,
für die auch Intelligenzler wie Kraus bekannt waren. Der genuine Faschismus in Frankreich und Italien, welcher jüdische Satiriker natürlich
für einen Witz hielt, war von seiner Geburtsstunde an konsequent bis
zu einem klotzigen Gedankengebäude fortgeschritten. Und die Vernichtung des Geistes, die der Faschist im Sinn führte, trat mit mehr an als
mit einer lächerliche Bündelung von apodiktisch behaupteten Begriffen. Anders als die Kritiker dachten, erschöpfte sich der neue Kult nicht
im grossen Zähneplappern vor den Roten und der Metaphorik der

---

[27] Jochen Stremmel, Kraus, Hitler und die Journalisten, in: Lesezirkel Nr. 19, 1986

Kriegsgeneration. Hier war etwas Neues erwachsen, dessen Tonfall sich grotesk und dessen Rachsucht sich infam ausnahmen. Schlimmer als alles bisher gekannte. – In der ideologischen Rechtskurve waren nach dem Ersten Weltkrieg zahlreiche Gedankenruinen herumgestanden. Die Idee eines Autoritarismus, die eine Rückkehr in die Vergangenheit erlaubt, kursierte in praktisch allen Zentren Europas: als Modell der augusteischen Zeit in Rom, als bauernständische Ordnung in Wien, als kryptogermanischer Kult in Berlin. Aus welchem Metall war dieser zeittypische Autoritarismus geschmiedet, der Hitler mit Jósef Klemens Pilsudsky in Polen, Dollfuss mit Nikolaus Horthy in Ungarn und Mussolini mit António des Oliveira Salazar in Portugal verband? Die Antwort: Aus politischen Mythen und dem Willen zur Stärke, aus Versatzstücken der Antike und der offenen Bereitschaft zur Gewalt, aus maschineller Disziplin und dem Triumph der grossen Gesten. Soweit stimmten alle Diktatoren Europas überein. Doch schon der Weg an die Macht war für diese Männer recht unterschiedlich: Hitler wurde von einer terrorisierten Bevölkerung gewählt; Dollfuss hingegen terrorisierte sein Land, um nicht wieder abgewählt werden zu können. Dieser Unterschied war nur ein kleiner, andere waren es nicht mehr. Trotz ihrer *Österreich* manipulativen Praxis stiegen der Mussolini-Faschismus und der Hitler-*als Waffe* Sozialismus zu zwei von breiten Bevölkerungsgruppen getragene Ideologien auf, sie wurden zu kollektiven Vorstellungen. Dagegen klämmten sich in Österreich, in Ungarn und Portugal Eliten mit nackter Gewalt an den Staat, um ihre ganz persönlichen Privilegien zu sichern. In Österreich ein erzkatholisches Akademikertum, das von ländlichen Notablen und ihre Klientel gestützt wurde. Diese Clique versuchte zwar mit viel Eifer den Österreichgedanken zu einer regimeerhaltenden Staatsideologie auszubauen, aber die selbst ernannten Heimatschützer konnten auf diese Tour keine Massenbasis gewinnen. Verglichen mit faschistischen Konzepten musste ihr Diktat versagen, noch bevor man zum Existenzkampf mit dem Faschismus überhaupt angetreten war. – Woran lag das? Es lag an der exzentrischen Naivität und am dirigistischen Gesellschaftsbild der Intelligenz, die dieses Regime trug. Ihr geistiges Material war für eine zukunftgerichtete Ideologie wenig geeignet. Aus dem Bündedenken der Talschaften und der braven bäuerlichen Rechtschaffenheit liess sich nichts Handfestes formen, was die Menschen nachhaltig begeistern konnte. Der Österreichgedanke war von der einstigen Erhabenheit des austro-hispanischen Weltreichs zum Föderalismus einer bescheidenen Alpen-Donau-Region abgestiegen. Kalendersprüche über die gutbürgerlichen Anständigkeit, ein von religiösen Zeremonien durchwirkter Patriarchalismus und die Philosophie des wohl erworbenen Eigentums – diese Mischung liess sich zu keiner ideologischen Waffe zuspitzen. Schon gar nicht zu einer gegen den drohenden Nationalsozialismus. – In der letzten welthistorischen Epoche, in der Monarchie, hatte der Österreichgedanke zur Beruhigung der divergierenden Teile gedient. Er war präsent am diplomatischen Parkett und präsent in den Zirkus-Regimentern des gemeinsamen Heers. Zu Bemäntelung einer Diktatur war jener überholte Kulturalismus ungeeignet. Selbst die besten Elemente des Bürgertums akzeptieren nicht mehr, dass die Obrigkeit ihrer politischen Widersacher einfach einsperren liess. Der integrale Nationalismus der programmatischen Dollfuss-Rede, die im September 1933 aus den Trichtern am Trabrennplatz quoll, dieser Österreichnationalismus unterschied sich wesensmässig von der *Volksgemeinschaft,* wie die Faschisten sie verstanden. Im Denken von Mussolini bedeutete Volksgemeinschaft eine organische, also hierarchisch-patriarchalische, also harmonische Ordnung. Nach aussen ein starker Staat, nach innen eine rücksichtslose Leistungsgemeinschaft. Diese aggressive Weltsicht ging im Nationalsozialismus über zu einem biologisch-rassistisch akzentuierten Paranationalismus.[28] Gegen dieses Konzept bot die Österreichideologie ein geradezu verstörendes Negativbild. Der moderat-konservative Ernst Karl Winter geisselte Mitte der Dreissiger den »Irrationalismus« der Deutschen und konstatierte einen »Eros der Besessenheit«, der ein Zusammenleben mit anderen für Faschisten unmöglich machte. Und Winter hatte recht. Hier waren Qualitäten im Spiel, auf die es keine politische Antwort gab. – Was für welche? Für den österreichstämmigen Psychologen Wilhelm Reich war der Faschismus »nicht, wie man allgemein glaubt, eine rein reaktionäre Bewegung, sondern ein Amalgam aus rebellierenden Gefühlen und sozialreaktionären Ideen«.[29] Auch Reich, der Dissident der Psychoanalyse und spätere Regenmacher, hatte Recht. Er übersah in seiner Studie nicht, dass es in Deutschland im Zuge der Weltwirtschaftskrise zu einem entsetzlichen Massenelend gekommen war. Er dachte aber über diese Elendssituation hinaus und hatte begonnen nach zwingenden Gründen für das Glühen der NS-Herrschaft zu suchen. Bald meinte er, sie in der kleinbürgerliche Familienstruktur, in der rigiden Sexualunterdrückung und in den Symbole und Zeichen des Faschismus gefunden zu haben. Ansätze, wie die Winters oder Reichs, sahen von der rein politische Konfrontation ab und untersuchten die Wirkung des Ganzen. Besonders die Schwarzhemden kannten ja eine wahrhaft revolutionäre Ästhetik.

Glühen der Herrschaft

---

[28] Dachs, Handbuch, 293
[29] Zit. n. Vespignani, Faschismus

Man darf diese modernistischen und avantgardistischen Aspekte des Faschismus nicht unterschätzen. Was sie betrifft, bleiben die ökonomischen Krisen der Nachkriegsjahre stumm. – Der Leser sieht hier bereits, dass die Zahl der Stimmen zur Erklärung des Faschismus gewaltig ist. Für Zeev Sternhell war die faschistische Ideologie, zumindest in Frankreich und Italien, das Produkt der Verschmelzung des organischen Nationalismus mit der antimaterialistischen Marxismusrevision. Für Emmanuel Todd war der Nationalsozialismus eine Reaktion auf den Einbruch des angelsächsischen Kapitalismus in die deutsche Kultur.[30]

Das funda- Viele solche Thesen gehören mit ins Kalkül, wenn wir zu einer konsi-
mentale stenten Theorie gelangen wollen. Man muss bei weitem nicht so schnell
Kennzeichen kapitulieren wie Jean Améry, der 1977 die Klage geführt hat: »Jedermann
der genuin ist irgend eines anderen Faschist«. Améry bedauerte damals, dass das
faschisti- Schlagwort Faschismus einen Begriffsumfang von so ungeheurem
schen Ausmass angenommen habe, dass sein Begriffsinhalt bis zu einem
Konzepte ist Nichts eingetrocknet sei.[31] – Gut, antworten wir, dann muss man den
der Massen- Begriff eben erneut prüfen und den Umfang seiner Bedeutungen be-
anhang. schneiden.

SYNTHESE

Verschlüssel- Es war eine unheimliche Allianz der Extreme am Werk. Die Übergän-
tes Wissen ge waren fliessend. Hendrik de Man, Vorsitzender der belgischen Arbeiterpartei und einer der der bedeutendsten sozialistischen Theoretiker seiner Zeit, veröffentlichte 1940 einen Aufruf an alle Linken, den Sieg der Nationalsozialisten zu akzeptieren. Seine Worte gehören heute zu den Klassikern der faschistischen Literatur. Aber die Frage, wie es zu diesem Offenbarungseid hat kommen können, sie ist noch immer nicht befriedigend beantwortet. – Gustave Hervé, ein Herold des Antimilitarismus vor 1914, hatte sich danach für Mussolini begeistert. Ernst Niekisch und andere, Schriftsteller von beachtlicher literarischer Potenz, gehörten ebenfalls zu den Grenzgängern zwischen Ultralinks und Ultrarechts – vom armen Tor Ernst Glaeser einmal ganz abgesehen. Die faschistischen Bewegungen taten in der aufgeheizten Epoche schon allein deshalb ihre Wirkung, weil sie letztgültige Erklärungen des Daseins versprachen. Weil die Weltanschauungsstaaten einen neuen Sinn des

---

[30] FAZ, 26.2.2000
[31] Faschismus – Wort ohne Begriff? in: Améry, Weiterleben

Lebens produzieren wollten. Robert Ley berichtet von einem Erlebnis mit Hitler, der in Nürnberg aufmarschierte Werkscharen gefragt hat: »Wie alt? Welcher Beruf? Wo standen Sie früher politisch?« Als einer ihm antwortete: »Ich war früher Kommunist«, soll der Führer seinen Kopf in die Hand genommen, ihn lange angeschaut und gesagt haben: »So kommt ihr alle! So müsst ihr alle kommen!«[32] Diese auffällige Linksaffinität der extremen Rechten seit der Jahrhundertwende war, wie wir gesehen haben, ein gesamteuropäisches Phänomen. Sternhell zeigt detailliert, wie sich die faschistische Ideologie zuerst im französisch-italienischen Kulturraum aufgebaut hat. Ende des 19. Jahrhunderts waren einzelne Sinnstifter der Rechten dazu übergegangen, die von der Französischen Revolution geprägte Auffassung vom Gemeinwesen als Gesamtheit der Individuen durch die Vorstellung von der organischen Einheit des Volks zu verdrängen. Freilich, dieser neurechte Geist in Frankreich unterschied sich noch nicht von dem, was ein Georg Ritter von Schönerer zur selben Zeit in Wien propagierte. Nach Sternhell verschob sich der französische Nationalismus lediglich schneller in Richtung völkischer Begriffe und brachte so den Kult der Macht in den frühen Faschismus ein. – Dies war der erste pulsierende Ideenstrom des Faschismus. Der zweite Ideenstrom kam von links. Nach Sternhell war Mussolinis Weltbild das »unmittelbares Ergebnis« einer spezifischen Marxismusrevision. *Zeev Sternhell* Und das kam so: Der ersten Generation linker Revisonisten um 1880 war noch vor dem Weltkrieg eine zweite mit Sorel an der Spitze gefolgt. Er hatte eine Revolte linker Nonkonformisten angeführt, die den demokratischen Sozialismus scheitern sah und im Nationalismus eine neue Quelle der Kraft und der Hoffnung entdeckte. Die Ähnlichkeiten dieser Hoffnung zum Ständegedanken eines Othmar Spann war rein äusserlich. Zwar wünschten auch französische und italienische Syndikalisten die Gesellschaft mit Hilfe von Berufsgruppen zu organisieren. Auch sie verwarfen die Parteien, lehnten Parlament und Wahlen ab und wollten die Arbeiter direkt an den Entscheidungen beteiligen. Doch im Unterschied zur den rechten Ordnungsfanatikern setzen sie nicht auf die Elite, sondern auf die Massen. Sie kannten den entscheidenden Schlüssel zum Massenerfolg. – Sicher, Konservative, Autoritäre und Faschisten, alle drei Lager bekämpften nach 1918 Liberale und Linke als »Volksverhetzer«. Alle drei Gruppen propagierten den Kulturpessimismus und die reaktionäre Kulturkritik. Autoritäre und Faschisten lehnten Schulter an Schulter den Parlamentarismus sowie das Aufklärertum

---

[32] Ley, Führer, 212

in Kunst und Philosophie ab. Alle drei Lager der Rechten bekannten sich zur *Volksgemeinschaft* und schätzten – in unterschiedlicher Intensität – den Krieg als *Stahlbad* der Gefühle. Der Unterschied war, dass nur einer dieser Rechtspositionen zugetraut wurde, die von der alten Führungsschichten erwünschte Synthese zwischen Konservativismus und Modernismus herzustellen: den Faschisten.[33] Sie allein hatten im richtigen historischen Moment besagte Idee aufgegriffen. Sie übernahmen von der Linken das Rezept zur Lenkung von Massen. – Woraus genau bestand nun das geborgte Element? Das lässt sich am besten an der Geschichte jener Köpfe nachvollziehen, die innerhalb von zwei Jahrzehnten Schritt für Schritt vom Syndikalismus zum Nationalsyndikalismus und zur sozialistisch-nationalen Synthese übergingen, um schliesslich mehrheitlich im Faschismus aufzugehen. Und diese Geschichte beginnt so: In der Arbeiterbewegung hatte lange ein Streit um den Vorrang der industriellen vor der politischen Aktion getobt. Letztlich aber hatte im 19. Jahrhundert das politische Prinzip obsiegt, ohne dass allerdings das gewerkschaftliche Prinzip verschwunden war. In dieses Vakuum war Sorels Revisionismus mit drei neuen Gedanken vorgestossen: 1. Sorel lehrte, dass es keine Alternative zum Kapitalismus gäbe; also verankerte er die revolutionäre Dynamik in der freien Marktwirtschaft; 2. Sorel lehrte, dass die liberale Demokratie zerstört werden muss. Er sah keine Alternative mehr zur Regierung durch Eliten; 3. Sorel führte neuer Katalysatoren in den Klassenkampf ein, darunter die Idee der Gewalt als etwas Erhabenes. Psychologie und Moral sollten die Ökonomie als Triebkraft des revolutionären Handelns ersetzen. Und Mythos und Gewalt stellten dabei Schlüsselelemente dar, keine Mittel, sondern dauerhafte Werte.[34] – Sternhell erblickt genau in der Übernahme dieser drei Theoreme durch rechtsgerichtete Kreise den Anfang vom Ende. Seiner Ansicht nach hat die Verschmelzung der sorelianischen Marxismusrevision mit dem organischen Nationalismus zu einem vollkommen neuen Produkt geführt. Dieses Produkt, eine Gabe an der Wiege zum neuen Jahrhundert, war: *antimaterialistisch, antirationalistisch, aktivistisch, vitalistisch* und *produktivistisch.* Es war die einzige mit dem 20. Jahrhundert geborene Ideologie.

Die Affinität der Ultras von rechts und links ist ein gesamteuropäisches Phänomen.

---

[33] Österreichische, Moderne, 50
[34] Sternhell, Entstehung, 43

ACTUS

Wurde im Faschismus nur das Wort Klasse durch das Wort Volk ersetzt? *Drei der*
– Schon Sorels Orginalität von 1908 hat ja vornehmlich darin bestanden, *Elemente*
den Ausdruck *force* gegen den Ausdruck *violence* zu tauschen. Das war
eine signifikante Begriffsverschiebung, enthält sie doch bereits einen
unverzichtbaren Gedanken des Faschismus: die höhere Rechtmässigkeit
von Gewalt. – Ich habe gesagt, es gab fünf Bausteine der faschistischen
Ideologie; sie erwiesen sich allerdings nicht alle als gleich beständig.
Die Addition zu einem sinnvollen Ganzen erfolgte in jedem Fall anders.
Untersuchen wir die Charakteristika dieser Bausteine der Reihe nach.
1. Der Faschismus waren antimaterialistisch; er verweigerte das rationalistische, individualistische und utilitaristische Erbe des 17. und 18.
Jahrhunderts. Die neue Ideologie übernahm vom Liberalismus die
Hochschätzung der Macht und den Vitalität der freien Marktwirtschaft;
und sie borgte vom Sozialismus die Überzeugung, dass die Gewalt eine
Triebkraft der Geschichte sei, die allein von den Gesetzen der Ökonomie
und des Kriegs regiert werde. Der fundamentalste antimaterialistische
Wert, das Höchste, war dementsprechend das *selbstlose Opfer* für die
Gemeinschaft. Nun ist es zwar richtig, dass die Faschismen den Opferkult
zu einer einzigartigen Blüte getrieben haben. Aber Opfer- und Tatkult
waren nicht ihre Erfindung; sie waren vielmehr zeittypisch. Damit fehlt
bereits dem ersten Element im Konzept dieser Ideologie das Kennzeichen
der Einmaligkeit. Der Antimaterialismus war nicht genuin faschistisch,
aber ein materialistischer Faschismus war undenkbar. *2. Der Faschismus*
war virulent antirationalistisch; darunter versteht Sternhell das Primat
des Unbewussten vor der Vernunft. Die Schwarz- und die Braunhemden
attackierten die Vernunft, oder das, was sie dafür hielten. Sie favorisierten eine Philosophie des Handelns, die sich auf die Vergötterung von
Energie und Dynamik gründete. *Instinkt, Intuition, Gefühl* und *Begeisterung* sollten den Menschen leiten. Das Innerste des Menschen wisse von
allein, welche Welten existieren, dachte man. Das Innerste wisse am
besten, dass Schweigen die beste Art sei, Bedeutungen aufzufassen. Das
Innerste wisse, dass die Dinge umso lebendiger werden, je mehr sie
vom Schweigen umgeben sind. Ein solches Denken wollte die Leute
in eine Wirklichkeit initiieren, deren Ziel absoluter Hingabe hiess. »Dieser
Kult der irrationalen, mysteriösen Kräfte, des Lebensnervs der menschlichen
Existenz, zog als notwendige und natürliche Begleiterscheinungen eine
erbitterte Intellektuellenfeindlichkeit nach sich«, erklärt Sternhell.[35]

---

[35] Sternhell, Entstehung, 25

Faschisten erkannten ganz richtig, dass der Intellektuelle den Helden und seine schönen Taten nicht ersetzen kann. Benedetto Croze und Franz Blei, zwei ihrer Antipoden, warfen ihnen genau das vor, als sie die klassische Haltung der Beschränkung und den Kompromiss von ihrer Zeit einforderten. Doch der entfachte Zorn, der Leichtsinn und das Todesbegehren der bereits in Bewegung geratenen Menge wollte von einer elastischen geistigen Haltung nichts mehr wissen. »Sozialismus ist eine Sache der Ehre, der Anständigkeit und ordentlichen Gesinnung«, verkündete Ley für das Hitlerregime.[36] Sozialismus sei keineswegs eine Sache von Abkommen und Kollektivverträgen. »Ein Marxist ist der, der von der Gemeinschaft mehr fordert, als er gewillt ist, der Gemeinschaft zu geben.«[37] Auch dieser Punkt erscheint mir nicht unwichtig: Die Faschisten verlangten keine politische Kraft, die sich gegenüber Widrigkeiten durchsetzen kann; sie verfochten ein Prinzip, das alle Widersprüche aufheben sollte. Sie dachten, im Daseinskampf könne eine Klasse einer anderen sowieso nicht helfen. Um dieses Prinzip zu veranschaulichen, griff Ley zu einem Vergleich. »Das wäre so irrsinnig wie das, was man in Versailles getan hat, nämlich zu glauben, man könne auf Kosten eines Volks ein anderes Volk heben.«[38] – Gut, wir haben damit zwei

Idee und Interesse erste Bestimmungen der faschistischen Ideologie. Ihr Voluntarismus war *antimaterialistisch* und *antirationalistisch*. Was aber mochte in diesem Zusammenhang der bedingungslose Hass auf die Linke bedeuten? Was der endlose Tunnel von Verfolgung und Einschüchterung, von Publikations- und Versammlungsverbot, von Illegalität und Emigration, mit dem die extreme Rechte die Freiheit untergrub? Nun, Faschismus hiess zuerst einmal Einengung schon gewonnener intellektueller Möglichkeiten, egal wie gut oder schlecht sie die anderen zu nutzen verstanden. »Das relativ Neue an der faschistischen Offensive«, sagt der Wiener Philosoph Wolfgang Pircher, »war nicht ihr Einsatz von Zensur, der allen irgendwie totalitären Regimen und selbst dem *aufgeklärten Absolutismus* eigen war, sondern der Versuch, eine bestimmte Redeweise extrem zu monopolisieren. Der wahrscheinlich wichtigste Schritt war die Abspaltung der Arbeiterbewegung durch die Entkoppelung von Idee und Interesse. Wenn durchgeführt werden konnte, dass die existentiellen Interessen der Arbeiter, die durch die ökonomische Krise gefährdet waren, befriedet werden konnten bei gleichzeitiger Verbreitung einer nicht-sozialistischen ideologischen Basis, dann war die marxisti-

---

[36] Ley, Führer, 17
[37] Ley, Führer, 200, 203
[38] Ley, Führer, 184

sche Annahme, dass die Interessen des Proletariats nur in sozialistischer Theorie und Praxis Artikulation finden konnte, praktisch bestritten«.[39] Pirchers Beobachtung geht weit über Sternhells These von den linken Wurzeln des Faschismus hinaus. Wenn hinter dem Phänomen ein derart raffiniertes Kalkül stand, wie Pircher es annimmt, muss dann nicht auch der Vorwurf des *Antirationalismus* überdacht werden? Nach allgemeiner Auffassung kann man gegen das faschistische Prinzip, das allgemein für ein Irrationales gehalten wird, kaum etwas ausrichten. Der Faschismus gilt als brutale Konsequenz der *Zerstörung der Vernunft*. Tatsächlich könnte sich die Sache aber komplizierter verhalten haben. Die Theorie des Mythos, wie wir sie von Sorel kennen, hat die Rationalität verachtet und konnte gerade deshalb leicht von rechts in Anspruch genommen werden. Sorel hatte dem Sozialismus möglicherweise nur einen neuen Raum des Denkens eröffnen wollen, den der Faschismus aber *nicht* aufgriff, um sich in die Tradition des bürgerlichen Rationalismus zu stellen, sich zum Nachfolger der Klassik und zum Bannerträger der Aufklärung zu machen. Der Faschismus versuchte als Reaktion auf die Krise der Vernunft eine neue, windige Vernunft zu begründen. Alfred Pfabigan hat das so ausgedrückt: »Was wie Irrationalismus aussieht, ist tatsächlich eine Persiflage und Simulation von Rationalismus.«[40] – Wir belassen es vorerst dabei und wenden uns dem nächsten Aspekt des Gegenstands zu. *3. Der Faschismus war aktivistisch;* das heisst, der Aktivismus war das natürliche und notwendige Korrelat der Mythentheorie. Er entfachte einen Zauber, der die innere Brüchigkeit des ideellen Konzepts verdrängte. *Agitation* ist ja der ungeordnete Paroxysmus der *Aktion*.[41] In der Realität hiess das: Der Aktivismus sprach die *Sprache der Stärke*, bekräftigt durch Taten. Die Sprache des antiken Rom. Mit dem Appell an Instinkt, Intuition, Gefühl und Begeisterung hatte der Faschist das Erbe von Aufklärung und Französischen Revolution verworfen. Eric Hobsbawm irrt allerdings, wenn er daraus den Schluss zieht, dass der Faschismus die Ideologie der Modernität und des Fortschritts insgesamt abgelehnt habe.[42] Er wollte keineswegs zur Welt von Gestern zurück, im Gegenteil: Der ursprüngliche Faschismus war ausgesprochen modernistisch, seine futuristische Ästhetik hatte die Fantasie einer ganzen Intellektuellengeneration in ihren Bann geschlagen.[43] Speziell die korrespondieren-

Sprache der Stärke

---

[39] Wolfgang Pircher, Zeugungsakte der 2. Republik, Falter 15/84
[40] Pfabigan, Enttäuschung, 41
[41] Starobinski, Aktion, 58
[42] Hobsbawm, Zeitalter, 154
[43] Sternhell, Entstehung, 313

de Kunstbewegung des Futurismus war eine aufregende kulturelle Revolte, die – schon vor 1914 – den kommenden Geist angekündigt hatte. Und was da in im Futurismus keimte! »Ein Rennwagen ist schöner als die Nike von Samoktrake«, hatten die Manifestanten gedonnert. Kriegsgegnerschaft galt den ins Leben hinausdrängenden Künstlern als Moralismus oder Feminismus. Nach 1918 wetterten die Futuristen dann gemeinsam mit den Faschisten gegen Dekadenz und Akademismus, gegen den erstarrten Ästhetizismus, die Lauheit, die allgemeine Schlappheit. Die weltanschaulichen Referenzpunkte waren für beide die gleichen. Ebenso das Motto: *Energie und Dynamik*. Die Manifeste Filippo Tommaso Marinettis verurteilten das Dahindämmern von Venedig und Spanien, sie wetterten gegen den liberalen Croce, gegen den Montmartre und die Mailänder Scala, dieses »Pompeji des italienischen Theaters«. Und im nationalsozialistischen Deutschland tickten die Uhren kaum anders. Obwohl die Futuristen-Clique im Dritten Reich auf taube Ohren stiess, kannte der NS-Kult doch exakt denselben Drang zum Mythos, denselben Trieb zur Aktivierung der Massen in unmittelbarer, offensiver Aggressivität, dasselbe Verlangen nach Kündern und Heroen. Des Führers Arbeitsminister schwärmte unablässig von einem *Sozialismus* *Furor der Tat* *der Tat,* der alles bis dahin Gehabte auf den Kopf stellen sollte.[44] »Unser Sozialismus ist kein Mitleid. Ich glaube überhaupt, dass das Wort *Mitleid* falsch ist. Wir wollen nicht leiden. Es genügt, wenn einer leidet! Wir wollen nicht mit jedem flennen und jammern. Wir lehnen das ab. Unser Sozialismus ist Kraft, ist Stärke, ist Gerechtigkeit!«[45] – Sicher, der neue Tatendrang hat sich nicht auf die faschistischen Kohorten beschränkt. Das Phänomen war breiter und älter. Eine der geschliffensten Apologien der kriegerischen Vitalität findet sich im Trauerspiel *Coriolanus* von Shakespeare. Von Friedrich Nietzsche stammt das Wort: »Leidensehen tut wohl, Leidenmachen noch wohler.«[46] Je intensiver man in die Anfangsjahrzehnte des 20. Jahrhunderts blickt, desto öfter macht sich der aktivistische Furor bemerkbar. Selbst einen Kulturalisten wie F. Müller-Lyer konnte er in seinen Bann schlagen. Dieser deutsche Soziologe war zwar zum Schluss gekommen, dass alle Übel und Leiden des Menschen gesetzmässig, also der Kausalität unterworfen sind, und das es nur eine einzige Waffe dagegen gebe: das *soziale Mittel.*[47] Aber das soziales Handeln hatte stets einen körperlichen Aspekt. Es

---

[44] Ley, Führer, 54
[45] Ley, Führer, 200
[46] Friedrich Nietzsche, Zur Genealogie der Moral, Werke Bd. 2, Frankfurt/M 1974, 808
[47] Müller-Lyer, Soziologie, 53

störte die Bewegungsfreiheit des anderen. »Jede Tat – ein Tätlichkeit.«[48] Das nun wurde von Müller-Lyer einfach ignoriert. Für die Soziologie des Leidens lag letztlich nicht im Leiden, sondern im Handeln der Ursprung der Gesellschaft. Das Leiden war bloss die Kehrseite der *Vita actia*. – »Der Mensch ist zur Tat geboren, und der Zweck aller Tätigkeit ist die Freude und die Beseitigung alles Leidens.«[49] Von diesem Gedanken war es nur mehr ein kleines Stück bis zur Auserwähltheitsgewissheit der Nachkriegsdeutschen. Müller-Lyer wäre übrigens längst vergessen, hätte er dem Aktivismus nicht so plakativ den *Quientismus* gegenübergestellt, den er in drei Hauptrichtungen unterschied. Für ihn entwickelten fortschreitende Kultur und Wissenschaft ein grosses Projekt. In diesem Prozess, meinte er, habe der Aktivismus den Quientismus abgelöst und die insgesamt vierte Phase in der Geschichte des Erlösungsgedankens eingeleitet.[50] – Heil und Erlösung. Solche Gedanken sind heute schwer nachzuvollziehen. Aber der Erlösungsgedanke war 1918, 1933 und selbst 1940 noch für viele Menschen real. Das Schamgefühl für die sozialen und moralischen Zustände der eigenen Epoche war nicht etwa eine Sonderidee der Faschisten. Was die Faschisten ausgezeichnet hat, das war, dass sie in einer für degeneriert gehaltenen Umgebung als einzige die Lauterkeit zu erreichen trachteten, indem sie ihrem Verbrechen eine bestimmte Gestalt gaben. Zuerst einmal wurde Tatenlosigkeit auf die Liste der moralischen Fehlverhalten gesetzt. Der Aktivist liebte das Schuldigwerden um seiner selbst willen, um so eine Glorie zu erreichen.[51] Yukio Mishima hat dieses Ideal später so beschrieben: »Auflodern und dann niedergetreten werden, beides mit derselben Heftigkeit, mit derselben Eindeutigkeit.«[52] *Aufzulodern* – das erhofften sich nicht nur die Schwertträger in Mishimas Romanen. In der Absolutheit, die der Aktivist anstrebte, gab es keine Opfer. Der Aktivist war besessen vom Glauben, dass dem Menschen die edelste aller Taten nicht erlaubt sei. Und der Faschist ging noch einen Schritt weiter. Er behauptete, dass in seiner Zeit das höchst Tugendhafte nirgends anders liegen könne als im Entschluss zu *Töten*. Er wollte dadurch einem Gesetz Geltung verschaffen, das angeblich die Absicht, zum eigenen Vorteil zu handeln, zum Verbrechen stempelt.[53] Für diesen Irrtum

Der Faschismus verweigert das Erbe der Aufklärung und geniesst die Sprache der Tat.

---

[48] Sofsky, Traktat, 11
[49] Müller-Lyer, Soziologie, 103
[50] Müller-Lyer, Soziologie, 119
[51] Mishima, Sturmgott, 197
[52] Mishima, Sturmgott, 264
[53] Mishima, Sturmgott, 348

war der Faschist bereit, die schwärzeste Tat auf sich zu nehmen. Für ihn war das Bewusstsein der Geschichte kein Bewusstsein von den Opfern. Er dachte: Vielleicht leben wir alle in ganzer Wahrhaftigkeit erst in dem *Augenblick der Glorie,* die sich späteren Generationen ins Gedächtnis einprägen werden.[54]

VITA

Zwei weitere Elemente Wir haben gesagt, es sind fünf ideologische Merkmale, die den Faschismus auszeichnen. Und auch die beiden verbleibenden machen ihn zu keinem exklusiven Ereignis. *4. Der Faschismus war vitalistisch;* er sah im *Gesetz des Lebens* einen universalen Antagonismus. Unter Vitalität verstand die extreme Rechte aber nicht, wie man vielleicht annehmen könnte, überschäumende Lebenslust. Unter Vitalität verstanden sie Gehorsam und Disziplin. Wer Disziplin bejahte, anerkannte eine Hierarchie der Autorität, der Funktionen, der Intelligenzen. Wer nach Ordnung rief, brachte sich als Opfer dem Kollektivkörper dar. Oder anders formuliert: Der Nationalsozialismus lieferte die Gesamtbevölkerung universell an den Tod aus. Michel Foucault spricht hier von einer regelrechten Koinzidenz zwischen einer verallgemeinerten Bio-Macht und der absoluten Diktatur.[55] – Das ist erklärungsbedürftig. Der Faschismus sah sich als die praktische Verkörperung einer geistigen und geschichtlichen Persönlichkeit im Gegensatz zur Vernunft des abstrakten Individualismus der Aufklärung. – In den Kreis der vitalistischen Problematik gehörten Begriffe wie *Kraft* und *Gefahr,* aber auch sensible gedankliche Neuerungen wie *Aktualität* und *Reflex.* Was hatte Aktualität zu bedeuten? Aktualität hatte Erinnerung und Geschichte zu bedeuten, sie bildeten das Bewusstsein der Aktualität. Die Faschisten formatierten gewissermassen die nationale Vergangenheit, deuteten sie um in einen zukünftigen Ahnenkult und versprachen, ihre Gefolgschaft aus einer unfreien Zeit herauszuführen. – Was hatte Reflex zu bedeuten? Nun, dieser Begriff markierte den Gegensatz zu älteren mechanistischen Auffassungen des 19. Jahrhunderts. Man muss sich das so vorstellen: Jeder Dialog kennt einen Wechsel von Angriff und Verteidigung. Er setzt die Energie der Sprache unter Spannung vor dem drohenden Widerspruch.[56] Ein Reflex hingegen kannte kein sinnvolles Wechselspiel

---

[54] Mishima, Sturmgott, 270
[55] Foucault, Verteidigung, 301
[56] Starobinski, Aktion 64

mehr, jedes Ergebnis, jedes Ereignis, war das Resultat einer impulsiven Kraft. Und so sah sich der faschistische Charakter am liebsten: als Teil einer zielgerichteten Meute, deren innerer Zusammenhang in Verfolgung bestand, ausgestattet mit dem Vorrecht zu Töten. Als vital galt, wer seinen Abscheu vor der Demokratie und der Finanzwelt zu Ausdruck brachte; wer dem Kult der Jugend frönte, wer sportlich war und alles Bürgerliche zu verachtete. In seiner Abneigung gegen die Spiesser sowie in seiner Bereitschaft jeden ordentlichen und gewissenhaften Bürger des Spiessertums zu verdächtigen, hatte sich der Möchtegernmaler und Jungpolitiker Adolf Hitler in seiner Münchner Zeit so schnell von niemanden übertreffen lassen wollen. In Kraft und Vitalität sah er den Ausgangspunkt einer künstlichen Auslese. – Im Vitalismus verschränkten sich also Sozialdarwinismus und Mythosgedanken. Speziell die Idee der Jugend und der Zukunft versprachen einen ewigen Rausch und Opferbereitschaft ohne Ende. Kulturell hatte sich dieses Denken im Futurismus und im Vortizismus angekündigt. Und auch viele andere künstlerischen Richtungen der Epoche besassen diesen Charakter des krampfhaft Gewollten, des Unechten, in dem jeder Angriff einem Endspiel zu Lebzeiten gleicht. – Nach Alfred Seidel verraten gewollter Stil und gewollte Einheitlichkeit ihre gewaltsame Entstehung. Nur in ganz wenigen abgezählten Fällen, sagt er, sei diese Eigenart aus innerer Notwendigkeit des Künstlers entsprungen; bei den meisten sei sie ein Widerspruch, ein Brüskierenwollen um der Provokation willen, eine psychologische Groteskerie des bewussten Wollens von Originalität.[57] Im Grund sind diese Hauptforderungen des Vitalismus absurd. Der blosse Hausverstand sagt einem, dass nach jeder Anspannung, die von der schönen Geste lebt, zwangsläufig die Erschöpfung eintreten muss. Jede symbolische Geste, jeder rabiate Aufbruch, jeder originelle Elan verlangt nach weiterer Intensivierung, nach immer höherer Dosierung, bis schliesslich auch die schrillsten Sirenen unter Siegesfanfaren und im Ohrfeigengeknatter ihrer Treibriemen betäubt zusammensacken. Der vitalistische Exzess ist also ein Rausch auf Zeit. – Eine weitere Deutung besagt, dass die vitalistische Substanz vor allem dort gefeiert wird, wo sie fehlt. »Der echte Aristokrat und Machtmensch macht aus seinem Sosein keine Ideologie«, schreibt Seidel. »Das wird nur aus Sehnsucht unternommen, um einen Mangel zu verdecken, oder – aus Ästhetizismus von Literaten, die doch weder Aristokraten noch Machtmenschen sind.«[58] – Soviel zur Leere und zur Täuschung des vitalistischen Impul-

Rausch auf Zeit

---

[57] Seidel, Bewusstsein, 181
[58] Seidel, Bewusstsein, 181

ses. Günter Maschke betrachtet die Sache noch von einer dritten Seite, um allerdings zu einem ähnlichen Ergebnis zu kommen. Er nennt es das Problem einer *Abhängigkeit vom Äussersten*»Der faschistische Intellektuelle ist der radikale *Décadent*. Er kann den ihn quälenden Wertnihilismus nur ertragen, weil er glaubt, dass sich das wirkliche Leben erst im Ausnahmezustand enthüllt; im Krieg oder im Augenblick der Gefahr.«[59] – Dieser romantische Faschismus, der Name passt gut, zeigt sich exemplarisch beim Franzosen Drieu la Rochelle. Allerdings beschränkt sich das faschistische Zauberkästchen nicht auf einen einzigen Farbton. Sternhell sieht mindestens zwei widerstreitende Tendenzen am Werk: den agrarischen und den romantischen Faschismus, einen, der die Arbeiter vor der Grossstadt schützen wollte, und einen, der den Kult der Stadt betrieb.[60] War das mit Braun gegen Schwarz gemeint? Mit Mythologen gegen Ritualisten? – Ja. Denn die Symptomatik verzweigt sich ausgehend vom Futurismus und vom Vortizismus, also der dem Futurismus nahe stehende Bewegung von Ezra Pound und Wyndham Lewis, bis eben hin zu den rivalisierenden Zirkeln der NS-Völkerkunde, ohne dass die Widersprüche je aufgelöst werden konnten. Laurette Veza hat den vielversprechenden Versuch unternommen, die Stellung zur Gewalt zum Unterscheidungsmerkmal dieser Extremismen zu machen. Sie beschreibt die erste Position als Hang zu Zornausbruch, als Entfesselung, Ungestüm und Feuer; die zweite Position dem entgegen als Brutalität, als primitive Härte. Wir haben es demnach mit zwei Stufen oder Varianten von Extremismus zu tun. Mit einer noch unreinen und einer reinen Form. In der unreinen war die Gewalt von Emphase geprägt. Die Vortizisten verwarfen dann die Emphase, sie wollten ganz bewusst roh, grausam und primitiv sein. Ideengeschichtlich stellten sie der futuristische *Intuition* den *Instinkt* gegenüber. Sicher, diese Differenzen waren nervöse ideologische Projektionen, Wollungen künstlerischer Avantgarden, aber darum nicht ganz gegenstandslos. Sie hatten bereits im Juni 1914 unter den beiden Kunstbewegungen zu einem ernsthaften Bruch geführt.[61] – Am Beginn unserer Ausführungen standen fünf Elemente. Alle bisher erörterten – Antimaterialismus, Antirationalismus, Aktivismus und Vitalismus – finden sich so oder in ähnlicher Form auch in anderen politischen Strömungen des 20. Jahrhunderts. Der Stalinismus kannte den Opferkult, der Militarismus den Ehrgedanken, aktivistisch waren praktisch alle künstlerische Avantgarden,

Die redenden Tiere

---

[59] Günter Maschke, Die schöne Geste des Untergangs, FAZ, 12.4.1980
[60] Sternhell, Entstehung, 127
[61] Sternhell, Entstehung, 299

und vitalistische Phasen durchliefen auch so noble Denker wie Georg Simmel oder Benedetto Croce. Wer die Behauptung vom geschlossenen, logisch aufgebautes Gedankengebäude des Faschismus aufrechterhalten will, der müsste nun eine spezifische Verknüpfung dieser vier Ideologie-Bausteine darlegen können. Und dabei kommt nun das fünfte Element zum Zug. Es verknüpft die vier anderen tatsächlich in so eigenwillige Weise, dass sie zusammen den magnetischen Kern einer tickenden Bombe bilden. 5. *Der Faschismus war produktivistisch;* und in dieser Hinsicht ging er weit über den zeittypischen Korporatismus der übrigen Rechten hinaus. – Wenden wir uns zuerst einmal dieser ideologischen Konkurrenz zu. Der Korporatismus war während des ganzen 19. Jahrhunderts als gesellschaftliches Ziel nie ganz verschwunden. Als *organisches Staatsideal* schwebte er über vielen Regierungen. Diese wollten mit ihm ein traditionelles System verteidigen und den Herausforderungen von Liberalismus und Arbeiterbewegung entgegentreten. Hinter dem Ideal der konstitutionellen und allumfassende-dirigistischen Gesellschaft stand, so Hobsbawm, »die nostalgische Ideologie einer bestimmten Vorstellung von Mittelalter oder von einer Feudalgesellschaft, in der die Existenz von Klassen oder wirtschaftlichen Interessengruppen zwar anerkannt wurde, die schreckliche Vorstellung eines Klassenkampfs jedoch durch den bereitwilligen Konsens der gesellschaftlichen Hierarchie gebannt war«.[62] Die korporatistischen Theorien schrieben jeder gesellschaftlichen Gruppe und jedem Stand eine spezifische Rolle zu. Jede Gruppe wurde als kollektives Sein betrachtet. Gemeinsam sollten die berufständischen Interessenvertretungen die liberale Demokratie ersetzen. Diese Fantasie war wiederum untrennbar mit einem autoritären Regime oder einem starken Obrigkeitsstaat verbunden. Als vollkommenste Beispiele derartiger Staaten galten in den Dreissigern die römisch-katholischen Ländern Portugal, Spanien und Österreich. Doch die Zeit marschierte schnell, und die Blüte dieses Modells dauerte nur kurz. Der Problem war, dass das organische Staatsideal eine bloss voluntaristische Antwort war auf Massenarbeitslosigkeit und Inflation Mit berufständischen Institutionen liessen sich weder die Streikwellen in Frankreich noch die Landbesetzungen in Italien in den Griff bekommen, da solche Bewegungen ja gerade ein Ausdruck klassenbewusster Kämpfe waren. In Ländern mit chronischer Instabilität konnten solche nostalgische Konzepte nie mehr reüssieren. Dort geschah etwas anderes.

Die Kampfideologie versteht unter Leben Gehorsam und lehnt Interessensausgleich ab.

---

[62] Hobsbawm, Zeitalter, 149

DREHPUNKT

Der Die Wurzeln des Produktivismus reichten bis ins 19. Jahrhundert zurück.
Produktivis- Über Sorel waren Pierre-Joseph Proudhons Vorstellungen von einem
mus ergiebigen Wirtschaften ins Grundvokabular des revolutionären Syndikalismus eingesickert. Im theoretischen Diskurs waren seine Forderungen – Steigerung der Produktion, Verminderung des Konsums – die totale Antithese zum Marxismus. Am ersten Höhepunkt des neuen Modegedankens, 1908, unterschied Edouard Berth, der treueste Schüler Sorels, dann zwischen der »Produktionsmacht« und »allen Unproduktiven«.[63] Er wollte nur mehr zwei Kategorien von Menschen erkennen: die Tätigen und die *Schmarotzer*.[64] Im Unterschied zur marxistischen Begrifflichkeit implizierte die Kategorie der Produzierenden auch eine korporatistische Organisationsform: ein Schema, dass Unternehmer, Techniker und Arbeiter gemeinsam umfasste. Hier war eindeutig ein Prozess der Unterordnung der Politik unter die Wirtschaft im Gang. In diesem Prozess hat übrigens auch der österreichische Ökonom Emil Sax eine Rolle gespielt.[65] Sax, Angehöriger der zweiten Generation der Österreichischen Schule der Nationalökonomie, hatte eine folgenschwere Unterscheidung getroffen: zwischen Privat- und Kollektivwirtschaft. Sax sah eine komplexe Kollektivpersönlichkeit, ja sogar einen »kollektivistischen Egoismus« am Werk, der die Gesamtkraft der im Kollektiv Verbundenen zu »rücksichtloser Verfolgung der eigenen Interessen verwendet, selbst auf Kosten anderer Verbände«.[66] Damit hatte Sax einer Optimierung der Konkurrenzbedingungen für die eigene Nation das Wort geredet. Und genau dieser Gedanke, das nationale Wohl der Wirtschaft, hat zusammen mit der anderen Idee, der Generalisierung von Klassengegensätzen zum Konflikt zwischen *Produktiven* und *Parasiten*, die grosse Synthese von Nationalismus und Sozialismus erst möglich gemacht. Sternhell ist die Entdeckung zu verdanken, dass im revolutionären Syndikalismus wirklich beide Fundamente, auf denen später das faschistische Haus errichtet wurde, bereits vor dem Ersten Weltkrieg vorhanden waren. Das 19. Jahrhundert hatte den Anstoss gegeben, und Sorel-Exegeten behaupteten als erste, dass der Sozialismus völlig unabhängig von der Arbeiterklasse existieren könne.[67] Arturo

---

[63] Sternhell, Entstehung, 138
[64] Sternhell, Entstehung, 185
[65] Sternhell, Entstehung, 189
[66] Zit. n. Leube, Österreichische, 113
[67] Sternhell, Entstehung, 158

Labriola, Ende 1919 Italiens Arbeitsminister, wollte das Wort Proletariat gar nicht mehr über die Lippen bringen. Er ersetzte das Klassenkampfmodell durch etwas, was sogar über den Korporatismus hinauswies. Labriola versuchte, die Mitbestimmung der Arbeiter bei der Unternehmensführung sowie die Selbstverwaltung zu verfechten. So sah die Praxis des Produktivismus nun in Italien aus. – Nach dem Weltkrieg war es auch kein Problem mehr, Sorel als linken Konservativen anzusehen und sein Denken in die Nähe der *konservativen Revolution* eines Spengler, Jünger oder Niekisch zu rücken.[68] Ernst Jünger sah in der literarischen Verarbeitung des Weltkriegs gerade den *Krieg der Arbeiter* auf sich zu galoppieren. Die bewaffneten Handlungen flossen bei ihm jetzt ein in das weit gespannte Bild eines gigantischen Arbeitsprozesses. Was Jünger da in *Die totale Mobilmachung* beschrieb, das war keine ferne Utopie mehr; es war eine neue industrielle Realität, die sich aus dem Krieg wie aus einer Zwiebel herausgeschält hatte. An die Stelle von Heeren, die sich auf den Schlachtfeldern begegnen waren, rückten jetzt die neuen Heere des Verkehrs, der Rüstungsindustrie, das Heer der Arbeit überhaupt. Und der Produktivismus eroberte zeitgerecht die führenden Köpfe. – Freilich hatte die US-amerikanische Gesellschaft diesen Weg schon viel früher beschritten. In den USA war der Wirtschaftsprozess schon lange nichts anderes mehr als arbeitendes Geld, das von einer technischen Etappe zur anderen sprang. Zu Anfang des 19. Jahrhunderts hatten Gussstahl und Dampfmaschine die Krisen überwunden, in den Fünfzigern und Sechzigern war es dann der Eisenbahnbau gewesen, in den Achtzigern der Maschinenbedarf, dann die Elektrizitätswirtschaft, zur Jahrhundertwende der Verbrennungsmotor. Das Geld hatte sich dem jeweils innovativsten Impuls der Wirtschaft verschrieben, von der Baumwolle war es zu den Maschinen übergegangen, von den Maschinen zum Verkehr, vom Verkehr zu den Banken, von den Banken zu Chemie, Elektrizität und Explosionstechnik.[69] Und jetzt, nach der »Grossen Depression« am Ende der Zwanziger? Jetzt sollte die *Rationalisierung* die Zusammenfassung und Läuterung von allem sein, was die Wirtschaft wieder ankurbeln würde. »Moral Equivalent of War« nannte der Philosoph William James das von ihm geplante Arbeitsbeschaffungsprogramm, das dem *New Deal* ab 1933 zugrunde lag.[70] Entsprechend steil ragten die Zeigefinger nach oben, mit denen die Kritiker vor den Folgen der grossen Industriereformen warnten. Der österreichische

Mechanik der Disziplin

---

[68] Sternhell, Entstehung, 106
[69] Brunngraber, Zeitmaschine, 195
[70] Zit. n. Tönnies, Pazifismus, 79

Schriftsteller Rudolf Brunngraber zum Beispiel nannte es »den Herrschaftsantritt des Intellekts über Mensch und Material«. Den industrielle Fortschritt hielt er in Erscheinung und Resultat für eine so »Grauen erregende Vollkommenheit, dass die Zeit- und Bewegungsstudien zur besseren Ausnutzung der Arbeitskraft Frederick W. Taylors aus dem ersten Weltkrieg dagegen wie Streiche eines kleinen Zauberlehrling anmuteten, der einer unentrinnbaren Einwicklung die Schleuse nur hatte öffnen dürfen.« – Was damit gemeint war? Dass im Verlauf des Kriegs mit 80 Prozent der Arbeiter 120 Prozent der Erzeugung erreicht worden war. Eineinhalb Jahrzehnte später sollte jetzt in allen Betrieben die Einzelarbeit durch Universalmaschinen und die Massenarbeit durch Spezialmaschinen ersetzt werden. Gnadenlos wurde die Fliessbandarbeit durchgepeitscht und von der Maschinisierung der Büroarbeit bis zur Konjunkturforschung und Absatzorganisation alle Arbeit in einen Wirbel der Exaktheit gerissen. – »Die Entpuppung seines Systems als intellektuelle Naturkraft hätte selbst die Phantasie Mr. Taylors nicht zu erwarten gewagt«, klagte Brunngraber.[71] Doch seine zivilisationsmüden Tiraden verschweigt uns ein wichtiges Faktum. In allen Hauptländern des Westens hatte nach 1918 noch eine Parallelentwicklung eingesetzt: Staatliche und wirtschaftliche Eliten waren mit den Führungen der linksdemokratischen Organisationen zusammengewachsen. Die soziale Basis, auf der das Bündnis zwischen Kapital und Arbeit möglich wurde, bestand im wesentlichen aus einem Familienlohn, dass heisst der Staffelung des Lohns nach dem Familienstand und der generellen Höherbezahlung männlicher Arbeitskräfte bei gleicher Arbeit. Die Lohnhöhe wurde an die Gewinnentwicklung der Unternehmen gebunden.[72] – Es gab zwischen den Kriegen vehemente Kritik an diesem Bündnis. Skeptiker wie Walter Benjamin haben der deutschen Sozialdemokratie einen besonderen Konformismus unterstellt. Im Unterschied zu anderen hat Benjamin auch auf technokratische Wurzeln dieses Strebens hingewiesen. Die demokratische Linke, sagte er, habe nur den Fortschritt der Naturbeherrschung wahrhaben wollen, nicht aber die Rückschritte der Gesellschaft. »Die technische Entwicklung galt ihr als das Gefälle des Stromes, mit dem sie zu schwimmen meinte. Von da war es nur ein Schritt zu der Illusion, die Fabriksarbeit, die im Zuge des technischen Fortschritts gelegen sei, stelle eine politische Leistung dar. Die alte protestantische Werkmoral feierte in säkularisierter Gestalt bei den deutschen Arbeitern ihre Auferstehung.«[73] – Man sieht schon, der Streit um das möglichst

Kapital und Arbeit

---

[71] Brunngraber, Zeitmaschine, 195
[72] Spehr, Ökofalle, 95
[73] Benjamin, Kritik, 86

ergiebige Wirtschaften, das Für und Wider, hinterliess einen Riss in der Zeit. Die Amerikaner haben aus der Gleichheit eine patriotische Parole gemacht. Die Europäer gingen nach 1918 den entgegengesetzten Weg: Sie verknüpften übereinstimmend den Fortschritt mit der Forderung nach nationaler Freiheit. Und zwar jede Nation für sich. Überall nährte das industrielle Sicherheitsdenken die Forderung, *standardized* zu sein. Alle Gegenstände wurden dem gleichen Typisierungsverfahren unterworfen, von den Raspeln bis zu den Dampfkesseln und von den Fahrrädern bis zu den Särgen.[74] Und Europa wollte es nicht bei den Gegenständen belassen. Der Normierung der Produktion sollte die Normierung der Konsumption folgen, der Normierung der Waren die Normierung der Menschen. Der Produktivismus dehnte sich spielend aus auf *private* Lebensbereiche. – Damit ist nun das Hauptziel des produktivistischen Faschismus umschrieben: Das Bündnis von Kapital und Arbeit, das über mehr Gemeinsamkeiten als Trennendes verfügte, sollte überwunden werden. Es sollte nur mehr eins geben: *Volk, Reich und Führer.* – Gewiss war gerade der Produktivismus kein Alleinstellungsmerkmal der neuen Ideologie. Der avantgardistische Konstruktivismus russischer Prägung zum Beispiel versucht ebenso fleissig Elemente des Marxismus und den Produktivismus der nachrevolutionären Sowjetunion in eine Lehre zu zwingen. Dort hiess das: »Tod der Kunst, es lebe die Produktion!« Es bleibt uns jetzt also zu klären, warum das gleiche Ziel in Zentraleuropa nur in diesem gefährlichen Cocktail aus *Antimaterialismus, Antirationalismus, Aktivismus* und *Vitalismus* durchgesetzt werden konnte.

Sorelianer leisten die ideelle Vorarbeit für das moralische Äquivalent des Kriegs.

OZMA

»Es gab plötzlich *Rechtsradikale*«, hat Ernst Bloch einmal in Hinblick auf die Dreissigerjahre gesagt. Das war eine Anspielung darauf, dass ein rechter Radikalismus per Definition ein Ding der Unmöglichkeit ist. »Radikal ist links, und wir finden in der Geschichte kein einziges Exempel dafür, dass Not, Elend und Verzweiflung, wenn sie nicht zur Öde und Lähmung geführt haben, nach rechts getrieben haben und nicht nach links; dass also ein Bündnis des Elends mit den Deutschnationalen möglich war, das war ein völliges Novum.«[75] Dieser Befund unterstreicht noch einmal die Bedeutung der Frage, warum der industrielle Sprung in Zentraleuropa ausgerechnet mit Hilfe der extremen Rechten

Was lähmte Europa?

---

[74] Brunngraber, Zeitmaschine, 196
[75] Zit. n. Raub, Gespräche, 201

durchgesetzt werden musste. Leider ist heute der Versuch, das faschistische Regime aus der Suggestivwirkung seiner Propaganda zu erklären, um vieles stärker verbreitet. Leider wird das Potential des Nationalsozialismus viel zu häufig auf seine grosse Verführungskraft reduziert. Selbst Bloch gehörte zu jenen, die meinten, die Braunhemden hätten nur das Phänomen einer ungleichzeitigen gesellschaftlichen Entwicklung mit grosser Schwindelhaftigkeit ausgenutzt. Der Philosoph geisselte speziell die Wirkung scheinrevolutionärer Parolen auf Kleinbürger und Bauern. Für ihn waren die Nationalsozialisten nichts als betrügerische Agenten des Kapitals. »Die politischen Vollstrecker der Interessen des Monopolkapitals nannten sich sogar, alles verdrehend, National*sozialistische* Deutsche *Arbeiter*partei.«[76] – Doch das war ein viel kleinerer Schwindel, als Bloch annahm. Der Gelehrte übersah in seiner gerechten Empörung, dass diese Bewegung nicht nur oberflächlich die Linke nachahmte, sondern dass sie bestimmte Stichworte aufnahmen und konsequent weiterführte zu einer Apologie des Kriegs. – Bevor wir den geistigen Prozess der Verschmelzung zur sozialistisch-nationalen Synthese weiter untersuchen, möchte ich noch einmal zum Korporatismus des Dollfuss-Schuschnigg-Regimes zurückkehren. Von der Grundidee her unterschied ja auch diesen wenig von Rezepten linker Provenienz. So gab es etwa eine starke Ähnlichkeit des Ständekonzepts zum Gildensozialismus vor dem Ersten Weltkrieg. Die Verfechter dieser Richtung hatten um 1913/14 in England die industrielle Autonomie mit konsequenter Einschränkung der Staatsmacht vorgesehen. Sie hatten sich zu Dezentralisierung und Selbstverwaltung bekannt. In der Industrie sollte jeder Betrieb frei sein und die eigenen Produktionsmethoden durch gewählte Manager kontrollieren. Der Wille zum Experiment war im Gildensozialismus sehr ausgeprägt. Die verschiedenen Betriebe eines Industriezweigs sollten in nationalen Verbänden, so genannten Guilts, zusammengeschlossen werden. Jeder Guilt, der die eigenen Interessen über die der Gemeinschaft setzte, sollte sich einem Gericht unterwerfen, in dem paritätisch die gesamte Körperschaft der Produzenten und der Konsumenten vertreten war. Dieser gemeinsame Ausschuss war gewissermassen die letzte und höchste Körperschaft der Industrie. Und dann gab es noch Parlament und *Guild Congress,* sie sollten zwei gleichberechtigte Kräfte sein und die höchste Instanz im Staat.[77] – Wie diesen, von Bertrand Russell bewunderten Gildentraum, so muss man sich auch das austrodiktatorische Ständeideal als eine einzige giganti-

Der Trotz auf Erden

---

[76] Traub, Gespräche, 225

sche Expertokratie vorstellen. In beiden Wunschsystemen wurden demokratische Grundsätze der Wahl für gering geachtet; nur die Sachkundigsten sollten bestimmen. Die Unterschied zwischen linksradikaler und rechtsautoritärer Rezeptur zeigt sich erst auf der Ebene der Repräsentation: den Guilts sollten zwei Gremien gleichberechtigt vorstehen, dem Ständestaat hingegen ein einziger *Hierarch*, der die Kraft zur richtigen Politik gewann, weil seine Seele erfüllt war. Man könnte es auch so sagen: Während der Gildensozialismus einer Gleichheitsvorstellung entsprungen war, huldigte das Ständemodell dem Prinzip einer göttlichen Vorsehung. Der stärkste Impuls dafür war von der katholischen Kirche ausgegangen, genauer, von den Grundsätzen der päpstlichen Enzyklika *Quadragesimo Anno*. – Natürlich braucht eine Gegenwart nicht nur nach vorne zu schauen; das ist eine Vorstellung aus den Lehrbüchern der avantgardistischen Ideologie. Der Kleinstaat Österreich durfte auch von der Vergangenheit und vom Christentum lernen. Aber der Glaube an eine Zukunft der Stände führte nirgends zur Nächstenliebe. Schon Ignaz Seipel hatte den Staat ja nicht für ein Menschenwerk, sondern für Gotteswerk gehalten.[78] Entsprechend forderten seine Nachfolger in den Dreissigern von allen politischen Kräften, dass sie sich dem katholischen Denken unterwerfen sollten. »Man muss Gott mehr gehorchen als den Menschen«. Mit dieser mystisch-religiösen Überhöhung der Gemeinschaft wollte die Austrodiktatur alle sozialen Gegensätze überwinden. Im Ständestaat sollte nur der *privilegierte Stand* als Träger der Gewalt übrig bleiben. Und wer gehörte diesem privilegierten Stand an? Welche Weisen sollten den Hierarchen beraten? Die katholischen Akademiker, besonders sie.[79] In diesem Sinn war das ganze Projekt der Austrodiktatur ein Widerstand gegen den Fortschritt, es war die Stagnation in einer zeitlosen Welt. Niemand dachte daran, einen Weg der Mitte zu gehen. Das Regime hüllte sich mit Notverordnungen aus den Schlusstagen der Monarchie in den Schein der Legalität und stampfte übelgelaunt los in Richtung auf eine alpenländische Theokratie. Das Ziel war ein religiös-fundamentalistischer Gottesstaat.

Die Austrodiktatur will Gegensätze durch mystische Überhöhung überwinden

---

[77] Russell, Wege, 73
[78] Busshoff, Dollfuss-Regime, 135
[79] Busshoff, Dollfuss-Regime, 144

AGON

Lehre der Besass das Programm der Austrodiktatur Ähnlichkeiten mit den faschi-
Wirklichkeit stischen Erlösungsversprechen?– Kaum, denn die geheime Kraftquelle des Österreichnationalismus jener Tage war eine Variante antimodernistischer Erregung, nicht unähnlich jedem tiefen Groll Kaiser Franz Josefs gegen das Herannahen einer schlaueren Zeit. Wer in den Jahren 1933 bis 1938 den katholischen Mythos angriff, der untergrub die nationale Existenz, egal ob er nun die Hoffnung auf eine Wiederherstellung des Königtums teilte oder nicht. – Ist es nicht einerlei, aus welchen Motiven die Menschen in den Zwischenkriegjahren unentwegt marschierten? Alle Parteien setzen doch auf eine möglichst machtvolle Demonstrationen der eigenen Kraft, alle teilte sie die Prämisse, dass die drohenden Gefahren nur mit militärischer Gewalt gebannt werden könnten. Was machen da die feinen geistigen Unterschiede auf den ideologischen Gebieten noch aus? Sehr viel. Denn erst die Nuancen im Denken zeigten, worin das Verblüffende des faschistischen Aufmarschs bestand. Basierten etwa der syndikalistische Weg ausschliesslich und der faschistische in der Hauptsache auf dem Arbeitsethos der Industriearbeiter, so lag für konservative und autoritäre Korporatisten bloss die Standesehre zum Greifen nahe. In früheren Jahrhunderten hatten Handwerker und Händler so eine Standesehre gekannt. Doch das war vorbei. Am Beginn des 20. Jahrhunderts hatte sich das Standesbewusstsein eigentümlicherweise im Soldatentum am stärksten erhalten. Alle Berufssoldaten sahen sich als Angehörige eines besonderen Körpers. Ihre Ehrvorstellung verpflichtete ohne jeden Hinweis auf individuelle Gratifikationen.[80] Dieser verstaubte Ehrbegriff war genau die Melodie, die Mitglieder paramilitärischen Verbände und Freikorps verband. Es war die Melodie, nach der sie Liberalen, Freimaurern und Kommunisten den Marsch zu blasen gedachten. – Man darf in diesem Zusammenhang nicht übersehen, dass die österreichischen Diktatoren schon rein biographisch eine starke Wurzel im geknickten Selbstbewusstsein der geschlagenen k.u.k Armee hatten. Das in den Wehrverbänden neu aufgerichtete Selbstbewusstsein floss ein Jahrzehnt lang, während der Ersten Republik, mit der alten Kaiser- und Papstgläubigkeit zu einer rückwärtsgewandten Gesellschaftsutopie zusammen. Letzter sichtbaren Ausdruck: 1933 liess Dollfuss die altösterreichischen Uniformen im Bundesheer wiedereinführen. »Als unter Dollfuss die alten Uniformen und

---

[80] Ernst Gehmacher, Der Beruf des Soldaten, ÖMZ, 2/1974, 92

Orden wieder erlaubt wurden«, erinnert sich Zernatto, »gab es Trafikanten, die sich Sonntag Vormittag zu einem Spaziergang über den Ring den grün befederten Generalshut auf den grauen Kopf stülpten.«[81] Belegt ist auch, dass im Sommer desselben Jahres die Heimatschutz-Aufmärsche einen starken Eindruck auf den Bundeskanzler gemacht haben. »Ich bekam bei seinen Erzählungen darüber das Gefühl«, berichtet Franz Winkler, »dass Dollfuss bei völlig falscher Überwertung und Einschätzung solcher bezahlter Aufmärsche in sich den Gedanken reifen liess, die privaten Wehrformationen zum politischen Willensträger an Stelle der politischen Parteien zu machen. Die Veränderungen, die an Dollfuss in den nächsten Monaten zu bemerken waren, zeigten ganz und gar diese neue Linienziehung. Von diesem Zeitpunkt an tat er alles, um die Ostmärkischen Sturmscharen, die gegenüber dem Heimatschutz jung und schwach waren, zu stärken und sie den Heimatwehren gleichwertig zu machen.«[82] Unter dem Strich kam allerdings ganz etwas anderes dabei heraus: Bereits im September hatte Dollfuss die gefährlichsten unter den Paramilitärs, die Heimwehren, komplett in sein Regime integriert. Aber er hatte sie damit nicht gezähmt, sondern sich in eine Anhängigkeit von ihnen begeben. – Und wieder zeigt sich: Der Ständestaat war weit mehr als die legitimistische Zuckerbäckerei, mit der ihn die Sonntagsredner umgaben. Die Ständediktatur war der Versuch einer ultrakonservativen Elite zielbewusst zurückzukehren zu den Annehmlichkeiten der Vormoderne. Und dieses trotzige Beharren auf dem Althergebrachten erzwang ein umso brachialeres Ende des Experiments. Das Festhalten an einem völlig unrealistisch gewordenen Korporatismus des 19. Jahrhunderts provozierte geradezu jenen Terror, der als Kasperiade des Nationalsozialismus am Horizont erschien. Die Kennzeichen der Austrodikatur unterschieden sich konträr von denen des Hitlerismus:

Ehre des Soldaten

a) Rekurs auf den einheitlichen Mythos der Monarchie
b) exklusives Elitebewusstsein der katholischer Akademiker und Kleriker
c) offizieller Fundamentalismus ohne charismatische Bewegung
d) rückwärtsgewandte Reaktion auf den Prozess der Modernisierung

---

[81] Zernatto, Wahrheit, 60
[82] Winkler, Diktatur, 56

Bleibt als fünftes und letztes Element noch das zerrissene Bekenntnis zum soldatischen Bewusstsein. Dieses Bekenntnis sollte 1938 zum grossen Treppenwitz der Geschichte werden. So malerisch sich die Kanzlerverbände und das Bundesheer in das possierliche Ständebild vielleicht einfügen mochten, letztlich wird ausgerechnet dieses grosstönende Regime die Standesehre des österreichischen Soldaten zu Grab tragen. Militärische Standesehre verpflichtet zum Kampf ohne den Wink einer individuellen Gratifikation. 1938 wird die Kapitulation vor Hitler unter Hinweis auf die Aussichtlosigkeit des Kampfs erfolgen, und das entzieht dem soldatischen Ehrbegriff jeden Boden. – Lassen wir es Robert Ingrim sagen: »Der berufständische Staat war nicht und wird nicht sein, weil es einen solchen Staat nicht gibt.«[83]

Die Ständediktatur beharrt auf die Annehmlichkeiten der Vormoderne.

FIASKO

Krieg als Mythos

Die Synthese von Nationalismus und Sozialismus gelang im Mobilisierungsmythos vom Krieg. Das hatte leise im 19. Jahrhundert begonnen. Die Sorelianer wollten die zur Revolution notwendige Polarisierung der Gesellschaft *künstlich* bewerkstelligen. Sie wollten einen verborgenen Krieg öffentlich machen. Der Kapitalismus war ihnen viel zu dynamisch und effizient erschienen, um mit parlamentarischer Überredungskunst besiegt werden zu können. Ende des 19. Jahrhunderts war überhaupt kein materieller Bruch in Sicht, die Verelendung des Proletariats nicht weiter vorangeschritten. Also musste umso nachdrücklicher auf die Verhältnisse eingewirkt werden. Doch die neue Waffe, der Mythos des Generalstreiks, versagte als Katalysator des Wandels. 1906 in Frankreich, 1911 in Italien. Die Gewerkschaften waren mit ihrem Latein am Ende. In zwei grossen Staaten hatte sich die Sozialopposition den Kopf an einer Grenze blutig gestossen. Sternhell zeigt in seiner Studie, wie nun die französischen und italienischen Syndikalisten nach einem neuen Mobilisierungsmythos Ausschau hielten, der das stumpf gewordenes Messer ersetzen sollte. Sie begannen noch vor 1914 über die Moralität der Gewalt nachzudenken. – In diesem ideengeschichtlich äusserst spannenden Moment geriet zunächst der überschäumende Geist der künstlerischen Avantgarden mit ins Spiel. Marinetti, und schon vor ihm schon Enrico Corradini, hatten im modernen mechanischen Krieg die Möglichkeit für eine reinigende Ästhetik gesehen. »Tod, Verstümmelung,

---

[83] Ingrim, Griff, 81

Krankheiten, Blutbäder, Zerstörungen... die Schrecken des Kriegs sind zugleich etwas von höchster moralischer Schönheit: sie sind die menschliche Seele, die sie überwindet.«[84] Das war ein Gedanke, der mit der Nacht Verkehr hatte. Und er war in einem Tonfall verkündet worden, den die idealistische Linke bereitwillig aufnahm... Der Krieg! Nur er konnte zeigen, wie weit die Opferbereitschaft des einzelnen wirklich ging, nur er konnte zeigen, wie verhängnisvoll die Erwartungen des Internationalsimus waren und wie einfach es sein konnte, alle Schichten der Gesellschaft für das Gemeinwesen zu aktivieren. Der Krieg! Er erschien als neue, tiefe Realisation des Seins. Er bewies die Wichtigkeit der Einheit, der Autorität, der Führung, er verlangte nach der moralischen Bereitschaft zur Erziehung der Massen und der Propaganda als Machtmittel.[85] Man darf nicht vergessen, dass auch die militantesten Gewerkschaftler einmal volkstümlich sein wollten. Und das gelang nicht schlecht, indem sie den kriegerischen Mythos an die Stelle des Klassenkampfs setzten. Die nationale Mobilisierung nahm die Stelle von Streiks und Fabriksbesetzungen ein, sie sollte zum Katalysator des Wandels werden. – Wir sprechen immer noch von Italien. Das Erhabene, die grosse Geste, der fürchterlich dramatische Charakter von Katastrophen – als das fand zuerst Eingang in die italienische Politik. 1907 eröffnete Arturo Labriola eine Debatte, an deren Ende Vaterland und Patriotismus nicht mehr als politische Konzepte angesehen wurden, sondern als Gefühle, die Vernunft und Verstand grundsätzlich fremd waren.[86] Mit Labriola hat sich eine Minorität von Gewerkschaftslinken dem völkischen Nationsbegriff zugewandt, und diese neue Moralisten haben die Fragen nach der Dekadenz des Bürgertums und der Rechtfertigung von Gewalt gestellt. Sie mussten dabei entdecken, was die Auguren der Rechten schon mindestens seit den Neunzigern wussten: dass das Heer das wahre Herz der Nation sei. – Nein, dieser Präfaschismus, er brauchte nicht auf einen Benito Mussolini zu warten, um von einem segensreichen Krieg mit Schaufeln, Büchern und Gewehren zu singen.[87] Er musste nur die Idee des Klassenkampfs auf den Krieg zwischen den Staaten übertragen. Dieser neue Mythos von einem revolutionären Krieg beschwor dann ganz von allein neue leidenschaftliche Bilder herauf; Bilder, die die Notwendigkeit der Verteidigung Italiens mit der Notwendigkeit sozialer Gerechtigkeit verquickten.[88] – 1911

Entdeckung des Krieges

---

[84] Zit. n. Vespignani, Faschismus, 173
[85] Sternhell, Entstehung, 47
[86] Sternhell, Entstehung, 205
[87] Vespignani, Faschismus, 171

platzte die Libyenkrise in das Geschehen. Das war nun beileibe kein nationaler Verteidigungsfall für Italien. Genau das Gegenteil war der Fall. Trotzdem schlug sich erstmals eine linke Splittergruppe auf die Seite der Interventionisten. Dabei fiel überraschend das verhängnisvolle Schlagwort vom *Arbeiterimperialismus*. Von dieser Parole war es nur noch ein Spaziergang bis zum Märtyrertum des »Blutmenschen«. – 1914/15, im grossen Krieg, in dem Italien vorerst abseits stand, bekämpften die Linksinterventionisten offen jede Position des Neutralismus. Der Nationalsyndikalismus verwandelte sich in eine himmelstürmende Bewegung. »Das Vaterland verleugnet man nicht, man erobert es«. Das war ein vollmundiges Wort, Mussolini wie auf den Leib geschneidert. Der Mann aus der Romagna hatte zu diesem Zeitpunkt bereits die zackigsten Kurven seiner Karriere hinter sich. Mussolini hatte 1903 kurz zum Anarchismus geneigt und sich dann für den Syndikalismus zu interessieren begonnen. 1912 hatte er die Sozialistische Partei Italien von innen her erobert. 1914 wurde er selbst von so eingefleischten Jungsozialisten wie Antonio Gramsci als ihr unbestrittener Chef angesehen.[89]
Um Mussolinis erstaunliche Metamorphose zu verstehen, muss man den Einfluss von mindestens fünf Zeitgenossen auf sein Denken berücksichtigen: Als erstes Sorel, den er eine Zeit lang bewundert hat. »Alles, was ich bin, verdanke ich Georges Sorel«, soll er einmal ausgerufen haben. Doch 1909 war diese Phase vorüber; jetzt nannte Mussolini ihn abschätzig eine »Bibliotheksratte im Ruhestand«.[90] Der nächste einflussreiche Kopf war der ultramontane Schriftsteller und lebenslangen Mussolini-Bewunderer Marinetti; der dritte jener besagte Nationalsyndikalist Labriola; der vierte wird der konkurrierende vitalistische Schriftsteller Gabriele D'Annunzio werden, und der fünfte Giovanni Gentile, der wichtigste Ideologe der faschistischen Partei. – Offiziell ist Mussolinis Schwenk von Linksinnen nach Rechtsaussen keine drei Wochen nach der formalen Geburtsstunde des Faschismus in Mailand erfolgt. Die Eile war durchaus angebracht. Denn Anfang Oktober 1914[91] hatten ausschliesslich Delegierte revolutionären Syndikalistengruppen in Mailand eine neue Organisation ins Leben gerufen: der *Fascio rivoluzionario d'azione internazionalista* [Revolutionäres Bündnis internationaler Aktion]. Knapp darauf, Mitte Oktober, publizierte Mussolini einen Artikel in der sozialistischen Presse, der für die Aufgabe der »absoluten

Mussolinis Stunde

---

[88] Sternhell, Entstehung, 223
[89] Sternhell, Entstehung, 247
[90] Zit. n. Sternhell, Entstehung
[91] am 1.10.1914

Neutralität« Italiens zugunsten einer »aktiven und engagierten Neutralität« eintrat.[92] Das war ein zwar vorsichtiges, aber dennoch unmissverständliches Plädoyer für eine bellizistische Gangart der Sozialisten. Als Mussolini am nächsten Morgen von seiner Parteileitung dafür getadelt wurde, trat er noch am Abend desselben Tags von seinen Ämtern zurück und gesellte sich zu des Choristen des Kriegs. Wenig später setzte er sich an die Spitze der jungen, gerade in Mailand begründeten Faschistengruppe. – Die Geschichte des Menschen, sie mag voll von Zufälligkeiten und Sinnlosigkeiten sein, viel Dummes und Verworrenes liegt am Weg, aber man bedenke doch folgende Koinzidenz: Mussolinis grosser politischer Schwenk und sein Eintreten für den Krieg erfolgte gerade mal acht Tage nach der berühmten Rede Victor Adlers in Wien, in der dieser die Kriegsunterstützung der sozialdemokratischen Partei erstmals umfassend gerechtfertigt hatte. Auch wenn der Habitus der beiden Männer vollkommen verschieden war – hier ein doppeldeutiges populistisches Muskelspiel, dort der Wille hartnäckig und pragmatisch eine Idee zu hüten –, auch wenn der grobschlächtige Mussolini im Gegensatz zu Adler keine besondere Zerknirschtheit zeigte, wenn ihn keine Zweifel in seiner Brust plagten, das Ergebnis beider Stellungnahmen war absolut identisch: ein lautes »Jawohl!« zum Krieg. Der Unterschied der Temperamente ist augenfällig. Man könnte dem entgegenhalten, dieser Unterschied sei verschwindend, denn auf dem vulkanischen Wiener Boden habe die Parteileitung das emphatische »Ja!« ohnehin den Parteijournalisten Friedrich Austerlitz formulieren lassen. Doch in Mussolini und Adler prallten nicht nur verschiedene Temperamente aufeinander, zwischen ihnen lagen noch ganz andere Welten. Der Hauptunterschied zwischen dem abtrünnigen Sozialisten in Mailand und dem innerlich zerrissenen Sozialisten in Wien war in der Begründung des erweckten Sozialpatriotismus zu suchen. Beide meinten, den mythischen Charakter eines bestimmten Gedankengebäudes durchschaut zu haben. Doch Mussolini verabsolutierte die Kathedrale der Nation, während Adler der nationalen Idee weiter misstraute, der er folgte. Mussolini verwarf das Interesse als leitende Kategorie und setzte auf die einigende und reinigende Kraft des Kriegs. Adler hingegen hielt weiter fest am Interesse und empfahl den Krieg nur als notwendiges Übel. *Dort,* in Mailand, ein jugendlich frisches Wohlbehagen, viele aufgeblasene Gefühle, die sich lüstern zur Tat bewegten, nicht Vernunft-

Zwei Mal Ja zum Krieg

---

[92] Avanti!, 18.10.1914

gründe. *Hier,* in Wien, die schreiendsten inneren Widersprüche. Bei Mussolini eine ideelle Konstruktion, die sich nicht länger einbilden wollte, eine Sache sei getan, wenn sie begriffen ist. Bei Adler ein unangenehmer Druck zu handeln und das ewige Schwanken zwischen Konformismus und Defaitismus. Bei Mussolini eine neue Art von Manichäismus, der, als letzter Tribut an den Idealismus, an das vernünftige, das heisst: das absichtliche Böse glauben wollte. Bei Adler das Bewusstsein von der Ohnmacht der Idee und von dem Fehlen einer unbedingten Macht der Wahrheit über die wirkliche Welt.

Nur ein Krieg vermag wirklich zu zeigen, wie weit die Opferbereitschaft geht.

SERIEN

Sozialnationalismus

Johan Huizinga war mit dem Namen *Faschismus* vollkommen einverstanden. Der niederländische Historiker sah in diesem Begriff die weitaus beste Bezeichnung für das gemeinte System, weil das Wort nur ein Symbol andeutet: das Rutenbündel eines untergeordneten Funktionärs. Faschismus hiess Gehorsam und Unterordnung. Der Ausdruck wollte nicht zugleich den Inhalt oder die Richtung der neuen Ideologie angeben. Der konkurrierende Begriff *Nationalsozialismus* dagegen erhob den Anspruch, das Wesen der neuen Lehre gleich mit auszudrücken. Er sei deshalb weit weniger brauchbar, erklärte Huizinga. Vor allem wegen der unheimlichen Zweideutigkeit, die in diesem Wort steckt – einerseits das Bestreben einer Nation, das damit gemeint war, andererseits die Gültigkeit des Sozialismus für eine Gemeinschaft universaler Art. Der Erfinder des Begriffs, so Huizinga, hätte diese Bewegung besser *Sozialnationalismus* genannt.[93] – Nach 1918 war die auffällige begriffliche Inkonsequenz, die im Wort Nationalsozialismus zum Ausdruck kam, ein zwingender politischer Gedanke. Die Sieger des Kriegs hatten beschlossen, die dem Krieg entronnenen Menschen in Nationalstaaten aufzuteilen. Von der rechten Intelligenz wurde deshalb fieberhaft nach einer Synthese der beiden antithetischer Begriffe Klasse und Nation gesucht. Ihre führenden Ideologen waren hochkarätige Gelehrte, meist Universitätsprofessoren. Was sie an begrifflichen Bestimmungen auswarfen, fiel auf fruchtbaren politischen Boden. Wenn Mussolini also von einem *Sozialismus der Frontheimkehrer* sprach, so war das keine zufällige Eingebung. Er tat sich nur besonders laut hervor. »Die Millionen Arbeiter«, sagte er, »die zu den Furchen der Äcker zurückkehren,

---

[93] Huizinga, Waffen, 93

nachdem sie in den Furchen der Schützengräben gelebt haben, werden die Synthese der Antithese Klasse und Nation bewerkstelligen«.[94] Der grosse Harmoniewunsch war das Ergebnis einer durchaus realen Betroffenheit. Viele Gefolgsleute des frühen Faschismus hatten in Eliteeinheiten, so genanntem *arditi*, gekämpft und standen nach dem Krieg ohne Perspektive da. Ganze 75 Prozent der faschistischen Parteimitglieder von 1921 hatten als Freiwillige gedient.[95] Und dann die Künstler und Schriftsteller und Dichter, die weiterhin begierig waren, das nationale Gewissen zu schärfen – sie versprühten mit geschäftigem Eifer das Gift einer kryptofaschistischen Kultur. Bergsonismus, Neuromantik, Mystizismus und Dekadentismus – jede dieser Tendenzen im Geistesleben mauerte mit am Kult des Helden und der heiligen vaterländischen Gewalt. Seit dem Sommer 1920 stand in Italien fest, dass sich die neue Bewegung von ihren linksrevolutionären Ursprüngen lösen würde. Dieser Vorgang lässt sich in zahlreichen Äusserungen genau nachvollziehen. Aus dem bis dahin eher ungeordneten Gedankenbündel der Faschisten trat der Produktivismus als Leitidee in den Vordergrund. »Wenn das nationale Interesse die Bekämpfung des Sozialismus erfordert«, propagierten die Partei, »wenn die Modernisierung, das Wirtschaftswachstum und die Fähigkeit des Landes, seine Stellung in der Welt zu behaupten, die Zerschlagung der Arbeiterorganisationen notwendig machten, wenn die Grossgrundbesitzer unterstützt werden müssen, um die Zersplitterung der Gesellschaft und ihre soziale Revolution zu verhindern, die nur in einem Bürgerkrieg, also in die Katastrophe münden kann, dann hat der Faschismus den Schutz der Bourgeoisie zu gewährleisten, und zwar der gesamten Bourgeoisie.« Erst dieser Rechtsruck machte aus den Faschisten mehr als eine Arabeske der westlichen Zivilisation. Erst diese ideologische Festlegung und Festigung hat nach Sternhell dem Mussolini-Klüngel den Aufstieg zur Massenpartei ermöglicht. Labriola und andere Syndikalisten gingen umgehend in Opposition zu ihren Mitstreitern und schliesslich ins Exil. Diese wenigen ehemaligen Nationalsyndikalisten blieben allerdings eine Minderheit; die Mehrzahl der geistigen Wegbereiter von links segelte offen weiter auf faschistischem Kurs.[96] – Es stimmt, dass im besiegten Deutschland der Verschmelzungsprozess anders verlief. Hitlers NS-Bewegung besass ihren Vorläufer in der *Deutschen Arbeiter-Partei* des kaiserlichen Österreichs. 1904 in Deutschböhmen gegründet, hat-

Modernisierung des Landes

---

[94] Zit. n. Sternhell, Entstehung, 277
[95] Kolko, Jahrhundert, 168
[96] Sternhell, Entstehung, 241

te sich 1918 die Wiener Gruppe dieses wenig bedeutsamen Vereins abgespaltet und sich fortan *Nationalsozialistische Deutsche Arbeiter-Partei* genannt. Im Februar 1920 führten die Glücksjäger das Hakenkreuz als Parteisymbol ein. Wir sparen uns den Rest der Vereinsgeschichte, denn mehr war es nicht. In Zwietracht untereinander, in persönliche Streitigkeiten ihrer Funktionäre verwickelt, zerfressen von ungezügeltem Ehrgeiz, blieb das ideologische Profil der Initiative lange plump wie ein Stiefel. Die Ritter vom Hakenkreuz fanden auch keinen nennenswerten Anhang. Jedenfalls nicht diesseits der Grenze. In München sah die Sache bald anders aus und die Gründergeneration hatte dann das Nachsehen. »In der gesamten Tragödie der Ersten Republik«, urteilt Gordon Sheperd, »gibt es wenig kläglichere Dinge als die Bemühungen der österreichischen Nazi-Veteranen, sich den Dämon jenseits der Grenze vom Leib zu halten.«[97] – *Welches Verhältnis hatten der Hitlerismus zu Mussolini?* Nun, machtpolitisch war das Verkettung von Faschismus und Nationalsozialismus überhaupt nicht zu leugnen. Ohne Hitlers Triumph in den frühen Dreissigern wäre aus den Faschisten in anderen europäischen Staaten kaum eine grössere Bewegung geworden; ohne Hitlers Aufrüstungspolitik hätte sich die neue Ideologie nicht als *uni-*

Schwarz und *verselle*Antwort auf den Kommunismus verstehen können. Ausserhalb
Braun Italiens und Deutschlands wurden faschistische Bewegungen erst nach Hitlers Machtergreifung gegründet. – *Welche Rolle spielte beim Aufstieg das Charisma der Führer?* Sozialpsychologisch ist die Anziehungskraft des Führerkults für uns kein Rätsel. Man darf nie vergessen, dass Menschen aus einem Mehr an Zwang, Angst und Pflichten auch ein Sicherheitsgefühl gewinnen können.[98] Aus den Arbeitslosen, die ihr Leben gerade noch hatten versickern sehen, wurden die glorreichen »Gefolgschaften der Werke des Reichs«. Eine einzige Masse, die auf ein Wort aus einem Blechtrichter hin Überstunden machte. Aus den Mördern der nächtlichen Strassenecken wurden die verbrämten Vollstrecker der öffentlichen Hand. Aus Deklassierten, die die Welt gerade noch wie durch die Lücken eines Bretterverschlags betrachtet hatten, wurden Avancement-Techniker, vor denen die halbe Nation strammstand. – Nach Hannah Arendt stützte sich der Faschismus ganz allgemein auf ein Bündnis von Kapital und Mob. Arendt machte allerdings an diesem Punkt in ihrer Diagnose nicht Halt. Die dachte, die spezifische Form des deutschen Faschismus lasse sich nur aus der deutschen und der europäischen Geschichte verstehen. Dem kann man nur zustimmen.

[97] Shepherd, Odyssee, 130
[98] Glaser, Geheimnis, 339

»Die Grundlage des deutschen Nationalsozialismus«, präzisiert Sternhell, »war der biologische Determinismus, der Rassismus in seiner extremsten Ausprägung, und die Vernichtung der Juden«. Weder die Übernahme italofaschistischer Rezepte durch die NSDAP, noch der Schulterschluss zweier Mächte zur welthistorische Achse kann diese grundlegende Differenzen vergessen machen. Sternhell meint sogar, der Krieg gegen die minderwertige Rasse habe in Deutschland eine wichtigere Rolle als der Krieg gegen den Kommunismus gespielt.[99] – Für den eliminatorischen Antisemitismus sind eine Reihe kluger Erklärungen abgegeben worden. Nach marxistischer Lesart hatte sich das Bürgertum schon im letzten Drittel des 19. Jahrhunderts nicht mehr leisten können, den Staatsgeschäften fernzubleiben. Dadurch haben die Juden in den deutschen Ländern zuerst ihre traditionelle Monopolstellung im staatlichen Anleihe- und Darlehenswesen verloren. Als nächstes fungierte sie als Sündenbock. Seit dem Aufbruch ins Zeitalter des Imperialismus bildeten die antisemitischen Wahnvorstellungen die unerlässliche Kehrseite und Legitimationsbasis der deutschen Eroberungs- und Weltmachtpläne. Es war dies ein Spiel mit zwei Variablen. »Die Fiktion einer gegenwärtigen jüdischen Weltherrschaft«, so Arendt, »bildete die Grundlage für die Illusion einer zukünftigen deutschen Weltherrschaft. Nur darum rückte der Antisemitismus unverrückbar in das Zentrum der Nazifikation.«[100] *Hass auf die Juden* – Ich möchte mich auf diese Theorien hier nicht näher einlassen. Der deutsche Rassenantisemitismus markierte natürlich eine klare Grenze zur Volksbrandung des Duce. Aber abgesehen von ihm basierten Italo-Faschismus und Nationalsozialismus auf mindestens drei gemeinsamen Grundlagen: auf dem Nationalismus, dem Etatismus und einer bestimmten Auffassung von sozialer Hierarchie. Beide modernen Ideologeme haben sich aus der Enttäuschung über die parlamentarische Demokratie und der Angst vor einer Revolution entwickelt.[101] Beide forderten die absolute Identifizierung des Menschen mit dem Staat. In beiden Tyranneien stand die Treue zur Volksgemeinschaft über aller Treue zu persönlichen Bindungen. Beide Richtungen des Faschismus wandten sich gegen politische Gleichberechtigung und bestanden darauf, dass das Individuum alle politischen Entscheidungen ausschliesslich der Führung überlasse. Ein Widerspruch freilich lag darin, dass es gar keine geschlossenen Eliten gab. Hitlers Paladine und die willfährige akademische Elite

---

[99] Sternhell, Entstehung, 15
[100] Arendt, Elemente, 760
[101] Schlomo Awineri, Faschismus und Nationalsozialismus, in: Das jüdische Echo, Nr. 44, 1995, 108

Rassenanti- waren in sich so heterogen, dass sie nicht in einer Herde aufgingen.
semitismus Die NSDAP glich zu allen Zeiten einem Konglomerat unterschiedlichster
politischer Seilschaften. Die dem Italo-Faschismus am nächsten kom-
Rassenanti- mende Strömung war ein naiv-idealistischer und sozialrevolutionärer
semitismus Flügel. Zu ihm zählte der NS-Theoretiker und spätere KdF-Amtsleiter
lässt sich Horst Dressler-Andress. In die linksgerichtete Kerbe schlugen auch
ohne die Hitler-Reden und eine verbale Aufwertung des *Arbeiters der Faust.* Wie
europäische in Italien die Parolen des Duce, so blieb diese proletarische Rhetorik
Geschichte natürlich auch im Dritten Reich ein leeres Versprechen. Das einzige
nicht relevante soziale Zuständnis der NS-Tyrannei an die Arbeiterschaft war
verstehen. die Verlängerung des Urlaubs auf ein bis zwei Wochen.

WISSEN

Grenzen der Im Juni 1991 starb der französische Schriftsteller Vercors in Paris. We-
Analyse nige Stunden vor seinem Tod gewährte der Autor eines literarischen
Meisterwerks der französischen Résistance der Zeitschrift *Globe* ein
Interview. Im Lauf dieses Gesprächs formulierte Vercors gänzlich unprätentiös ein Rätsel, das ihn fast fünf Jahrzehnte lang beschäftigt hatte. »Der Nationalsozialismus hat mich nach dem Krieg immer wieder
veranlasst zu fragen, was der Mensch wirklich ist, was am Menschen
eigentlich menschlich ist.«[102] Die Rede von Menschenwürde und
Menschenwert wird heute vielerorts als pathetisch empfunden. Aber
man darf nicht übersehen, dass die Frage Vercors' der Schlüssel zum
Verständnis einer ganzen Generation ist, einer Generation des 20. Jahrhunderts, in dem Jugend, Pflichtgefühl und Opferbereitschaft beispiellos
verherrlicht worden sind und Pessimismus und Härte durch Jahrzehnte als die höchsten Tugenden galten. Die Frage, was am Menschen eigentlich menschlich ist, enthält einen Hinweis auf das forciert avantgardistische Denkens, das einen *Neuen Menschen* hat erschaffen wollen. Ein neues Wesen als Teil einer aggressive Gemeinschaft, angeführt
von einer Aristokratie der Produzenten und einer tatendurstigen Jugend,
der die Zukunft gehören sollte. Das alles schwingt unausgesprochen
mit in der Rede vom *menschlichen Menschen.* – Nun hält die Ideengeschichte teils sehr befriedigenden Antwort auf Vercours' Frage bereit. Wir können zum Beispiel den Faschismus seiner Mehrdeutigkeiten und Hochstapeleien überführen, wir können die Wirkung der Hyp-

---

[102] Zit. n. Vercors, Schweigen, 137

nosen und der Selbsthypnosen erkennen. In den glücklichsten Fällen wirft die Analyse der die Geschichte resümierenden Begriffe tatsächlich Erkenntnisgewinne ab. Doch die Ideengeschichte hält nicht für alles Vergangene zufriedenstellende Antworten bereit. Die in ihr arbeitende Idee von der Idee des Faschismus stösst gleich mehrfach auf Grenzen. Nehmen wir nur einmal den nervöse Elan und der äffische Bosheit der Kohorten her – sie lassen sich auf keine ideologische Basis zurückführen. Sicher, man kann die hitzige Atmosphäre einer militanten Jugend rekonstruieren. Aber was in einer bestimmten Situation gedacht und geredet wurde, das ist nicht unbedingt aufschlussreicher als, sagen wir, die Zeichen einer Kleidung oder die Wahl einer Bewaffnung. In vielen Fällen führen schriftliche Zeugnisse sogar stärker in die Irre, als es ein unvoreingenommener Blick auf die sprechenden Details des Alltags getan hätte. – Die Idee von der Grundidee des Faschismus stösst noch auf eine weitere logische Grenze. Man vergisst leicht, dass nicht alle Ideale dazu da sind, verwirklicht zu werden. Manchmal sind sie nur dazu da, um als einigendes Banner oder als verhüllender Mantel zu dienen.[103] Eine auf Ideen fixierte Erinnerung kann mit diesem Problem nur schlecht umgehen, sie muss immer eine geradlinige Verbindung zwischen dem Willen von Handelnden und ihren erklärten Zielen behaupten. Das ist ein Mangel. – Die dritte und grösste Schwierigkeit betrifft den Gegenstand und die Methode auf noch diffizilere Weise. Hier zeigt sich, dass der Idee von der Idee des Faschismus mitunter auch befremdliche Annahmen zugrunde liegen können. Ich meine damit Sternhells strikte Verurteilung eines jeden antirationalistischen Politikansatzes. Damit soll, bitte, nichts gegen eine vernunftbetonte Politik gesagt sein! Aber mit moralischen Verdikten ist wenig zu gewinnen. – Worum geht es? Es geht darum, dass jede Gesellschaft nur ein bestimmtes Mass an Nüchternheit und Informiertheit aufwenden kann, um sich über ihr Dasein zu vergewissern; darüber hinaus benötigt sie Mythen, um die nicht präzise erfassten Inhalte kommunikativ handelbar zu machen. Das von Bedeutungen durchtränkte Vokabular der Faschisten hat sich bewusst vom diskursiven Denken abgewandt und seine Anziehungskraft mit besonderer Intensität aus dieser Mythenwelt gezogen. Die intellektuelle Elite des Faschismus hat in der Macht des Mythos die eigentliche Triebkraft der Geschichte gesehen. Es wäre allerdings zu einfach, diesen Glauben an die Macht des Mythos zum alleinigen Leitfaden der faschistischen Weltanschauung zu machen, wie

---

[103] Seidel, Bewusstsein, 164

Sternhell das tut.[104] Das Phänomen lässt sich nicht auf die Bedingung einer einzigen Wirkung reduzieren. Jeder Partikel der faschistischen Ideologie – die Annahme von Dynamik und Kontinuität der Materie, die Annahmen einer Dauerhaftigkeit der Psyche, der Unfehlbarkeit des Instinkts, der Überlegenheit der Intuition über die analytische Intelligenz und schliesslich die Liebe zur reinen Wahrnehmung – jeder dieser Partikel ist für Sternhell bloss eine philosophische Entsprechungen des Mythosglaubens. Diese Vereinfachung basiert bei ihm auf einem harten Urteil: »Wenn man die Existenz eines Bereichs anerkennt, der nicht der Vernunft unterliegt, und zugibt, dass er nicht einzig mit den Instrumenten eben dieser Vernunft erforscht werden kann, ist das legitim. Ganz anders verhält es sich mit der intellektuellen und politischen Ausnutzung des Antirationalismus«.[105] – Ist diese strikte Unterscheidung zwischen Erforschung und Ausnutzung eines bestimmten Wissens denn wirklich realistisch und sinnvoll? Ich meine, in diesem Punkt bietet Sternhells Ansatz keine günstige Optik. Was er entwirft, ist ein völlig künstliches Schisma, wie es nur im akademischen Elfenbeinturms möglich ist. Die fein säuberliche Trennung zwischen Erarbeitung und Verwertung eines Wissens, die er einfordert, diese Trennung suggeriert, *Symbolische* dass die Vernunft als Triebkraft der Geschichte durchaus funktionieren *Ökonomie* könnte, wenn die Entscheidungsmacht nur in den richtigen Händen läge. Das ist der Wunsch des reinen Toren. Bei Sternhell und anderen linken Autoren stehen schon mit der Kritik am Rationalismus dem Faschismus Tür und Tor offen. Die entfesselten Kräfte, also der Kult der politischen Macht, das Gefühl der Grösse oder des Heroismus, so denken sie, liessen sich irgendwie in nützliche Bahnen lenken. Aber solche offenen oder versteckten Postulate sind wenig zweckdienlich. Ich meine, das auch die Vernunftkritik einen absolut unverzichtbaren Aspekt der Aufklärung darstellt. Schliesslich hat die Befreiung der Intellektualität oft das gerade Gegenteil von dem gebracht, was diejenigen, die diesen Weg beschritten haben, sich als Ziel darunter vorgestellt hatten. Eine künstliche Mauer zwischen Analyse und Praxis wäre sicherlich praktisch, wenn eine Verschlüsselung des gewonnenen Wissens *nach oben* hin möglich wäre. Doch die Realität sieht heute eher so aus, dass die ideologische Aufgabe der Repräsentation des Sozialen gegenüber dem Politischen zu einer Art von *sozialer Seismologie* geführt hat, die die In-

---

[104] Sternhell, Entstehung, 290
[105] Sternhell, Entstehung, 317

tellektuellen im Interesse der Macht wahrnehmen.[106] Was not tut, das ist ein panoptisches Denken, das sich in der Analyse kommunikativer Zusammenhänge nicht im Begriffsgewirr von Rationalismus/Antirationalismus/Irrationalismus verfängt. – Zum Glück ist die Ideengeschichte nicht alles, was wir kennen. Wenn die Probleme zu gross werden, die sie geriert, bleibt noch eine zweite Möglichkeit, sich der schwierigen Frage nach der Grundidee des Faschismus zu nähern: die Methoden der Wirkungsgeschichte. Vielleicht, so hofft man dabei, verrät die Macht doch gelegentlich die Idee, der sie dient. Um diesen Weg zu beschreiten, muss der Forscher lediglich die Tatsachen als Ideen nehmen. Dazu gehört es selbstverständlich auch, stärker die Frage nach der Funktion von Ideen stellen. Man könnte zum Beispiel verstehen wollen, warum sich gerade die Marx'sche Lehre und nicht die Ideen eines Louis Blanc in der klassischen Arbeiterbewegung durchgesetzt hat. Für den Erfolg eines Gedankens sind ja weder die Körpergrösse noch die Überzeugungskraft eines Denkers entscheidend. Ausschlaggebend für die Überlegenheit eines bestimmten Gedankens, hier des Marxismus, gegenüber anderen Vorstellungen ist seine ideelle Konzeption. Hier: der Umstand, dass der ganze Geist des Marxismus der seelischen Struktur des Proletariats, insbesondere des deutschen, am meisten entsprochen hat. Das düstere Pathos dieser Lehre passte im 19. Jahrhundert hervorragend zu der durch technische Mechanisierung und Rücksichtslosigkeit ernüchterten, verbittert und finster gewordenen Innerlichkeit der Besitzlosen.[107] – Dieses Verfahren bringt gewissermassen den Fluss der Gedanken in das Flussbett der Tatsachen ein. Es stützt sich weder nur auf den Ideenstrom, noch allein auf eine Theorie der Ereignisse; es ist eher etwas, das die Anordnung von bestimmten Molekülen entlang von kulturellen und sozialen Fäden untersucht. – Fassen wir zusammen: Eine durchdringende Analyse muss sich zuerst einmal der beständigen Gefahr des methodischen Denkens entziehen blossen Bildern zu verfallen. Eine durchdringende Analyse kann weder auf die Tatsachen noch auf soziale, ökonomische oder psychologische Kriterien zu ihrer Erhellung verzichten. Was die Politik betrifft, so existiert anders als manche annehmen, keine zwecklose Analyse. Sternhells Wunsch, das Böse auf dem Weg von der Diagnose zur Therapie verschwinden zu lassen, der mutet im Zeitalter der Massenkommunikation ziemlich blau-

Kritik an Sternhell

---

[106] Danielle und Jacques Rancière, Die Legende der Philosophen, 1978
[107] Seidel, 169

äugig an. Ich will damit nicht bestreiten, dass zum Beispiel bestimmte Funktionen der Öffentlichkeit heute ernsthaft gefährdet sind. Im Gegenteil: Imagearbeit, Public Relations und Kommunikationsstrategien haben sich zur eigentlichen Basis des Politischen entwickelt. Sämtliche Professionisten der Informations- und der Unterhaltungsbranche sind heute Sorelianer. Gewiss, es ist beklagenswert, dass die Politik immer weniger durch rationale Argumentation und immer mehr mit der persuasiven Kraft beeindruckender Bilder die Aufmerksamkeit des Publikums wecken und lenken will. Auf diese Weise verdrängt die symbolischen Ökonomie die alten Werte der westlichen Öffentlichkeit. – Welche alten Werte? Nun, das Werben um Zustimmung bei denen, mit denen man zu einer Übereinkunft gelangen will; der Kampf darum, was öffentlich annehmbar sein soll. Diese seit den bürgerlichen Revolutionen eingeübte Praxis der Demokratie droht heute zu erlahmen. Die Kontroverse darüber, was vom Standpunkt aller Beteiligten aus einsichtig sein muss, diese Kontroverse erstickt heute im Gefecht vielfältiger kommerzieller Interessen. In diesem Sinn ist es absolut richtig und notwendig gegenüber der politisierenden Gefühlswelt der Gegenwart auf den rationalen Standpunkt zu beharren. Es ist aber ebenso notwendig zu sehen, dass der Begriff der Öffentlichkeit selbst von einem rationalen Idealismus durchdrungen ist. Und es wäre geradezu sträflich naiv zu glauben, der Kult der emotionalen und mysteriösen Kräfte liesse sich wieder zurück in die Flasche verbannen. Der öffentliche Vernunftgebrauch ist ein schwieriges und zerbrechliches Verfahren. Er kann sich nicht einfach sektiererisch dem Gebrauch eines Wissens verschliessen.

Die Idee von der Grundidee des Faschismus stösst auf Grenzen.

EXKURS

Totalitarismustheorie Nun eine Abschweifung zum Lieblingsproblem der politischen Ideengeschichte im 20. Jahrhundert: zur Totalitarismusthese. Was hat man nicht alles für mahnende Ausdrücke gefunden für dieses Jahrhundert? Eric Hobsbawm nennt es das »Zeitalter der Extreme«, Gabriel Kolko qualifiziert es als »Jahrhundert der Kriege«, Robert Conquest spricht von einem »Jahrhundert der Verwüstungen«.[108] Am liebsten und bequemsten aber reflektiert es die Nachwelt als »Zeitalter des Totalitarismus«. Seit dem Zweiten Weltkrieg spielt die Totalitarismusdoktrin eine positive Rolle im öffentlichen Bewusstsein, und ein Ende dieses Booms ist nicht

[108] Conquest, Reflections

abzusehen. Die Totalitarismuskritik ist ohne Zweifel philosophisch ambitiös, denn sie widerspricht der Vorstellung von Totalität als einer sich bewegenden Gesamtheit von Bestimmungen. Sie funktioniert als politische Idee nur, wenn man sich ein eher plattes und abstraktes Bild von dieser so genannten Totalität macht. Raymond Aron zum Beispiel spricht im Rückblick auf die faschistischen und kommunistischen Bewegungen in den Dreissigern von feindlichen Brüdern. »Diese Bewegungen wandten analoge Verfahren an, sie rekrutierten Parteigänger, die zur gleichen Brutalität geneigt waren, und einem gleichen Fanatismus huldigten und die zuweilen bereit waren, von einem Extrem ins andere zu wechseln. Kommunisten und Faschisten beschuldigten gern die gleichen Menschen oder die gleichen Kreise [Kapitalismus, Plutokratie, formale Demokratie]. Gewiss, ideologisch standen sie auf entgegen gesetzten Standpunkten, der eine berief sich auf ein universelles Ideal, der andere auf eine Rassenidee, jeder klagte den anderen an, im Dienst seiner Feinde zu stehen; der Kommunismus den Faschismus, der Agent des Grosskapitals zu sein; der Faschismus den Kommunismus, der Agent des *Judentums* und der *Weltdemokratie* zu sein. Aber wie viel auch an ehrlicher Überzeugung oder an Wahrheit hinter diesen Schmähungen stand, beide waren sie gewalttätig und revolutionär, beide liquidierten die Parteien, die repräsentativen Institutionen, die freie Meinung und die persönlichen Freiheiten.«[109] – Nicht ein Wort davon ist falsch. Der Glaube an die antibürgerliche Revolution vereinte die Sophisten der äusseren Rechten und der äusseren Linken. Aus beiden Welten gingen *Bewegungen* hervor, die als Einheitsparteien mit egalitärem Anspruch die Massen lenken wollten. Die Ideologeme beider Lager beanspruchten eine universale Geltung und schloss schon theoretisch jede Koexistenz aus. In diesem Sinn wäre der Totalitarismus ein Aktivismus, der auf eine anthropologische Kreation des *Neuen Menschen* abzielt. – Was viel zu wenig beachtet wird, ist, dass diese für das Klima nach 1945 prägende Sicht der Dinge ihre Vorläufer hat. Bereits in den Dreissigern gab es Theoretiker, die darüber sinnierten, ob die *totalitären Diktaturen* in Deutschland, Italien und der Sowjetunion mit den überlieferten Merkmalen der despotischen Herrschaft überhaupt noch etwas zu tun hatten oder ob sie historisch Neues darstellten.[110] Der natürliche Hafen der Totalitarismustheorie war damals schon der Liberalismus. Nur mit dem Ökonomen Paul Mattick hat einer weit links

Feindliche Brüder

---

[109] Aron, Frieden, 636
[110] Hautsch, Faschismus, 18

vom Liberalismus ähnliche Thesen vertreten. »Bolschewismus, Faschismus und Nazismus«, schrieb Mattick 1949, »sind keine unabhängigen nationalen Phänomene, sondern nationale Reaktionen auf veränderte Formen des Weltwettbewerbs, so wie der Trend zum Totalitarismus in *demokratischen* Nationen zum Teil einen Antwort auf den Druck für oder gegen imperialistische Handlungen ist.« Mattick war der Wiederbegründer der deutschsprachigen Chicagoer Arbeiterbewegung; in der Theorie wandelte er auf den Spuren von Otto Rühle und Karl Korsch. Für ihn war das faschistische Regime entstanden aus »internen gesellschaftlichen Konflikten und aus der Notwendigkeit, Schwäche gegenüber stärkeren kapitalistischen Nationen mittels politisch-organisatorischer Massnahmen zu kompensieren«.[111] Dieser Hinweis auf eine Kompensation ist wertvoll. Denn Mattick hat nicht aus den Augen verloren, dass es Deutschland gewesen ist, wo sich der Faschismus zuletzt entfaltet hat. Offenbar war eine allgemeine Entwicklung in diesem Land soweit in Verzug geraten, dass sich ein Regime bei der Aufholjagd besonders brutal gerieren musste. Matticks Gedankenführung ist in diesem Punkt sehr schlüssig, wenn man die Texte auch zwischen den Zeilen zu lesen versteht. Allein: Ihr Inhalt bewegt sich ausschliesslich *Gefahren des* auf makrosozialer Ebene, fern dem Wandel in den fein verästelten *Modells* Mentalitäten, von dem wir ausgegangen sind. – Was bedeutet das nun für die Totalitarismustheorie? Es heisst, dass man ideologische Würfe und ihre Verstrickungen natürlich wie ästhetische Gegenstände betrachten kann. Natürlich darf man die Übereinstimmungen und Symmetrien von Modellen in einer phänomenologischen Sprache beschreiben. Aber wo führt das hin? ... Wenn Sorel mit seinen Theorien den extremen Fluchtpunkt des gesamten politischen Universums markiert, warum soll man dann die parallelen Geraden, die zu diesem Punkt führen, nicht mit dem Begriff des *Totalitarismus* bezeichnen? Antwort: Weil der erforschte Gegenstand dabei zu entgleiten droht. Erst wenn man sich von geometrischen Schemata frei macht, gelangt man dorthin, wo Entstehen und Vergehen zusammenfallen. Für die Geschichtsforschung bedeutet das Faktum immer noch die stärkste Absage an das Modell! Durch Fakten wird die Problematik um die ganze zuvor verdrängte *Konkretheit* wieder angereichert. Die historische Analyse kann nicht, wie es die Totalitarismusdenker tun, auf einer theoretisch-lyrischen Bahn fortfahren. Erst, wenn man das Modellhafte hinter sich lässt, landet

---

[111] Mattick, Spontanität, 53

man beim Verhältnis von Individuum und Macht. – War das 20. Jahrhundert also nicht die Ära des Totalitarismus? Nein, ganz im Gegenteil. Vergleicht man die Regierungen von 1900 mit denen von 1999, so wäre es weit angebrachter, von einer »Epoche der Demokratisierung« als von einer »Epoche des Totalitarismus« zu sprechen. – Mein Einwand gegen die beliebte These ist sehr pragmatischer Natur. Für die Machtanalyse ist es von höchstem Interesse, wie die linken und rechten Diktatoren ihre Herrschaft aufgebaut und wie die Provokateure von links und von rechts die Mechanik der Macht voneinander erlernt haben. Politik ist kein Ausdruck automatischer Bewegungen, kein Endkampf unumstösslicher Wahrheiten, keine geheimnisvolle Ortsverteilung von Stoffpartikeln in einem Vakuum, sondern ein kommunikativer Prozess der Selbstorganisation und der Selbstdestruktion. Die Totalitarismustheorie – und das ist der Vorwurf gegen ihr Modell – generalisiert Gemeinsamkeiten, wo gerade die Mechanik des Austauschs von besonderem Interesse wäre.

Das Totalitarismusmodell verdrängt die Problematik zugunsten von Symmetrie.

FRAGEN

Seit 1945 hat sich die Sonne einige Zentimeter weiter bewegt. Wir erkennen jetzt gut, das die Totalitarismustheorie den Bauplan verdeckt, statt seinen Inhalt auszuweisen. Es ist zum Beispiel wichtig zu sehen, dass die Machtergreifung Mussolinis nicht auf eine Kapitulation des Staates gegenüber der Gewalttätigkeit oder Gerissenheit der Faschisten erfolgt ist. Die Machtergreifung war einem Entgegenkommen und der Sympathie weiter Teile des politischen Establishments geschuldet. Mussolini trat an die Spitze der Regierung und erklärte sich höflich bereit, die Organisation seiner Schwarzhemden aufzulösen – was er niemals erfüllte. Erst einmal an die Schalthebel gelangt, waren seine Kader dann kaum mehr wieder zu erkennen. Einmal an der Macht, reduzierte die Faschisten wirtschaftliche und soziale Konflikte auf vorwiegend psychologische Probleme, auf Fragen des Stils und der Selbstinszenierung. Den Staatsterrorismus als Regierungsform erlernten sie, wie die Bolschewisten, erst in der Praxis – und zwar, weil ihre jeweiligen politischen Rezepte versagten. – Noch einmal: Auch wenn das Totalitarismuskonzept einige repressive Merkmale der aufstrebenden Massenbewegungen sehr gut zu erfassen vermag, erweist es sich als vollständig blind gegenüber den realen Aspekten von Bewegungen und Innovationen, die die Gesellschaften verändern. Ein Beispiel: Der historische Makel der Sowjetrepublik wurde im 20. Jahrhundert weit

Vom groben Kamm

schneller sichtbar, als es jedem Linken lieb gewesen sein dürfte. Die Kommunisten frassen nicht kleine Kinder, wie ihre Verfolger behaupteten, sie frassen andere Revolutionäre und schliesslich sich selber auf. Die Zwangseinweisung politischer Abweichler und Gegner in psychiatrische Anstalten – sie war beinahe bis zuletzt eine unverzichtbare Methode kommunistischer Machthaber. – Bleiben wir bei diesem Beispiel. In den frühen Dreissigern forderte die von Stalin gewaltsam durchgesetzte, in Deportationen und Hungersnot mündende Kollektivierung der Landwirtschaft nach vorsichtigen Schätzungen fünf Millionen Todesopfer. Robert Conquest erinnert daran, dass Stalin mit dieser Terror-Hungersnot von 1933, die den Widerstand gegen die Kollektivierung brechen sollte, nicht anders vorging als der blutrüstige Timur Lenk im 14. Jahrhundert, der aufständische Gebiete mit Hunger statt mit Feuer und Schwert öde legte. Ende der Dreissigerjahre wurde dann rund eine Million Menschen in der Sowjetunion hingerichtet, doppelt so viele kamen in Lagern um. Während des Weltkriegs hat Stalin ganze Völker deportieren lassen. Wolgadeutsche, Krimtataren und über eine Million Polen wurden nach Sibirien verfrachtet. Durch Mord und Deportation haben allein die kleinen baltischen Nationen zehn Prozent ihrer Angehörigen verloren. Das Heer der im *Archipel Gulag* zur Sklavenarbeit Missbrauchten, es zählte schon am Vorabend des Zweiten Weltkriegs sechs bis acht Millionen Bürger. – Ein erstaunlich kühles Urteil über diese Menschheitskatastrophe hat der konservative Panajotis Kondylis gefasst: »In voller Kenntnis der Brutalität und des Leidens, die das alles mit sich gebracht hat, kann man heute nüchtern feststellen: ohne die Zwangskollektivierung und die forcierte Industrialisierung hätte das nationalsozialistische Deutschland den Krieg gegen die Sowjetunion gewonnen. Gesinnungsethikern sei es überlassen, diesen gordischen Knoten zu lösen, die Bolschewiken haben ihn zerhauen müssen.«[112] – Kehren wir nun zum Ausgangspunkt zurück. Im Mittelpunkt der Totalitarismustheorie steht die Behauptung, Faschismus und Bolschewismus seien gewalttätig gewesen. Beide Unrechtssysteme hätte die Errungenschaften der Französischen Revolution liquidiert. Das ist schlechterdings unbestreitbar! Genau genommen waren aber bereits in der Französischen Revolution Staat und Gesellschaft Objekt eines voluntaristischen Machbarkeitsglaubens geworden. Wir wollen nichts relativieren, aber doch genau hinsehen. Und was erkennt man, wenn man hier genau hinsieht? Dass 1794 im Revolutionskult um das Höchste

Foucault und Furet

---

[112] Kondylis, Politik, 133

Wesen anstellte der Herrschaft an sich etwas Neues sakralisiert worden ist: *die Politik*. Die Politik selbst war erstmals in der bürgerlichen Revolution zum Werkzeug des Heils erkoren worden, sie allein sollte erlösen, den einzelnen Menschen und die ganze Menschheit. Je mehr man diesen Ursprung der modernen Gesellschaft und ihr Politikverständnis bedenkt, desto nutzloser wird die These von der grossen faschistisch-kommunistischen Bruderschaft. Meist endet die Beschwörung übereinstimmender Merkmale ohnehin bei der Feststellung, dass der hohe Abstraktionsgrad einer *grossen Idee* den Sinn für die Wirklichkeit eingetrübt habe ... Oder dass die Überzeugung, eine Utopie auf Erden sei möglich, zu den grossen Katastrophen geführt habe... Oder dass gerade Intellektuelle eine seltsame und konsequente Vorliebe für allumfassende Gewaltanwendungen entwickelt hätten. Alle diese Annahmen der Totalitarismustheoretiker sind wertlos, die viele Mühe darauf vergeben. Das *Jahrhundert der Verwüstungen* lässt sich nicht auf eine fatale Folge utopischer Ideen reduzieren. – Zuletzt scheitert das Totalitarismuskonzept auch noch am eigenen Namen. Die Unmöglichkeit, als einzelnes Individuum eine Untersuchung der Totalität durchzuführen, hat fundamentale Konsequenzen für das Denken und Schreiben. Eine Konsequenz ist, dass die Analyse der sich verändernden Totalität auf dem Papier gar nichts anderes sein kann als die Simulation einer kollektiven Analyse.[113] Das hat kaum jemand besser verstanden als der Franzose Michel Foucault. Bleiben wir gleich beim Mikrophysiker der Macht, denn er hat eine äusserst gewagte These zur politischen Geschichte vertreten: In den Augen Foucaults ist der Sozialismus im 19. Jahrhundert auf Anhieb ein Rassismus gewesen. Foucault hat einen verblüffend einfachen Mechanismus beschrieben, der in der politischen Auseinandersetzung wirksam wird. Immer wenn der Arbeiteraktivismus den ökonomischen Wandel gesucht habe, habe er den Rassismus *nicht* nötig gehabt. Wo der Arbeiteraktivismus aber die »körperliche Auseinandersetzung« mit dem Klassenfeind der kapitalistischen Gesellschaft zu denken unternahm, da sei der Rassismus wieder aufgetaucht.[114] – Ein Spiel? Nein, kein Spiel! Foucaults Ansatz hat die Tür zu einer neuen Betrachtung der präfaschistischen Geschichte aufgestossen. Er eröffnet die spannende Möglichkeit, die zentrifugale Differenzen, die sich im Äussersten des Politischen bemerkbar machen, auf der Ebene des Subjekts weiterzuverfolgen. Foucaults Beobachtung mündet in die

Körper und Politik

---

[113] René Lorau, in: Basaglia, Befriedungsverbrechen, 112
[114] Foucault, Verteidigung, 304

Frage: Wie viele Körper verträgt die Politik? – Die Irrtümer und Irrsinnigkeiten der Linken im 20. Jahrhundert, sie liegen heute bloss. Trotzdem wird es immer schwer zu verstehen bleiben, wie man Lenin ablehnen, aber Stalin gleichzeitig lieben konnte. Solche psychologischen Blockaden im Denken hat noch niemand glaubhaft entschlüsselt. Marxisten und Psychoanalytiker aller Schulen sind bekanntlich in der Lage, jedes erdenkliche Ereignis als Verifikation ihrer Theorien zu interpretieren. Wir wissen das – aber wissen nicht, warum sie das tun? Um das in Erfahrung zu bringen, bleibt uns nichts anderes übrig, als eine Dramaturgie des politischen Bewusstseins anzunehmen und das Skriptum dazu aus der Geschichte zu lesen. Glaubt man den Analysen des geachteten Historikers François Furet, so ist die militante Kritik an der Bourgeoisie im Schoss des Bürgertums selbst entstanden. Sie wurzelt im Selbsthass jener Bürger, die die kollektiven Glücksversprechungen ihrer revolutionären Tage nicht einlösen konnten oder wollten. Nach 1918 hat sich dieser Hass – zuerst der Linken, dann der Rechten – in der Ablehnung der liberalen Demokratie artikuliert. Die Linke hat die Rechte gewissermassen mit ihrem eigenen Problem in Bann geschlagen. Furets Arbeit besteht im Aufweisen der Immunitätsstrategien, mittels der sich die Linke von der politischen Wirklichkeit abzuschotten könnte und Kraft derer sie einem *Antifaschismus* anhing, der das Gulag-System ausblenden konnte. Foucault oder Furet – ihre Ansätze bleiben grundverschieden, aber jeder von ihnen verspricht ungleich mehr als der grobe Kamm des Totalitarismustheorie.

Offen bleibt die Rolle einer syndromatischen Denkweise, die eine Ganzheit bewahrt.

NS-STAAT UND MODERNE
Thesen zur Tragical History Tour

ANNÄHERUNG

Stellte der NS-Staat ein Phänomen der Moderne dar? Ja, der National- Wie turbulent *sozialismus spielte trotz der antimodernistischen Momente seiner Kul-* leben? *tur eine entscheidende Rolle bei der Modernisierung des sozialen und ökonomischen Lebens in Zentraleuropa.* Egal, ob man den Aufstieg der Faschismen nun als innerparadigmatische Antwort der industriellen Zivilisation auf Krisen versteht will oder ob man so weit reichende Folgerungen ablehnt, in der beredten Sprache der Tatsachen ist ein tief greifender Bruch in den Dreissigerjahren nicht zu verleugnen. In vielen Bereichen hat das Dritten Reich eine Art nachholende Entwicklung gegenüber den USA, Grossbritannien, Frankreich und selbst gegenüber der Sowjetunion vollzogen, indem es das Versprechen einer Rückkehr zum einheitlichen Mythos früherer Gesellschaften mit dem Versprechen eines grandiosen Neuanfangs verband. »Der Nationalsozialismus ist die Welt der Ordnung, der Gesetzmässigkeit, der Disziplin, des Gehorsams.« Mit diesen Worten hat Arbeitsminister Robert Ley seinen politischer Glauben bekannt.[1] Der Hang zu Genauigkeit, zu Gründlichkeit und Pflichterfüllung, sowie die meist heuchlerische Abneigung gegen jeden »Egoismus« – das waren nicht nur typisch deutsche Züge, nein, es waren auch die kardinalen Tugenden in allen modernen Industriegesellschaften. Sicher, die Leistung der NS-Führung war ungewöhnlich. Sie installierte ein *Reich,* das das Verschiedene und Vereinzelte wieder vereinigen und in ein weiss glühendes Ganzes zurück schweissen wollte. Dieses Ziel enthielt ein Versprechen. »Die Gemeinschaft, in der der einzelne Mensch lebt«, schwor Ley, »muss für sich eine Einheit bilden, die dieser Mensch begreifen und überschen kann. Sie darf nicht uferlos, nicht grenzenlos sein. Sie darf sich nicht aus seinem Blickfeld heraus begeben.«[2] Dieses Versprechen war also die negative Aufhebung einer Moderne, die den Menschen dazu zwang, ohne höheren Trost auszukommen. Denn das Schicksal des Menschen im 20. Jahrhundert hiess eindeutig Turbulenz; hiess *kompliziert leben*.[3] – Man sieht schon: Um die Frage nach der Modernität des Nationalsozialismus verlässlich zu

---

[1] Ley, Führer, 12
[2] Ley, Führer, 68
[3] Arno Schmidt, Der Platz, an dem ich lebe, in: Aus julianischen Tagen

beantworten, sind einige begriffliche Präzisierungen notwendig. 1. Mit *Modernität* bezeichnen wir normalerweise die Veränderungen in einem aus der Tradition der Symbolwelt gelösten Alltagsleben. 2. Der Ausdruck *Modernismus* erfasst hingegen die selbstbezüglichen Systeme von Kunst und Wissen. 3. Der Ausdruck *Modernisierung* wiederum bezieht sich klar auf den sozialen und ökonomischen Sektor.[4] Wir verstehen darunter eine Umwälzung, die alte Widerstände und Hemmnisse in den institutionellen und geistigen Bereichen beseitigt, um den Weg zu einer effizienter organisierten Gesellschaft freizumachen. Zur Modernisierung zählen Ökonomen als besondere Merkmale: a) ein Anwachsen der Menge der Waren und nichtmateriellen Güter in der Wirtschaft, b) eine Erweiterung der Zugangschancen und Dispositionsmöglichkeiten in Hinblick auf Produkte und Dienstleistungen und c) eine stärkere soziale Differenzierung, verbunden mit einer komplexen Gestaltung der Arbeitsteilung und einer verstärkt funktionellen Spezialisierung.[5] – Über viele Jahre haben sich Forscher, die dem Nationalsozialismus eine modernisierende Rolle der Gesellschaft zugeschrieben haben, mit dem Aussenseiterlos abfinden müssen. Selbst wenn sie darauf pochten, dass es sich um eine »unbeabsichtigte Modernisierung« gehandelt hat, fielen sie unter den Verdacht, die Gefährlichkeit des NS-Faschismus irgendwie relativieren zu wollen. Verantwortlich für diese Reaktion war ein Klima, in dem das Epitheton Modernisierung eindeutig positiv belegt war. Diese Phase ist heute vorüber. In dem Mass, in die euphorische Bewertung der *Modernisierung* abzubröckeln begann, in dem Mass, in dem die Kritik an Grosstechnologien wie Atomkraft und Genmanipulation zu einer breiten Skepsis gegenüber der Technik insgesamt geführt haben, wurde auch die Faschismusforschung um einen Aspekt reichhaltiger.[6] Das Spektrum der Meinungen unter den Vertretern der Modernisierungsthese geht heute weit auseinander. Der deutsche Historiker Hans Mommsen erklärt die Veränderungen im Dritten Reich zu einer »vorgetäuschten Modernisierung«. Ein anderer, Henry Turner, hält den Gesellschaftsentwurf des Nationalsozialismus zwar für reaktionär, meint aber, der Versuch der Durchsetzung der NS-Utopie habe des Einsatzes allermodernster Mittel bedurft.[7] Rainer Zitelmann wieder untersucht vor allem die Vorstellungswelt der prominenten Köpfe des NS-Reichs, wobei er zu dem Ergebnis kommt, dass neben den ras-

Das gleisende Ganze

---

[4] Österreichische, Moderne, 78
[5] Österreichische, Moderne, 17
[6] Gerhard Senft, in: Österreichische, Moderne, 19
[7] Österreichische, Moderne, 21

sistischen und sozialdarwinistischen Prinzipien häufig das Leitbild einer hoch entwickelten Industrie- und Technologiegesellschaft im Mittelpunkt des faschistischen Denkens gestanden hat.[8] Shmuel N. Eisenstadt, um noch einen vierten zu nennen, will zeigen, dass sich in der gegenwärtigen Welt »mehrere Arten der Moderne beobachten« lassen. Die Entwicklung im 20. Jahrhundert, meint er, habe die »Konvergenzannahme« nicht bestätigt.[9] – Entscheidend ist, dass sich mit all diesen Untersuchungen eine Absatzbewegung von moralischen Ambitionen der Faschismusforschung vollzogen hat. Keine Frage, die Massenvernichtung ist die dunkle und grausame Seite einer volksgemeinschaftlichen Formierung und Durchstaatlichung im Dritten Reich. Doch wir müssen auch dringend danach fragen, von wo aus der vernichtungsbürokratische Charakter des Regimes seinen Ausgang nahm. Schliesslich war dieser mörderische Charakter das Wesenmerkmal des Nationalsozialismus und nichts Äusserliches, das sich zur menschenverachtenden Ideologie irgendwie hinzugesellt hat. – Es gibt naturgemäss auch weiterhin Forscher, die den Modernisierungsansatz rundheraus ablehnen. Ian Kershaw etwa sieht in der These nichts als eine Überschätzung gewisser Einzelheiten. Alle Erscheinungen, die dem NS-Regime als »modernistisch« angerechnet werden könnten, sagt er, wären auch bei jeder anderen Regierungsform zum Durchbruch gekommen.[10] Das ist ein wichtiger Einwand, selbst wenn er nur dem ideologischen Vorbehalt entspringen sollte. Wie immer die Diskussion letztlich ausgeht, moralische Dementi werden den Verstand nicht befriedigen. Der oberflächliche Betrachter versteht vieles falsch. Für ihn sind im Dritten Reich aus soldatischen Banden bloss die Vollstrecker eines Blutgesetzes geworden, aus zackigen Stammtischrednern skrupellose politische Henker, die nur gegen wirkliche Kugeln nicht gefeit waren. Wir wissen inzwischen, dass eine solche Betrachtungsweise keine Erkenntnis vermittelt. Um zu verstehen, was gewesen ist, müssen wir uns begrifflich mehr anstrengen. Sonst verschwinden im Rausch der Vernichtung und der Grausamkeit Vergangenheit und Zukunft und eine verstümmelte Gegenwart bleibt zurück.

Die Tragical History Tour kann die modernisierende Seite nicht enthüllen.

---

[8] Österreichische, Moderne, 22
[9] Eisenstadt, Vielfalt
[10] Kershaw, NS-Staat

WIDERSPRÜCHE

Stählerne Für die Akzeptanz der Modernisierungsthese gibt es ein kräftiges Hin-
Romantik dernis: die extrem reaktionäre Kulturpolitik des Dritten Reichs. Man
darf, warnt der Zeitgeschichteforscher Oliver Rathkolb, einfach nicht
vergessen, dass die Nationalsozialisten einen »Kampf gegen den Kultur-
bolschewismus« geführt haben.[11] Schon in den ersten Wochen ihrer
Herrschaft hat die NS-Elite um Adolf Hitler klar gemacht, dass sie den
Staatsinterventionalismus im Kulturbereich rasch ausbauen werde.
Avantgardistische Künstler wie die Kubisten, Expressionisten und Sur-
realisten waren von vorneherein suspekt, weil sie nicht für politische
Zwecke instrumentalisierbar waren. Den Höhepunkt erreichte dieser
hysterische Antimodernismus in der berüchtigten Säuberungsaktion
gegen *entartete Kunst*. 1936 beauftragte Hitler den bekannten Maler und
Präsidenten der Reichskammer für bildende Kunst, Adolf Ziegler, die
gesamte missliebige Kunst aus mehreren hundert Museen Deutschlands
zusammenzutragen. Diese antiurbane und antidekadente Hetze entsprach exakt den Vorstellungen einer wichtigen NS-Gruppierung: Alfred Rosenbergs Kampfbund für deutsche Kultur. Dieser Flügel stand
allerdings in scharfem Gegensatz zu Josef Goebbels, der zum Verdruss
Rosenbergs die Gesamtleitung der Kulturpolitik übertragen bekommen
hatte. Das heisst natürlich nicht, Goebbels wäre für Dekadenz und
Moderne eingetreten. Aber es gab eben beträchtliche Unterschiede im
Kulturgeschmack der Granden, und es gab Unterschiede weltanschau-
licher Natur. Vor Rosenbergs Kampfbund war die esoterische Linie des
Faschismus bereits in Italien gescheitert. Dort hatte der Dichter und
Maler Julius Evola lange ein Vorbild für Mussolinis Schwarzhemden
abgegeben. Evola hatte von einer *integralen Tradition* geschwärmt, die
ihm als Massstab zur Kritik der modernen Welt diente. Seine theoretische Argumentation war auf steinerne Gegensatzpaare aufgebaut: das
Hohe gegen das Niedrige, das Transzendente gegen das Diesseitige, der
Mann als asketischer Krieger gegen die Frau ... Seine Lehre bestand aus
immer neuen Kostümierungen des Gegensatzes von *Himmel gegen
Erde*. Der Bruch dieser betont esoterischen Linie mit dem Duce-Faschis-
mus erfolgte einseitig. Evola, für den das Geheimnis des Mysteriums
nur rein metaphysisch sein konnte, war von Mussolinis Arrangement
mit dem Katholizismus ebenso enttäuscht wie bald darauf gewisse
deutsche Gralsucher von Hitler. – Zurück nun zur Kulturpolitik. Trotz

---

[11] Oliver Rathkolb, in: Das jüdische Echo, Nr. 44, 1995, 120

aller Widrigkeiten in den eigenen Reihen haben beide Diktaturen das kulturelle Feld nie unbestellt gelassen. Die NS-Propaganda hat sich das Alltagsleben sogar als besonderes Instrument der *Volkserziehung* auserkoren. Von konsistenten Massnahmen lässt sich aber schwer sprechen. So haben in der Sturm- und Drangphase bestimmte Schauspielerinnen zu hören bekommen, dass sie als »Friedenshyänen« auf der Bühne unerwünscht seien.[12] Am Höhepunkt der NS-Herrlichkeit aber existierte dann eine gewaltige Unterhaltungs- und Manipulationsindustrie wie man sie bis dahin nur in den USA und in der Sowjetunion gekannt hat. – Im Gegensatz zum Italo-Faschismus machte sich der Nationalsozialismus übrigens alle Kunstfächer und alle Richtungen des Ausdrucks nutzbar. In der angewandten Grafik, bei Buchumschlägen und bei der Produktgestaltung blieben trotz der Hasstiraden gegen die *entartete Kunst* avantgardistische Stilelemente deutlich erhalten. Im Medium der Ausstellung erkannte die NS-Propaganda ein enorm probates Instrument und zog für Aufgaben in diesem Bereich, zumindest bis 1937, prononciert moderne Künstler, darunter viele ehemalige Bauhäusler, heran.[13] Das NS-Regime hat somit die Moderne verteufelt, sich zugleich aber ihrer ästhetischen Formen bedient. Der Führerdiktator persönlich fühlte sich in der Kunst nie wirklich der völkischen Bewegung verbunden, behauptet der Historiker Robert S. Wistrich. Hitler bewunderte ein Leben lang die Wiener Monumentarchitektur und protegierte Architekten wie Albert Speer, die beim Entwerfen an die Ruinen ihrer Werke nach Jahrtausenden dachten.[14] Dennoch wird gerade in der Baukunst die zwiespältige Haltung des Nationalsozialismus überdeutlich. Die Behörden des Reichs duldeten eine zeitlang Vertreter der Avantgarde wie Mies van der Rohe und Peter Behrens in Deutschland. Selbst Konzepte von Hitlers Leibarchitekt erinnerten in manchem an die Neue Sachlichkeit der Zwanzigerjahre. Wir haben es gleichzeitig mit völlig gegenläufigen Tendenzen zu tun. Clemens Klotz, der Architekt des KdF-Seebads Rügen, verband Elemente der Moderne mit lokalen Stilmitteln. Die Stahlwerkshalle Salzgitter wieder stammte vom Bauhausarchitekten Heinrich S. Bormann. Eine Übereinstimmung der Tendenzen lässt sich eigentlich nur in dem finden, was man *technische Rationalität* nennt. Diese technische Rationalität lag zwar vom Bauhaus-Utopismus ein Stück weit entfernt, aber sie machte ebenso deutlich einen Schwenk weg vom plumpen völkischen Antimodernismus.[15]

Ratio der Technik

---

[12] Mann, Wendepunkt, 234
[13] Schuster, Jahrhundert, 122
[14] Robert S. Wistrich, in: Das jüdische Echo, Nr. 44, 1995, 216
[15] Robert S. Wistrich, in: Das jüdische Echo, Nr. 44, 1995, 217

Robert S. Wistrich hat Hitlers Bauprogramm deshalb als ein gutes Beispiel für »reaktionären Modernismus« gehandelt. – Fassen wir zusammen: Die Nationalsozialisten haben die Moderne verteufelt, aber sich gleichzeitig ihrer in so wichtigen Bereichen wie Werbung, Design und Industriebau unverhohlen bedient. Und das galt trotz Hitlers krankhaftem Bauwahn, der eine geringe Verwendung von Glas und leichten Baustoffen selbst für die Repräsentationsarchitektur verlangte. »Der Nationalsozialismus als prinzipiell antimoderne Bewegung bediente sich pragmatisch auch der Formen der ästhetischen Moderne, wo es seinen Zielen dienlich schien.« Zu diesem Urteil gelangen Jürgen Rostock und Franz Zadniček in ihrer Geschichte des gigantischen Seebads auf Rügen.[16] Zum Vergleich noch die ernste Musik: Auch hier gab es massive Auffassungsunterschiede in der NS-Elite. Am weitesten gingen, wie Rathkolb zeigt, die Einschätzungen bei Paul Hindemith und Igor Strawinsky auseinander. Der Fall Hindemith gehört zu den wenigen, in denen sich das Regime gegen einen *arischen* Komponisten stellte. Und obwohl Strawinsky 1938 bei der Ausstellung *Entartete Kunst* als »Kulturbolschewist« abgekanzelt worden war, wurde sein Œvre bis 1940 auf deutschen Bühnen aufgeführt. Allein der *Feuervogel* erlebte zwischen 1935 und 1940 achtzehn Theaterinszenierungen. Erst dann fiel das Verdikt über den Komponisten, weil er französischer Staatsbürger war.[17]

Die Natio-
nalsoziali-
sten haben
den Moder-
nismus
verteufelt
und sich
seiner
bedient.

ZEITALTER

Kult der Was sollte das sein, ein Tausendjährige Reich? – »Eine Zeitlichkeit, die
Produktivität gleich mit tausend Jahren Gültigkeit beginnt«, hat Franz Theodor Csokor geantwortet und sich vor Lachen geschüttelt.[18] Aus der Ungläubigkeit der dekadenten Nachkriegsjahre hatte sich eine monströse Fetisch-Kultur etabliert: Alles drehte sich um Rekorde und Tempo. Grosse Geschichte erstand wieder auf und mit ihr die Grossen Signifikanten: *Volk, Reich und Führer.* So abstrus sich solche Formeln auch ausnehmen möchten, so blechern Fanfarenbläser und so steif Standartenträger in den Festzügen an das Mittelalter erinnerten, nach seiner Eigendefinition stand der Nationalsozialismus immer fest auf dem Boden der technischen Rationalität. »Der Nationalsozialismus ist die Lehre nordischer Einsicht und Vernunft«, verkündete Ley und betonte damit einer-

---

[16] Rostock, Paradiesruinen, 35
[17] Oliver Rathkolb, in: Das jüdische Echo, Nr. 44, 1995, 124
[18] Csokor, Balkankrieg, 111

seits den Gegensatz zum Gottesgnadentum der Monarchie, andererseits den zum Bolschewismus, den er für eine Lehre »jüdischer Satanei« hielt.[19] Es war ein doppelter Bruch. Ernst Jünger zeichnete zur selben Zeit ein Bild vom 20. Jahrhundert, das ebenfalls den Unterschied zur Vergangenheit hervorkehrte. Jüngers Ansicht nach überholen soeben die *Vulkanisten* mit einem Hang zur Untergangsstimmung und zu apokalyptischen Visionen die *Neptunisten* des 19. Jahrhunderts, bei denen noch der Entwicklungsgedanken vorherrschte. Jünger sah die geistige Landschaft seit 1918 übersät mit vulkanischen Einschlägen. Sie reichten vom Kulturpessimismus Jaspers'scher Prägung über die Welteislehre eines Hanns Hörbiger bis zum imaginierten Angriff »farbiger« Rassen, der mit dem Bild grosser Reiche einherging.[20] Folgt man diese Analyse, so war der Nationalsozialismus gewissermassen in einen Wettstreit der Prognosen und Gefahren eingetreten. Als Anti-Ideologie und streng wissenschaftliche Weltanschauung wollte er sich von den »blutsfremden Ideologien« abgrenzen. Man dachte, die Richtigkeit der nationalsozialistischen Weltsicht könne wissenschaftlich untermauert werden und führte die Rassenlehre als Beweis dafür an.[21] Egal, wie wir es heute nennen – Wissenschaftgläubigkeit oder Kult des technischen Fortschritts –, dieser Zug der neuen Ideologie enthält einen wesentlichen Aspekt der Modernisierung: nämlich den Willen zur Bannung der Inkommensurabilitäten des Lebens durch technische Objektivierung. – Ich möchte diesen Punkt etwas ausführen. Und zwar mit einem Blick auf den Gegenstandpunkt, den Jünger 1932 in seinem berüchtigten Essay *Der Arbeiter* eingenommen hat. Der ultrarechte Jünger führte in dieser Schrift den Begriff der *totalen Mobilmachung* näher aus. Sie wird bis heute gerne als Programmschrift des Nationalsozialismus angesehen. »In gewissem Betracht ein faschistischer Text *par excellence*, ist er doch kein nazistischer«, hat Rudolf Burger gegen die landläufige Interpretation eingewendet. »Die Jünger'sche Gesellschaft ist vollkommen militarisiert, die bürgerlichen Freiheiten sind getilgt, an Stelle des Vertrags herrscht der Befehl, alle sozialen Aktivitäten sind der Erfüllung des *Arbeitsplans* unterworfen.«[22] Und das ist aber noch nicht alles: Im Kosmos des Ernst Jünger regieren zwar die Gottheiten der Genauigkeit und der Gründlichkeit, von einer Pflichterfüllung ist aber keine Rede, nur von selbstlosem Opfertum. Der vulkanistische Jünger wollte offenbar gar

Ideale Triebkombination

---

[19] Ley, Führer, 42
[20] Jünger, Blätter, 162
[21] Ley, Führer, 128
[22] Rudolf Burger, in: Orwell und die Gegenwart, 61

nicht erst den Gedanken an ein geregeltes Verhältnis von Rechten und Pflichten aufkommen lassen, er neigte jetzt dem Wahn der Vortizisten zu. So gesehen überrascht es nur wenig, dass die NS-Elite mit Jüngers Brachialfantasie nichts anzufangen wusste. Der *Völkische Beobachter* äusserte sich in einer Besprechung abfällig. Jünger, hiess es da, nähere sich jetzt der »Zone der Kopfschüsse«. – Diese Differenzen im extremistischen Lager sind sehr aufschlussreich. Das rigorose Arbeitsbeschaffungsprogramm des NS-Staats, die »ordentliche Beschäftigungspolitik«, war ein umfassender Vorgang der Mobilmachung der Bevölkerung. Da die Konjunktur aber nur eine der Rüstung war, also notwendigerweise zum Krieg führte, konnte das gigantisches Geschäft der Schwerindustrie nur mit willigem Fussvolk gelingen. Wäre es nach Jünger gegangen, hätten die Massen den Arbeitsplan in einer Art Gewaltrausch erfüllt. In der Realität aber beruhte er keineswegs auf einer Herrschaft der rohen Starken, wie sich das Jünger erträumte. Der Aufschwung der Produktion funktionierte, weil Terror, Zwang und moderne Manipulationstechniken ineinander griffen. Der Grossschriftsteller rief entzückt nach theatralischen Gesten, die Nationalsozialisten hingegen blickten neidisch auf die Industriestandards in Amerika und Russland. Mit einer Fülle von Arbeitsgesetzen und Zusatzverordnungen, darunter die Allgemeine Dienstpflicht, wurde im Dritten Reich schlagartig eine *Entprivatisierung* durchgesetzt, die in der Geschichte ihresgleichen sucht. Robert Ley sagte dazu 1938: »Der einzige Mensch, der in Deutschland noch ein Privatleben führt, ist jemand, der schläft.«[23] Diese Utopie einer hellwachen und nie mehr zur Ruhe kommenden Arbeitsgesellschaft liess sich mit bellenden Kommandos allein kaum bewerkstelligen. Nein, dazu brauchte es auch positiver Motivationsschübe, dazu brauchte es auch die vom Freizeitprogramm *Kraft durch Freude* geschaffene Atmosphäre. Mit der Erfindung des Massentourismus und dem Versprechen eines zügig ausgebauten Individualverkehrs gelang es erfolgreich, die Illusion einer egalitären gesellschaftlichen Neuordnung im Dritten Reich herzustellen. Die Wahrheit des Hitlertums war damit eine doppelte. Sie hiess Unterdrückung, aber auch: »Jeder Volksgenosse kann auf einen Madeira-Urlaub sparen.« Man könnte sagen: Der Politik der Deutschen Arbeitsfront lag die grimmige Erkenntnis zugrunde, dass eine »Ruhigstellung« der Arbeiterschaft mit Brachialgewalt auch für das brutalste Regime nicht mehr durchzuführen war.

Erster Aspekt der Modernisierung: Wissenschaftsgläubigkeit als ideologische Basis.

[23] Zit. n. Österreichische, Moderne, 55

MANAGEMENT

Was sollte das menschliche Wesen im Nationalsozialismus erfahren? Schönheit
Es sollte lernen, sich selbst maschinenartig zu organisieren. Schon mit der Arbeit
dem Aufstieg der NSDAP zur Massenpartei gab es einen gewaltigen
Mentalitätsruck in der Bevölkerung. Nichts, kein Gedanke, kein Gefühl,
sollte so bleiben wie er war. Freilich durfte das stattliche Kommando
beim Friedenschluss der Massen mit dem neuen Tempo der Produktion nichts überstürzen. Man musste schamlos auf die Gefühle einer
besiegten Nation spekulieren. »Wir dürfen den Menschen nicht übermüden«, hatte Ley richtig erkannt. »Wir müssen es als unsere Aufgabe
ansehen, den Takt der Maschinen mit dem Rhythmus des Bluts in Einklang zu bringen.«[24] Maschine und Blut – das hiess in der Realität, dass
das Arbeitsverhalten wissenschaftlich erforscht wurde. Im Rahmen der
Psychotechnik testeten Experten alle Fähigkeiten und Triebe der Maschine Mensch, um sie in der idealen Kombination im Fabriksalltag
verwerten zu können. Dieser überhaupt nicht verheimlichte Anspruch
des Nationalsozialismus drückte sich unter anderem darin aus, das zehn
Prozent der Bevölkerung als »asozial« eingestuft wurden. Über diese
Leute sollte endgültig nach dem *Endsieg* entschieden werden – nämlich, ob sie noch für Zwangsarbeit tauglich und das heisst am Leben
erhalten bleiben, oder ob sie wie die Juden einer *Endlösung* zum Opfer fallen sollten. Allein 700.000 Wiener und Wienerinnen wurden in
der okkupierten Stadt als »Asoziale« auf Karteikarten registriert.[25] Die
in die Konzentrationslagern eingelieferten Bettler, Obdachlosen, Prostituierten, die so genannten Bummelanten und Arbeitsverweigerer wurden hinter Stacheldraht mit einem eigenen, dem schwarzen Winkel, gekennzeichnet. Die politische Verfolgung normabweichenden Verhaltens
war im Grund das Ergebnis eines ersten Scheiterns. Die nationalsozialistische Gesellschaft konnte die ideale Triebkombination unmöglich
finden. »Es ist eine unheimliche Pointe«, sagt Martin Meyer, »dass der
nationalsozialistische Terror die Ideologie der Objektivierung nicht
konsequent in ihrer eigentümlichen Rationalität zu Ende dachte, sondern mit dem Mythos von rassischer Auserwähltheit durchzog, welcher
der Abstraktion der reinen Mechanik eine teuflische *Seele* einsetzte.«[26]
– Formale Gleichheit der Individuen und Verzicht auf staatlichen Rassis-

---

[24] Ley, Führer, 201
[25] Maren Seliger, Die Verfolgung normabweichenden Verhaltens im NS-System, Zeitschrift für Politikwissenschaften, 1991/4, 409
[26] Meyer, Jünger, 228

mus, diese beiden Prinzipien zählen im allgemeinen zur empanzipatorischen Seiten der Moderne. Nichts davon konnte das Dritte Reich anbieten. Die technische Objektivierung des Zusammenlebens, von der Mülltrennung bis zur Vernichtung des Lebens *durch* Arbeit, diese technische Objektivierung sprengte zwar alle bis dahin gekannten Grenzen. Allein, der Druck der Kriegsproduktion blieb übermächtig. In Ermangelung einer erfolgreichen Formel der Produktionssteigerung verlegte das Regime seine Hoffnungen schliesslich immer stärker auf das Mittel der *Zuchtwahl*. Eine Groteske, die das Manko noch verschlimmerte. Der Schwerpunkt der NS-Politik lag aber nie auf diesem Gebiet, sondern eindeutig auf der Inpflichtnahme des Einzelnen und der Entprivatisierung. Arbeitswissenschaftliche Institutionen gehörten zu den produktivsten sozialtechnischen Planungszentren des Dritten Reichs.[27] Methoden des *Scientific Management* avancierten im nationalsozialistischen Deutschland zum Leitbild, wie das unter demokratischen Vorzeichen nicht möglich gewesen wäre. Immer ging es dabei um die Ablösung ritueller Akte durch Versachlichung sämtlicher Abläufe. – Es ist viel darüber spekuliert worden, warum sich das NS-Regime für den Fordismus so ungeheuer begeistert hat. Der amerikanische Autoproduzent Henry Ford galt schon zur Zeit der Machtergreifung als eine Art »nationalsozialistischer Kulturheld«.[28] Ford hatte in seinen Produktionsstätten ein System installiert, zu dessen Merkmalen gehörten: a) die Technisierung und Rationalisierung der industriellen Standards, b) die Ausrichtung auf den Massenkonsum, c) die Erhöhung der Mobilitätsrate. Es scheint überhaupt die besondere Zielvorstellung der NS-Elite gewesen zu sein, die Automobilindustrie zu einem Schlüsselsektor ihrer antizyklischen Wirtschaftspolitik umzuformen. Gleichzeitig wollte man mit der Verheissung der allgemeinen Motorisierung die Systemintegration der Arbeiterschaft voranpeitschen.[29] – Und noch etwas Einschneidendes geschah: Im Zug der Rationalisierung kam auf betrieblicher Ebene die traditionelle Unternehmerfigur abhanden und die Gestalt des Managers trat zum Höhenflug an. Dieser für Zentraleuropa neue Manager-Typus war Geschäftsführer und technischer Leiter im wirtschaftlichen Bereich bzw. Administrator oder Bürovorstand auf der Verwaltungsebene, bis hinein in die Vernichtungsindustrie. Er stand für einen Bruch mit der Klassenkampflogik. Mit dem Manager sollte auch der soziale Ausgleich entritualisiert und versachlicht werden. Genau genommen

Volk auf Rädern

---

[27] Österreichische, Moderne, 58
[28] Österreichische, Moderne, 61
[29] Österreichische, Moderne, 63

verwandelte sich das ganze Regime des Nationalsozialismus in eine Managergesellschaft. Die Organisation der NSDAP und die Staatsorgane des Dritten Reichs verschmolzen zu einem konzernartigen Moloch mit unzähligen Haupt- und Nebenämtern, mit Stabsstellen und Kommissariaten, die selbstständig an der Umsetzung des inkorporierten Führerwillens werkten. Angesichts dieser ständig wachsenden und effizienten Apparats mussten die Systemgegner im Untergrund notwendigerweise glauben, dass nur die Ausrottung in unzähligen Schlachten die Nationalsozialisten wieder aus der Welt schaffen würde.[30] Aber nicht die fanatische Präpotenz der Totenköpfe war für die Geschichte entscheidend. Für die Geschichte entscheidend war, dass Hitler einer Ordnung zum Durchbruch verhalf, die die kurze Politik seiner Tausendjährigkeit weit überdauerte. Diese Ordnung stützte sich nicht nur auf Gewalt; sie stützte sich mehr noch auf freiwillige Gefolgschaft und auf eine subtile Lenkung der Lebensprozesse durch Spezialisten. Die Totenstille dieser Ordnung kannte die Gewinnbeteiligung an Grossbetrieben ebenso wie den grosszügigen Ausbau der Altersversorgung. Die Nationalsozialisten haben sich damit zur Speerspitze einer Entwicklung gemacht, die auf immer neue Ingredenzien des Terrors verzichten konnte. Selbst in der Finanzpolitik verabschiedete man sich von den Modellen einer Gold-Devisen-Deckung und probierte den Übergang zu einem System *gemanagter Währung*.[31] *Der ganz grosse Plan* – Es stimmt schon, der Einwand ist berechtigt, dass im Zug des grossangelegten Kriegsgeschehens auch nichtdiktatorische Staaten von dieser modernistischen Entwicklung erfasst wurden.[32] Das galt insbesondere für England. Das Einmalige der historischen Situation aber war, dass die Managergesellschaft im Lager der extremen Rechten einen natürlichen und fruchtbaren Boden gefunden hatte. Man vergisst heute gerne, dass der ursprüngliche Faschismus von Männer mit enormen technokratisch-planerischen Ambitionen, oft Renegaten der Linken, gestellt wurde: Oswald Mosley kam aus der Labour-Party, Marcel Déat und Jacques Doriot von den französischen Sozialisten und Kommunisten, Benito Mussolini aus dem Vorkriegsmarxismus, Hendrik de Man, der belgische Kollaborateur, aus dem Reformismus. Heilmittel alle dieser Männer war immer der grosse Plan.[33] Ob nun die Juden nach Madagaskar ausgebootet werden sollten oder ob ob Wehrmachtmachts-

---

[30] Glaser, Geheimnis, 442
[31] Österreichische, Moderne, 37
[32] Österreichische, Moderne, 52
[33] Günter Maschke, Die schöne Geste des Untergangs, FAZ, 12.4.1980

Zweiter Aspekt *Ablösungen ritueller Akte durch Versachlichung der Abläufe.* soldaten in Norwegen germanische Musterkinder zeugten, ob man jeder deutschen Frau einen deutschen Mann versprach oder jeder Familie einen Volkswagen – stets stand der atemberaubende Zukunftsplan als schöne Geste im Raum. Selbst die Idee der Versklavung Osteuropas oder die Idee des Völkermords war von dem Augenblick an, da sie jemand in seinem Grössenwahn ausgesprochen hatte, nur mehr eine technokratisch-planerische Ambition entschlossener Männer.

BEWUSSTSEIN

Über den Schmerz Ernst Jünger blieben die Differenz zum Nationalsozialismus nicht lange verborgen. Dem umstrittenen Autor haftet zwar zu Recht das Odium des Faschistoiden an; aber der Extremismus war ideologisch nie aus einem Guss. Darum lässt sich aus der unterschiedlichen Gewichtung der Inhalte eine Vielzahl brauchbarer Aufschlüsse gewinnen. *Das abenteuerliche Herz*, Jüngers Aufzeichnungen von 1929, war sein ästhetisch wohl avanciertester Text. Er stellt so etwas wie einen Knotenpunkt im Werk des Autors dar. Seine damals ganz auf Abenteuer und Traum abgestimmte Poesie war noch gefeit davor, NS-Ressentiments und dem Dritten Reich zu erliegen.[34] Aber schon in *Der Arbeiter* von 1932 vollzog Jünger eine Wende. Nun lobte er mit Eifer die »Tugend der Ersetzbarkeit« und feierte enthusiastisch jenen Menschenschlag, »der sich mit Lust in die Luft zu sprengen vermag, der in diesem Akte noch eine Bestätigung der Ordnung erblickt«. – Man kann diese überschäumende Freude an der Destruktivität in die Nähe der Krüppelpädagogik rükken, also jener Bemühungen, die seit dem Weltkrieg Überlebenden durch Prothesen dazu verhalf, wieder einen Platz an der Werkbank einzunehmen.[35] Oder man kann das freudige Selbstdementi als Feier einer anthropozentrischen Umwälzung interpretieren. Oder man legt es als theoretischen Fatalismus aus, der besagt, dass ohnehin komme, was kommen muss. Zur allen drei Lesarten des Texts passt gut die von Jünger verherrlichte deutsche Tugend, starke Schmerzen als gegeben hinzunehmen. Die Bereitschaft des Autors zur Selbstgerechtigkeit war erheblich gestiegen. – Zwei weitere Jahre später, 1934, schloss Jünger eine Sammlung mit einem Essay ab, der den bezeichnenden Titel *Über den Schmerz* trägt. Diesen Text hat er selbst als eine Wendemarke seines

---

[34] Staub, Wagnis
[35] Eva Horn

Denkens bezeichnet. Der Schmerz-Essay markiert die Hinwendung zu einer modernen Gegenaufklärung, wie sie zu diesem Zeitpunkt auch viele verwandte Geister vollzogen. Im selben Jahr 1934, in dem Jünger vom »Gewinn eines tieferen Deutschland« schwärmte, fragte er in diesem Text: »Welche Rolle spielt der Schmerz innerhalb jener neuen, sich in ihren Lebensäusserungen eben erst abhebenden Rasse, die wir als den *Arbeiter* bezeichnen?«[36] Alles Denken sollte sich im tiefen Deutschland um den Schmerz drehen; Jünger erklärte das Martyrium zum Generalthema eines entfremdeten und arbeitsteiligen Lebens. Zwei Dinge wurden seiner Ansicht nach eines: Barbarei und Humanität – »Sie gleichen einem Archipel, wo gleich neben der Insel der Menschenfresser die Eilande der Vegetarier gelegen sind. Ein extremer Pazifismus neben einer ungeheuerlichen Steigerung der Rüstungen, Luxusgefängnisse neben den Quartieren der Arbeitslosigkeit, die Abschaffung der Todesstrafe, während sich des nachts die Weissen und die Roten die Hälse abschneiden – das alles ist durchaus märchenhaft und spiegelt eine bösartige Welt, in der sich der Anstrich der Sicherheit in einer Reihe von Hotelfoyers erhalten hat.«[37] Zieht man das stilistische Brimborium von dieser Passage einmal ab, so bleibt die Erkenntnis, dass Jünger das turbulente Nebeneinander, das die Moderne seiner Zeit beschert hatte, unbedingt als etwas Unwirkliches sehen wollte. Selbst Hieronymus Boschs Gemälde der Apokalypse las er nun als Antizipationen der modernen Industrielandschaft. Jünger konnte sich das Leben unter den Bedingungen der Moderne nur als Existenz in einer *bösartigen* Welt vorstellen. Und die von ihm so bewunderte Gestalt des Arbeiters würde nicht der Typus einer vollendeten Moderne sein, könnte er sich nicht gegen das Leiden in dieser Welt immunisieren. Das war nun ein sehr wichtiger Gedanke! Jünger hielt die Beschaffenheit des industriellen Arbeiters für konstruktiv und notwendig; für etwas, das über die Natur und das Organische triumphieren musste. Und er sagte auch, wie er sich diesen Triumph vorstellte: als Abstrafen des Körpers, wozu auch die Glorifizierung körperlicher Schmerzen als Ausweis des »Eigentlichen« gehörten.[38] Der *Neue Mensch* befand sich in einer eigentümlichen Objektbeziehung zu sich selbst.[39] Die Moderne wirkte wie ein Inkubator ihrer selbst auf ihn. Er schien beflügelt vom eliminatorischen Irrsinn seiner Feinde. Jünger sprach vom Wachsen und Werden eines

Peinliche Ordnung

---

[36] Jünger, Blätter, 155, 158
[37] Jünger, Blätter, 167
[38] Azoulay, Schmerz
[39] Meyer, Jünger, 225

»zweiten Bewusstseins«. In besagtem Schmerz-Essay dienten ihm das Aufkommen der Fotografie, des Sports und die allerneuesten Kriegsgeräte als Beweise für diese sich immer schärfer entwickelnden Fähigkeit des Menschen, sich selbst als Objekt zu sehen. In der Fotografie erkannte Jünger den Ausdruck einer eigentümlichen und grausamen Weise zu sehen. »Letzten Endes liegt hier eine Form des bösen Blicks, eine Art magnetischer Besitzergreifung vor.«[40] Im Sport sah er ein weiteres Gebiet, auf dem »die Härtung und Schärfung oder auch die Galvanisierung des menschlichen Umrisses zu beobachten« sei. Und im Kriegsgerät? Die modernen Waffen schienen ihm überhaupt ein animistisches Gemeinschaftswerk zu sein, der Ausdruck einer ontogenetischen Kriegskultur. – Jünger sah sich 1934 in ein Übergangszeitalter geschleudert, in eine Ära, die Genuss und Psychologie plötzlich als exakte Messverfahren aus sich herauszustellen begann. Dieser Jünger von 1934 stocherte nicht mehr ambitiös im Halbgaren herum[41], nein, der Schmerz-Essay demonstrierte, dass er das Modernisierungsprojekt des Nationalsozialismus auf seine Weise sehr genau verstanden hatte. Mit dem Ausdruck der »Vergegenständlichung des Lebens« versuchte dieser Schriftsteller eine präzisen Beschreibung davon zu liefern. Er wollte es als ein Kennzeichen der höchsten Leistung betrachten, dass sich das Leben von sich selbst abzusetzen und der Mensch sich zu opfern vermochte. Jünger begrüsste die neue technische Ordnung als jenen grossen Spiegel, in dem diese zunehmende Vergegenständlichung des Lebens am deutlichsten erscheinen konnte. – »Die Technik ist unsere Uniform«, das war die Parole der Zeit.[42] Und mit dieser Parole des aufrüstenden Deutschlands war die Einweisung der verschiedenen Bedürfnisse unter die Mechanisierung der Maschine gemeint. Der herostratische Brandstifter Ernst Jünger wird diese Weltsicht später nur mehr geringfügig revidieren. 1945 wird er immer noch von »Entladungen des Arbeitsprozesses« sprechen. Die Kriegserlebnisse bestärken ihn sogar noch in der Anschauung, dass sich eine unsichtbare, aber nicht minder wirksame Entladung im Inneren der Völker selbst abgespielt habe.[43] 1945 überhöht Jünger diesen Prozess weiter ins Mythologische. Nach dem Ersten Weltkrieg, da hat er sich mit dem Unbekannten Soldaten identifiziert. Im Rückblick auf den Zweiten Weltkrieg wird ihm »das Leiden allgemeiner und dunkler verflochten« erscheinen: »Es reichte

Zeitalter des Übergangs

---

[40] Jünger, Blätter, 203
[41] Albrecht Fabri
[42] Jünger, Blätter, 194
[43] Jünger, Schriften, 321

tiefer in die mütterliche Schicht. Es näherte sich der ewigen Wahrheit der grossen kultischen Bilder an.[44] Es ist beachtlich, wie sich Jünger nach dem Sturz des NS-Staats weiter an den einmal gefassten Gedanken klammert. Sein delirierendes Bewusstsein verteidigt nach 1945 die Formen des »autoritären Ordnungsstaats«, jedenfalls dort, wo die Menschen und Dinge technisch organisierbar sind: in Industrie, Wirtschaft, Verkehr, Handel und Verteidigung.[45] Der Staat gilt ihm weiter als »das oberstes Symbol der Technik«.[46] Nur die Menschenführung, die will Jünger nach dem Kriegsdesaster den reinen Technikern nicht mehr zubilligen.[47] – Noch ein paar Jahre weiter, 1960, wird Jünger über die Folgen der »automatischen Normung und ihrer Beschleunigung« räsonieren. Erneut meint er damit den Prozess einer Gleichschaltung im Inneren des Menschen. 1960 sieht er die Entwicklung des 20. Jahrhunderts zu einem Urphänomen zurückkehren: zur Begegnung zwischen Organismus und Organisation. Im Grund wird dieser Kommentator des Zeitgeschehens den Ausgangspunkt seiner Betrachtungen, das Überzeitliche und Archaische, nie verlassen. 1960 sagt er: »Der eigentliche Zusammenstoss ist der zwischen erotischer und technischer Welt«.[48]

Dritter Aspekt: Herrschaft der Mechanisierung über verschiedenste Bedürfnisse.

RAUM

Ideologie und Moral waren im NS-Staat unheilvolle Geschwister. Beide dienten sie dem Staatsapparat als Werkzeuge. Welche Funktion aber hatte der Staat selbst im Faschismus? Das ist eine nur differenziert zu beantwortende Frage. Mussolini hat den Staat als höchsten souveränen Wert gesetzt; entsprechend wurde der moderne italienischen Staat erst unter seiner Regie durchgesetzt. Der Rassenbegriff des Nationalsozialismus zeigt hingegen, das es auch ohne die Absolutsetzung des Staates ging.[49] Von Hitler wissen wir weniger als von Mussolini. Rudolf Burger vermutet, Hitlers ästhetisches Ideal sei der Staat als *enorme Idylle* gewesen.[50] Dem Oberösterreicher war die Treue zum »Kaiserstaat« in der Linzer Realschule eingeimpft worden. Später war bei Hitler an die

Staat als Taktikum

---

[44] Jünger, Schriften, 307
[45] Jünger, Schriften, 323
[46] Jünger, Schriften, 324
[47] Jünger, Schriften, 328
[48] Jünger, Schriften, 355
[49] Bataille, Struktur, 37
[50] Burger, Vermessungen, 297

Stelle der Überperson des Kaisers die Überperson *deutsches Volk* getreten, das Wesen der Einstellung aber war das gleiche geblieben.[51] Das heisst, Hitler interessierte nicht mehr, welche Länder und Kolonien der Kaiser für das Vaterland annektieren würde, wie noch 1914. Ausgestattet mit dem Dünkel des Allwissens diskutierte er zwei Jahrzehnte später Weltordnungspläne nach rein völkischen Kriterien. Entsprechend dieser Neupositionierung sah die Hitler-Bewegung nicht primär im Staatsgedanken, sondern in einer geschlossenen Volksgemeinschaft ihre zentrale Zielsetzung. Die Eroberung der Staatsmacht, das war bloss das taktische Ziel einer politischen Zwischenetappe. – Um diesen Elan des Nationalsozialismus zu verstehen, muss man wissen, dass zwischen den beiden Weltkriegen lange eine Schlacht die Köpfe geherrscht hatte, ein Denken, das Jens Mecklenburg *Strategie der Spannung* nennt. Diese Strategie zielte darauf ab, die Rechte und die Linke als zwei sich und die Gesellschaft zerstörende Extreme darzustellen, die Deutschland gemeinsam in das Chaos stürzen wollten. Als Alternative dazu wurde dann jedes Mal der starke Staat präsentiert, der mit Härte und Entschlossenheit gegen die Extremisten aus allen Richtungen vorgehen müsse.

Strategie der Spannung Um den Bedrohungen wirksam zu begegnen, blieb den *wahren Patrioten* nichts anderes übrig, als die demokratischen Spielregeln ausser Kraft zu setzen. Das war ein weit verbreitetes Denken. In der Realität wurde freilich die Gefahr von links immer höher bewertet als die von rechts.[52] Der Nationalsozialismus hatte sich propagandistisch geschickt dieser Strategie der Spannung bedient und den starken Staat zu einem Totschlagargument verwandelt. Das heisst nicht, dass seine Politik sich dem Staat später widerspruchslos verschrieb. Die NSDAP lehnte auch nach der Machtergreifung die »seelenlose und unpersönliche« Anwendung toter Gesetzesparagraphen strikt ab. Das hat einen guten Grund. Man kann sich eine breite soziale Akzeptanz der Eliteherrschaft ohne die Klammer der Volksgemeinschaft und das Propagandabild des *organischen Prinzips* gar nicht vorstellen. In gewisser Weise war der Kult der Braunhemden also paradox. »Die totale Durchstaatlichung und Entprivatisierung des gesellschaftlichen Lebens«, analysiert Gerhard Senft, »spiegelt nur das Dilemma der NS-Führung wider, nämlich der kraftlosen Hülle einer Volksgemeinschaft mit Hilfe eines allumfassenden Staatsinterventionalimus Leben einhauchen zu müssen«.[53] Besonders deutlich wird das Widersprüchliche der Ideologie am Thema Reklame.

[51] Thirring, Homo, 114
[52] Mecklenburg, Gladio, 9
[53] Österreichische, Moderne, 46

Hier wetterten die KdF-Ästheten eine zeitlang gegen die »Verschandelung des Stadtbilds« durch Reklametafeln und Schriftenbänder. Dabei gerieten sich das Amt *Schönheit der Arbeit* und der Werberat der deutschen Wirtschaft in die Wolle.[54] Das Staatsverständnis der beiden Institutionen war vollkommen inkompatibel. Auf der einen Seite stand der fanatische Wunsch nach einer gereinigten Welt, auf der anderen die Verteidigung der unternehmerischen Wettbewerbsfreiheit; auf der einen Seite der planwirtschaftliche Wille zum totalen staatlichen Dirigismus, auf der anderen die Notwendigkeit des raschen Ausbaus der wirtschaftlichen Schlagkraft durch Ankurbeln von Produktion und Massenkonsum. Der NS-Staat konnte auf ein rasches ökonomisches Erstarken in den Dreissigern nicht mehr verzichten. Durch eine Renaissance mittelalterlichen Zunftzeichen, wie das vom *Amt der Schönheit* vorschlagen worden war, lies sich eine wirksame Produktwerbung nicht ersetzen. – Wir haben gesagt, Ideologie und Moral waren unheilvolle Werkzeuge des Staatsapparats. Über ihre Inhalte herrschte teils völlige Unklarheit. Die eigentliche Triebkräfte des Menschen und die Strukturen, die die Wirtschaft bewegten, blieben den mehr intuitiven Staatslenkern weitgehend fremd. Nicht, dass sich das faschistische Denken *nicht* von der Stelle bewegt hätte. Das geschah sehr wohl, aber es geschah mit einem falschen Bewusstsein. Der Anschluss der NS-Stäbe an das Geistesleben und die innere Dynamik der Moderne war träge und vielfach überhaupt nicht intakt. Viele Forscher bringen deshalb die Wechselwirkung von Denken und Handeln lieber mit älteren ideologischen Konflikten in Verbindung. Man denke nur an den ungelösten Streit zwischen Klein- und Grossdeutschen im 19. Jahrhundert. Der Wiener Soziologieprofessors August M. Knoll etwa hat die Aufsehen erregende These vertreten, dass der Nationalsozialismus jene Bewegung sei, »die das preussische Schwert der österreichischen Narretei zur Verfügung gestellt hat.«[55] Das sollte bedeuten, dass der Nationalsozialismus die aggressive Kolonialpolitik der früheren Alldeutschen mit dem grossösterreichischen Universalismus der Habsburgerzeit verband. Solche Thesen sind vollkommen ausgefüllt von der Vorstellung, dass sich das Wesen eines Regimes auf ideologischer Ebene erfassen lasse. Die Vorstellung, widerstreitende nationalistische Politiken hätten sich zu einem Kataklymus von welthistorischem Ausmass zusammengefügt, diese Vorstellung ist natürlich nicht nutzlos. Aber der Wert der Ideologiekritik zeigt sich erst in der Verbindung mit dem ökonomischen Wandel. Sicher, die gross-

Ewiges Deutschland

---

[54] Amt, Taschenbuch, 46
[55] Stadler, Sozialistenprozesse, 175

deutsche Mission klang wie ein verspätetes Echo auf die geopolitischen Entwürfe des 19. Jahrhunderts. Seit dem Pariser Frieden hatte sich über tausende Kanäle in Deutschland die Ideologie des Lebensraums und in Frankreich die Ideologie der natürlichen Grenzen verbreitet. Hitler vertrat eine aggressive Fiktion vom »Kampf der Völker ums Dasein«, bei der das Herrenvolk mit der Mission beauftragt wurde, grossräumig »reinen Tisch« zu machen, das heisst: die vom *Weltjudentum* gesteuerten roten und goldenen Internationalen zu beseitigen. – »Wer Osteuropa beherrscht, beherrscht den Kernraum. Wer den Kernraum beherrscht, beherrscht die Weltinsel. Wer die Weltinsel beherrscht, beherrscht die Welt.« Mit diesem Mantra hatte einst der Brite Halford John Mackinder der Geopolitik die höheren Weihen einer Wissenschaft besorgt. Durch die Vermittlung deutscher Akademiker hat Hitler diese Sätze vermutlich gekannt und sich von ihnen beeinflussen lassen.[56] Mit seiner Lebensraum-Politik wurde entgültig die Grenze zur Verkriegung erreicht; in ihr war der aggressive Eroberungsfeldzug nach Osten bereits festgeschrieben. – »Sicher ist es, dass eine Bauernfamilie mit fünf Joch Grund schlechter daran ist als eine andere mit fünfzig Joch Grundbesitz«, witzelte der österreichische Physiker Hans Thirring verstohlen in den Vierzigernjahren. »Also musste es den Zuhörern von Hitler und Goebbels auch durchaus einleuchten, dass die in einem grossen Teil der deutschen Bevölkerung nach 1918 herrschende Not darauf zurückzuführen sei, dass 140 Deutsche auf einem Quadratmeter zusammengedrängt leben müssen, und diese Not behoben werden könne, wenn es gelänge, *die Enge des Lebensraums zu sprengen.*[57] Das Lebensraum-Programm ergänzte im Bereich der Geld- und Finanzpolitik das vom NS-Staat verfolgten Autokratie-Ideal. Hier griff ein Rad in das andere. »Der Wunsch, wirtschaftlich autark zu agieren«, sagt Senft, »zeigte einerseits den Willen, eine vom Weltmarkt isolierte Aufschwung- und Wachstumsbewegung in der Ökonomie einzuleiten, bedeutete aber zugleich eine aggressive Absage an verbindliche Normen und Regeln einer internationalen Völkergemeinschaft.«[58] – Hitlers Weltordnungspläne waren also im Grund ganz simpel: Militärisch unterworfene Satellitenstaaten sollten im Zentrum eines völlig neu gestalteten Kontinents stehen. In der zeitgeschichtlichen Forschung spricht man von einem *Lebensraum-Imperialismus*. Die kommenden Verbrechen in Polen und in der Sowjetunion, sie waren Teil eines Plans, der früh gereift war. In

Lebensraum im Osten

---

[56] Aron, Friede, 230
[57] Thirring, Homo, 35
[58] Österreichische, Moderne, 35

Mein Kampf hatte Hitler offen davon gesprochen, die Bevölkerung Osteuropas zu vertreiben und zu vernichten, um ihr Land zur Kolonisierung durch Deutsche nutzen zu können. »Es ist nicht unsere Aufgabe den Osten im alten Sinne zu germanisieren, das heisst den Menschen die deutsche Sprache und deutsches Recht beizubringen, sondern darauf zu achten, dass nur Menschen von reinem germanischem Blut im Osten wohnen.«[59]

Die falsche Ideologie des Lebensraums schreibt die Eroberungspolitik fest.

TECHNIK

Keine Frage: Die Nationalsozialisten träumten einen Traum. Einen sehr virilen und verletzenden Traum. Mit der Wirkung der Propaganda ist die Expansion seiner Bilder allerdings nicht zu erklären. Genauso wenig wie mit Raymond Arons flüchtigem Seitenblick auf die herausragendste aller technischen Erfindungen: den Benzinmotor. »Die militärische Revolution, die man dem Verbrennungsmotor verdankt, schien den grossen Eroberungen einen Weg zu bahnen«, gibt er zu bedenken.[60] Das ist schon richtig. Aber nur ein Ansatz, der Technik und Ideologie in eine enge Beziehung zu setzen vermag, könnte erklären, warum der »namenlose Soldat aus dem Weltkrieg« Europa in Schutt und Asche zu legen begann. – Die Technik als Mobilisierung der Welt in der Gestalt des Arbeiters: erst in dieser Vision haben sich Zerstörung und Neukonstruktion, rationale Mittel und irrationale Zwecke, Produktivität und Vernichtung zu einer explosiven Mischung verdichtet. »Die Diktatur Hitlers«, schwor Albert Speer vor dem Nürnberger Gerichtshof, »war die erste Diktatur eines Industriestaats dieser Zeit moderner Technik, eine Diktatur, die sich zur Beherrschung des eigenen Volks der technischen Mittel in vollkommener Weise bediente.« – Man erinnere sich: 1933 hatte sich das »grosse Wunder« ereignet, als das die Ausbreitung des Rundfunks euphorisch bejubelt worden war.[61] Ein neues Medium, das sich wie kein anderes zuvor für den Missbrauch eignete, hatte zugleich mit dem Hitler-Staat die politische Bühne betreten. Sofort war das Radio zum Leitmedium des Nationalsozialismus aufgestiegen. Vermutlich ist das Gehör einfach anfälliger für den Missbrauch als das Auge, welches immer schon mit der Aufklärung paktiert hat. Aus dem Zuhören-Wollen, das von Neugier genährt worden war, wurde

Welt der Wunder

---

[59] Zit. n. Nürnberger Urteil, 73
[60] Aron, Friede, 164
[61] Rudolf Arnheim

innerhalb weniger Jahre ein Zuhören-Sollen, das der Stimme der Autorität zu gehorchen hatte. Zur *Mediatisierung der Herrschaft* gehörte aber weit mehr als die Verbreitung einer Erfindung. Nein, der Umbau von Wirtschaft und Gesellschaft wäre mit technischen Neuerungen allein nie zu bewerkstelligen gewesen. Was die Konditionierung der Bevölkerung betraf, so konnte der NS-Staat auf die Mitwirkung der willfährigen Kräfte keinesfalls verzichten. Man kann in diesem Zusammenhang die Rolle der Intelligenz gar nicht genug unterstreichen. »Ohne den Beistand der Intellektuellen im breitesten Sinn des Worts wäre Hitler ohnmächtig gewesen«, bedauerte Speer in Nürnberg, nicht ohne bildende Kunst und Literatur aus seiner Beurteilung auszunehmen, was ein Unsinn war.[62] – Intellektuelle haben im allgemeinen ein viel zu positives Bild von ihresgleichen. Zur Geschichte des neuzeitlichen Intellektuellen gehören aber nicht nur Lichtgestalten wie Voltaire, Zola und Carl von Ossietzky, sondern auch Houston Stewart Camberlain, Louis-Ferdinand Céline oder Knut Hamsun. Mitleid war unter ihnen nicht seltener zu finden als exzessive Brutalität gegen den Todfeind, geistige Luzidität nicht weniger verbreitet als politische Blindheit, Tapferkeit fand sich nicht öfter als winselnder Konformismus. Auch Josef Goebbels war eine Art Intellektueller. – Und Hitler? Nun, die gebildeten Schichten hatten Hitler lange Zeit unterschätzt und verachtet. Das Bürgertum hatte ihn für einen Naivling gehalten, der er keinen Augenblick war. Die Intelligenz belächelte sein »Niveau« und musste teuer dafür bezahlen, dass sie sich nicht rechtzeitig aufraffte, sein wahres Niveau auszuspähen. Von Ernst Niekisch stammt der vernichtende Satz, dass die Bierbank für den Nationalsozialismus sakrale Bedeutung hatte. »Biersäle sind die ersten Tempeln und Moscheen, in denen die Gläubigen vom Geist erfasst werden; Biersäle sind auch die ersten geweihten Schlachtfelder, auf denen die alten Kämpfer ihre heroischen Taten vollbringen.«[63] Dass der Postkartenmaler zum Führer wurde, dass ein Mann, der Wien ein »Rassenbabel« genannt hatte, sich als Architekt eines neuen Weltreichs verstand, war auch als ästhetische Revolte des Spiessers zu verstehen, der mit der Kunst der Moderne nicht mitkam und ihre Exaltationen für bare Münzen nahm.[64] Hitlers gebildete Gegner verzichteten auf alle Entdeckungen, die in *Mein Kampf* zu machen gewesen wären. Auf die Entdeckung, dass Hitler nicht die geringste Gnade gegenüber dem Feind kannte. Auf die Entdeckung, dass hier einer das

Alles schien machbar

---

[62] Zit. n. Rostock, Paradiesruinen, 52
[63] Niekisch, Reich, 57
[64] Burger, Vermessungen, 297

Böse absondern wollte, indem er in der diesseitigen Welt nach einer sonst nicht vorhandenen Lauterkeit strebte. Und schliesslich auf die Entdeckung, dass organisatorisches Talent und Niedertracht einander nie ausschlossen. Weil das seine Gegner nicht sahen, gelang es dem Demagogen Hitler die Gebildeten so gründlich zu überraschen, dass ihnen Hören und Sehen verging. »Er erwies sich«, so Niekisch, »eines Tages als der Schlaueste und Klügste; denn schliesslich war doch er es, der ein ganzes Volk hinters Licht führte.«[65] – Die Intelligenz war natürlich kein geschlossener Block. Im Gegenteil. Jüdische Wissenschafter und Künstler, linke und demokratische Journalisten, das Gros des deutschen Geisteslebens, floh unter dramatischen Umständen ins Ausland. Was die Mitwirkung von einigen zehntausend Gebildeten am Vertreibungs- und Vernichtungswerk betraf, so muss die besondere Verantwortung eines bestimmten Typus hervorgehoben werden, der keine Handlungshemmung mehr kannte: *der Techniker.* Je stärker die technische Intelligenz die notorisch gehemmten und melancholischen Köpfe anderer Disziplinen verdrängte, je weniger der Techniker selbst nach einem moralischen Sinn fragte, je weniger historisches Bewusstsein er besass, je enger die Brennweiten seiner Selbstbeobachtung wurden, desto mehr expandierte dieser Typus ins Leben, desto stärker wurden seine Problemlösungskapazitäten gefragt. Es macht keinen Sinn, den Begriff des *Intellektuellen* normativ aufzuladen und ihn als Orden für jene Tugendhaften zu reservieren, die auf der richtigen Seite standen. Techniker und Ingenieure waren es, die das schwache Arsenal nationalistisch-protektionistischer Wirtschaftsansätze aufzurüsten versuchten. Mit den Methoden der Menschenführung und der Motivationslehre schufen sie völlig neue Voraussetzungen für den Zusammenhalt einer Massengesellschaft. In diesem Punkt haben die Marxisten recht, wenn sie sagen: Die Integration der Arbeiterschaft im Dritten Reich und anderen faschistischen Staaten entsprach einer nachholenden Entwicklung. Während in den USA und in der Sowjetunion bereits frühzeitig eine Einbindung erfolgt war, blieb die Arbeiterfrage in Deutschland, Italien, Ungarn, Spanien und anderen Ländern die längste Zeit ungelöst.[66] Am Höhepunkt seiner Macht wälzte die NS-Administration sogar Pläne zur Ausgestaltung eines einheitlichen »Europäischen Arbeits- und Sozialrechts«.[67] – Fassen wir zusammen: Innerhalb des so genannten neuen Mittelstands, dem sich die NSDAP als Sammelbecken anbot, stell-

Technische Intelligenz

---

[65] Niekisch, Reich, 41
[66] Österreichische, Moderne, 49
[67] Österreichische, Moderne, 59

ten die Techniker eine geballte Macht dar. Die Modernität dieser Personengruppe spiegelte sich in ihrer Forderungen nach Steigerung der *technischen Rationalität* und nach Orientierung an einer rein *sachlichen Politik* wider.[68] Nicht umsonst legitimierte Jünger zur selben Zeit die Technik als das »wirksamste und unbestreitbarste Mittel der totalen Revolution«. Störfälle oder Widersprüche durfte es in der zirkulären Wunderwelt der Technik nicht mehr geben. Es sei denn, böswillige Verschwörer führten Kurzschlüsse exogen ein. Hier war nun der Reinigungswahn ganz praktisch am Werken: Sein Hassobjekt waren die Normabweichler, der Schneldrian, die unangepassten Völkerschaften, kurz: jeder, dem unterstellt wurde, gegenüber dem falschen Zeitgeist des Mitleids nicht genügend resistent zu sein. Das war das Heilversprechen der Führerdiktatur: ein Ende des Schwarzsehens und die nahezu unbegrenzte Gestaltbarkeit der Welt durch Technik. Darum wurde jede Abweichung als potentielle Gefahrenquellen der Zukunft bekämpft.

Vierter Aspekt: die Welt erscheint mittels der Technik unbegrenzt gestaltbar.

SYSTEM

Tödliche Gesundheit

Hannah Arendt war der Meinung, dass der Faschismus die Kategorien unseres politischen Denkens sprengt. »Zu erklären ist das totalitäre Phänomen aus seinen Elementen und Ursprüngen so wenig und vielleicht noch weniger als andere geschichtliche Ereignisse von grosser Tragweite. In diesem Sinn ist der Glaube an Kausalität in den Geschichtswissenschaften ein Aberglaube«, sagte die Schülerin von Karl Jaspers und Martin Heidegger. »Das Entsetzen gilt der Tatsache, das dies Neue den Kontiuititätszusammenhang unserer Geschichte und die Begriffe und Kategorien unseres politischen Denkens sprengt.«[69] – 1955 mochte das ein mutiges und freimütiges Bekenntnis sein. In den darauf folgenden Jahrzehnten aber musste sich Arendts Position zwei Vorwürfe gefallen lassen. Erstens die Frage, ob die Begriffslosigkeit nicht dem Verzicht bedenklich nahe kommt, eine Wiederkehr von Faschismus und Nationalsozialismus praktisch zu bekämpfen. Und die zweite Frage, ob die Rede von einem numinosen Grauen nicht die praktischen Kausalitäts- und Kontinuitätszusammenhänge von Nationalsozialismus und Nachkriegsgesellschaft zu verbergen hilft. – Nach 1945 haben eigent-

---

[68] Österreichische, Moderne, 41
[69] Gek. zit. Arendt, Elemente, 726

lich zwei Strategien, das Nachdenken über die geistesgeschichtlichen Wurzeln sowie die Behauptung, die Suche nach den Ursprünge wäre nutzlos, zum selben Effekt geführt: Sie entfernten unbemerkt den Fokus der Aufmerksamkeit von einer kritischen Reflexion der Gegenwart. Wir haben es hier mit den Problemen der auf Ideen fixierten Geschichte zu tun. Leider sind die Schwierigkeiten der Wirkungsgeschichte kaum geringer. Auch der Versuch, das Wesen des NS-Faschismus aufgrund seiner politischen Figuranten und Ereignisse zu bestimmen, muss beschränkt bleiben; die Macht verrät eben nur selten die Idee, der sie dient! Keine dieser Einsichten entbindet uns allerdings davon, die Vergangenheit zu erforschen. – Theodor W. Adorno und Max Horkheimer haben in ihrer Schrift *Dialektik der Aufklärung* einen anderen Ansatz gewählt als Arendt. Sie haben schon in den Vierzigern darauf hingewiesen, dass der Nationalsozialismus nicht *trotz* der Tradition der Aufklärung zum Durchbruch gelangte, sondern *deswegen* Weil, wie sie sagten, die Aufklärung – auf ihrem Gipfelpunkt angelangt – notwendigerweise in Barbarei umschlagen müsse. Das war ein dialektischer Gedanke, äusserst beunruhigend. Die beiden Sozialphilosophen, und ihre einflussreiche Schule mit ihnen, versuchten den NS-Staat als Resultat eines älteren historischen Aufbruchs und nicht mehr als äusserliches *Reich des Bösen* zu begreifen. Adorno und Horkheimer gingen davon aus, dass die ökonomische Rationalität unablässig die Wirtschaft umformt. Dabei werden überholte Traditionen den jeweils neuen Notwendigkeiten geopfert. Der Preis, den die Industriegesellschaft für die Entzauberung der feudalen Welt hat zahlen müssen, dieser Preis war, dass die technische Präzision im Prozess des Wandels selbst zu einem neuen Götzen wurde. Günther Anders hat diesen Gedanken noch weiter zugespitzt. Auch er wollte nicht mehr gelten lassen, dass rationales Wirtschaftens unreflektiert dem Fortschritt zugeschrieben wird. Anders sah in Auschwitz den ersten kulminativen negativen Ausbruch des Systems rationaler Arbeitsorganisation. Damit hat er nach dem Krieg eine Glocke anschlagen, deren heller Ton später selten wieder erreicht wurde. – Bis in die jüngste Gegenwart verschreibt sich die Historikerzunft lieber den feinen geistigen Verästelungen der *Konservativen Revolution,* statt konkret nach dem Modernisierungspotential des Dritten Reichs zu fragen. Bis in die Gegenwart entzweit man sich lieber an der Frage, ob nun der Vernichtungsantisemitismus in der NS-Ideologie genuin angelegt war oder nicht. Dabei ist das ein wenig ergiebiger Streit. Die so genannten Intentionalisten, darunter Saul Friedländer und Raul Hilberg, argumentieren, es habe eine direkte Beziehung zwischen Ideologie, Planung und politischer Entscheidung gege-

»Kamerad, komm mit!«

ben. Dagegen verlangen Funktionalisten wie Hans Mommsen, bei den Handlangern der Mordmaschine müsse technokratischer Durchführungseifer strikt von ideologischer Motivation getrennt werden. Die Funktionalisten geben sich überzeugt davon, es habe einen Prozess der »kulminativen Radikalisierung« gegeben, an dessen Ende, beinahe wie von selbst, die Vernichtungslager gestanden hätten. – Beide Positionen schreiten grosszügig über den allgemeinen Gesellschaftswandel des 20. Jahrhunderts hinweg. Ein offener Blick würde eine weit grössere theoretische Anstrengung verlangt als das Auffinden von vielsagenden Zitaten oder der Beschreibung industrieller Selbstorganisation. Es ist schon in Ordnung, dass sich die Diskussion um den Stellenwert der NS-Ideologie im Vernichtungswerks dreht. Nur, dass sich dieser Stellenwert so schwer bestimmen lässt, hat auch in der Gegenwart angesiedelte Gründe. – Welche Gründe meine ich? Wir leben in einer Ära der Entideologisierung bei gleichzeitigem Anwachsen der Komplexität von Lebenszusammenhängen. Dieser Prozess hat die Wissenschaften nicht unberührt gelassen. Ihre Diskurse beschränken sich immer mehr auf die Moderation von Verfahrensweisen; die Faktizität der Gegenstände gerät an den Rand des Blickfelds. Derart hin- und hergerissen zwischen *Hilflose* Theorie und Empirie bietet das Ideelle dem historischen Forscher ei- *Historiker* nen bequemen Ausweg. Natürlich ist es kein Zufall gewesen, dass Hitlers Geschenk an Mussolinis zu dessen sechzigstem Geburtstag eine eigens aus diesem Anlass gedruckte Sonderausgabe von Nietzsches Werken war.[70] Man braucht das nicht zu ignorieren. Hitler und Mussolini beschworen auf diese Weise den Übermenschen und mit ihm das *Überleben* in einer feindlich gedachten Welt. Vielleicht kommt man der Realität der Horrorsstaaten tatsächlich am nächsten, wenn man selbst im niedrigsten Faschismus zuerst einmal einen verleugneten, umgekehrten Willen zu Leben entdeckt. Einen zum Machtwillen gewordenen Lebenswillen! Einen zu passivem Gehorsam gesteigerten Todeswillen! Freilich, für Auschwitz und den Massenmord, für den dieser Name steht, gibt es keine Entlastung. Die frenetischen Anhänger der absoluten Ordnung haben mit der schönsten Konsequenz bewiesen, dass sie auf der Seite des Todes kämpften. – Die Ideengeschichte kann letztlich nur bestätigen, dass der NS-Staat den Manichäismus von Gut und Böse im Dienst der *Volksgesundheit* bis ins Monströse gesteigert hat; sie kann nur bestätigen, dass er das Vernichtungswerk als administrative Vertilgung von Ungeziefer deklariert hat. Im Euphemismus *Endlösung* hat

---

[70] Thirring, Homo, 142

man eine Perversion des Denkens zusammenfasst: Mord als Heilung.
– Das alles ist richtig, aber wo führt diese Erkenntnis hin? Letztlich bleibt es eine wohlbehütete Täuschung, dass der Nationalsozialismus eine Barbarei gewesen sei, aufgestiegen aus den Tiefen des Mittelalters oder einer Prähistorie, 1945 militärisch besiegt und ausradiert. Diese Sicht bestätigt nur unsere aus verständlichen Gründen genährte Selbsttäuschung, dass der Nationalsozialismus nach 1945 *nicht* weiter bestand. Genau das aber war der Fall: dass das effektiv Neue an ihm unter gänzlich anderen Vorzeichen fortgeführt wurde. Die Moderne gab die Richtung an. Erst der Fortschritt, durch den ein grosser Teil der unterjochten Nationen zu den Malochern der Fabriksarbeit wurde, hatte es möglich gemacht, den Massenmord an Juden, Zigeunern, Slawen und politisch Andersdenkenden mit der gleichen Mentalität zu betreiben wie die Buchhaltung eines Industriebetriebs. *Das Systems nationaler Arbeitsorganisation bricht im NS-Staat negativ aus.*

POLITIK

Die aussergewöhnliche Dramatik lag also nicht am Parteiprogramm, nicht am ideelen Gerüst. Der frenetisch bejubelte Aufstieg des Nationalsozialismus lag vielmehr am Spektakel seiner Politik, und das hiess: an der absurden Ehre einer Ästhetik der totalen Zerstörung. Während man die Künste zu einer Mythen schaffenden Folkore erniedrigte und die Wissenschaften zu einem Wehrdienst am Wissen zwang, um den Traum der romantischen Einheit von Wissenschaft, Kunst und Religion wahr zu machen, während diese Eisenbahn am Arbeitsplatz losfuhr, entwickelte die NS-Führung in der Öffentlichkeit eine fulminante Technik der Verzauberung. In bombastischen Selbstinszenierungen entfaltete »das blutrote Tuch mit der schwarzen Spinne«[71] seine suggestive Perfektion. Das Spektakel pathetischer Auftritte entfesselte eine Lust, der man heute in bester kritischer Absicht mit multimedialen Dokumentationen immer noch auf den Leim geht. Bert Brecht hat die exzessive Feuerwerkskultur dazu veranlasst, die NS-Herrschaft als »Pyrokratie« zu bezeichnen.[72] Und das kam den Tatsachen weit näher als viele ökonomische und politische Analysen, die über kein Instrumentarium zum Sezieren von Gefühle verfügen. – Der Nationalsozialismus knüpfte seine Kunst an das Faszinosum der *direkten Tat*. Mit ihr erklomm die Poli- *Kunst des Spektakels*

---

[71] Jean Améry
[72] Zit. n. Helmuth Kiesel, Ernst Jüngers Mamor-Klippen, IASL oneline, 20

tik der Selbstinszenierung Schwindel erregende Höhen. Der NS-Auftritt war ein desolater Verschnitt aller nur denkbaren Extremismen, ein nach Belieben variiertes Zirkuswerk, eine permanente Abfolge von unzusammenhängenden Reden und Szenen, ein Sich-Ausleben immer wieder neuer autoritärer Impulse und Ideen. Dieser Erfindung eines synkretistischen Muskelspiels entsprach auf der passiven Seite eine Konsumtion der Politik entsprechend der sozialen Hierarchie der Klassen, Schichten und Familien. Die faschistische Epoche war somit der Beginn der modernen Mediengesellschaft. Was sie in ihrem Innersten zusammenhielt, war die Magie von Attraktionen, die die Aufmerksamkeit fesselten – war das direkt in die Politik verlegte Prinzip des *l'art pour l'art*, der Kunst als Selbstzweck. – Dieses karnevaleske Treiben des Nationalsozialismus wird sein physisches Ende in den Massendemokratien überdauern; nicht dem Inhalt, aber der Methode nach. Der Traum von einer ursprünglichen Ordnung ist zwar 1945 ausgeträumt. Das Bedürfnis nach bestimmten Fähigkeiten des Weltbürgerkriegs aber, das wird sich nicht einfach *entmanipulieren* lassen. – Es gibt Autoren, die die Meinung vertreten, Hitler hätte überhaupt nur eins gekonnt: Bluffen. »Ich habe in meinem Leben immer Vabanque gespielt«, soll der Diktator sein eigenes politisches Talent einmal gepriesen haben. »Selbst als Kriegsherr dachte er eher an die psychologische als an die militärische Leistung der Waffe«, so Speer, den man im Sommer 1942 zum Reichsminister für Bewaffnung und Munition ernannt hat. »Das zeigte sich schon, als er die Sirene für die Stukas erfand und die demoralisierende Wirkung des Geheuls höher schätzte als die Sprengkraft der Bomben.«[73] Hitler, und mehr noch Goebbels, besassen ein untrügliches Gespür für Wirkungen. Hitler war der erste Politiker, der seine Wahlkampfreisen mit dem Flugzeug unternahm und das auch propagandistisch ausschlachtete. »Hitler war der erste Popstar«, soll die Rocklegende David Bowie Jahrzehnte später einmal ausgerufen haben. Aber das ist nur bedingt richtig: Hitler war vielleicht der erste *politische* Popstar. Doch das Star-System war älter und direkt aus Hollywood importiert worden. – Wir haben gesehen, dass Hitler sich der neuen Technologien bediente, um Einfallsreichtum, Modernität und Allgegenwart zu signalisieren. Während er das eisern übte, erlernten die nachgeordneten Stellen fleissig die Mikromechanismen von Gleichschaltung und Manipulation. Die nationalsozialistische Kontrolle begann schon bei der Sprache. Zu ihren Raffinessen gehörte es etwa, die beiden Buchstaben SA, also

Sendung der Partei

---

[73] Zit. n. Langenbach, Krieg, 106

den Namen dieser NSDAP-Truppe, nirgends genau festzulegen: einmal wurde die Abkürzung mit »Sturmabteilung«, dann wieder mit »Sportabteilung« oder »Sicherheitsabteilung« angegeben. Das Wort *Krieg* war im Dritten Reich überhaupt ein Tabu, und von *Rüstung* war nur beim Gegner die Rede. Viel von der Gefährlichkeit des Nationalsozialismus entsprang auch seinem Geschick zur politischen Unterwanderung, was in Anschluss an die *Kampfzeit* vermehrt Österreich zu spüren bekam. Die südlichste Region Österreichs, Kärnten, wurde von 1935 an politisch regelrecht infiltriert. Mehr als fünfzig SS-Offiziere liessen sich am Turnersee nieder und bauten dort illegale SS-Verbände auf. Schuschnigg soll angesichts dieser Entwicklung das drastische Worten geprägt haben: »Ein Stacheldraht um Kärnten und das Konzentrationslager für Nationalsozialisten ist fertig.« – Inhaltlich blieb das weitaus beste Propagandamittel, über das die Hitleranhänger in Österreich verfügten, immer der Antisemitismus. Methodisch waren sie den Hahnenschwänzlern haushoch überlegen. Gegen die Finessen der Illegalen wirken die Abwehrmassnahmen der Austrodiktatur hilflos und komisch. Als man zum Beispiel das Tragen der brauen Uniformhemden verbot, marschierten die illegalen Recken eben mit nacktem Oberkörper, trugen weisse Wollstrümpfe als Abzeichen und nannten Österreich in ihrem NS-Deutsch abschätzig »Gau acht«.

Fünfter Aspekt: das direkt in die Politik verlegte Prinzip der Kunst als Selbstzweck.

SELBSTOPFER

Hätte Hitler nicht ein Heiterkeitserfolg werden können? – »Für mich war Hitler eine gesteigerte Fortsetzung eines Hörbigers oder Schappellers«, hören wir von Adrian Turel.[74] Ja, Hitler hätte an und für sich ein Heiterkeitserfolg werden können! Die Frage ist, wie es von den üblichen Messiaskulten zu seinem Massenerfolg kommen konnte. Nach Ekstein stellt der Nationalsozialismus in seinem ersatzreligiösen Erlösungsanspruch, seiner Verschmelzung von Irrationalismus und Technikbegeisterung, die Vulgärvariante »einer ganzen Reihe von avantgardistischen Impulsen« dar.[75] Mit ihren zusammengestoppelten Parolen, damit hätten Hitler und seine Vollstrecker die mythischen Bedürfnisse der Massen nicht befriedigen können. – »Das tiefste Glück des Menschen besteht darin, dass er geopfert wird, und die höchste Befehlskunst darin, Ziele zu

Weg des Samurai

---

[74] Die Aktion, 2-3/1983, 212
[75] Eksteins, Tanz

zeigen, die des Opfers würdig sind.« Das war Jüngers Credo von 1932.[76] Das nationalsozialistische Verständnis der *Volksgemeinschaft* als einer Gemeinschaft von Lebenden und Toten basierte gezielt auf diesem Opfergedanken. Es basierte darauf, Ziele zu finden, die eines neuen Kriegs würdig waren. – Unter dem Namen Volksgemeinschaft spukte der »Geist von 1914« durch die Weimarer Republik. Und die Dolchstosslegende lässt sich als Beweis für die fortdauernde Virulenz dieses Mythos werten.[77] *Opfer* – das war gleichzusetzen mit der Apologetik des Gefallenkults, an den sich die verlorene Generation von 1902 klammerte. *Opfer* – so hiess ein Dogma, das im Dritten Reich einem historischen Höhepunkt zustrebte. Und dieser Höhepunkt hatte einen Namen: Auschwitz war das Verhängnis einer Geschichte, die ohne Opfergedanken nicht geschehen konnte. Ein Kranz monumentaler Totenburgen sollte das neue Grossreich umgeben. Vom Atlantik bis tief in die russische Steppe, vom Nordkap bis nach Afrika sollten Totenburgen eine »ewig blutende Grenze« symbolisieren. Entsprechend nahm die Frage der letzten Ruhestätte einen zentralen Platz im Kopf des Adolf Hitler ein. Des Führers Leibarchitekt erinnerte sich, dass er zeitweise eine Gruft im Glockenturm des NSDAP-Gauhauses in Linz dafür ausersehen hatte. Die Passion für den Tod war im Deutschen Reich keine Marotte einer Person. Sie stellte vielmehr das stärkste unter den geheimen Bändern dar, das die beiden Weltkriege miteinander verband. Der Totenkult war ein Lebendighalten der Kriegsgründe von 1914. Und er hatte auch ein konkretes, benennbares historisches Vorbild. – Der alte General Erich Ludendorff hat sich wie Hitler den japanischen Shinto-Kult, die einheimische Religion Japans, zum Vorbild genommen.[78] Es lohnt, bei diesem Kult einen Augenblick zu verweilen. Was lehrte der Shintoismus? Im Shinto gibt es drei Grundkonzeptionen: a) einen Natur- und Seelenkult, b) die Ahnen- und Heldenverehrung, c) die Verehrung von Urvätern und Götterpaaren. Der Shinto kam ohne Glaubenbekenntnis, ohne komplizierte Rituale, ohne Sittengebote aus. Er hatte keine eigene Priesterschaft und keine Lehre. Man dachte sich die Toten als in ein grässliches Grab verbannt, von wo sie nur mit der Hilfe der Lebenden in den Himmel aufsteigen konnten. Der Shinto war synkretisch mit dem Buddhismus verknüpft. Besonders die Zen-Praxis der Mönche, mit ihrer Nähe zu den Kampfsportarten, amalgamierte rückhaltlos die Ichlosigkeit mit dem Ehrenkodex des Samurai-Kriegers [Bushido]. Diese Edel-

Triumph des Willens

---

[76] Jünger, Arbeiter, 81
[77] Verhey, Geist
[78] Zernatto, Wesen, 162

männer, sie zählten bis zu einer Million und mehr, und hatten einst das feudale und friedliche Japan mächtiger militärischer Diktatoren gestützt. Die Samureis hatten für zweieinhalb Jahrhunderte das selbstgenügsame Japan der Tokugawa-Zeit [1603-1863] hervorgebracht. In ihren schwertertragenden Garden hatte diese Elitekultur eine Tugend des fröhlichen Tötens kultiviert, wobei der Samurei das Zeitliche ins Ewige verwandelte. Das entscheidende Gesetz des Bushido war der *Seppuku,* also der formvollendet ausgeführten Ritualtod. Es übertraf bei weitem die im Duell des alteuropäischen Offiziers gepflegten Ehrvorstellungen. Im Augenblick, in dem der Suizidant *wie eine Blüte fiel,* sollte sich der blutbefleckte Leichnam in duftende Kirschblüten verwandeln.[79] – Auch die japanischen Rechte kannte also die Vorstellung von Reinheit und Lauterkeit, die unmittelbar verbunden war mit der Vorstellungen von Schwertern, die das Unrecht ausrotten, und mit der Vorstellung von aufspritzenden Blutfontäne beim Köpfeabschlagen. Unter charakterlicher Lauterkeit verstanden die Edelkrieger etwas, das jenseits des Historischen lag. Etwas, das der sittlichen Haltung rechter Bescheidenheit entsprach.[80] Nie sollte ein lauterer Mensch aus Hass töten. Er war nur an einem reinen, nur im Ideellen wurzelnden Verbrechen interessiert. Der Kampf war ein Weg in die Innerlichkeit. Keinen Hass zu empfinden konnte für den Kämpfer ja auch bedeuten, dass er niemanden liebt. Sich zu beschmutzen und doch nicht beschmutzt zu sein, diese Paradoxie im Leben umzusetzen hielt der Samurai für die wahre Lauterkeit. – Wir wir heute wissen, mündete der meditative Weg der Selbsterlösung häufig direkt in sei Gegenteil: in mörderischer Fremderlösung durch Vernichtung. Das Einssein mit dem absoluten Augenblick, es entpuppte sich sehr oft als effektives Killertraining. Die schlaue Doppellehre vom »Schwert, das tötet« und vom »Schwert, das Leben schenkt« – diese Lehre hatte den Krieg als Übung im »mitfühlenden Töten« zur Folge, und dieses Postulat war keineswegs zynisch gemeint.[81] – Auch die europäischen Faschisten strebten danach, lautere Menschen zu werden. Die Strebsamsten von ihnen lebten in einer goldgleissenden und nahtlos fest gefügten Kugel, in der es kein *Aussen* gab. Ihr Ideal bestand darin, dass eine begrenzte Anzahl von Menschen geschlossen nach dem in dieser Welt sonst nicht vorhandenen Ziel strebte. Aus ihrer Sicht war das reine Böse nicht weniger rein als das reine Gute. Beides sollte vor allem darin bestehen, mit Gleichgesinnten die Welt völlig gleich zu betrach-

Vorbild Bushido

---

[79] Mishima, Sturmgott, 131
[80] Mishima, Sturmgott, 129
[81] Ludger Lütkehaus, NZZ, 1.6.1999, 35

ten.[82] Nur so konnte man etwas schaffen, wozu das Körperliche und Materielle nicht in der Lage ist: *Kooperation, Gemeinschaft.* – Es ist berechtigt zu fragen, ob solche Vorstellungen nicht dem Denken einer bestimmte Altersgruppe entsprachen? Wenn das so ist, dann hätte der faschistische Mensch die Unruhe der Jugend verkörpert. Denn die Jugend ist es, die stets am wenigsten begreifen will, dass die Welt Risse hat, dass das Leben unvollkommen bleibt und im Tod endet. Die Jugend ist es, die zumindest im 20. Jahrhundert am wenigsten begriffen hat, dass Gesinnung allein zu gar nichts führt. – Die historische Folge der edlen Gesinnung in Japan war, dass im Zweiten Weltkrieg selbst die Vertreter des Zen-Buddhismus sich beinahe ohne Ausnahme als nationalistische Ideologen eines kaiserlichen und japanischen Grossreichs kompromittierten.[83] Die indische Kharma-Lehre diente ihnen zur Konsolidierung und Rechtfertigung gesellschaftlicher Sonderrechte und Diskriminierungen. – Und Europa? Die trostlose Militanz der Samurai-Literatur hat in Europa besonders im Ordensgedanken der SS ihren Widerhall gefunden; in jener Parteiformation, die die Insassen der Konzentrationslager nicht zufällig »Sadistenstaffel« genannt haben. Der Wille zur Selbsterlösung blieb aber keineswegs auf die SS-Samurei beschränkt. Selbst *Fortgesetzter* die Werkschar, der NS-Stosstrupp auf betrieblicher Ebene, wählte sich *Suizid* das Mantra »Der Führer hat immer recht« zum Wahlspruch.[84] – Einen frühen praktischen Anlauf zur Sakralisierung des deutschen Heroismus hatte Ley mit dem Bau der ersten drei Ordensburgen Vogelsang, Erössinsee und Sonthofen unternommen. Damals – 1933 – zählte die NSDAP gerade eine Million Mitglieder. Und so dachte man daran, in diesen Burgen alle diese Menschen zu bewussten Nationalsozialisten zu erziehen. Später beschränkte man sich auf eine Auslese der Besten, die hier zu europäischen Edelmännern, zu *ganzen Kerlen,* geformt werden sollten. Die Regeln in den Ordensburgen glichen denen von Klöstern. Es hiess: »Der Gehorsam ist es, der alles in der Welt gross gemacht hat, was wirklich gross ist.«[85] Nach dem Vorbild der Gross-Ostasienkrieger bestand der NS-Drill in den rigoros hierarchischen, konformierenden Burgen in einer schier endlosen Abfolge von Demutsbezeugungen und Mutproben. Die Anwärter auf Erlösung mussten mit dem Fallschirm abspringen, mussten vom Zehn-Meter-Brett ins Wasser

---

[82] Mishima, Sturmgott, 347
[83] Victoria, Zen
[84] Ley, Führer, 32
[85] Ley, Führer, 135

hechten und Torturen aller Art über sich ergehen lassen. Dabei spielte die magische Zahl Acht eine wichtige Rolle: acht Tage durfte nicht geraucht, acht Tage nicht getrunken werden,...[86] Die vorzugsweise verheirateten Männer müssen drei Jahre lang in Gemeinschaftssälen zusammen wohnen und schlafen. »Ich will keineswegs einen neuen Priesterstand heranbilden«, wehrte sich Ley gegen den durchaus berechtigten Verdacht. »Mein Ideal ist der politische Soldat, der den Begriff Prediger und Soldat in sich eindeutig vereinigt.«[87] – Dieses Ideal des ideologischen Kämpfers im Weltenkrieg war ein Ideal aus der Spätphase der Grabenschlachten und Hochgebirgskämpfe von gestern. Die Faschisten hatten den letzten rettenden Strohhalm der Monarchien aufgegriffen und den Gedanken zu einem opulenten Luftschloss aufgeblasen. In diesem Sinn basierte das apokalyptisches Führertum und der ganze Prozess der logischen Vernichtung stärker denn je auf der Grundlage der moralischen Indifferenz des Soldatentums. »Disziplin ist schön«, postulierte Ley, »man sage mir nicht, dass eine Kompagnie Soldaten hässlich wäre; sie ist um so schöner, je mehr Disziplin sie erkennen lässt.«[88]

Der Totenkult vereint Selbstabdankung und Erleuchtung im Lebenskrieg.

MYTHOS

Welche Funktion hatte die Ideen, wenn sie nicht dazu da waren, verwirklicht zu werden? – Diese Frage lässt uns noch weiter bei der grenzwertigen Romantik des Faschismus verweilen. Für Alfred Rosenberg und seine Exegeten hob mit dem eigenen Eintritt in die Geschichte eine jener Epochen an, in denen alles neu geschrieben werden musste.[89] Sein Hauptwerk – *Der Mythus des 20. Jahrhunderts* – war ein pseudowissenschaftlicher Verkündigungstext. Dieses Buch, das von 1930 an gigantische Auflagenzahlen erreichte, wirkt in seiner Verstiegenheit heute völlig abgedreht. So erschien Rosenberg eine Frauenarmee schon allein »organisch unmöglich«. Organisch? »Die Frauenkrankheiten würden in der Armee schnell zunehmen, der Rassenverfall wäre unausbleiblich. Gar eine gemischte männlich-weibliche Armee wäre nichts als ein grosses Bordell.«[90] – Das Muster von Rosenbergs Hasstiraden war immer

Der innere Mensch

---

[86] Ley, Führer, 132
[87] Ley, Führer, 161
[88] Ley, Führer, 188
[89] Rosenberg, Mythus, 22
[90] Rosenberg, Mythus, 502

dasselbe. In einfachen Gegensatzpaaren versuchte er ein ewiges Ringen der Werte anhand von Mythen und Kulturgeschichten vorzuführen, wobei er unbekümmert die inneren Werte der europäischen Mystik dem indischen Kharma-Glauben entgegenschleuderte oder Meister Eckehart zum Vorläufer Kants erklärte. Diese Revue aller möglichen und unmöglichen Gedanken wurde vom Autor stets abgeglichen mit einer Rassenlehre, deren Monströsität ihresgleichen sucht. Weder die südafrikanischen Apartheitspolitiker noch der Ku-Klux-Clan oder der wilde Hindi-Fundamentalismus haben später je wieder ein derart rasendes Eliminationsdenken hervorgebracht. Hinter praktisch jedem religiösen, moralischen und künstlerischen Werk standen bei Rosenberg rassisch bedingte Völker.[91] Indem er *Kultur* und *Ethnie* als Schlüsselkategorien anwandte, behauptete er die ingenieurale Machbarkeit ganzer ethnopolitischer Ordnungssysteme. Gegen die »jüdisch-römischen Weltanschauung« setzt er das »nordisch-abendländische Seelenbekenntnis als innere Seite des deutsch-germanischen Menschen, der nordischen Rasse«.[92] Rosenberg hat mit solchen Thesen einen Forschungsansatz untermauert, der heute immer noch viel zu wenig in die Kritik geraten ist: die so genannte Volks- und Kulturraumforschung oder Kulturbodenforschung. Sämtliche aktuellen Machtkämpfe hat Rosenberg für Auswirkungen eines inneren Zusammenbruchs gehalten.[93] Er wollte die Gefahr eines Rassenchaos verhindern, damit Europa nicht »weiter« ein Aufmarschgebiet der Afrikaner würde. Hinter jedem ethnopolitischen Gedanken erwartete die Leserschaft ein geostrategisches Kalkül. Die nordische Rasse – also Deutschland, Skandinavien, Finnland, England und dazu noch die USA – sollte gegen eine imaginierte Gefahr aufbracht werden.[94] Das glich absolut den Vorstellungen vom Endkampf, die sich andere unerfreuliche Figuren schon im Österreich der Jahrhundertwende gemacht hatten. Adolf Josef Lanz zum Beispiel; der hatte 1905 die niedrigen Rassen nach einer von Nietzsche verunglimpften Hindu-Kaste »Tchandalen« genannt. Lanz' gnostische Vision postulierte einen Kampf zwischen Ariern und Tschandalen auf Gedeih und Verderb, in dem den blonden, blauäugigen Hünen natürlich der Sieg gewiss war.[95] Rosenbergs Moralistik karikierte dieses Apokalypsedenken der Jahrhundertwende bis zur Groteske. Ihm galt schon Sancho Pansa als besonders

Alfred Rosenberg

---

[91] Rosenberg, Mythus, 482
[92] Rosenberg, Mythus, 252
[93] Rosenberg, Mythus, 1
[94] Rosenberg, Mythus, 640
[95] Johnston, Österreichische, 332

gefährlicher Typus – »Sancho Pansa ist der Rassentypus des rein optischen dunklen Menschen: abergläubisch, kulturunfähig, schwunglos, materialistisch«.[96] – Interessant ist, dass dem alten Habsburgerreich ein besonders hervorstechender Hass Rosenbergs galt. Denn dort sah dieser Mythologe entsetzliche »vorderasiatische Einschläge« und verabscheuungswürdige »Bastardisierungserscheinungen« am schlimmsten hervortreten.[97] Mit diesen Erscheinungen war natürlich nicht etwa Hitler gemeint. Nein, Rosenberg meinte das alte und ein wenig auch das neue Österreich, denen sein Führer glücklich entronnen war. Auf das Schärfste verurteilte Rosenberg die Zielbestimmung des Österreichischen durch den Gralsbündler Richard von Kralik. Der hatte nämlich in seiner 1913 publizierten *Österreichischen Geschichte* behauptet: »Was Österreich erstrebt, hat die ganze Welt im grossen zu erreichen.« – »Das ist Rassenpest«, tobte Rosenberg, »und Seelenmord zum weltpolitischen Programm erhoben.« Ein glühender Nationalismus dürfe jetzt nicht mehr auf Stämme, Dynastien und Konfessionen gerichtet sein, sondern nur auf die »Ursubstanz, auf die artgerichtete Volkheit«.[98] – Dieses Gebrabbel hatte mit Wissenschaftlichkeit natürlich nichts zu tun. Rosenbergs intellektuelle Methode war pure Scharlatanerie. Er scheute vor keiner Lüge zurück. Nicht vor der, der jakobinische Pöbel habe in der Französischen Revolution einst jeden aufs Schafott gebracht, »der schlank und schön war«; und auch nicht vor anderen Täuschungen.[99] Eifrig spann Rosenberg mit an einem opaken Netzwerk von Historikern, Geographen und Kulturwissenschaftern, die nicht nur die Volkstumspolitik des Dritten Reichs sinnstiftend flankierten, indem sie Volksgruppen und Kulturräume definierten. Seine akademische Tätigkeit war echtes Schreibtischtätertum. In enger Zusammenarbeit mit den Planungsstäben der Ministerien, des Militärs, der Besatzungsbehörden und der SS stellte er die erforderlichen Daten für die Neuordnung und »Entjudung« des unterworfenen »Lebensraums« bereit. – Nichts an der Gedankenwelt dieses Manns war originär. Schon eine Generation vor ihm waren mit Chamberlain, Schönerer und Lanz Verfechter einer militant rassischen Reinheit in Erscheinung getreten. Kurz darauf, im Zug der Kriegszieldebatte im Ersten Weltkrieg, hatten Historiker wie der Deutsche Friederich Meinicke den Vorschlag einer Generalplanung Ost einschliesslich der Entvölke-

Der innere Mensch

---

[96] Rosenberg, Mythus, 290
[97] Rosenberg, Mythus, 86
[98] Rosenberg, Mythus, 85
[99] Rosenberg, Mythus, 102

rung und Neubesiedelung grosser Regionen diskutiert. Der Unterschied zu Rosenberg lag nun darin, dass bei ihm aus harmlosen Exzentrizitäten und Planspielen eine praktische Herrenreligion geworden war, und dass in den Vierzigern die abartigen Vorschläge zur Sterilisierung und Kastrierung unrein gedachter Menschen planvoll umgesetzt werden konnten. – Philosophisch gesprochen waren Rosenberg und die Seinen Perfektabilisten: das heisst, sie glaubten inbrünstig an die Vervollkommnungsfähigkeit des Menschen und weigerten sich über eine ferne Erlösung zu meditieren. Hitler hatte den jahrzehntelangen Protest gegen die völkische Vielfalt des Habsburgerreichs nach Deutschland getragen, und von hier aus würde man die manichäische Unzufriedenheit in der ganzen Welt in Szene setzen.[100] Erstaunlicherweise hielt sich der Mythenkonstrukteur Rosenberg nicht an Sorels Ratschlag, das Christentum dabei zum Vorbild zu nehmen. Im Gegenteil: in seiner Mission wurde die römische Kurie zum erklärten Feindbild. Rosenberg schlug ihr die gesamte heroische Geschichte der Ketzer um die Ohren, identifizierte sich mit Albigensern, Waldensern, Katharern, Arnolditen, Stedinger, Hugenotten und Reformierten.[101] Das taten freilich auch andere. Der kroatische Intellektuelle Miroslav Krleža verehrte das Ideal der Bogomilen; der deutsche Literat Franz Jung das der Albigenser. Im Unterschied zu diesen freien Geistern aber verpflichtete Rosenberg seine Geschichtsmythologie auf den Totenkult. Er imaginierte ein Deutschland, das sich sonntags nicht um Mariensäulen, sondern um das Standbild der Feldgrauen versammeln sollte.[102]

Phantasmagoriker führen die Vision der Weltvernichtung auf eine Entscheidung zu.

GEIST

Was nicht gemeint ist *War das bloss Halluzinierte schon Philosophie?* – Nein, philosophische Diskurse sind Verhandlungen offener Ideen, die in kein Gefäss gefasst werden können. Für Rosenbergs säkularen Glauben galt nur das Unbedingte; seine Tiraden waren Ballungen von Wünschen, ein Kreislauf ohne Ende, der als Heiligenschein über der Omnipotenz des NS-Staats rotierte. Überhaupt fragt man sich bei der Lektüre seines Machwerks bald, wen diese kruden Ideen denn ansprechen konnten. Den teutonischen Arbeiter? Den Hundeliebhaber? Den Taktiker kommender

[100] Johnston, Österreichische, 333
[101] Rosenberg, Mythus, 88
[102] Rosenberg, Mythus, 619

Schlachten? – Weder noch; viel eher den Techniker und Ingenieur aus dem Mittelstand, der die Durchsetzung seiner Lösung im geschichtlichen Raum für einen existenziellen Trost hielt. Man merkt Rosenbergs Phantasmagorien deutlich die Herkunft vom Konservatismus und vom Bildungsbürgertum an. Seine Mythenlehre unternahm es, eine ungefestigte Intelligenz an das Unverstandene des Neuen wie des Alten heranzuführen. Beschwörerisch versuchte Rosenberg zu vermitteln, warum die Neigung zur Technik auf einen ewigen germanischen Antrieb zurückgehen sollte. »Nicht die Technik tötet heute alles Vitale, sondern der Mensch ist entartet«, hiess es an einer zentralen Stelle.[103] Und das konnte natürlich nur bedeuten, dass der *Neue Mensch* mit seinen technischen Prothesen alles Entartete auszutilgen hatte. Auf diese Weise leistete Rosenberg geistige Liebesdienste an der psychologischen Struktur des NS-Staats. – Der Charakter der Kollaboration war zu allen Zeiten so verschieden wie die Charaktere der Nach- und Vorausdenker selbst. Der norwegische Schriftsteller und Hitler-Bewunderer Knut Hamsun war ein ganz anderer Fall als Rosenberg. Bei Hamsun lag in seinem Zynismus, der augenblicklich in Menschenverachtung umschlagen könnte, eine Disposition zum Faschismus. Bei Ernst Jünger stossen wir auf eine dandyhafte Grundhaltung, die Täterschaft zu vermeiden suchte und zum quietistischen Beobachten tendierte. Das Faschistoide von Martin Heideggers Rede wieder lag darin, dass er sich auf den *Geist* als Medium einer Übereinstimmung jenseits des Einzelnen berief. Denn das Faschistoide in der Philosophie äusserte sich gerade nicht als Nihilismus, sondern als Verpflichtung auf Einheit und Versöhnung. – Interessant ist, dass es weder Rosenberg noch Carl Schmitt je gelungen ist, zum innersten Kreis um Hitler zu gehören. Ihnen erging es wie den Unterweltcharakteren der ersten Stunde, die ihre Popularität nicht ummünzen konnten in dauerhafte Macht. Die Flüchtigkeit der nationalsozialistischen Elite ist phänomenal. Ausser Hitler und Goebbels wird sich keine der frühen Panoptikumfiguren an der Spitze halten. – Warum konnten sich die beiden bürgerliche Karrieristen Rosenberg und Schmitt nicht behaupten? Hannah Arendt erinnert daran, dass die meisten Menschen eben weder Bohemiens noch Fanatiker sind, weder Abenteurer noch Pervertierte oder Narren. Die extreme Diktatur ist ein Ort für Ausnahmemenschen, im Positiven wie im Negativen. Rosenberg wird zu Beginn des Kriegs auf eine Staatsposition abgeschoben und damit aus der eigent-

Über Dienstbarkeit

---

[103] Rosenberg, Mythus, 143

lichen Blase der Macht entfernt. In den Augen von Hitler gilt er als rassisch nicht zuverlässig, weil der Mythenzauberer daran denkt, auch in den eroberten Ostgebieten Satellitenstaaten zu errichten. Es ist paradox, aber ausgerechnet dieser gnostische Rassist will nicht verstehen, dass Hitlers Kriegspolitik darauf hinausläuft, diese Landstriche eiskalt systematisch zu entvölkern. – Ist es ein Zufall, dass die wenigen Proteste gegen die Massenabschlachtungen von Juden und osteuropäischen Völkern nicht aus Kreisen der Armee oder von durchschnittlichen Bürgern kommen, sondern von frühen, also idealistischen Mitgliedern der NSDAP? Arendt sagt: Nein! Gerade das sei ja ein Kennzeichen des Vernichtungsantisemitismus, dass alle Menschen wegschauen, bis auf die Idealisten. Rosenberg versucht tatsächlich mit viel Getöse die »Ausmerzung der Ukrainer« zu verhindern. Im Herbst 1942 schreibt er wütende Berichte an Hitler. Für Arendt geht daraus klar hervor, dass der Verfechter rassischer Reinheit selbst niemals daran glauben kann, dass die von ihm vertretenen Theorien von der Minderwertigkeit der slawischen Völker eines Tags zu ihrer Ausrottung führen könnten.[104] – Auch der Kronjurist des Dritten Reichs, Carl Schmitt, wird schleunigst durch zweit- und drittrangige Begabungen ersetzt. Er muss einen schweren Karriereknick hinnehmen, als die SS-Zeitschrift *Das schwarze Korps* den offenen Kampf gegen das Umfeld der Konservativen Revolution eröffnet.[105] – Was lernt wir daraus? Erfolglose Karrieren wie diese helfen uns, die NS-Herrschaft klarer einzuschätzen. Wir sehen bestätigt, dass das Prinzip der Autorität in vielen Punkten der totalen Herrschaft diametral entgegengesetzt ist.[106] Der Nationalsozialismus ist der Idealzustand einer Alleinherrschaft, dem sich die Geister aus freiem Willen dienstbar machen. Abgesehen vom Führer wird aber niemals feststehen, wo sich das Machtzentrum des Apparats gerade befindet, wer gerade welche Position in einer geheimen Machthierarchie einnimmt. – Und die Karrieristen, was haben wir von ihnen zu halten? Nun, Schmitts herausfordernder Versuch, den Begriff des Politischen an die Unterscheidung von Freund und Feind zu binden, ist nicht zu bannen, indem man den Proponenten dieses Gedankens ächtet. Fraglich bleibt aber auch, ob man die zentralen Begriffe in Schmitts Staatslehre aus seinem spezifisch katholischen Antisemitismus herleiten kann.[107] Sei-

Blinde Idealisten

---

[104] Arendt, Elemente, 540
[105] Gross, Schmitt
[106] Arendt, Elemente, 640
[107] Gross, Schmitt

ne Weltverschwörungsthese war eine begrifflich geschärfte Fantasie. Das zentrale Wort im *Begriff des Politischen:*»Wer Menschheit sagt, will betrügen.« Man muss, wie Jacques Derrida begreiflich macht, durch dieses Denken hindurch und dabei Konsequenzen auf sich nehmen, die dem gemeinen Menschenverstand unverständlich oder fragwürdig erscheinen – etwa, dass die Liebe zum Feind grösser ist als zu einem neutralen anderen.[108]

Die Formen der Kollaboration sind so verschieden wie die Menschen.

STRUKTUR

Dem romantischen Faschismus ist der Brückenschlag zur soldatischen Rechten gelungen. »Der Vorbeimarsch der ganz in Schwarz gekleideten Elitetruppen war von hochmütiger Pracht«, schwärmte der französische Décadent Drieu la Rochelle nach seinem Besuch des deutschen Reichsparteitags 1935. »Ich sah nichts Vergleichbareres an artistischer Emotion seit den russischen Balletten. Dieses Volk ist trunken von Tanz und Musik.«[109] – Das war nun exakt die Einlösung von Leys Forderung Disziplin als Schönheit anzubeten. Was konnte einem Ästheten wie Drieu dann noch ein brutales Verbrechen gegen die Menschlichkeit bedeuten, was die Ermordung von Millionen, wenn unter den Frontkämpfern der Waffen-SS der *Neuer Mensch* heraufzudämmern schien? Der NS-Staat legte in seinen Augen den Grundstein zu einem noch fernen europäischen Humanismus, zu einem Traum jenseits des Traums. – Man darf nie vergessen, dass der Totenkopf-Kult mit seiner bedingungslosen Ergebung in den obrigkeitlichen Willen nur eine von mehreren nationalsozialistischen Denkschulen dar. Diverse Konzepte lagen in heftigem Widerspruch. Sigrid Löffler hat uns etwa an den seltsamen akademischen Streit zwischen Ritualisten und Mythologen in der damaligen Völkerkunde erinnert. Es ging dabei, verkürzt gesagt, um die Frage, was früher war: Ritual oder Mythos? Die Ritualisten vertraten die Priorität von männerbundischen germanischen Geheimkulturen und sahen in der mythologischen Überlieferung der Sagen und Märchen nur sekundäre Spiegelungen dieser Kulte. Die Mythologen vertraten die umgekehrte Hypothese. Für sie stand der Mythos am Anfang; alles Brauchtum, alle Kulte waren bloss Abbilder von lange vorher ausgeformten Mythen. »Diese Streit war mehr als nur ein müssiger Henne-

Arbeit am Menschen

---

[108] Derrida, Politik
[109] Zit.n. FAZ, 12.4.1980

oder-Ei-Kampf«, so Löffler. Der akademische Streit der Männerbündler gegen die Mythologen mündete, wo er enden musste: bei der freiwillige Einübung in den Massenmord. Die erste Gruppe, die der Ritualisten, fand ihre Heimat als Argumentationshelfer in Heinrich Himmlers so genannter Forschungs- und Lehrgemeinschaft Ahnenerbe, der Wissenschaftsorganisation der SS. Die zweite Gruppe, die der Mythologen, driftete vorbehaltlos ins Lager Rosenbergs, des Beauftragten Hitlers für die Überwachung der gesamten geistigen und weltanschaulichen Schulung und Erziehung der NSDAP. Auf manchen Gebieten, wie etwa im Volkskundefach, prallten die Interessen von Himmlers *Ahnenerbe* und die Interessen des *Amts Rosenberg* ungebremst aufeinander. Das war kein Widerspruch, sondern eine Konsequenz des Extremismus. Der gesamte Olymp des Nationalsozialismus zeigte sich gespalten in eine schwarze, der SS und deren Totenkult-Ideologie nahe stehende, und in eine braune, der NSDAP zuarbeitende Denkschule.[110] Auf der einen Seite Irrationalisten und Anbeter einer Idee des Schönen – auf der anderen Idealisten und Apologeten einer Heilsautonomie des Guten. Für die einen war *schön,* was im Stechschritt daherkam; für die anderen *gut* nur, was ein transzendentes Reich zu werden versprach. Der schwarze Nationalsozialist kam vielfach von links, von Sorel und Ezra Pound her. Er sah in der Gewalt einen unmittelbaren Ausdruck von Leben, Stärke und Kraft. Für ihn war die Aktion eine Sprache, ein Zeichensystem. Wie die Vortizisten verehrte er das Ungestüm, die Brutalität, die primitive Rohheit und errichtete diesen Göttern einen Altar: als den grausamen Ursprung der Macht. – Der braune Nationalsozialist hingegen kam von rechts, aus den Salons der Konservativen Revolution, und er sah die Gewalt immer noch an eine Ethik gebunden. Er ignorierte den Ursprung jeder Ordnung aus einem Akt brutaler Gewalt, wie ihn sich die andere Seite dachte, und wiederholte, etwa in der Vorstellungswelt eines Carl Schmitt, die für die Geschichte des Abendlands charakteristische Transposition des unreinen Ursprungs in den reinen Himmel der Ideen. Gewalt wurde vom brauen Nationalsozialisten dadurch legitimiert, dass sie an die Idee einer vernünftigen Ordnung gebunden war.[111] – Welcher der beiden Nationalsozialisten war nun der gefährlichere? Das lässt sich so nicht beantworten. Der NS-Faschist war ja nicht als Personen heikel, sondern die praktisch unbegrenzte Pervertierung seiner Erlösungslehren. Umso wichtiger ist es, im Auge zu behalten, dass das Regime seinen Erfolg eben nicht *einer* Idee zu verdanken hatte, sondern einer Serie subtiler und ineinander greifender Effekte:

Ritual versus Mythos

---

[110] Sigrid Löffler, Willfährige Wissenschaft, in: Das jüdische Echo, Nr. 44, 1995, 225
[111] Bataille, Faschismus, 119

der untergründigen Wirkung seiner gewalttätigen öffentlichen Inszenierung, seinem subversiven Arrangement von Wünschen und Begehren, der eingeschliffenen Unterwerfung, der versteinerten Subjektivität. Die ritualistische SS täuschte sich kolossal über ihre eigene Natur. Gewalt als expressives Element einer gestischen Politik, vor der sich spontan Entsetzen, Staunen oder Bewunderung einstellt, das ist so nicht zu haben. Die Negation einer Idee feiert immer schon eine andere Idee. In der schwarzen Gewalt behauptete sich das Leben als seine Verneinung, triumphierte die Virulenz als Gaskammer. Es dauerte nicht lange, bis die Macht verriet, welcher Gedanke in der SS verborgen gewesen war: der Fanatismus der Form, die schöne Gebärde. Dass der braune Nationalsozialist um nichts weniger vernünftig war, wissen wir bereits von Rosenberg. Der politische Irrtum des Nationalsozialismus war demnach ein zweifacher. Und je länger er fortdauerte, desto stärker lösten sich die Teile auf, die sich wie schützende Hüllen um einen unruhigen Magneten gelegt hatten. Bald kreisten *Antimaterialismus, Antirationalismus, Aktivismus* und *Vitalismus* wie spitze Splitter auf gegenläufigen Bahnen um den *Produktivismus*. So sah dieses unheilweisende, explosive Ensemble des politischen Atoms aus; seine Elektronen – die Gewalt als Sprache und die Gewalt als Idee – demonstrierten eine kurze, heroische Moderne. Der Widerstreit zwischen Ästhetik und Moral des NS-Faschismus lässt sich nicht auflösen. Und der Widerspruch ändert nichts am Gesamtzweck des Unternehmens: dem Aufbau einer effektiven Kriegsmaschine. Die absurde Ehre einer Ästhetik der totalen Zerstörung floss in eins mit den neuen Methoden der Menschenführung, um den Zusammenhalt der Massengesellschaft zu garantieren. Was man unter der hoch angesehen *Arbeit am Menschen* verstand, das war letztlich eine Allianz von Samurai und Arbeiter, das war die Logik einer je individuellen Verwicklung in den Mythos der deutschen Überlegenheit, eine nahtlose Überleitung von irdischen Missvergnügen zu Mord und Selbstmord. »Wenn sie dort zwei Jahre oder anderthalb Jahre sind«, hat Hitler in unsäglicher Einfalt über den Zwangsdienst für die Jugend gesagt, »und noch nicht ganz Nationalsozialisten geworden sein sollten, dann kommen sie in den Arbeitsdienst und werden dort wieder sechs und sieben Monate geschliffen. Und was da nach sechs oder sieben Monaten noch an Klassenbewusstsein oder Standesdünkel da oder da noch vorhanden sein sollte, das übernimmt dann die Wehrmacht zur weiteren Behandlung auf zwei Jahre. Und sie werden nicht mehr frei sein ihr ganzes Leben!«[112]
– Am Ende bleibt uns nur immer wieder darauf hinzuweisen, dass die

Gleisende Trivialität

---

[112] Zit.n. Giller, Demokratie, 118

unheimliche Leistung, die der NS-Staat vollbracht hat, auf eine skandalisierende Pointe hinausgelaufen ist. Die Krise der Moderne, sagt der Berliner Philosoph René Weiland, ist zu einem nihilistischen Heroismus umgedeutet worden. Dem Zerfall ist ein brachialer *Neuanfang* entgegengesetzt worden, der nicht umsonst den Preis einer *Endlösung* eingefordert hat. Mit dieser Analyse ist das historische Wirken des Nationalsozialismus sehr gut umrissen. Ich stimme dem Urteil mit einem kleinen Vorbehalt zu. Denn Weilands Deutung der Moderne nähert sich schon wieder jenem Lieblingsgedanken der Linken, wonach der Kommunismus als monströs missratenes Kind der Aufklärung, die Hitlerei aber als rabiat gewordene Gegenaufklärung zu lesen sei. Man gerät auf diese Weise schnell in Versuchung, den Kommunismus aus dem Angriff des Nationalsozialismus zu erklären. Diese These führt dann im weiteren dazu, dass der Stalinismus als ein exzessives und bedauerliches, sogar kriminelles Ergebnis der schweren faschistischen Bedrohung erscheint. Die Moskauer Prozesse, die grosse Hungersnot in der Ukraine und der Gulag wäre gerechtfertigt und die geschichtliche Interpretation erneut durch Ideologie ersetzt. Immerhin aber nimmt René Weiland das Dritte Reich in seiner ganzen gleissenden Trivialität wahr: als ein erschreckendes Beispiel für den Rückfall in eine tödliche Gesundheit.[113] Mit all den Neben- und Spätwirkungen, die wohl noch eine Weile an uns zehren werden.

Rohe Gewalt und freiwillige Einübung in Kadavergehorsam greifen ineinander

AUSTRIA

Affe Deutschlands

Eine Frage hat sich wie von selbst erledigt: Die Frage, ob die Austrodiktatur ein Phänomen der Moderne war. Kehren wir zum Abschluss noch einmal zur psychologischen Beschaffenheit der österreichischen Diktatur zurück. Der Begriff *Austrofaschismus* geniesst heute die höheren Weihen eines wissenschaftlichen gesicherten Terminus. Dennoch erscheint er mir völlig fehl am Platz. Der Ausdruck ist eine Folge von vielen unausgesprochenen Vermutungen und verstellt den Blick auf das polare Verhältnis zweier Gattungen von Diktatur. Einige Analytiker sind in den letzten Jahren bereits vorsichtiger geworden und sprechen jetzt lieber vom »Halbfaschismus« oder »Pseudofaschismus« des Dollfuss- und Schuschnigg-Regimes. Weil es aber unter Faschisten keine halbe Sachen gibt, sind solche Ausdrücke nicht brauchbarer als das, was sie präzi-

---

[113] René Weiland, in: Pircher, Début, 18

sieren sollen: den Begriff Austrofaschismus. – Heimische Kabarettisten pflegten seinerzeit zu sagen, dass Österreich der Affe Deutschlands sei. »Das stimmt sogar«, setzte Adolf Molnar gleich nach. »Was drüben im Reich geschah, wurde in Österreich nachgeäfft, nur schlampiger und konfuser, teilweise sogar humaner.«[114] Nun, Nachmachen war ja nicht verboten, und entsprechend gab es zahlreiche Übereinstimmungen. »Wir hatten alles wie drüben, manchmal im kleinerem, manchmal in grösserem Format. Wir hatten unsere Noske und Scheidemann, die nationalen Wehrverbände des Frontkämpferbunds, der Heimwehr, sogar Verbände mit so bombastischen Namen wie *Ostmärkische Sturmscharen*, die nie etwas gestürmt und sich nie um etwas geschart haben.«[115] – Das Deutsche Reich und die Austrodiktatur, das war eine Geschichte von Anziehung und Abstossung. Doch wie immer im Leben war die bessere Kopie das Original. Man denke nur an die misslungene Erfindung des *österreichischen Menschen*.Mit diesem Wort dachten die Ideologen der Austrodikatur ihrem Staat jenen lebendigen Atem einhauchen zu können, der längst in der Gestalt Adolf Hitlers exportiert worden war, um nun zur Austreibung alles Österreichischen aus der Welt anzusetzen. – Eine Lösung wäre es möglicherweise, den Faschismusbegriff nicht auf die Staatsführung als ganzes anzuwenden. Der Linzer Historiker Gerhard Botz verengt den Begriff so weit, dass er von einem speziellen »katholisch-konservativen Konkurrenzfaschismus der Heimwehren« spricht.[116] Es stimmt ja auch, dass sich um die Rettung Österreichs eine Schar starker Männer gedrängt hat: Stiefelträger wie Major Emil Frey, Ernst Rüdiger Starhemberg, Richard Steidle, Walther Pfrimer und Anton Rintelen, lauter Gestalten, die heute verweht und vergessen sind.[117] Aber Österreich wäre vermutlich nicht Österreich, wenn nicht neben der Tragödie und dem Grauen auch das Lustspiel und die Groteske lägen. Der Konkurrenzfaschismus der Heimwehren überbot die Affigkeit der christlichsozialen Autoritären noch bei weitem. Dafür lässt sich wieder Molnar als Augenzeuge finden. Als sich der junge Mann in den heissen Julitagen 1927 in Wien herumtrieben hat, war sein Blick auf eines dieser berühmten letzte Heimwehr-Aufgebote gefallen, die das Land vor dem Bolschewismus retten wollten.[118] »Nicht Tiroler Bauern mit Sensen und Mistgabeln von Defregger, sondern vom Fürsten

Stilisierung zum Führer

---

[114] Zit. n. Weinzierl, Februar, 114
[115] Adolf Molnar, zit.n. Weinzierl, Februar, 115
[116] Botz, März, 11
[117] Adolf Molnar, zit.n. Weinzierl, Februar, 116
[118] am 13.7.1927

Starhemberg, der in der Wahl seiner Waffenbrüder kein Feinschmecker war. Da sich die Kämpfe unter Ausschluss der Massen von links und rechts abspielten, hatte er seine Mannen auf Heldenklau ausgeschickt und alle Obdachlosen und Gstettn durchkämmen lassen. Ich sah den zerlumptesten Zug von Sandlern unter Führung eines bestahlhelmten und ordensgeschmückten Offiziers durch Gumpendorf traben, und statt den bodenständigen Sensen trugen sie ihre *Flacons*, die flachen Schnapsflaschen, in den Taschen. Fürst und Lumpenproletariat, in Treue fest – *tu felix Austria*.«[119] – Nein, bei diesem Vorbeimarsch wäre wohl keinem Beobachter das russische Ballett eingefallen, wie Drieu acht Jahre später in Berlin; jeder, der von »hochmütiger Pracht« gesprochen hätte, wäre schallend ausgelacht worden. In diesem Sinn lässt sich der Faschismusbegriff auch auf die Heimwehr nur schwer anwenden. Selbst wenn wir das Atmosphärische hinter uns lassen, so ändert sich wenig an diesem Befund. Man erinnere sich zum Beispiel daran, wie Guido Zernatto die tiefe Kluft zum Nationalsozialismus hervorkehrte. Die Nation definierte Zernatto blumig als eine Gemeinschaft von Voll-Menschen; sie sei eben keine naturwissenschaftliche Kategorie. Zernattos für Österreich konzipierter Biologismus war rein literarisch; er lehnte es strikt ab, Irrationalismus und technische Rationalität miteinander in Beziehung zu setzen. »Die Rasse verhält sich zur Nation wie die Körpergrösse Kants zur *Kritik der reinen Vernunft*, wie die Haarfarbe Beethovens zur *Missa solemnis*.«[120] – In diesem strengen Urteil schwang etwas vom übernationalen Mythos der Monarchie nach. Und erstaunlicher noch: Der Chefideologe des Austrodiktatur, Zernatto, sah die Beziehung zwischen Österreichern und Deutschen nur um Nuancen verschieden von dem, wie das 1937 der Kommunist Alfred Klahr tat. Die kleinen Alpenleutchen, darüber waren sich die beiden Theoretiker, der eine im Kabinett, der andere im Exil, vollkommen einig, diese Alpen- und Donauländer waren durch ihre eigene Geschichte zu Österreichern geworden. Sie blieben »trotz gemeinsamer Sprache aus einem gemeindeutschen Nationalverband ausgeschieden«.[121] Für die beiden ungleichen Denker hatte sich zwischen Österreichern und Deutschen ein ähnlicher Abgrund aufgetan wie zwischen Deutschen und Deutschschweizern oder zwischen Dänen und Norwegern: eine Sprache – zwei Nationen.

Das Nachäffen der Nationalsozialisten verdeckt den Charakter der Austrodiktatur.

---

[119] Adolf Molnar, zit.n. Weinzierl, Februar, 121
[120] Zernatto, Zeit, 109
[121] Zernatto, Zeit, 111

CONCLUSIO

Die Nationalsozialisten waren in der Mehrheit idealistisch und nicht *Stufe des* zynisch; das erst machte sie mordsgefährlich. Das Dollfuss-Schuschnigg- *Verzichts* Regime war von seiner Konstruktion her beides: idealistisch *und* zynisch. Die Vaterländischen hatten die Erste Republik zerstört und das abgetragene Gewand des Verbrechens zerrissen, nachdem sie sich aus dessen Taschen den Inhalt gesichert hatten. Keine Frage: Es fehlte der autoritär-vaterländischen Politik *nicht* an der bewährten Doppelstrategie aller Diktaturen, durch Terror und Propaganda eine breite Zustimmung zu erzielen. Aber der Erfolg blieb aus, musste ausbleiben, und zwar nicht, weil Dollfuss und Schuschnigg tollpatschige Faschisten waren. Es hatte einen anderen Grund. – Bei allem Wüten und Schnauben existiert auch für den wildesten Demagogen eine objektive Grenze, die er nicht überschreiten darf. Innerhalb dieser Grenze kann er bei grossem Geschick auf eine Zustimmung zu seiner Regierkunst verzichten. Ausserhalb macht er sich höllisch lächerlich. – Warum ist die Akklamation der katholischen Diktatur ausgeblieben? Nicht oder nicht nur, weil sie die demokratische Verfassung ausser Kraft gesetzt hat. Wer eine Hass-Welle auslösen will, benötigt zumindest einen sozialen Anknüpfungspunkt. Das haben klassische Diktatoren, die sich nur auf ihre militärische Stärke verlassen, immer wieder vergessen. Das Dollfuss-Schuschnigg-Regime überlebte nur mittels Verbote und tyrannischer Unterdrückung – das faschistisch-nationalsozialistische System hingegen durch Terror kombiniert mit raffinierter Massenlenkung und Identifikation. Erst die autoritären Staaten neueren Datums, Singapur und ähnliche Experimente in der arabischen Welt, verfeinern ihr Instrumentarium heute auch psychologisch. – Wir haben gesehen, dass es fünf Aspekte der faschistischen Modernisierung gab:

1. Die Verbreitung von Wissenschaftsglaubigkeit als ideologische Basis.
2. Die Ablösung ritueller Akte durch Versachlichung sämtlicher Abläufe.
3. Die Einreihung verschiedenster Bedürfnisse unter die Herrschaft der Mechanisierung.
4. Eine mittels technischer Lösungen nahezu unbegrenzt erscheinende Gestaltbarkeit der Welt.
5. Das direkt in die Politik verlegte Prinzip der Kunst als *Selbstzweck*.

Unter diesem fünffachen Vorzeichen war die politische Differenz zwischen Berlin und Wien schier unüberbückbar. Weder irgendwelche nationalen Befindlichkeiten noch gegensätzliche wirtschaftliche Interessen, sondern der Modernisierungsschub selbst entzweite die beiden Staatseliten. Der christlichsozialen Austrodiktatur fehlte *de facto* jedes einzelne der fünf skizzierten Momente. Sie kannte keine Wissenschaftsgläubigkeit und auch kein *Scientific Management;* sie huldigte keinem technischen Machbarkeitsglauben, wie die Nationalsozialisten; und sie inszenierte die Politik auch nichts als Spektakel. Nichts davon war der Austrodiktatur möglich. Ihr Ziel und ihr Zweck waren der Dämonie der deutschen Kommandogesellschaft konträr entgegengesetzt. Man schleuderte den katholischen Glauben gegen die neuen Wissenssysteme, warf die Ständevertretung und das Idyll des Bauernhofs in die Waagschale gegen die wirtschaftliche Modernisierung. Paternitale Ordnung und Politik als Liturgie – das war das Credo der regierenden Priesterseminaristen. Dollfuss wollte dem Nationalsozialismus den »Wind aus den Segeln nehmen«, und sein Nachfolger Schuschnigg erklomm den unerreichten Gipfel der Verblendung, als er Österreich zur »eigentliche Geburtsstätte« des Nationalsozialismus erklärte.[122] Mit solchen Aussagen bewiessen die beiden nur, was nicht mehr zu beweisen war: dass die *Hierarchen* von den Wirkkräften, mit denen ihre Gegner operierten, rein gar nichts verstanden. – Für den Wiener Kreis, dieser Gruppe prominenter Gelehrter, bedeutete der Februar 1934 einen dramatischen Einschnitt. Der Ständestaat verbot den *Verein Ernst Mach,* weil er den Verdacht hegte, dass die von seinen Mitgliedern gepflegte »wissenschaftliche Weltauffassung« die Anerkennung autoritärer Macht untergraben konnte. Unter der nationalsozialistischen Knute wurden dann die letzten verblieben Mitglieder dieses Kreises aus rassischen Gründen aus Wien vertrieben. Beide Regime stellten sich also gegen den Geist, wenngleich doch auf unterschiedlicher Weise. Für die Verfolgten mochte alles auf dasselbe hinauslaufen, auf Knebelung, Berufsverbot und Exil. Aber der Unterschied in Struktur und Psychologie der beiden Diktaturen sollte auch die Überlegenheit der einen über die andere besiegeln. – Bei allen punktuellen und klimatischen Gemeinsamkeit trennte Austrodiktatur und Deutsches Reich eine grundlegende Verschiedenheit, die das eine Unglück zum Opfer des anderen, noch viel schlimmeren Menschheitsunglücks verurteilte. Zwar verstanden Exponenten beider Regime ihre Politik als Gegenprogramm zum *Modernismus,* wehrten sich Exponenten beider Welten gegen die Zumutungen der avantgardistischen Kunst

Vergleich der Struktur

---

[122] Schnuschnigg, Österreich, 147

und des aufgeklärten Wissens. Extremisten und Autoritäre fetischierten beide das Brauchtum und entzündeten Kampagnen gegen die besten Geister der Zeit. Wichtiger als das aber war, dass die Austrodiktatur ein Gegenprogramm zur *Modernität* und zur *Modernisierung* der sozialen und ökonomischen Strukturen in Österreich war. Sie war der politische Versuch, den drohenden Veränderungen in einem aus der Tradition der Symbolwelt gelösten Alltagsleben aggressiv entgegenzutreten. Dollfuss und Schuschnigg, diese Namen standen für mächtige Wünsche und Ängste in einem zerrütteten Staat. Für den Wunsch in einer in Blindheit verharrenden Gesellschaft die Werte der Christenheit und die Besitztümer des alpinen Bauerntums hoch zu halten. Sie standen für den Willen einer verschworenen Gemeinschaft von Parvenüs an die Stelle des Adels zu treten, alte Hemmnisse in den institutionellen und geistigen Bereichen zu bewahren, um den Weg zu einer effizienter organisierten Gesellschaft zu versperren. Die Sozialdemokratie war von dieser tragischen Diktatur in den Untergrund gezwungen worden, und die demokratische Intelligenz marginalisiert und vertrieben. So musste schliesslich der einzige verbliebene Gegner, die extreme nationalsozialistische Rechte, gegen das autoritäre Regime antreten. Ihr Modernisierungsprogramm und das leuchtende Vorbild des deutschen Aufschwungs prädestinierten die Braunhemden für diese Aufgabe. Aber selbst der illegalen NS-Bewegung sollte es nur mit Hilfe des übermächtigen, bis an die Zähne bewaffneten Nachbarn gelingen, das Beharrungsvermögen der katholischen Elite zu brechen. – Die Nationalsozialisten, sie setzten den halsstarrigen Patrioten den seltsamen Plan entgegen, die Moderne zu *faschisieren*. Das heisst im Unterschied zur Austrodiktatur verwarfen die Nationalsozialisten die Moderne nicht. Sie waren Leute, die die Möglichkeiten ihrer Zeit nutzen; Extremisten, die einfach die Moderne in blutiger Sauce wollten – ihre eigene Moderne. Eine damit vergleichbare Strömung war auf der Seite der Machthaber in Österreich nicht zu finden. Die einzige wirtschaftliche Modernisierung in fünf Jahren war die Einführung der Agrarmarktordnung. Wie Siegfried Mattl gezeigt hat, bewirkte diese Politik eine Monetarisierung der Agrarproduktion und das Aufkommen der Rechnungsführung bei bäuerlichen Betrieben. Das wiederum führte auf Dauer zu bescheidenen Fortschritten in der Produktion.[123] Doch die grundsätzliche Abneigung des Regimes gegen Neuerungen wird von dieses Faktum nicht widerlegt. Die Einführung der Agrarmarktordnung war ein gesamteuropäisches Phänomen der Dreissiger. Sie taugt nicht als Indiz für einen faschistischen Charakter

Gegen die Modernisierung

---

[123] Österreichische, Moderne, 81

Nach *rückwärts* *gewandt* des Austro-Regimes. – Abgesehen von der Agrarmarktordnung lassen sich noch gewisse Mentalitätsverschiebungen durch die staatliche Förderung des bäuerlich-katholischen Mythos erkennen. Sie werden aber erst Jahrzehnte später eine Rolle bei der Transformation der Bergbauernregionen in eine touristische Dienstleistungsgesellschaft spielen. – Siegfried Mattl hat sich grösste Mühe gegeben hat, nach solchen Fortschrittsmomenten im Ständestaat zu fahnden. Seine Studie mündet bei der Definition einer *Finanzdiktatur*. Mit diesem Begriff soll zum Ausdruck gebracht werden, dass die österreichische Regierungspolitik sich an den Stabilitätsinteressen der Banken orientiert hat und dafür auch bereit war, Exportchancen zu reduzieren. 1933 zum Beispiel betrug die Finanzschuld des Bundes 35,6 Prozent des Bruttonationalprodukts, der Schuldendienst verzehrte knapp mehr als zehn Prozent des Budgets. Bis 1937 reduzierte man mit Hilfe der Hartwährungspolitik die Finanzschuld auf 10,2 Prozent des BNP beziehungsweise den Schuldendienst auf 8,7 Prozent.[124] – Gewiss, das war ein ernsthafter Versuch, den Anschluss des Kleinstaats an die internationale Entwicklung wieder zu finden. Von den Modernisierungsstrategien des Nationalsozialismus mit seinem Autarkie-Ideal und seinem Lebensraum Imperialismus waren diese Bemühungen aber ähnlich weit entfernt wie ein Sparkassenabend von einem Banküberfall. – Mittels finanzpolitischer Analysen lässt sich der Charakter der Austrodiktatur genauso wenig verstehen wie mit sozialpolitischen Untersuchungen oder mit kulturellen Vergleichen. Selbst der Einsatz von Technik ergibt nicht viele Anhaltspunkte. Denn natürlich haben auch die Diktatoren am Ballhausplatz die modernen Formen der technischen Massenkommunikation benutzt. Allerdings, um die alte Symbolik der katholische Liturgie zur Grundlage einer *Kulturnation* zu stilisieren. Der Vater der Diktatur, Dollfuss, pflegte mit dem Architekten Clemens Holzmeister intensiven Umgang, als es um die Planung der Neulerchenfelder Pfarrkirche ging, in der man bald darauf Dollfuss' Sarg aufstellen sollte. Der Volksmund nannte den modernistischen Bau zum Dank dafür: »Garage Gottes«. In diesen beiden Worten ist eigentlich schon alles enthalten: der Ruch des Opiums und der Ruch der Profanität; das weltzugewandte und das weltabgewandte Gesicht des Österreichers; einerseits Häme und Schadenfreude über den Tod des Diktators, andererseits aber auch das kapitale Missverständnis, hier hätte einer nur die gerechte Strafe empfangen für einen Verrat an der Tradition. Ich sehe keinen Grund, auf diesen Befund ein Requiem für die österreichische Diktatur zu komponieren.

Die Austrodiktatur ist das Gegenprogramm zur Modernisierung Österreichs.

---

[124] Österreichische, Moderne, 80

LITERATURVERZEICHNIS

Verzeichnis der Hauptquellen zur »Geschichte der Gewalt«

A

Aaron, Soazig: Klaras NEIN, Berlin 2003

Accetto, Porquato: Von der ehrenwerten Verhehlung. Wie schön ist die Wahrheit, wie notwendig die Verheimlichung, und warum ist der Zorn ihr Feind?, Berlin 1995

Achberger, Friedrich: Fluchtpunkte 1938. Essays zur österreichischen Literatur, Wien 1994

Ackerl, Isabella/Weissensteiner, Friedrich: Österreichisches Personenlexikon, Wien 1992

Adler, Friedrich: Vor dem Ausnahmegericht, Jena 1923

– Falls der Krieg dennoch ausbrechen sollte..., Wien 1929

Adler, H.G.: Eine Reise, Wien 1999

Adler, Victor: Aufsätze, Reden und Briefe. Hg. vom Parteivorstand der Sozialdemokratischen Arbeiterpartei Deutschösterreichs, Wien 1922-1929

Adorno, Theodor W.: Negative Dialektik, Frankfurt/M 1970

Adunka, Evelyn: Der Raub der Bücher. Über Verschwinden und Vernichten von Bibliotheken in der NS-Zeit und ihre Restitution nach 1945, Wien 2002

Albrecht, Richard: Der militante Sozialdemokrat. Carlo Mierendorff 1897 bis 1943, Berlin/Bonn 1987

Alexandrou, Aris: Die Kiste, München 2001

Amann, Klaus/Lengauer, Hubert: Österreich und der Grosse Krieg 1914-1918. Die andere Seite der Geschichte, Wien 1989

Améry, Jean: Geburt der Gegenwart. Gestalten und Gestaltungen der westlichen Zivilisation seit Kriegsende, Freiburg 1961

– Jenseits von Schuld und Sühne. Bewältigungsversuche eines Überwältigten, Stuttgart 1977

– Bücher aus der Jugend unseres Jahrhunderts, Stuttgart 1981

– Weiterleben – aber wie? Essays 1968-1978, Stuttgart 1982

Amstler, Oswald (Hg.): Die Liebe ist stärker als der Tod. Letzte Worte von Opfern des Faschismus vor der Hinrichtung, Wien 1982

Amt Schönheit der Arbeit: Das Taschenbuch Schönheit der Arbeit, Berlin 1938

Anders, Günther: Die Antiquiertheit des Menschen, München 1968

– Die atomare Bedrohung. Radikale Überlegungen, München 1975

– Tagebücher und Gedichte, München 1985

– Ketzereien, München 1991

Andersch, Alfred: Die Rote, Frankfurt/Wien/Zürich 1960

– Die Kirschen der Freiheit, Zürich 1968

– Sansibar oder der letzte Grund, Zürich 1970
– Efraim, Zürich 1976
– Das Alfred Andersch Lesebuch, Zürich 1979
Andics, Hellmut: Das österreichische Jahrhundert. Die Donaumonarchie 1804-1918, Wien/München/Zürich 1974
Andrejew, W.: Hier spricht Russland! Selbstbekenntnisse der Sowjetpresse, Leipzig 1936
Andruchowytsch, Juri: Das letzte Territorium, Frankfurt/M 2003
Anger, Gilbert: Illustrierte Geschichte der k.k. Armee, Wien 1897
Angehrn, Emil: Interpretation und Dekonstruktion. Untersuchungen zur Hermeneutik, Weilerswist 2003
Anonymus: Die Neutralen oder Österreich über Alles. Historisch-romantische Enthüllungen aus Europa's jüngster Zeit, Wien/Pest 1870
– Das Jahr 1870 und die Wehrkraft der Monarchie, Wien 1870
– Das wahre Gesicht der Wiener Schreckenstage. Wo sind die Schuldigen? Eine Darstellung der Wiener Juli-Revolte auf Grund amtlicher Berichte, Wien 1927
– Die Reduction der Armee, und die ausnahmslose Wehrpflicht in ihrer Anwendung auf Österreich. Von einem k.k. Officier, Clausenburg 1861
– Die Serbisch-Türkische Frage oder die gegenseitigen Beziehungen zwischen der serbischen u. türkischen Regierung, London 1863
– Divide et impera, Wien 1906
– Gedanken eines alten Freiwilligen über die Reform des Einjährig-Freiwilligen-Institutes, Wien 1888
– Geharnischte Briefe. Die Neutralität Österreichs, Wien 1870
– Zwischen Storting und Downing Street. Ein Tatsachenbericht über Schicksalstunden des norwegischen Volkes, zusammengestellt auf Grund authentischer Dokumente, Oslo o. J.
Anschober, Rudi: Die Prügelknaben der Nation. Chronik einer Schande, Wien/Klosterneuburg 1995
Applebaum, Anne: Der Gulag, Berlin 2003
Ardelt, Rudolf G.: Friedrich Adler. Probleme einer Persönlichkeitsentwicklung um die Jahrhundertwende, Wien 1984
Arendt, Hannah: Elemente und Ursprünge totaler Herrschaft. Antisemitismus, Imperialismus, Totalitarismus, Frankfurt/M 1955 u. München/Zürich 1998
– Macht und Gewalt, München 1975
Aretin, Karl Otmar von: Das Alte Reich 1648-1806, Stuttgart 1997
Aristoteles: Politik, München 1976
Armanski, Gerhard: Junge, komm bald wieder von der Bundeswehr, Hamburg 1983
Arnold, Dietmar/Janick, Reiner: Sirenen und gepackte Koffer. Bunkeralltag in Berlin, Berlin 2003

Arnold, Heinz Ludwig (Hg.): O Österreich!, Göttingen 1995
Aron, Raymond: Frieden und Krieg. Eine Theorie der Staatenwelt, Frankfurt/M 1986
– Hauptströmungen des soziologischen Denkens, Bd. 1-2, Köln 1971
– Die letzten Jahre des Jahrhunderts, Stuttgart 1986
Auburtin, Victor: Was ich in Frankreich erlebte, Berlin 1995
Audoin-Rouzeau, Stéphane: Cinq deuils de guerre. 1914-1918, Paris 2001
Augé, Marc: Orte und Nicht-Orte. Vorüberlegungen zu einer Ethnologie der Einsamkeit, Frankfurt 1994
August, Jochen (Hg.): Sonderaktion Krakau. Die Verhaftung der Krakauer Wissenschaftler am 6. November 1939, Hamburg 1997
Azoulay, Isabelle: Schmerz. Die Entzauberung eines Mythos, Berlin 2000

B

Baberowski, Jörg: Der rote Terror. Die Geschichte des Stalinismus, München 2003
Bach, Maximillian: Geschichte der Wiener Revolution im Jahre 1848, Wien 1898
Bachmann, Ingeborg: Der Fall Franza, München 1979
– Werke, München 1978
– Todesarten-Projekt. Kritische Ausgabe, München 1995
Bäcker, Heimrad: nachschrift 1 & 2, Graz 1997
Baecker, Dirk/Kluge, Alexander: Vom Nutzen ungelöster Probleme, Berlin 2003
Bakunin, Michail: Staatlichkeit und Anarchie und andere Schriften, Frankfurt/Berlin/Wien 1972
Balint, Michael: Angstlust und Regression. Beitrag zur psychologischen Typenlehre, Stuttgart 1960
Ball, Hugo: Zur Kritik der deutschen Intelligenz, Frankfurt/M 1980
Bandhauer, Dieter/Rychlik, Otmar (Hg.): Wien als Ausstellung betrachtet, Wien 1984
Barbuse, Henri: Das Feuer. Tagebuch einer Korporalschaft, Zürich 1929
Barker, Pat: Niemandsland, München 1997
– Das Auge in der Tür, München 1998
– Die Strasse der Geister, München 2000
Basaglia, Franco/Basaglia-Ongaro, Franca: Befriedungsverbrechen. Über die Dienstbarkeit der Intellektuellen, Frankfurt/M 1980
Basil, Otto: Trakl. Monographie mit Selbstzeugnissen und Bilddokumenten, Reinbek bei Hamburg 1992
Bataille, Georges: Die psychologische Struktur des Faschismus/Die Souveränität, München 1997
– Das Blau des Himmels, München 1990

Batscha, Zwi/Saage, Richard: Friedensutopien. Kant/Fichte/Schlegel/Görres, Frankfurt/M 1979

Baudrillard, Jean: Kool Killer oder Der Aufstand der Zeichen, Berlin 1978

Bauer, Otto: Grosskapital und Militarismus. Wem nützen die neuen Kriegschiffe?, Wien 1911

– Die österreichische Revolution, Wien 1923

Bauer, Yehuda: Die dunkle Seite der Geschichte, Frankfurt/M 2001

Bauer-Jelinek, Christine: Die helle und die dunkle Seite der Macht, Wien/Klosterneuburg 2000

– Business-Krieger. Überleben im Zeitalter der Globalisierung, Wien 2003

Baum, Georgina/Links, Roland/Simon, Dietrich (Hg.): Österreich heute. Ein Lesebuch, Berlin 1978

Baum, Josef: Tagwache! Erfahrungen eines Präsenzdieners beim österreichischen Bundesheer, Wien 1988

Beaufre, André: Die Revolutionierung des Kriegsbildes. Neue Formen der Gewaltanwendung, Stuttgart-Degerloch o.J.

Bebermeyer, Hartmut/Knight, Chales/Unterseher, Lutz: Die Streitkräfte Österreichs im Jahre 2005, Wien 1997

Bedorf, Thomas: Dimensionen des Dritten, Sozialphilosophische Modelle zwischen Ethischem und Politischen, München 2003

Beer-Hofmann, Richard: Der Tod Georgs, Stuttgart 1980

Beevor, Antony: Berlin 1945. Das Ende, München 2002

Begemann, Christian u.a. (Hg.): Kunst – Zeugung – Geburt. Theorien und Metaphern ästhetischer Produktion der Neuzeit, Freiburg 2002

Beham, Mira: Kriegstrommeln. Medien, Krieg und Politik, München 1996

Behrenbeck, Sabine: Der Kult um die toten Helden. Nationalsozialistische Mythen, Riten und Symbole, Vierow bei Greifswald 1996

Bellamy, Edward: Das Jahr 2000. Ein Rückblick auf das Jahr 1887, München 1975

Belting, Hans: Das unsichtbare Meisterwek. Die modernen Mythen der Kunst, München 1998

Benda, Julien: Der Verrat der Intellektuellen, München/Wien 1978

Bender, Peter: Weltmacht Amerika – Das neue Rom, Stuttgart 2003

Benjamin, Walter: Zur Kritik der Gewalt und andere Aufsätze, Frankfurt/M 1978

Bennassar, Bartolomé/Vincent, Bernard. Spanien im 16. und 17. Jahrhundert, Stuttgart 1999

Benthien, Claudia/Stephan, Inge (Hg.): Männlichkeit als Maskerade. Kulturelle Inszenierungen vom Mittelalter bis zur Gegenwart, Wien 2003

Berger, Franz Severin/Holler, Christiane: Trümmerfrauen. Alltag zwischen Hamstern und Hoffen, Wien 1994

Berliner Hefte: Sinn und Krieg. Rüstung und Zukunftsangst, Sinndefizit und Opferlust, Nr. 18, Berlin 1981

Berman, Paul: Terror and Liberalism, New York 2003
Bermes, Christian: Maurice Merleau-Ponty. Zur Einführung, Hamburg 1998
Bernanos, Georges: Die grossen Friedhöfe unter dem Mond, München 1949
Bernd, Alfred-Ingemar (Hg.): Das Lied der Front. Liedersammlung des Grossdeutschen Rundfunks, Wolfenbüttel/Berlin 1940
Bettelheim, Bruno: Erziehung zum Überleben. Zur Psychologie der Extremsituation, München 198
Beumelburg, Werner, Sperrfeuer um Deutschland, Oldenburg 1929
Biamonti, Francesco: Die Erwartung, Stuttgart 1996
Bierce, Ambrose: Geschichten aus dem Bürgerkrieg, Zürich 1989
Bisig, Maja/Epple, Rudolf/Fischer, Max/Fracheboud, Jacques (Hg.): Soziale Verteidigung. Eine Alternative zur militärischen Verteidigung der Schweiz, Zürich 1976
Bitomsky, Hartmut: Kinowahrheit, Berlin 2003
Bittermann, Klaus (Hg.): Die alte Strassenverkehrsordnung. Dokumente der RAF, Berlin 1987
Blei, Franz: Talleyrand oder der Zynismus, München 1984
Bloch, Ernst: Widerstand und Friede. Aufsätze zur Politik, Frankfurt/M 1968
– Kampf, nicht Krieg. Politische Schriften 1917-1919, Frankfurt/M 1985
Blocksmans, Wim: Geschichte der Macht in Europa. Völker – Staaten – Märkte, Frankfurt/M 1998
Blumenberg, Hans: Arbeit am Mythos, Frankfurt/M 1979
– Höhlenausgänge, Frankfurt/M 1990
– Schiffbruch mit Zuschauer, Frankfurt/M 1997
Blumenfeld, Erwin: Einbildungsroman, Frankfurt 1998
Bobbio, Norberto: Rechts und links. Gründe und Bedeutungen einer politischen Unterscheidung, Berlin 1994
– Das Zeitalter der Menschenrechte. Ist Toleranz durchsetzbar?, Berlin 1998
Böckelmann, Frank/Nagel, Herbert (Hg.): Subversive Aktion. Der Sinn der Organisation ist ihr Scheitern, Frankfurt/M 2002
Böckenförde, Ernst-Wolfgang: Geschichte der Rechts- und Staatsphilosophie. Antike und Mittelalter, Tübingen 2002
Bohm, Gerd Erwin: Neutrale Positionen der Donaumonarchie. Fallstudie zum neutralen Krisenverhalten vom Anfang des 19. Jahrhunderts bis zum Ausbruch des Ersten Weltkriegs, Dipl. Wien 1993
Böhmer, Peter: Wer konnte, griff zu. ›Arisierte‹ Güter und NS-Vermögen im Krauland-Ministerium 1945-1949, Wien 1999
Bohrer, Karl Heinz: Ein bisschen Lust am Untergang. Englische Ansichten, Frankfurt/M 1982
– Ästhetische Negativität. Zum Problem des literarischen und philosophischen Nihilismus, München 2002
Böning, Hansjürgen: Joseph Roths ›Radetzkymarsch‹, München 1968

Bonjour, Edgar: Schweizerische Neutralität, Kurzfassung, Basel 1978

Borjesson, Kristina (Hg.): Zenor USA. Wie die amerikanische Presse zum Schweigen gebracht wird, Zürich 2004

Boserup, Anders/Mack, Andrew: Krieg ohne Waffen? Studie über Möglichkeiten und Erfolge sozialer Verteidigung, Reinbek 1974

Bossmann, Dieter (Hg.): Was ich über Adolf Hitler gehört habe... Folgen eines Tabus: Auszüge aus Schüler-Aufsätzen von heute, Frankfurt/M 1977

Botz, Gerhard/Brandstetter, Gerfried/Pollak, Michael: Im Schatten der Arbeiterbewegung. Zur Geschichte des Anarchismus in Österreich und Deutschland, Wien 1977

– Der 13. März 38 und die Anschlussbewegung. Selbstaufgabe, Okkupation und Selbstfindung Österrreichs 1918-1945, Wien 1978

Boveri, Margret: Der Verrat im 20. Jahrhundert, Hamburg 1956

Boyen, Hermann von: Erinnerungen aus dem Lebens des General-Feldmarschalls, Leipzig 1885

Brandom, Robert B.: Expressive Vernunft. Begründung, Repräsentation und diskusive Festlegung, Frankfurt/M 2000

Brandstetter, Alois: Überwindung der Blitzangst. Frühe Prosa, Salzburg/Wien 1988

Brauner, Heinrich/Kickinger, Walter: Baugeometrie. Darstellende Geometrie als Zeichen und Konstruktionshilfe für Architekten und Bauingenieure, Wiesbaden/Berlin 1977

Bräunlein, Peter/Lauser, Andrea (Hg.): Alte Bedrohungen, moderne Zeiten. Kea-Sonderband ›Krieg und Frieden‹. Ethnologische Perspektiven, Bremen 1995

Braunthal, Julius: Auf der Suche nach dem Millenium, Wien/Köln/Stuttgart/Zürich 1964

Brechtken, Magnus: Madagaskar für die Juden. Antisemitische Idee und politische Praxis 1885-1995, München 1997

Bredow, Wilfried von: Die unbewältigte Bundeswehr. Zur Perfektionierung eines Anachronismus, Frankfurt/M 1973

Breitner, Burghardt: Die Flucht. Der Roman einer Armee, Darmstadt 1929

Brendecke, Arndt: Die Jahrhundertwenden. Eine Geschichte der Wahrnehmung, Frankfurt/M 1999

Bretscher-Spindler, Katharina: Vom heissen zum kalten Krieg. Vorgeschichte und Geschichte der Schweiz im Kalten Krieg 1943 bis 1968, Zürich 1997

Brenner, Michael: Nach dem Holocaust, München 1995

Breymayer, Ursula/Ulrich, Bernd/Wieland, Karin (Hg.): Willensmenschen. Über deutsche Offiziere, Frankfurt/M 1999

Brezinski, Zbigniew: Die einzige Weltmacht. Amerikas Strategie der Vorherrschaft, Frankfurt/M 1999

Brinkmann, R.D./Rygulla, R.R. (Hg.): Acid. Neue amerikanische Szene, Frankfurt/M 1981

Broch, Hermann: Die Schlafwandler, Frankfurt/Main 1978

Bröckers, Mathias: Das sogenannte Übernatürliche, Frankfurt/M 1998

– Verschwörungen, Verschwörungstheorien und die Geheimnisse des 11.9. (VVG), Frankfurt/M 2002

Bröckling, Ulrich (Hg.): Nieder mit der Disziplin! Hoch die Rebellion! Anarchistische Soldaten-Agitation im Deutschen Kaiserreich, Berlin 1988

– Disziplin. Soziologie und Geschichte militärischer Gehorsamsproduktion, München 1997

Brodmann, Roman: Schweiz ohne Waffen. 24 Stunden im Jahr X, Bern 1973

Bronnen, Arnolt: O.S., Klagenfurt 1995

Brook-Shepherd, Gordon: Österreich. Eine tausendjährige Geschichte, Wien 1998

Brown, Norman O.: Love's Body. Wider die Trennung von Geist und Körper, Wort und Tat, Rede und Schweigen, München 1977

Brückner, Peter: Über die Gewalt. Sechs Aufsätze zur Rolle der Gewalt in der Entstehung und Zerstörung sozialer Systems, Berlin 1979

Bruckhorst, Hauke (Hg.): Einmischung erwünscht? Menschenrechte und bewaffnete Intervention, Frankfurt/M 1998

Brunner, Maria Elisabeth: Der Deserteur und Erzähler Alfred Andersch, Frankfurt/Berlin/Bern/New York/Paris/Wien 1997

Brunner, Otto/Conze, Werner/Kosellek, Werner (Hg.) Geschichtliche Grundbegriffe. Historisches Lexikon zur politisch-sozialen Sprache in Deutschland, Stuttgart 1975

Brunngraber, Rudolf: Karl und das XX. Jahrhundert oder Die Zeitlawine, Frankfurt/Wien (1932)

Buchgraber, Viktor/Zens, Klemens/Bauer, Friedrich (Hg.): Mein Österreich, mein Vaterland. Ein Buch für Schule und Haus, Graz/Wien, Köln 1956

Bulatović, Miodrag: Der Krieg war besser, München 1968

Bund Sozialistischer Freiheitskämpfer (Hg.): Fanal des Freiheitskampfes. Der grosse Prozess gegen die Revolutionären Sozialisten 1936, Wien 1981

Bundeskanzleramt: Aktive Neutralität. Österreichische Aussenpolitik seit 1945, Wien 1978

– Europa 1996. Sicherheit in Europa, Rahmenbedingungen und Kriterien einer umfassenden gesamteuropäischen Sicherheits- und Friedensordnung aus österreichischer Sicht, Wien 1995

Bundeskommissariat für Heimatdienst: Beiträge zur Vorgeschichte und Geschichte der Julirevolte. Herausgegeben auf Grund amtlicher Quellen, Wien 1934

Bundesministerium für Landesverteidigung: Erfahrungen anlässlich der Assistenzleistung zur Unterdrückung der Aufstände im Jahre 1934, Wien 1935

– Luftschutz. Militärswissenschaftliche Mitteilungen, 69. Jg., Wien 1938

– Ausbildungsvorschrift für das Bundesheer. Allgemeiner Gefechtsdienst, Wien 1959

- Soldatenliederbuch, Wien 1962
- Büro für Wehrpolitik: Kaiserin Maria Theresia und der Militär-Maria Theresien-Orden, Wien o. J.

Burdin, Francesco: An meine Völker, Salzburg 1996

Burger, Rudolf: Vermessungen. Essays zur Destruktion der Geschichte, Wien 1989

Burke, Peter: Vico. Philosoph, Historiker, Denker einer neuen Wissenschaft, Berlin 2001

- Augenzeugenschaft. Bilder als historische Quellen, Berlin 2003

Burleigh, Michael: Die Zeit des Nationalsozialismus. Eine Gesamtdarstellung, Frankfurt/M 2000

Burnham, James: Die Strategie des Kalten Krieges, Stuttgart 1950

Buruma, Ian: Erbschaft der Schuld, München 1994

Bussche, Raimund von dem: Konservatismus in der Weimarer Republik. Die Politisierung des Unpolitischen, Heidelberg 1998

Busshoff, Heinrich: Das Dollfuss-Regime in Österreich in geistesgeschichtlicher Perspektive unter besonderer Berücksichtigung der ›Schöneren Zukunft‹ und ›Reichspost‹, Berlin 1968

Butler, Judith: Kritik der ethischen Gewalt, Frankfurt/M 2003

Buttinger, Joseph: Ortswechsel. Die Geschichte meiner Jugend, Frankfurt 1979

C

Cacciari, Massimo: Gewalt und Harmonie. Geo-Philosophie Europas, München 1995

Capra, Fritjof: Wendezeit. Bausteine für ein neues Weltbild, Bern/München/Wien 1985

Caratini, Roger: Napoléon – une imposture, Paris 1998

Carey, John: Hass auf die Massen. Intellektuelle 1880-1939, Göttingen 1996

Carossa, Hans: Tagebuch im Kriege. Rumänisches Tagebuch, Leipzig 1930

Carl von Österreich, Erzherzog: Aphorismen, Wien und Leipzig 1893

Carnegie, Andrew: Geschichte meines Lebens, Zürich 1993

Carrère, Emmanuel: Kleopatras Nase. Kleine Geschichte der Uchronie, Berlin 1993

Carrière, Mathieu: Für eine Literatur des Krieges, Kleist, Frankfurt/M 1981

Carsten, F.L.: Faschismus in Österreich, Wien 1977

Céline, Louis-Ferdinand: Reise ans Ende der Nacht, Reinbek bei Hamburg 1992
- Norden, Reinbek 1969

Cendrars, Blaise: Die rote Lilie, Basel 2002

Chamussy, Henri Martre u. Nicolas: Technologies et armes futures, Paris 1997

Chang, Iris: Die Vergewaltigung von Nangking. Das Massaker in der chinesischen Hauptstadt am Vorabend des Zweiten Weltkriegs, Zürich 1999

Charmatz, Richard: Lebensbilder aus der Geschichte Oesterreichs, Wien 1947

Charms, Daniil: Zwischenfälle, Berlin 1990

Chaussy, Ulrich/Püschner, Christoph: Nachbar Hitler. Führerkult und Heimatzerstörung am Obersalzberg, Berlin 1996

Churchill, Winston: Reden in Zeiten des Kriegs, Hamburg 2002

Chvatník, Kvetoslav: Die Prager Moderne, Frankfurt/M 1991

Clair, Jean: Die Verantwortung des Künstlers. Avantgarde zwischen Terror und Vernunft, Köln 1998

Clausewitz, Carl von: Vom Kriege, Stuttgart 1994

Cobra: COpenhagen, BRüssel, Amsterdam. Katalog zur Ausstellung, München 1997

Cohn, Georg: Neo-Neutralitet. Folkeretlige Studier over Neutralitetsbegrebets nyeste Udvikling, Kobenhavn 1937

– Neo-Neutrality, New York 1939

Commynes, Phillip de: Memoiren. Europa in der Krise zwischen Mittelalter und Neuzeit, Stuttgart 1972

Conquest, Robert: Reflections on a ravaged century, Norton/New York 2000

Cooper, Duff: Talleyrand, München 1962

Courtemanche, Gil: Ein Sonntag am Pool in Kigali, Köln 2004

Courtois, Stéphane/Werth, Nicolas/Panné, Jean-Louis/Paczowski, Andrzej/Bartosek, Karel/Margolin, Jean-Louis: Le Livre noir du communisme. Crimes, terreur, répression, Paris 1997

Cravan, Arthur: Maintenant. Poet und Boxer oder die Seele im zwanzigsten Jahrhundert, Hamburg 1978

Creischer, Alice/Siekmann, Andreas: Die Gewalt ist der Rand der Dinge. Subjektverhältnisse, politische Militanz und künstlerische Vorgangsweisen, Wien/Köln 2002

Croitoru, Joseph: Der Märtyrer als Waffe. Die historischen Wurzeln des Selbstmordattentats, München 2003

Croce, Benedetto: Zur Theorie und Geschichte der Historiographie, Tübingen 1915

– Randbemerkungen eines Philosophen zum Weltkriege 1914-1920, Zürich/Leipzig/Wien 1922

– Die Geschichte auf den allgemeinen Begriff der Kunst gebracht, Hamburg 1984

Csokor, Franz Theodor: Als Zivilist im polnischen Krieg, Amsterdam 1940

– Kalypso. Schauspiel in sieben Vorgängen, Wien 1946

– Als Zivilist im Balkankrieg, Wien 1947

– Der Schlüssel zum Abgrund, Hamburg/Wien 1955

– Du bist gemeint, Wien 1959

Czempiel, Ernst-Otto: Kluge Macht. Aussenpolitik für das 21. Jahrhundert, München 1999

D

Dach, Major H. von: Der totale Widerstand. Kleinkriegsanleitung für jedermann, Bern 1966

Dachs, Herbert/Gerlich, Peter/Gottweis, Herbert/Horner, Franz/Kramer, Helmut/Lauber, Volkmar/Müller, Wolfgang C./Tálos, Emmerich: Handbuch des politischen Systems Österreichs, Wien 1992

Dadrian, Vahakn N.: The History of the Aremenian Genocide. Oxford 1995

– German Responsibility in the Armenian Genocide. A Review of the Historical Evidence of German Complicity, Cambridge 1996

Dahms, Hellmuth Günther: Deutsche Geschichte im Bild, Frankfurt/Berlin 1969

Daim, Wilfried: analyse einer illusion. das österreichische bundesheer, Bellnhausen 1969

Däniker, Gustav: Strategie im Kleinstaat, Frauenfeld 1966

– Schweizerische Selbstbehauptungsstrategie im Kalten Krieg, Frauenfeld 1995

D'Annunio, Gabriele: Betrachtungen des Todes, München 1919

Danto, Arthur C.: Jean-Paul Sartre, München 1977

– Mystik und Moral, Östliches und westliches Denken, München 1999

D'Arcais, Paolo Flores: Die Linke und das Individuum. Ein politisches Pamphlet, Berlin 1997

De Montbrial, Thierry: L'action et le système du monde, Paris 2002

Debord, Guy: Rapport zur Konstruktion von Situationen und die Organisation- und Aktionsbedingungen der Internationalen Situationistischen Tendenz, Hamburg 1980

– Panegyrikos. Erster Band, Berlin 1997

Debray, Regis: Kritik der Waffen. Wohin geht die Revolution in Lateinamerika? Reinbek 1975

Dedecius, Karl: Von Polens Poeten, Frankfurt/M 1988

– (Hg.): Bube, Dame, König. Geschichten und Gedichte aus Polen, Frankfurt/Main 1990

Dejung, Christof/Stämpfi, Regula (Hg.): Armee, Staat und Geschlecht. Die Schweiz im internationalen Vergleich 1918-45, Zürich 2003

Delbrück, Joachim (Hg.): Der deutsche Krieg in Feldpostbriefen, München 1915

Delmas, Philippe: Le Bel avenir de la guerre, Paris 1995

Delpech, Thérèse: Politique du chaos. L'autre face de la mondialisation, Paris 2002

Demandt, Alexander: Metaphern für Geschichte. Sprachbilder und Gleichnisse im historisch-politischen Denken, München 1978 – Vandalismus. Gewalt gegen Kultur, Berlin 1997

Derrida, Jaques: Politik der Freundschaft, Frankfurt 2000

– Schurken. Zwei Essays über die Vernunft, Frankfurt/M 2003

Deutsch, Julius: Aus Österreichs Revolution. Militärpolitische Erinnerungen, Wien o.J.

– Was wollen die Sozialisten?, Wien 1949

Diemer-Willroda, Ewald: Schwert und Zirkel. Gedanken über alte und neue Karten, Potsdam 1942

Dietrich, Berthold: Österreichs Adlerflug. Zur Revision der deutschen Geschichtsauffassung, Wien o.J.

Dihle, Albrecht: Die Griechen und die Fremden, München 1993

Diner, Dan: Das Jahrhundert verstehen. Eine universalhistorische Deutung, München 1999

Diplomaticus: Aus Brüssels kritischen Tagen. Erlebnisse und Beobachtungen eines Neutralen, Stuttgart/Berlin 1916

Dippel, John V.H.: Die grosse Illusion. Warum deutsche Juden ihre Heimat nicht verlassen wollten, Weinheim/Berlin 1997

Dirks, Carl/Janssen, Karl-Heinz: Der Krieg der Generäle. Hitler als Werkzeug der Wehrmacht, Berlin 1999

Döblin, Alfred: November 1918. Eine deutsche Revolution, Olten 1991

Doderer, Heimito von: Die sibirische Klarheit. Texte aus der Gefangenschaft, München 1991

Dokumentationsarchiv des österreichischen Widerstands (Hg.): Handbuch des österreichischen Rechtsextremismus, Wien 1994

Dokumentationsarchiv des österreichischen Widerstands u. Bundesministerium für Unterricht, Kunst und Sport (Hg.): Österreicher und der Zweite Weltkrieg, Wien 1989

Dor, Milo: Leb wohl, Jugoslawien. Protokolle eines Zerfalls, Salzburg/Wien 1993

Dorman, Joseph: Arguing the World. The New York Intellectuals in their Own Words, New York 2000

Dorst, Tankred (Hg.): Die Münchner Räterepublik. Zeugnisse und Kommentare, Frankfurt/M 1977

Drawert, Kurt: Wo es war, Frankfurt/M 1996

Dressen, Wolfgang (Hg.): Betrifft: Aktion 3. Deutsche verwerten jüdische Nachbarn, Dokumente zur Arisierung, Berlin 1998

Duczynska, Ilona: Der demokratische Bolschewik. Zur Theorie und Praxis der Gewalt, München 1975

Dülffer, Jost/Kröger, Martin/Wippich, Rolf-Harald: Vermiedene Kriege. Deeskalation von Konflikten der Grossmächte zwischen Krimkrieg und Ersten Weltkrieg 1856 bis 1914, München 1997

– /Krumeich, Gerd (Hg.): Der verlorene Frieden. Politik und Kriegskultur nach 1918, Essen 2002

Durant, Will und Ariel: Kulturgeschichte der Menschheit, Köln 1985

Duras, Marguerite: Hiroshima mon amour. Filmnovelle, Frankfurt 1973

Duruy, Kapitän: Österreich-Ungarn und Italien, Wien 1910

Dusek, Peter/Pelinka, Anton/Weinzierl, Erika: Zeitgeschichte im Aufriss. Österreich von 1918 bis in die achtziger Jahre, Wien 1981

Duve, Freimut/Böll, Heinrich/Staeck, Klaus (Hg.): Briefe zur Verteidigung der Republik, Reinbek bei Hamburg 1977

Duyn, Roel van: Die Botschaft eines weisen Heinzelmännchens. Das politische Konzept der Kabouter, Wuppertal 1971

Dvořák, Johann: Edgar Zilsel und die Einheit der Erkenntnis, Wien 1981

– Politik und Kultur der Moderne in der späten Habsburger-Monarchie, Innsbruck/Wien 1997

Dvorak, Josef: Satanismus. Geschichte und Gegenwart, Frankfurt/M 1986

E

Eagleton, Terry: Ideologie. Eine Einführung, Stuttgart 1993

– Die Illusionen der Postmoderne. Ein Essay, Stuttgart 1997

Ebermann, Thomas/Trampert, Rainer: Die Offenbarung der Propheten. Über die Sanierung des Kapitalismus, die Verwandlung linker Theorie in Esoterik, Bocksgesänge und Zivilgesellschaft, Hamburg 1996

Ebert, Theodor: Soziale Verteidigung, Historische Erfahrungen und Grundzüge der Strategie, Bd. 1, Waldkirch 1981

– Soziale Verteidigung, Formen und Bedingungen des zivilen Widerstands, Bd. 2, Waldkirch 1981

Ebneth, Rudolf: Die österreichische Wochenzeitschrift ›Der Christliche Ständestaat‹, Mainz 1976

Eckardt, Wolfgang: Medizin und Kolonialimperialismus. Deutschland 1884-1945, Paderborn 1997

Ecker, Gerold/Neugebauer, Christian (Hg.): Neutralität oder Euromilitarismus. Das Exempel Österreich, Wien 1993

Eckert, Hans-Wilhelm: Konservative Revolution in Frankreich? Die Nonkonformisten der Jeune Droite und des Ordre Nouveau in der Krise der dreissiger Jahre, München 2000

Eco, Umberto: Vier moralische Schriften, München 1998

Egyptien, Jürgen: Der ›Anschluss‹ als Sündenfall. Hans Leberts Werk und intellektuelle Gestalt, Wien 1998

Ehrenreich, Barbara: Blutrituale. Ursprung und Geschichte der Lust am Krieg, München 1997

Eibl-Eibesfeldt, Irenäus: Der vorprogrammierte Mensch. Das Ererbte als bestimmender Faktor im menschlichen Verhalten, München 1976

Eisenhauer, Gregor: Franz Blei – ein biographischer Essay, Hamburg 1994

Eisenstadt, Shmuel N.: Die Vielfalt der Moderne, Weilerswist 2000

Eisner, Freya: Kurt Eisner. Die Politik des libertären Sozialismus. Frankfurt/M 1979

Eisner, Kurt: Sozialismus als Aktion. Ausgewählte Aufsätze und Reden, Frankfurt/M 1975

Eksteins, Modris: Tanz über Gräben. Die Geburt der Moderne und der Erste Weltkrieg, Reinbek 1990

Ellinger, Johann: Wehrrechtliche Vorschriften, Wien 1969

Ellis, Joseph J.: Sie schufen Amerika. Die Gründergeneration von John Adams bis George Washington, München 2002

Ellmann, Maud: Die Hungerkünstler. Hungern, Schreiben, Gefangenschaft, Stuttgart 1994

Elsässer, Jürgen: Kriegslügen – Vom Kosovokonflikt zum Milosecic-Prozess, Berlin 2004

Emmanuel, François: Der Wert des Menschen, München 2000

Enderwitz, Ulrich: Antisemitismus und Volksstaat. Zur Pathologie kapitalistischer Krisenbewältigung, Freiburg 1998

Endicott, Stephen/Hagerman, Edward: The United States and Biological Warfare. Secrets from the Early Cold War and Korea, Bloomington/Indianapolis 1998

Endres, Robert: Revolution in Österreich 1848, Wien 1947

Ensslin, Gudrun/Vesper, Bernward (Hg.): Gegen den Tod. Stimmen deutscher Schriftsteller gegen die Atombombe, Stuttgart 1964

Enzensberger, Hans Magnus: Europa in Trümmern. Augenzeugenberichte aus den Jahren 1944-1948, Frankfurt/M 1990

Eppler, Erhard: Vom Gewaltmonopol zum Gewaltmarkt? Die Privatisierung und Kommerzialisierung der Gewalt, Frankfurt/M 2002

Erasmus (von Rotterdam): Die Klage des Friedens, Frankfurt/Leipzig 2001

Erikson, Erick H.: Gandhis Wahrheit. Über die Ursprünge militanter Gewaltlosigkeit, Frankfurt 1978

Ermacora, Felix: Zwanzig Jahre Österreichische Neutralität, Frankfurt/M 1975

– (Hg.): Weissbuch zur Lage der Landesverteidigung Österreichs, Wien 1973

Europäischer Konvent: Entwurf eines Vertrags über eine Verfassung für Europa, Luxemburg 2003

F

Faber, Monika/Schröder, Klaus Albrecht: Das Auge und der Apparat. Eine Geschichte der Fotografie aus den Sammlungen der Albertina, Wien 2003

Fanon, Frantz: Die Verdammten dieser Erde, Frankfurt/M 1966

Farese, Giuseppe: Arthur Schnitzler. Ein Leben in Wien 1862-1931, München 1999

Farias, Victor: Salvador Allende. Antisemitismus und Euthanasie, Berlin 2003

Federmann, Reinhard: Die Chinesen kommen. Aus den Memoiren unserer Enkel, Tübingen/Basel 1972

– Das Himmelreich der Lügner, Wien 1993

Fellner, Anton: Wie es kommen sollte... Dokumentarische Belege für den Verrat Schuschniggs, Linz o.J.

Fenoglio, Beppe: Eine Privatsache, Göttingen 1998

Ferguson, Niall: Der falsche Krieg. Der Erste Weltkrieg und das 20. Jahrhundert, Stuttgart 1999

Fest, Joachim C./Herrendoerfer Christian: Hitler eine Karriere, Frankfurt/Berlin/Wien 1977

Fiala, Brigitte: Die Errichtung der B-Gendarmerie. Seminararbeit am Institut für Zeitgeschichte, Wien 1972

Fichte, Hubert: Die Palette, Reinbek/Hamburg 1968

– Homosexualität und Literatur. Polemiken, Frankfurt/M 1987

– Hotel Gari, Frankfurt/M 1987

– Die schwarze Stadt. Glossen, Frankfurt/M 1990

– Hamburg Hauptbahnhof. Register, Frankfurt/M 1993

Ficker, Ludwig: Erinnerungen an Georg Trakl, Zeugnisse und Briefe, Salzburg 1966

Fiedler, Heinz: Der sowjetische Neutralitätsbegriff in Theorie und Praxis. Ein Beitrag zum Problem des Disengagment, Köln 1959

Figl, Leopold: Die Diplomatie der Neutralität, Wien 1959

Fischer, Eduard: Krieg ohne Heer. Meine Verteidigung der Bukowina gegen die Russen, Wien 1935

Fischer, Ernst: Österreich 1848. Probleme der demokratischen Revolution in Österreich, Wien 1946

– Über das Wehrgesetz, Wien 1956

Fischer, Eugen: Die kritischen 39 Tage. Von Sarajevo zum Weltbrand, Berlin 1928

Fischer, Jens Malte: Jahrhundertdämmerung. Ansichten eines anderen Fin de Siècle, Wien 2000

Fischer, Lisa/Brix, Emil (Hg.): Die Frauen der Wiener Moderne, Wien/München 1997

Fitzl, Martin: ... für Volk und Reich und Deutsche Kultur. Die ›Kärntner Wissenschaft‹ im Dienste des Nationalsozialismus, Klagenfurt/Celovec 1992

Flasch, Kurt: Die geistige Mobilmachung. Die deutschen Intellektuellen und der Erste Weltkrieg, Berlin 2000

Flaubert, Gustave: Salambo, München 2001

Fleck, Ludwik: Entstehung und Entwicklung einer wissenschaftlichen Tatsache. Einführung in die Lehre vom Denkstil und Denkkollektiv, Basel 1935

Flesch, Siegfried: Oestereichs Stellung in Europa, Lausanne 1918

Flex, Walter: Der Wanderer zwischen beiden Welten. Ein Kriegserlebnis, München o.J.

Flusser, Vilém: Kommunikologie, Frankfurt 1998

Foedrowitz, Michael: Bunkerwelten. Luftschutzanlagen in Norddeutschland, Berlin 1998

Fontana, Josep: Europa im Spiegel. Eine kritische Revision der europäischen Geschichte, München 1995

Forschungsgesellschaft Wiener Stadtarchäologie (Hg.): Fundort Wien. Berichte zur Archäologie 3, Wien 2000

Förster, Stig/Pohlmann, Markus/Walter, Dierk (Hg.): Schlachten der Weltgeschichte. Von Salamis bis Sinai, München 2001

Forum Alternativ: Widerstand gegen Krieg und Militarismus in Österreich und anderswo, Wien 1982

Foucault, Michel: Microphysik der Macht. Über Strafjustiz, Psychiatrie und Medizin, Berlin 1976

– Die Ordnung des Diskures. Inauguralvorlesung am Collège de France – 2. Dezember 1970, Frankfurt/Wien/Berlin 1977

– Vom Licht des Krieges zur Geburt der Geschichte, Berlin 1986

– In Verteidigung der Gesellschaft. Vorlesungen am Collège de France 1975-1976, Frankfurt/M 1999

– Dits et Ecrits. Bd. 3 der Schriften in vier Bänden, Frankfurt/M 2003

Frank, Rudolf: Fair play oder Es kommt nicht zum Krieg. Roman einer Emigration in Wien, Berlin 1998

Frankfurt, Harry G.: Freiheit und Selbstbestimmung, Berlin 2001

Frei, Bruno: Der kleine Widerstand, Wien 1978

Frei, Norbert/Grotum, Thomas/Parcer, Jan/Steinbacher, Sybille/Wagner, Bernd C. (Hg.): Standort- und Kommandaturbefehle des Konzentrationslagers Auschwitz 1940-45, München 2000

– /Steinbacher, Sybille/Wagner, Bernd C. (Hg.): Ausbeutung, Vernichtung, Öffentlichkeit. Neue Studien zur nationalsozialistischen Lagerpolitik, München 2000

Freud, Sigmund: Das Unbewusste. Schriften zur Psychoanalyse, Frankfurt 1960

– Gesammelte Werke, Bd. I-XVIII, Frankfurt/M 1999

Freund, René: Land der Träumer. Zwischen Grösse und Grössenwahn – verkannte Österreicher und ihre Utopien, Wien 1996

Frevert, Ute: Die kasernierte Nation. Militärdienst und Zivilgesellschaft in Deutschland, München 2001

Frey, Marc: Geschichte des Vietnamkriegs. Die Tragödie Asiens und das Ende des amerikanischen Traums, München 1998

Fried, Johannes: Aufstieg aus dem Untergang. Apokalyptisches Denken und die Entstehung der modernen Naturwissenschaften im Mittelalter, München 2001

Friedell, Egon: Kulturgeschichte der Neuzeit, München 1960

Friedländer, Henry: Der Weg zum NS-Genozid. Von der Euthanasie zur Endlösung, Berlin 1997

Friedländer, Saul: Das Dritte Reich und die Juden. Die Jahre der Verfolgung 1933-1949, München 1998

Friedrich, Ernst: Vom Friedensmuseum zur Hitlerkaserne. Ein Tatsachenbericht, Berlin 1978

Friedrich, Jörg: Das Gesetz des Krieges. Das deutsche Heer in Russland 1941-1945. Der Prozeß gegen das Oberkommando der Wehrmacht, München 1996

Fröhlich, Stefan: Zwischen selektiver Verteidigung und globaler Eindämmung, Baden-Baden 1998

Fromm, Erich: Die Seele des Menschen. Ihre Fähigkeit zum Guten und zum Bösen, Frankfurt/Berlin 1981

Frost, Mervyn: Constituing Human Rights. Global civil society of democratic states, London 2002

Fuchs, Albert: Geistige Strömungen in Österreich 1867-1918, Wien 1978

Fuchs, Hans/Gabriel, Ernst: Militärdienst und Selbstmordneigung. Manuskript des Österreichischen Statistischen Zentralamtes, Wien 1962

Fuchs, Rainer: Apologie und Diffamierung des ›österreichischen Expressionismus‹. Begriffs- und Rezeptionsgeschichte der österreichischen Malerei 1908 bis 1938, Wien/Köln 1991

Fuhrich, Edda/Prossnitz, Gisela: Die Salzburger Festspiele. Ihre Geschichte in Daten, Zeitzeugnissen und Bildern, Salzburg/Wien 1990

Furet, François: Das Ende der Illusion. Der Kommunismus im 20. Jahrhundert, München/Zürich 1995

Fussenegger, Gertrud: Herrscherinnen. Frauen, die Geschichte machten, Stuttgart 1991

G

Gadamer, Hans-Georg: Kleine Schriften I – Philos. Hermeneutik, Tübingen 1967

Gaddis, John Lewis: We Now Know. Rethinking Cold War History, Oxford 1997

Galiani, Ferdinando: De Doveri de Principi Neutrali verso i Principi Guerreggianti, e di questi verso i Neutrali, Napoli 1782

– Recht der Neutralität. Oder von den gegenseitigen Pflichten neutraler und kriegsführender Staaten, Leipzig 1790

– Die Briefe des Abbé Galiani, München/Leipzig 1914

Galimberti, T.: Die italienische Neutralität. Sonderdruck aus: Deutsche Revue, Stuttgart 1914

Gallagher, Carole: American Ground Zero. Der geheime Atomkrieg in den USA, Berlin 1995

Galtung, Johan: Anders verteidigen. Beiträge zur Friedens- und Konfliktforschung 2, Reinbek 1982

– Eurotopia. Die Zukunft eines Kontinents, Wien 1993

Gardiner, Muriel: Code Name ›Mary‹, Memoires of an American Woman in the Austrian Underground, New-Haven/London 1983

Gärtner, Heinz: Modelle Europäischer Sicherheit. Wie entscheidet Österreich?, Braumüller 1997

Garve, Christian: Abhandlung über die Verbindung der Moral mit der Politik. Noch einige Betrachtungen über die Frage: inwiefern ist es möglich, die Moral des Privatlebens bey der Regierung der Staaten zu beobachten?, Breslau, 1792

Gauthier, Xavière: Surrealismus und Sexualität. Inszenierung der Weiblichkeit, Berlin 1980

Geary, Patrick: Die Merowinger. Europa vor Karl dem Grossen, München 1996

Geiger, Vladimir: Nestanak Folksdojčera, Zagreb 1997

Gellhorn, Martha: Das Gesicht des Krieges. Reportagen 1937-1987, München 1998

Genet, Jean: Vier Stunden in Chatila, Gifkendorf 1983

– Ein verliebter Gefangener. Palästinensische Erinnerungen, München 1990

Gentile, Emilio: Fascismo. Storia e interpretazione, Bari 2002

Géré, François: Demain la guerre. Une visite guidée, Paris 1997

Gibson, Ralph, Deus ex Machina, Köln 1999

Giddens, Anthony: Jenseits von Links und Rechts. Die Zukunft radikaler Demokratie, Frankfurt/M 1997

Giller, Joachim: Demokratie und Wehrpflicht. Studie der Landesverteidigungsakademie, Juli 1992

Ginther, Konrad: Österreichs immerwährende Neutralität, Wien 1975

Girard, René: Ich sah den Satan vom Himmel fallen wie einen Blitz. Eine kritische Apologie des Christentums, München 2002

Glaeser, Ernst: Frieden, Berlin 1930

– Die Unvergängliche. Erzählungen, Amsterdam 1939

– Die zerstörte Illusion, Wien/München/Basel 1960

Glaise-Horstenau, Edmund v.: Die Katastrophe. Die Zertrümmerung Öst.-Ung. und das Werden der Nachfolgestaaten, Wien/Leipzig 1929

– Ein General im Zwielicht. Erinnerungen, Wien/Köln, Graz 1988

Glaser, Georg K.: Gewalt und Geheimnis. Ein Bericht, Frankfurt/M 1989

Glock, Robert: Die österreichische Sozialdemokratie und der Weltkrieg, Dissertation Universität Wien 1952

Glucksmann, André: Philosophie der Abschreckung, Stuttgart 1984

Gneisenau, August Wilhelm Anton Neidhardt von: Ausgewählte militärische Schriften, Berlin 1984

Goebbels, Joseph: Tagebücher in 15 Bänden, München 1993-1995

Goertz, Hans-Jürgen: Die Täufer. Geschichte und Deutung, Berlin 1987

Goldner, Franz: Flucht in die Schweiz. Die neutrale Schweiz und die österreichische Emigration 1938-45, Wien/München/Zürich 1983

Gomperz, Heinrich: Philosophie des Krieges in Umrissen, Gotha 1915

Gorbach, Alfons: Gedanken zur Politik, Wien 1962

Gorelik, Sch.: Fünf Jahre im Lande Neutralien. Schweizer Kriegserlebnisse eines jüdischen Schriftstellers, Berlin 1919

Gorenflos, Walter: Keine Angst vor der Völkerwanderung, Hamburg 1995

Görlich, Ernst Joseph: Österreichs Weg zur Neutralität. Eine Sinndeutung der österreichischen Geschichte, Lübeck o.J

Grab, Walter: Friedrich von der Trenck. Hochstapler und Freiheitsmärtyrer und andere Studien zur Revolutions- und Literaturgeschichte, Kronberg/Ts. 1977

– Radikale Lebensläufe. Von der bürgerlichen zur proletarischen Emanzipationsbewegung, Berlin 1980

Grau, Bernhard: Kurt Eisner 1867-1919. Eine Biographie, München 2001

Grawitz, Madeleine: Bakunin. Ein Leben für die Freiheit, Hamburg 1999

Gregg, Richard B.: Die Macht der Gewaltlosigkeit, Wien 1965

Gross, Andi/Crain, Fitzgerald/Erne, Roland, Furrer, Stefan (Hg.): Denkanstösse zu einer anstössigen Initiative. Sozialdemokratinnen und Sozialdemokraten für eine Schweiz ohne Armee, Zürich 1989

Gross, Andreas: Auf der politischen Baustelle Europas, Zürich 1996

– /Crain, Fitzgerald/Kaufmann, Bruno (Hg.): Frieden in Europa. Eine Schweiz ohne Armee als Beitrag zur Zivilisierung der Weltinnenpolitik, Zürich 1989

Gross, Hans: Gesammelte kriminalistische Aufsätze, Leipzig 1902

Gross, Raphael: Carl Schmitt und die Juden. Eine deutsche Rechtslehre, Frankfurt/M 2000

Grossmann, Stefan: Die Schultern der Mizzi Palme, Wien 1995

Gruber, Karl: Politik der Mitte, Zürich/Wien 1946

Grüner Klub im Parlament (Hg.): Sicher ohne Nato. Optionenbericht der Grünen, Wien 1998

Gubarew, Wladimir S.: Arsamas –16. Wissenschaftler der geheimen russischen Atomstadt brechen das Schweigen, Berlin 1993

Gudenus, Eduard: Programm Österreich. Offener Brief an Mr. Antony Nutting, Wien 1946

Guéhenno, Jean-Marie: Das Ende der Demokratie, München/Zürich 1994

Guilbaut, Serge: Wie New York die Idee der modernen Kunst gestohlen hat. Abstrakter Expressionismus, Freiheit und Kalter Krieg, Dresden 1997

Gumbrecht, Hans Ulrich/Kittler, Friedrich/Siegert, Bernhard: Der Dichter als Kommandant. D'Annunzio erobert Fiume, München 1996

Gumpelmayr, Heinz (Hg.): Reise Textbuch Wien, München 1987

Gutfreund, Amir: Unser Holocaust, Berlin 2003

H

Haas, Hanns/Stuhlpfarrer, Karl: Österreich und seine Slowenen, Wien 1977

Haasis, Hellmut G.: Den Hitler jag' ich in die Luft. Der Attentäter Georg Elser, Berlin 1999

Habermas, Jürgen: Technik und Wissenschaft als Ideologie, Frankfurt 1968

Hackermüller, Rotraut: Einen Handkuss der Gnädigsten. Roda-Roda-Bildbiographie, Wien/München 1986

Hadot, Pierre: Die innere Burg. Anleitung zu einer Lektüre Marc Aurels, Frankfurt/M 1997

Haffner, Sebastian: Geschichte eines Deutschen. Die Erinnerungen 1914-1933, Stuttgart/München 2000

Hagège, Claude: Welche Sprache für Europa? Verständigung in der Vielfalt, Frankfurt/M 1996

Hägele, Ulrich/Wiesenhofer, Franz: Zensurierte Bildergrüsse. Familienfotos russischer Kriegsgefangener 1915, Wien 2002

Hahn, Sylvia/Flanner, Karl (Hg.): Die Wienerische Neustadt, Wien/Köln/Weimar 1994

Hahn, Ulla: Unscharfe Bilder, München 2003

Halberstadt, Gerhard: Zeittafel der gesellschaftlichen Entwicklung. Ausgewählte Daten von 1215 bis heute, Bonn 1980

Halbrainer, Heimo: In der Gewissheit, dass ihr den Kampf weiterführen werdet. Briefe steirischer WiderstandskämpferInnen aus Todeszelle und KZ, Graz 2000

Halbwachs, Maurice: Das kollektive Gedächtnis, Frankfurt/M 1991

Hamann, Brigitte: Bertha von Suttner. Ein Leben für den Frieden, München 1986

– Hitlers Wien. Lehrjahre eines Diktators, München 1998

Hannak, Jacques: Johannes Schober. Mittelweg in die Katastrophe, Wien 1966

Hansl, Hans: Schwejk kann auch nicht schweigen. Heitere Zeitspiegel-Scherben aus bitteren Tagen, Wien o.J.

Harris, Robert/Paxman, Jeremy: A Higher Form of Killing. The Secret Story of Chemical and Biological Warfare, New York 1982

Hartlaub, Felix: In den eigenen Umriss gebannt. Kriegsaufzeichnungen, literarische Fragmente und Briefe aus den Jahren 1939 bis 1945, Frankfurt/M 2002

Hartmann, Detlef: Die Alternative – Leben als Sabotage. Zur Krise technologischer Gewalt, Tübingen 1981

Hartmann, Frank: Medienphilosophie, Wien 2000

Hartmann, Ludo Moritz: Der Krieg in der Weltgeschichte, Wien 1915

Hartog, François: Mémoire d'Ulysse. Récits sur la frontière en Grèce ancienne, Paris 1996

Hašek, Jaroslav: Die Abenteuer des braven Soldates Schwejk während des Weltkrieges, Berlin 1955

– Lausige Geschichten. Politische Satiren, Humoresken, anarchistische Feuilletons, Berlin 1992

Haselsteiner, Horst: Bosnien und Hercegowina. Orientkrise und südslawische Frage, Wien/Köln/Weimar 1996

Haslinger, Peter: Arad, November 1918. Oszkár Jászi und die Rumänen in Ungarn 1900-1918, Wien/Graz/Köln 1993

Hattinger, Heinz/Steyrer, Peter: Die Illusion vom Überleben. Zivilschutz in Österreich, Wien 1986

Hauser, Gunter: Österreich – dauernd neutral?, Wien 2002

Häusermann, Ulrich: Ewige Waage, Köln 1962

Hautmann, Hans/Kropf, Rudolf: Die österreichische Arbeiterbewegung vom Vormärz bis 1945. Sozialökonomische Ursprünge ihrer Ideologie und Politik, Linz 1978

Hautsch, Gert: Faschismus und Faschismus-Analysen. Zur Auseinendersetzung mit einigen Theorien und Pseudo-Theorien, Frankfurt 1974

Hedtjärn, Tryggve/Höglund, Bengt/Lieden, Åsne u. Lennart: Verteidigung ohne Krieg. Die skandinavische Alternative, Wuppertal 1974

Heer, Friedrich: Der Kampf um die österreichische Identität, Wien 1996

Heeresgeschichtliches Museum/Militärwissenschaftliches Institut: Das Bundesheer der Zweiten Republik. Eine Dokumentation, Wien 1980

– Maria Theresia. Beiträge zur Geschichte des Heerwesens ihrer Zeit, Graz/Wien/Köln 1967

– Militärgeschichte, Wien 1981-83

– ... und Friede den Menschen. Weihnachten und Jahreswechsel im 1. Weltkrieg, Wien 1992

Heidegger, Klaus/Steyrer, Peter: Nato-Streit in Österreich. Handbuch zur Neutraliät und Sicherheitspolitik, Thaur 1997

Heinrich, Klaus: Dahlemer Vorlesungen I. Tertium datur. Eine religionsphilosophische Einführung in die Logik, Frankfurt/M 1981

Heitmeyer, Wilhelm/Hagan, John (Hg.): Internationales Handbuch der Gewaltforschung, Opladen 2002

Hemingway, Ernest: In einem andern Land, Hamburg 1961

Hemminger, Andrea: Kritik und Geschichte. Foucault – ein Erbe Kants?, Berlin 2003

Hennings, Fred: Ringstrassen Symphonie, 1963/64

Hennis, Wilhelm: Max Weber und Thukydides. Nachträge zur Biographie des Werks, Tübingen 2003

Henze, Saskia/Knigge, Johann: Stets zu Diensten. Der BND zwischen faschistschen Wurzeln und neuer Weltordnung, Münster 1997

Herbeck, Ernst: Im Herbst da reiht der Feenwind. Gesammelte Texte 1960-91, Salzburg/Wien 1992

Herberg-Rothe, Andreas: Das Rätsel Clausewitz. Politische Theorie des Krieges im Widerstreit, München 2001

Herbert, Ulrich: Best. Biographische Studien über Radikalismus, Weltanschauung und Vernunft 1903-1989, Bonn 1996

– (Hg.): Nationalsozialistische Verfolgungs- und Vernichtungspolitik 1939 bis 1945, Frankfurt/M 1998

– /Orth, Karin/Dieckmann, Christoph (Hg.): Die nationalsozialistischen Konzentrationslager. Entwicklung und Struktur, Göttingen 1998

Hermans, Willem Frederik: Die Dunkelkammer des Damokles, Leizig 2001

Hermanns, Ludger M. (Hg.): Spaltungen in der Geschichte der Psychoanalyse, Tübingen 1995

Herrmann, Hans Peter/Blitz, Hans-Martin/Mossmann, Susanna: Machtphantasie Deutschland. Nationalismus, Männlichkeit und Fremdenhass im Vaterlandsdiskurs deutscher Schriftsteller des 18. Jahrhunderts, Frankfurt 1997

Herzen, Alexander I.: Ausgewählte Philosophische Schriften, Moskau 1949

– Die gescheiterte Revolution. Denkwürdigkeiten aus dem 19. Jahrhundert, Frankfurt/M 1977

Hessische Stifung Friedens- und Konfliktforschung (HSFK): Friedensanalysen. Für Theorie und Praxis. Vierteljahresschrift für Erziehung, Politik und Wissenschaft, Frankfurt/M 1975f

Hevesi, Ludwig: Altkunst – Neukunst. Wien 1894-1908, Wien 1909

Hildebrandt, Hans: Krieg und Kunst, München 1916

Hirsch, Heinrich: Ueberseeische Kolonisation durch Oestereich-Ungarn mit handelstatistischen und handelsgeographischen Anhängen, Wien/Olmütz 1888

Hirsch, Joachim: Der nationale Wettbewerbsstaat. Staat, Demokratie und Politik im globalen Kapitalismus, Berlin 1996

Hobbes, Thomas: Leviathan oder Stoff, Form und Gewalt eines kirchlichen und bürgerlichen Staates, Hamburg 1996

Hobhouse, Henry: Fünf Pflanzen verändern die Welt, Stuttgart 1987

Hobsbawm, Eric: Nationen und Nationalismus. Mythos und Realität seit 1780, Frankfurt/New York 1991

– Das Zeitalter der Extreme. Weltgeschichte des 20. Jahrhunderts, München 1997

Hoche, Alfred: Die Psychologie der Neutralität, Freiburg i.B./Leipzig 1917

Hofbauer, Hannes (Hg.): Balkankrieg. Die Zerstörung Jugoslawiens, Wien 1999

Hofmann, Werner (Hg.): Schrecken und Hoffnung. Künstler sehen Frieden und Krieg, Hamburg/Köln 1987

Hofmannsthal, Hugo von: Reitergeschichte und andere Erzählungen, Frankfurt/M 1975

Hölscher, Lucian: Neue Annalistik. Umrisse einer Theorie der Geschichte, Göttingen 2003

Holzner, Johann/Müller, Karl (Hg.): Zwischenwelt. Literatur der inneren Emigration aus Österreich, Wien 1998

Holz-Reyther, Johann Heinrich (= Muthmann, Ernst): Besinnet Euch! Gedanken eines antimilitaristisch gewinnten Soldaten im Kampf um die Erhaltung seines Ichmenschen gegen die Kasernen-Tyrranei des Weltkriegs, Wien 1919

Hoor, Ernst: Österreich 1918-1938. Staat ohne Nation. Republik ohne Republikaner, Wien 1966

Horkheimer, Max: Die Juden in Europa, in: Autoritärer Staat, Amsterdam 1968

Horn, Richard: Die Todeserklärung Kriegsverschollener. Eine Studie nach österreichischem und deutschem Zivilrecht, Wien 1917

Horstmann, Ulrich: Das Untier. Konturen einer Philosophie der Menschenflucht, Wien/Berlin 1983

Horvath, Traude/Neyer, Gerda (Hg.): Auswanderungen aus Österreich, Forschungsbericht der Akademie der Wissenschaften, Wien 1996

Höss, Rudolf/Broad, Pery/Kremer, Johann Paul: Auschwitz in den Augen der SS, Auschwitz-Birkenau/Oswiecim 1997

Howard, Michael: Der Krieg in der europäischen Geschichte. Vom Ritterheer zur Atomstreitmacht, München 1981

– Die Erfindung des Friedens. Über den Krieg und die Ordnung der Welt, Lüneburg 2001

Huber, Jörg/Müller, Alois Martin (Hg.): *Kultur* und *Gemeinsinn*, Interventionen 3, Zürich 1994

Huber, Wolfgang/Schwerdtfeger, Johannes (Hsrg.): Frieden, Gewalt, Sozialismus. Studien zur Geschichte der sozialistischen Arbeiterbewegung, Stuttgart 1976

Huizinga, Johan: Wenn die Waffen schweigen. Die Aussichten auf Genesung unserer Kultur, Basel 1945

Hus (von Hussinecz), Jan: Vermischte Schriften. Leipzig/Prag 1784

I

Ignatieff, Michael: Die Zivilisierung des Krieges. Ethnische Konflikte, Menschenrechte, Medien, Hamburg 2000

Imhof, Kurt/Kleger, Heinz (Hg.): Konkordanz und Kalter Krieg. Analyse von Medienereignissen in der Schweiz der Zwischen- und Nachkriegszeit, Zürich 1996

Ingrim, Robert: Der Griff nach Österreich, Zürich 1938

Institut für Österreichkunde (Hg.): 10 Jahre neutraler Staat, Graz 1965

J

Jäckel, Ebenhard: Hitlers Weltanschauung. Entwurf einer Herrschaft, Stuttgart 1981

Jahn, Egbert: Kommunismus – und was dann? Zur Bürokratisierung und Militarisierung des Systems der Nationalstaaten, Hamburg 1974

Jahr, Christoph: Gewöhnliche Soldaten. Desertion und Deserteure im deutschen und britischen Heer 1914-1918, Göttingen 1998

James, W.: Remarks at the Peace Banquet. Memories and Studies. New York 1911

Jannineum (Hg.): Zehn Gerechte. Erinnerungen aus Polen an die deutsche Besatzungszeit 1939-1945, Wien 1999

Jaschke, Gerhard: Wortfest, Wien 2000

Jaspers, Karl: Die Schuldfrage. Von der politischen Haftung Deutschlands, München 1996

Jauernig, Peter: Vom Ende einer österreichischen Institution. Roman, Wien 1989

Jenkins, Roy: Churchill. A Biography, London 2001

Jenny, Christian: Konsensformel oder Vorbild? Die Entstehung der österreichischen Neutralität und ihr Schweizer Muster, Wien 1996

Jergović, Miljenko: Karivani. Ein Familienmosaik, Wien/Bozen 1997

Jirgal, Heinrich: Die Wiederkehr des Weltkriegs in der Literatur, Wien-Leipzig 1931

Jnouye, Jukichi: Der Japanisch-chinesische Krieg, Dresden/Leipzig 1895

Joas, Hans: Kriege und Werte. Studien zur Gewaltgeschichte des 20. Jahrhunderts, Wellerswist 2000

Jochheim, Gernot: Antimilitaristische Aktionstheorie, Soziale Revolution und Soziale Verteidigung. Zur Entwicklung der Gewaltfreiheitstheorie 1890-1940, Frankfurt/M 1977

Johannsen, Ernst: Brigadevermittlung. Hörspiel, Stuttgart 1967

John, Beate: Politik und Moral. Gandhis Herausforderungen für die Weimarer Republik, Kassel 1993

Johnston, Willam M.: Österreichische Kultur- und Geistesgeschichte. Gesellschaft und Ideen im Donauraum 1848 bis 1938, Wien 1992

Jordan, Rudolf: Vom Sinn des Krieges, Berlin 1942

Judt, Tony: Grosse Illusion Europa. Herausforderungen und Gefahren einer Idee, München/Wien 1996

Jung, Franz: Werke in Einzelausgaben, Bd. 1-12, Hamburg 1981-90

– Der Weg nach unten. Aufzeichnungen aus einer grossen Zeit, Hamburg 1988

Jung, Hermann: Neutralität in Fesseln. Eine Kriegsreise durch Europa, Düsseldorf 1940

Jung, Peter: Der k.u.k. Wüstenkrieg. Österreich-Ungarn im Vorderen Orient 1915-1918, Graz/Köln 1992

Jünger, Ernst: In Stahlgewittern. Berlin 1925

– Der Arbeiter. Herrschaft und Gestalt, Hamburg 1932

– Blätter und Steine, Hamburg-Wandsbek 1941

– Der Waldgang. Frankfurt/M 1952

– Strahlungen, München 1955

– Gärten und Strassen, Reinbek 1962

– Schriften. Eine Auswahl, Zürich/Salzburg o.J.

Jungk, Robert: Heller als tausend Sonnen. Das Schicksal der Atomforscher, Stuttgart/Bern 1956

Junius (Hg.): Sozialismus und persönliche Lebensgestaltung. Texte aus der Zwischenkriegszeit, Wien 1981

K

Kaiser, Alfred (Red.): Gewalt in Politik und Gesellschaft. Arbeitstexte, München 1972

Kalmar, Rudolf: Zeit ohne Gnade, Wien 1946

Kaltenboeck, Bodo: Deutschland – Österreich. Irrtum und Richtung, Wien/Leipzig o.J.

Kamy, Thomas: Der Tod des Taglöhners, Graz 1999

Kaplan, Robert: Reisen an die Grenzen der Menschheit. Wie die Zukunft aussehen wird, München 1996

Kapuściński, Ryszard: Wieder ein Tag Leben. Innenansichten eines Bürgerkriegs, Frankfurt 1994

Karashasan, Dževad: Das Buch der Gärten. Grenzgänze zwischen Islam und Christentum, Frankfurt/M 2002

Kassák, Lajos: Das Pferd stirbt und die Vögel fliegen aus, Klagenfurt/Salzburg 1989

Kavvadias, Nikos: Die Wache, Berlin 2001

Keegan, John: Die Kultur des Krieges, Berlin 1995

– Der Erste Weltkrieg. Eine europäische Tragödie, Reinbek 2000

Kehlsen, Hans: Die Reine Rechtslehre. Einleitung zur rechtswissenschaftlichen Problematik, Leipzig/Wien 1934

Keitner, Árpád (Hg.): Menschen und Menschenwerke, Wien 1924

Keller, Fritz: Wien, Mai 68. Eine heisse Viertelstunde, Wien 1988

Kelsen, Hans: Was ist Gerechtigkeit?, Ditzingen 2000

Kemper, Dirk (Hg.): Ästhetische Moderne in Europa. Grundzüge und Problemzusammenhänge seit der Romantik, München 1998

Kermani, Navid: Das Buch der von Neil Young Getöteten, Zürich 2002

– Dynamik des Geistes. Martyrium, Islam und Nihilismus, Göttingen 2002

Kerschbaumer, Gert/Müller, Karin: Begnadet für das Schöne. Der rot-weiss-rote Kulturkampf gegen die Moderne, Wien 1992

Kershaw, Ian: Der NS-Staat. Geschichtsinterpretationen und Kontroversen im Überblick, Reinbek bei Hamburg 1994

– Hitler. 1936-1945, Stuttgart 2000

Kertész, Imre: Mensch ohne Schicksal, Berlin 1990

Khilnani, Sunil: Revolutionsdonner. Die französische Linke nach 1945, Hamburg 1995

Kindermann, Gottfried-Karl: Hitlers Niederlage in Österreich. Bewaffneter NS-Putsch, Kanzlermord und Österreichs Abwehrsieg 1934, Hamburg 1984

Kindermann, Walter: Flug nach Moskau, Wien 1955

Kirchmann, Kay: Blicke aus dem Bunker. Paul Virilios Zeit- und Medientheorie aus der Sicht einer Philosophie des Unbewussten, Stuttgart 1998

Kirchner, Imrgard/Pfeisinger, Gerhard (Hg.): Welt-Reisende. ÖsterreicherInnen in der Fremde, Wien 1996

Kissinger, Henry A.: Nuclear Weapons and Foreign Policy, New York 1957

Kittel, Franz: Nacht über Österreich, Wien 1945

Klahr, Alfred: Zur österreichischen Nation, Wien 1994

Klambauer, Otto: Der Kalte Krieg in Österreich. Vom Dritten Mann zum Fall des Eisernen Vorhangs, Wien 2000

Klaus, Josef: Rede in Moskau, Salzburg 1967

Klee, Ernst: Auschwitz, die NS-Medizin und ihre Opfer, Frankfurt/M 1997

Klein, Franz/Lammasch, Heinrich: Die Verbesserung des Ehrenschutzes. Berichte der konstituierenden Generalversammlung der Allgemeinen Anti-Duell-Liga für Österreich, Wien 1903

Klein, Tim: Der Kanzler. Otto von Bismarck in seinen Briefen, Reden und Erinnerungen, sowie in Berichten und Anekdoten seiner Zeit, Ebenhausen 1926

Kleindel, Walter: Österreich. Daten zur Geschichte und Kultur, Wien/Heidelberg 1978

Kleist, Peter: Auch Du warst dabei. Ein Buch des Ärgernisses und der Hoffnung, Heidelberg 1953

Kley, Roland: Der Friede unter den Demokratien, Wien 1999

Klinger, Cornelia: Flucht Trost Revolte. Die Moderne und ihre ästhetischen Gegenwelten, München 1995

Klöss, Erhard (Hg.): Reden des Führers. Politik und Propaganda Adolf Hitlers 1922-1945, München 1967

Klüger, Ruth: Von hoher und niedriger Literatur, Göttingen 1996

Klusacek, Christine/Stimmer, Kurt: Dokumentation zur österreichischen Zeitgeschichte 1918-1928, Wien/München 1984

Knight, Robert: Ich bin dafür, die Sache in die Länge zu ziehen, Athenäum 1988

Koch, Wolfgang: Soziale Verteidigung. Zur basisdemokratischen Konzeption, Wien 1980

- /Leidenmühler, Franz/Steyrer, Peter (Hg.): Neutralität im Neuen Europa. Österreichs Beitrag zur Finalität der Union, Münster 2004

Kocmata, Karl F.: Drei Monate Haft. Zur Kriegszeit als Geheimbündler im Wiener Landesgericht, Wien 1919

Koenen, Gerd: Utopie oder Säuberung? Was war der Kommunismus? Berlin 1998

Koestler, Arthur: Das rote Jahrzehnt, Wien/Zürich 1991

Kohlenberger, Helmut (Hg.): Die Wahrheit des Ganzen, Wien/Freiburg/Basel 1976

Kohn, Hans: Karl Kraus, Arthur Schnitzler, Otto Weininger. Aus dem jüdischen Wien der Jahrhundertwende, Tübingen 1962

Kolb, Ernst: Nachkriegsaufgaben im öffentlichen Recht, Bregenz 1959

Kolb, Fritz: Es kam ganz anders. Betrachtungen eines alt gewordenen Sozialisten, Wien 1981

Kolber, Franz: Gewalt und Gewaltlosigkeit. Handbuch des aktiven Pazifismus, Zürich/Leipzig 1928

Kolko, Gabriel: Vietnam. Anatomy of a Peace, London/New York 1997

– Das Jahrhundert der Kriege, Frankfurt/M 1999

Komarek, Alfred: Österreich mit einer Prise Salz. Ein Mineral macht Geschichte, Wien 1998

Kommando der k. und k. Balkanstreitkräfte: Die Lügen über die österreich-ungarische Kriegsführung in Serbien, Wien 1916

Konchok, Dorje: Marxismus und Meditation, München 1980

Kondylis, Panajotis: Planetarische Politik nach dem Kalten Krieg, Berlin 1992

Köpfer, Josef: Die Neutralität im Wandel der Erscheinungsformen militärischer Auseinandersetzungen, München 1975

Korowin, E.A.: Das Völkerrecht der Übergangszeit, Berlin/Grunewald 1929

Kos, Wolfgang: Eigenheim Österreich. Zu Politik, Kultur und Alltag nach 1945, Wien 1994

KPÖ: hat neutralität zukunft. Beratung zu Fragen der Neutralität und der EG, Wien 1990

Kranz, Herbert: Zeugnis der Zeiten. Urkunden, Dokumente, Selbstdarstellungen aus der Geschichte des deutschen Ostens, Frankfurt/M 1940

Kraus, Karl: In dieser grossen Zeit. Auswahl 1914-25, München 1977

Kraus, Fritz (Hg.): Vom Geist des Mahatma. Ein Gandhi-Brevier, Baden-Baden 1957

Krauthoff, Berndt: Ich befehle. Kampf u. Tragödie des Baron Ungern-Sternberg, Berlin 1938

Krcal, August: Zur Geschichte der Arbeiter-Bewegung Oesterreichs, Wien 1985

Krech, Hans: Die militärische Balance am Persischen Golf, Berlin 1998

Kreis, Georg/Müller, Bertrand (Hg.): Die Schweiz und der Zweite Weltkrieg. Schweizerische Zeitschrift für Geschichte, Bd. 47/4, Basel 1997

Kreisky, Bruno: Die Österreichische Neutralität. Vortrag vor der Zürcher volkswirtschaftlichen Gesellschaft, Wien 1960

Kreuder, Ernst: Die Unauffindbaren, Hamburg 1996

Kriege, Wilhelm: La Escuela Neutra á la Luz de la Verdad, Madrid 1876

Krippendorff, Ekkehart (Hg.): Friedensforschung, Köln 1974

– Kritik der Aussenpolitik, Frankfurt/M 2000

Krishnamurti, Jiddu: Jenseits der Gewalt, Frankfurt/M 1979

Krivinyi, Nikolaus: Kriegsvölkerrecht für die Truppe, Wien 1965

Krleža, Miroslav: Beisetzung in Theresienburg, Graz 1964
- Europäisches Alphabet, Graz 1964
- Essays, Über Literatur und Kunst, Frankfurt/M 1987
- Illyricum Sacrum, Klagenfurt/Salzburg 1996

Krose, Hermann Anton: Die Ursachen der Selbstmordhäufigkeit, Freiburg 1906

Krüger, Ingrid (Hg.): Mut zur Angst. Schriftsteller für den Frieden, Darmstadt/Neuwied 1982

Krug von Nidda, Roland: 1848 – Zwischen den Revolutionen. der Kampf des Paulskirchenparlaments um die Deutsche Einheit, Wien/München/Zürich, o.J.

Kuchar, Helena: Jelka. Aus dem Leben einer Kärntner Partisanin, Basel 1984

Kuehnelt-Leddihn, Erik: Von Sarajevo nach Sarajevo. Österreich 1918-1996, Wien und Leipzig 1996

Kugler, Franz: Geschichte Friedrichs des Grossen, Leipzig 1880

Kulemann, Peter: Am Beispiel des Austromarxismus. Sozialdemokratische Arbeiterbewegung in Österreich von Hainfeld bis zur Dollfuss-Diktatur, Hamburg 1979

Kulla, Ralf: Revolutionärer Geist und republikanische Freiheit. Über die verdrängte Nähe von Hannah Arendt zu Rosa Luxemburg, Hannover 1999

Kulturverein Schreams: Achtung Staatsgrenze/Pozor dr'zavna meja. Geschichten aus dem Leben der Menschen diesseits und jenseits der Grenze, Maribor 1995

Kunisch, Johannes/Stollberg-Rilinger, Barbara (Hg.): Staatsverfassungen und Heeresverfassungen in der europäischen Geschichte der frühen Neuzeit, Berlin 1986

- (Hg.): Aufklärung und Kriegserfahrung. Klassische Zeitzeugen zum Siebenjährigen Krieg, Frankfurt 1996

Kunsthalle Wien/Mackert, Gabriele/Matt, Gerald/Miessgang, Thomas:: Attack! Kunst und Krieg in den Zeiten der Medien, Göttingen 2003

Kunzenmann, Werner (Hg.): Soldatentaschenbuch, Innsbruck/Wien/München 1967

Kutschera, Rolf: Maria Theresia und ihre Kaisersöhne, Thaur bei Innsbruck 1990

Kürnberger, Ferdinand: Siegelringe. Eine Sammlung politischer und kirchlicher Feuilletons, München/Leipzig 1910

L

Lammasch, Heinrich: Völkermord oder Völkerbund? Haag 1920

Lammasch, Marga/Sperl, Hans (Hg.): Heinrich Lammasch. Seine Aufzeichnungen, sein Wirken und seine Politik, Wien/Leipzig 1922

Lampe, Friedo: Am Rande der Nacht, Göttingen 1999

Lampugnani, Vittorio Magnago: Verhaltene Geschwindigkeit. Die Zukunft der telematischen Stadt, Berlin 2002

Landesverteidigungsakademie Wien: Militärstrategisches Umwelt- und Konfliktbild (Synopse), Wien 1992

Lang, Josef: Die Seele der Nation. Die Bedeutung einer Schweiz ohne Armee, Frankfurt/M 1989

Langenbach, Jürgen: Über Krieg, Wien 1983

Langbein, Hermann: Menschen in Auschwitz, Wien/München 1995

Lasky, Melvin J. (Hg.): Die ungarische Revolution. Geschichte des Oktober-Aufstands nach Dokumenten, Meldungen, Augenzeugenberichten und dem Echo der Weltöffentlichkeit – ein Weissbuch, Berlin-Dahlem 1958

Latude, Henri Masers de: Fünfunddreissig Jahre im Kerker, Leipzig 1978

Latzel, Klaus: Deutsche Soldaten – nationalsozialistischer Krieg? Kriegserlebnis – Kriegserfahrung 1939-1945, Paderborn 1998

Latzko, Andreas: Menschen im Krieg, Zürich 1917

Laure (Colette Peignot): Schriften, München 1982

Lavarini, Bernhard: Vaincre sans tuer. Du silex aux armes non létales, Paris 1997

Lebert, Hans: Der Feuerkreis, Wien 1992

– Die Wolfshaut, Wien 1991

Ledig, Gert: Vergeltung, Frankfurt/M 2000

– Stalinorgel, Frankfurt/M 2000

Lehmann, Oliver: Die letzte Chance. Heide Schmidt und der Liberalismus in Österreich, Wien 1999

Leisi, Ernst: Freispruch für die Schweiz. Erinnerungen und Dokumente entlasten die Kriegsgeneration, Frauenfeld 1997

Leitner, Gerald (Hg.): Was wird das Ausland dazu sagen? Literatur und Republik in Österreich nach 1945, Wien 1995

Leitsch, Walter/Trawkowski, Stanislaw/Kriegeisen, Wojciech (Hg.): Polen und Österreich im 18. Jahrhundert, Warszawa 2000

Lellouche, Pierre: Légitime défence. Vers une Europe en sécurité au XXIème siècle, Paris 1996

Lernet-Holenia, Alexander: Beide Sizilien, Berlin 1942

– Ein Traum in Rot, Berlin 1939

– Die Standarte, Wien 1996

– Mars im Widder, Wien 1997

– Die Lust an der Ungleichzeitigkeit, Wien 1997

– Der Baron Bagge. Novelle, Wien 1998

Leser, Norbert: Zwischen Reformismus und Bolschewismus. Der Austromarxismus als Theorie und Praxis, Wien 1968

Leube, Kurt R. (Hg.): Die Österreichische Schule der Nationalökonomie. Texte des IIAE – Internationales Institut ›Österreichische Schule der Nationalökonomie‹, Wien 1995

Ley, Robert: Wir alle helfen dem Führer. Deutschland braucht jeden Deutschen, München 1939

Liebknecht, Karl: Gesammelte Reden und Schriften, Berlin 1963

Lifton, Robert Jay: Der Verlust des Todes. Über die Sterblichkeit des Menschen und die Fortdauer des Lebens, München 1986

Lightbody, Andy: The Terrorism Survival Guide. 101 tips on how not to become a victim, USA 1987

Limbach, Jutta: Die Demokratie und ihre Bürger. Aufbruch zu einer neuen politischen Kultur, München 2003

Lind, August R.: Sardinenöl gegen Wodka. Erinnerungen eines Schweizer Diplomaten, Freiburg 1998

Lind, Michael: Vietnam – The Necessary War. A Reinterpretation of America's Most Disastrous Military Conflict, New York 1999

Lindquist, Sven: Durch das Herz der Finsternis. Ein Afrika-Reisender auf den Spuren des europäischen Völkermordes, Frankfurt/M 1999

Linke, Karl: Gesellschaft, Staat und Kultur in ihren Wechselbeziehungen, Wien 1929

Lodgman von Auen, Rudolf: Die Autonomie und ihre Bedeutung für Österreich-Ungarn, Prag 1918

Loest, Erich: Die Mäuse des Dr. Ley. Satirischer Roman, Olten 1984

Loewy, Ernst (Hg.): Exil. Literarische und politische Texte aus dem deutschen Exil 1933-1945, Frankfurt/M 1981

Lomer, Georg: Mars ohne Maske. Der Krieg als Krankheit und Sexualrausch, Hannover 1954

Longerich, Peter: Politik der Vernichtung. Eine Gesamtdarstellung der nationalsozialistischen Judenverfolgung, München 1998

Löser, Jochen/Schilling, Ulrike: Neutralität für Mitteleuropa. Das Ende der Blöcke, München 1984

Lucas, Robert: Die Briefe des Gefreiten Hirnschall. BBC-Radio-Satiren 1940-1945, Wien 1994

Ludendorff, Erich: Der totale Krieg, München 1937

Ludwig, Andrea: Neue oder deutsche Linke? Nation und Nationalismus im Denken von Linken und Grünen, Opladen 1995

Lussu, Emilio: Theorie des Aufstandes, Wien 1969

– Ein Jahr auf der Hochebene, Wien/Zürich 1992

Lustiger, Arno: Schalom Libertad! Juden im Spanischen Bürgerkrieg, Köln 1991

Lüth, Erich: Abkehr vom Militarismus. Die Leitartikel des Gefreiten von Ghedi, Hamburg 1946

Lütkehaus, Ludger: Philosophieren nach Hiroshima. Über Günther Anders, Frankfurt/M 1992

Luttwak, Edward: Strategie. Die Logik von Krieg und Frieden, Lüneburg 2003

Lutz, Dieter S.: Neutralität – Eine Alternative? Zur Militär- und Sicherheitspolitik neutraler Staaten in Europa, Baden-Baden 1982

Lyon, Peter: Neutralism. Lectures in Politics, Leicester 1963

M

MacArthur, John R.: Die Schlacht der Lügen. Wie die USA den Golfkrieg verkauften, München 1993

Machiavelli, Niccolo: Der Fürst, Stuttgart 1978

Mack, Lorenz (Hg.): Dichtung aus Kärnten, Wien 1992

Madariaga, Salvador de: Porträt Europas, Stuttgart 1955

Mahrer, Louis: Bora. Erzählung, Krems 1947

Mader, Hubert: Duellwesen und altösterreichisches Offiziersethos, Osnabrück 1983

Magris, Claudio: Utopie und Entzauberung. Geschichten, Hoffungen und Illusionen der Moderne. München 2002

Mainländer, Philipp: Schriften, Hildesheim 1996

Malaparte, Curzio: Der Staatsstreich, Leipzig/Wien 1932

– Die Haut, Karlsruhe 1950

– KAPUTT, Karlsruhe 1961

Maleta, Alfred: Der Sozialist im Dollfuss-Österreich, Linz 1936

– Bewältigte Vergangenheit. Österreich 1932-1945, Graz 1981

Mann, Klaus. Der Wendepunkt. Ein Lebensbericht, Frankfurt/Hamburg 1963

Manoschek, Walter/Anderl, Gabriele: Gescheiterte Flucht. Der jüdische Kladovo-Transport auf dem Weg nach Palästina 1939-42, Wien 1993

Márai, Sándor: Die Glut, München 1999

Marat, Jean Paul: Die Ketten der Sklaverei, Giessen 1975

Marcuse, Herbert: Kultur und Gesellschaft 2, Frankfurt 1965

Marokko, Hassan II. von: Erinnerungen eines Königs, Berlin 1996

Marquart, Odo: Schwierigkeiten mit der Geschichtsphilosophie, Frankfurt/M 1982

Marr-Bieger, Lore: Slowenien, Istrien, Göttingen 1995

Maruyama, Masao: Denken in Japan, Frankfurt/M 1988

Mattick, Paul: Spontaneität und Organisation. Vier Versuche über praktische und theoretische Probleme der Arbeiterbewegung, Frankfurt/M 1975

Matzenberger, Stefan: Pazifismus im Atomzeitalter. Kriegsverhinderung durch Friedensaktivität, Wien 1979

Mauthner, Fritz: Wörterbuch der Philosophie. Neue Beiträge zu einer Kritik der Sprache, Wien/Köln/Weimar 1997

Mayer, Franz Martin: Geschichte Österreichs mit besonderer Rücksicht auf das Culturleben, Wien/Leipzig 1900

McClellan, James E./Dorn, Harold: Werkzeuge und Wissen. Naturwissenschaft und Technik in der Weltgeschichte, Hamburg 2001

McMaster, H.R.: Derelection of Duty. Lyndon Johnson, Robert McNamara, The Joint Chiefs of Staff, an the Lies that led to Vietnam, New York 1997

Mecklenburg, Jens (Hg.): Gladio. Die geheime Terrororganisation der Nato, Berlin 1997

Meinl, Susanne: Nationalsozialisten gegen Hitler. Die nationalrevolutionäre Opposition um Friedrich Wilhelm Heinz, Berlin 2000

Menasse, Robert: Die sozialpartnerschaftliche Ästhetik. Essays zum österreichischen Geist, Wien 1990

– Das Land ohne Eigenschaften. Essays zur österreichischen Identität, Wien 1993

Menke, Christoph: Spiegelungen der Gleichheit, Berlin 2000

Mennecke, Friedrich: Innenansichten eines medizinischen Täters im Nationalsozialismus. Briefe 1935-1947, Hamburg 1987

Merleau-Ponty, Maurice: Humanismus und Terror, Frankfurt/M 1966

– Die Abenteuer der Dialektik, Frankfurt/M 1968

Metzger, Rainer: Der Tod bei der Arbeit. Gewalt der Bilder – Bilder der Gewalt, Wien 2003

Meumann, Markus/Niefanger, Dirk (Hg.): Ein Schauplatz herber Angst, Göttingen 1997

Meuter, Günter/Otten, Henrique Ricardo (Hg.): Der Aufstand gegen den Bürger. Antibürgerliches Denken im 20. Jahrhundert, Würzburg 1999

Meyer, Martin: Ernst Jünger, München/Wien 1990

Meyer, Thomas (Hg.): Fundamentalismus in der modernen Welt. Die Internationale der Unvernunft, Frankfurt/M 1989

Meysels, Lucien O.: Der Austrofaschismus. Das Ende der ersten Republik und ihr letzter Kanzler, Wien/München 1992

Michel, Karl Markus/Spengler, Tilman: Wieder Krieg. Kursbuch 126, Berlin 1996

Michelet, Jules: Geschichte der Französischen Revolution, Bd. 1-10, Wien/Hamburg, 1929/30

Michels, Robert: Zur Soziologie des Parteiwesens in der modernen Demokratie. Untersuchungen über die oligarchischen Tendenzen des Gruppenlebens, Leipzig 1925

Milowidow, A.S./Safronow, B.W. (Hg.): Die marxistisch-leninistische Ästhetik und die Erziehung der Soldaten, Berlin 1979

Mishima, Yukio: Schnee im Frühling, München/Wien 1985

– Unter dem Sturmgott, München/Wien 1986

– Der Tempel der Morgendämmerung, München/Wien 1987

– Die Todesmale des Engels, München/Wien 1988

Mittelstaedt, Peter: Die Sprache der Physik. Aufsätze und Vorträge, Mannheim/Wien/Zürich 1972

Möchel, Kid: Der geheime Krieg der Agenten. Spionagedrehscheibe Wien, Hamburg 1997

Mollat du Jourdin, Michael: Europa und das Meer, München 1993

Mønnesland, Svein: Land ohne Wiederkehr, Ex-Jugoslawien: Die Wurzeln des Krieges, Klagenfurt/Celovec 1997

Mönninger, Michael: Stadtgesellschaft, Frankfurt/M 1999

Morgenstern, Soma: Die Blutsäule. Zeichen und Wunder am Sereth, Lüneburg 1997

Morton, Frederic: Wetterleuchten 1913/1914, Wien 1990

Mühsam, Erich: Brennende Erde. Verse eines Kämpfers, München 1920

– Von Eisner bis Leviné. Die Entstehung der bayrischen Räterepublik, Berlin 1978

Müller, Dieter/Volksmann, Hans-Erich (Hg.): Die Wehrmacht. Mythos und Realität, München 1999

Müller, Jan-Werner: A Dangerous Mind – Carl Schmitt in Post-War European Thought, Yale 2003

Müller-Lyer, F.: Soziologie der Leiden, München 1920

Münkler, Herfried: Machiavelli. Die Begründung des politischen Denkens der Neuzeit aus der Krise der Republik Florenz, Frankfurt/M 1982

– Gewalt und Ordnung. Das Bild des Krieges im politischen Denken, Frankfurt/M 1992

– Über den Krieg. Stationen der Kriegsgeschichte im Spiegel ihrer theoretischen Reflexion, Weilerswist 2002

– Die neuen Kriege, Hamburg 2002

– Der neue Golfkrieg, Reinbek 2003

Murakimi, Haniki: Untergrundkrieg. Der Giftgas-Anschlag von Tokio, Köln 2002

Musashi, Miyamoto: Das Buch der fünf Ringe. Die klassische Anleitung für strategisches Handeln, München 1999

Muschg, Adolf: Wenn Auschwitz in der Schweiz liegt. Fünf Reden eines Schweizers an seine und keine Nation, Frankfurt/M 1997

Museum Moderner Kunst Stiftung Ludwig Wien (Hg.): Aspekte/Positionen. 50 Jahre Kunst aus Mitteleuropa 1949-1999, Wien 1999

– Öffentliche Rituale; Rytualy publiczne. Kunst/Videos aus Polen, Wien 2003

Musil, Robert: Der Mann ohne Eigenschaften, Reinbek 1967

Mussolini/Dollfuss: Geheimer Briefwechsel, Wien 1949

Mutz, Reinhard/Schoch, Bruno/Solm, Friedhelm (Hg:) Friedensgutachten 1998, Münster 1998

Myles, Bruce: Night Witches, Chicago 1990

N

Nahlik, Johann: Abhandlung über das Verbrechen der Desertion nach den in der k.k. österreichischen Armee bestehenden Gesetzen, Herrmannstadt 1844

Naimark, Norman M.: Fires of Hatred. Ethnic Cleanings in Twentieth-Century-Europa, Cambrige 2001

Napoleoni, Loretta: Die Ökonomie des Terrors. Auf den Spuren des Dollars hinter dem Terrorismus, München 2004

Natter, Tobias G. (Hg.): Im Nacken das Sternenmeer. Ludwig Meidner – ein deutscher Expressionist, Wien 2001

Nef, Max : Verschiedene Gestalten der Neutralität, Zürich 1956

Nef, Robert: Politische Grundbegriffe. Auslegeordnung und Positionsbezüge, Zürich 2002

Negri, Antonio/Hardt, Michael: Die Arbeit des Dionysos. Materialistische Staatskritik in der Postmoderne, Berlin 1997

– /Lazzarato, Maurizio/Virno, Paolo: Umherschweifende Produzenten. Immaterielle Arbeit und Subversion, Berlin 1998

Negt, Oskar/Kluge, Alexander: Geschichte und Eigensinn, Frankfurt/M 1981

Neuhauser, Johannes/Pfaffenwimmer, Michaela: Hartheim – Wohin unbekannt, Weitra 1993

Neumayr von Ramsla, Johann Wilhelm: Von der Neutralitet Und Assistentz Oder Unpartheyligkeit und Partheyligkeit in KriegsZeiten sonderbarer Tractat oder Handlung, Jena 1625

Neutrale Komitees und Gelehrte über die Kriegsschuld (Comité Neutre de Norvège pour l'Investigation de la Responsabilité de la Guerre.– Hg.): Antworten auf zwei Fragen des Senators Robert L. Owen, Oslo 1927

Nicklas, Hans/Ostermann, Änne: Zur Friedensfähigkeit erziehen. Soziales und politisches Lernen als Unterrichtsthema, München 1976

Niekisch, Ernst: Das Reich der niederen Dämonen, Hamburg 1953

Nitzschke, Bernd: Die Zerstörung der Sinnlichkeit, München 1974

Noack, Ulrich (Hg.): Die Nauheimer Protokolle. Diskussion über die Neutralisierung Deutschlands, Würzburg 1950

Noever, Peter: Out of Actions. Aktionismus, Body Art & Performance 1949-1979, Ostfildern 1998

Nostitz, Oswalt von: Georges Bernanos. Leben und Werk, Speyer 1951

Novick, Peter: The Holocaust in American Life, Boston/New York 1999

Nürnberger Urteil, Düsseldorf 1946

Nuttall, Jeff: Bomb Culture, New York 1968

O

Oberkofler, Gerhard/Rabofsky, Eduard: Studien zur österreichischen Wissenschaft zwischen Krieg und Frieden, Wien 1987

O'Brian, Tim: Geheimnis und Lügen, München 1995

– Was sie trugen, München 1999

O'Connor, Robert: Buffalo Soldiers, New York 1992

Öhlinger, Theo/Mayrzelt, Hans/Kucera, Gustav: Institutionelle Aspekte der österreichischen Integrationspolitik, Wien 1967

O'Nan, Stewart: Sommer der Züge, Reinbek 1999

Ondaatje, Michael: Anils Geist, München 2000

Orhard, Karin (Hg.): Vortizismus. Die erste Avantgarde in England 1914-18, Hannover 1996

Orlowa, Raissa: Als die Glocke verstummte. Alexander Herzens letztes Lebensjahr, Berlin 1988

Ortega y Gasset, José: Der Aufstand der Massen, Hamburg 1956

Orth, Karin: Das System der nationalsozialistischen Konzentrationslager. Eine politische Organisationsgeschichte, Hamburg 1999

– Die Konzentrationslager-SS. Sozialstrukturelle Analysen und biographische Studien, Göttingen 2000

Orwell und die Gegenwart. Katalog zur Ausstellung der Wiener Festwochen im Museum des 20. Jahrhunderts, Wien 1984

Österreichische Akademie der Wissenschaften: 25 Jahre Österreichischer Staatsvertrag. Symposion April 1980 in Moskau, Wien 1981

Österreichische Gesellschaft für Kritische Geographie (Hg.): Auf in die Moderne! Österreich vom Faschismus bis zum EU-Beitritt, Wien 1996

Österreichische Gesellschaft für Zeitgeschichte (Hg.): De Gaulles europäische Grösse. Analysen aus Österreich, Wien/Salzburg 1990

Österreichische Staatsdruckerei: Rot-Weiss-Rot-Buch. Gerechtigkeit für Österreich. Darstellungen, Dokumente und Nachweise zur Vorgeschichte und Geschichte der Okkupation Österreichs nach amtlichen Quellen, Wien 1946

Österreichischer Bundesverlag (Hg.): Unser Österreich. 1945/1955, Wien 1955

Österreichisches Institut für Friedensforschung und Friedenserziehung: dialog. Beiträge zur Friedensforschung, Stadtschlaining 1983f

Österreichisches Statistisches Zentralamt: Republik Österreich 1945-1995, Wien 1995

Österreichisches Studienzentrum für Frieden und Konfliktlösung (Hg.): Österreich, Europa und die Zukunft der Vergangenheit, Münster 1997

Otto, Maria [M. A. C.]: Der Anfang. Eine philosophische Meditation über die Möglichkeit des Wirklichen, Freiburg/München 1975

– Das Dritte. Ein Phänomen der Logik, Freiburg/München 2003

P

Palaver, Wolfgang: René Girads mimetische Theorie. Im Kontext kulturtheoretischer und gesellschaftspolitischer Fragen, Münster 2003

Palme, Richard E.: A.O.K., Ein Roman der Etappe, Wien 1931

Panzenböck, Ernst: Ein deutscher Traum. Die Anschlussidee und Anschlusspolitik bei Karl Renner und Otto Bauer, Wien 1985

Papcke, Sven: Progressive Gewalt. Studien zum sozialen Widerstandsrecht, Frankfurt/M 1973

Pareto, Vilfredo: System der allgemeinen Soziologie, Stuttgart 1962

– Der Tugendmythos und die unmoralische Literatur, Neuwied/Berlin 1968

Parker, Geoffrey: Die militärische Revolution. Die Kriegskunst und der Aufstieg des Westens 1500-1800, Frankfurt/M 1990

Pasolini, Pier Paolo: Lutherbriefe, Wien/Berlin 1983
– Wer ich bin, Berlin 1995
Pastor, Hans: Der Schiesslehrer. Anleitung für den Schiessunterricht mit dem Kleinkaliber-Gewehr, Berlin 1935
Patočka, Jan: Ketzerische Essais zur Philosophie der Geschichte und ergänzende Schriften, Wien 1984
Patton, George: Krieg, wie ich ihn erlebte, Bern 1950
Patzer, Franz: Der Wiener Gemeinderat 1918-1934. Ein Beitrag zur Geschichte der Stadt Wien und ihrer Volksvertretung, Wien 1961
Payr, Heinrich: Die schwierige Kunst der Neutralität, Wien/Köln 1990
Pelinka, Anton: Dynamische Demokratie. Zur konkreten Utopie gesellschaftlicher Gleichheit, Stuttgart 1974
– /Steininger, Rolf (Hg.): Österreich und die Sieger, Wien 1986
Pelikan, Christine: Swastika und Sauwastika 1982-1989, Wien 1989
Pellico, Silvio: Meine Gefängnisse, Gauting 2002
Percy, Walker: Liebe in Ruinen, Frankfurt/M 1974
Perz, Bertrand: Projekt Quarz. Steyr-Daimler-Puch und das Konzentrationslager Melk, Wien 1991
Pestalozzi, Hans A. (Hg.): Rettet die Schweiz – schafft die Armee ab!, Bern 1989
Petersen, Jens: Hitler – Mussolini. Die Entstehung der Achse Berlin/Rom 1933-1936, Tübingen 1973
– /Schieder, Wolfgang (Hg.): Faschismus und Gesellschaft in Italien. Wirtschaft, Kultur, Köln 1998
Pethö, Albert: Agenten für den Doppeladler. Österreich-Ungarns Geheimer Dienst im Weltkrieg, Graz 1999
Petropoulos, Jonathan: Kunstraub und Sammlerwahn. Kunst und Politik im Dritten Reich, Berlin 1999
Pfabigan, Alfred: Die Enttäuschung der Moderne, Wien 2000
Pfaff, William: Die Furien des Nationalismus. Politik und Kultur am Ende des 20. Jahrhunderts, Frankfurt/M 1994
Pfaller, Robert: Die Illusionen der anderen. Über das Lustprinzip in der Kultur, Frankfurt/M 2002
Pfeifer, Karl: Nicht immer ganz bequem, Wien 1996
Picabia, Francis: Schriften in zwei Bänden, Hamburg 1981
Pichot, André: Die Geburt der Wissenschaft. Von den Babyloniern zu den frühen Griechen, Frankfurt/M 1995
Pietrow-Ennker, Bianka (Hg.): Präventivkrieg? Der deutsche Angriff auf die Sowjetunion, Frankfurt/M 2000
Pilz, Peter: Eskorte nach Teheran. Der österreichische Rechtsstaat und die Kurdenmorde, Wien 1997
Pircher, Wolfgang (Hg.): Theatro Machinarum, Wien 1980f
– (Hg.): Début eines Jahrhunderts. Essays zur Wiener Moderne, Wien 1985

Piroschkow, Vera: Alexander Herzen. Der Zusammenbruch einer Utopie, München 1961

Plagge, Hermann: Eine Auswahl. Aus dem Nachlass herausgegeben von Peter Salomon, Eggingen 1992

Plaschka, Georg R./Haselsteiner, Horst/Suppan, Arnold: Innere Front. Militärassistenz, Widerstand und Umsturz in der Donaumonarchie 1918, Wien 1974

Plaschka, Richard G.: Avantgarde des Widerstands. Modellfälle militärischer Auflehnung im 19. und 20. Jahrhundert, Wien 2000

– Avantgarde des Widerstands, Wien 2000

– /Stourzh, Gerald/Niederkorn, Jan Paul (Hg.): Was heisst Österreich? Inhalt und Umfang des Österreichbegriffs vom 10. Jahrhundert bis heute, Wien 1996

Platon: Der Staat, Ausgabe in zwei Bänden, Zürich 1950

Plessner, Helmuth: Grenzen der Gemeinschaft. Eine Kritik des sozialen Radikalismus, Frankfurt/M 2002

Politische Hauptverwaltung der Nationalen Volksarmee der Deutschen Demokratischen Republik (Hg.): Vom Sinn des Soldatseins. Ein Ratgeber für den Soldaten, Leipzig 1969

Popovici, Aurel C.: Das Recht der Nationalitäten und Sprachen in Österreich-Ungarn, Innsbruck 1879

Popper-Lynkeus, Josef: Krieg, Wehrpflicht und Staatsverfassung, Wien/Berlin/Leipzig/München 1921

– Friedensvorschläge, Schiedsgerichte, Völkerbund. Wien/Leipzig 1917

Portis, Larry: Sorel zur Einführung, Hannover 1983

Possony, Stefan T.: Die Wehrwirtschaft des totalen Krieg, Wien 1938

– Strategie des Friedens. Sicherheit und Fortschritt im Atomzeitalter, Köln 1964

– Zur Bewältigung der Kriegsschuldfrage. Völkerrecht und Strategie bei der Auslösung zweier Weltkriege, Köln/Opladen 1968

Potter, Bob: Vietnam Superstar. Sieg für wen? Berlin 1975

Pound, Ezra: Die Pisaner Gesänge. Vollständige Ausgabe, Zürich 1956

Preobrashenskij, E.: Die sozialistische Alternative, Berlin 1974

Preuss, Ulrich K.: Krieg, Verbrechen, Blasphemie. Gedanken aus dem alten Europa, Berlin 2003

Priester, Eva: Kurze Geschichte Österreichs, Wien 1946

Prodi, Paolo: Eine Geschichte der Gerechtigkeit. Vom Recht Gottes zum modernen Rechtsstaat, München 2003

Psilakis, Nikos: Klöster und Zeugnisse Byzantinischer Zeit auf Kreta, Heraklion 1994

R

Rabofsky, Eduard/Oberkofler, Gerhard: Verborgene Wurzeln der NS-Justiz, Strafrechtliche Rüstung für zwei Weltkreige, Wien 1985

Radnóti, Miklós: Offenen Haars fliegt der Frühling. Tagebücher, Gedichte, Fotos, Dokumente, Enger 1993

Raico, Ralph: Die Partei der Freiheit. Studien zur Geschichte des deutschen Liberalismus, Stuttgart 2000

Rambaud, Patrick: Die Schlacht, Frankfurt/M 2002

Rancière, Jacques: Die Namen der Geschichte. Versuch einer Poetik des Wissens, Frankfurt/M 1994

Randa, Alexander: Österreich in Übersee, Wien/München 1966

Rank, Otto: Die Don Juan-Gestalt, Leipzig/Wien, Zürich 1924

Ransmayr, Christoph: Morbus Kitahara, Frankfurt/M 1995

Rätsch-Langejürgen, Birgit: Das Prinzip Widerstand. Leben und Wirken von Ernst Niekisch, Bonn 1997

Rawls, John: Das Recht der Völker, Berlin 2002

– Gerechtigkeit als Fairness. Ein Neuentwurf, Frankfurt/M 2003

Rauch, Josef: Erinnerungen eines Offiziers aus Altösterreich, München 1918

Rauchensteiner, Manfred: Krieg in Österreich 1945. Schriften des Heeresgeschichtlichen Museums in Wien, Wien 1970

Reagan, Geoffrey: Militärische Blindgänger und ihre grössten Schlachten, Hamburg 1997

Reder, Christian: Forschende Denkweisen. Essays zu künstlerischem Arbeiten, Wien/New York 2004

Reemtsma, Jan Philipp: Warum Hagen Jung-Ortlieb erschlug. Unzeitgemässes über Krieg und Tod, München 2003

Rees, Laurence: War of the Century. When Hitler Fought Stalin, London 1999

Regele, Oskar: Gericht über Habsburgs Wehrmacht. Letzte Siege und Untergang unter dem Armee-Oberkommando Kaiser Karls I. – Generaloberst Arz von Straussenburg, Wien/München 1968

Reibert, W.: Der Dienstunterricht im Heere. Ausgabe für den Schützen der Schützenkompagnie, Berlin 1939

Reich, Wilhelm: Massenpsychologie des Faschismus, Kopenhagen 1934

Reichardt, Sven: Faschistische Kampfbünde. Gewalt und Gemeinschaft im italienischen Squadrismus und in der deutschen SA, Köln 2002

Reichelt, Helmut (Hg.): Texte zur materialistischen Geschichtsauffassung von L. Feuerbach, K. Marx, F. Engels, Frankfurt/Berlin/Wien 1975

Reichensperger (Geldern): Polen-Frage. Ein offenes Sendschreiben von einem katholischen Priester polnischer Nationalität, Hamburg 1863

Reichensperger, Richard (Hg.): Vorfreude Wien. Literarische Warnungen 1945-1995, Frankfurt/M 1995

Reichhold, Ludwig: Der Kampf um Österreich. Die Vaterländische Front und ihr Widerstand gegen den Anschluss 1933-1938, Wien 1985

Reick, Theodor: Arthur Schnitzler als Psycholog, Frankfurt/M 1993

Reimann, Bruno W./Hassel, Renate: Ein Ernst-Jünger-Brevier. Jüngers politische Publizistik 1920 bis 1923, Marburg 1995

Reinhardstein, Joachim: Feuerbrand in Kärnten. Der Heldenkampf eines Volkes, Berlin 1937

Reismann-Grone, Th.: Der Erdenkrieg und die Alldeutschen, Essen o.J.

Reiss, R.-A.: Los procedimientos de Guerra de los Austro-Húngaros en Servia. Observaciones directas de un neutral, Paris 1915

Remarque, Erich Maria: Im Westen nichts Neues. Berlin 1928

Renner, Karl/Seitz, Karl: Krieg und Absolutismus, Friede und Recht. Zwei Parlamentsreden, Wien 1917

Reschauer, Heinrich/Smets, Moritz: Das Jahr 1848. Geschichte der Wiener Revolution, Wien 1872

Reventlow, Graf E.: Die Neutralität der USA. Gesammelte Aufsätze aus den Jahren 1914-18, Berlin o.J.

Revers, Emery: Die Anatomie des Friedens, Zürich/Wien/New York 1947

Rey, Pierre-Louis: Marcel Proust. Eine Bildbiographie, München 1990

Richter, Franz/Roček: Österreich im Spiegel des Essays. Das XX. Jahrhundert, Horn 1978

Riemer, Viktor/Kolba, Peter/Steyrer, Peter: Weissbuch Landesverteidigung. Kritik der militärischen Sicherheitspolitik in Österreich, Wien 1987

Riemerschmid, Werner: Österreich im Gedicht, Wien 1948

Riess, Carl: Ascona. Geschichte des seltsamsten Dorfes der Welt, Stuttgart/Hamburg 1964

Riffkin, Jeremy: Die H^2-Revolution. Mit neuer Energie für eine gerechtere Weltwirtschaft, Frankfurt/New York 2002

Roda Roda: Roda Roda erzählt, Wien/Darmstadt 1990

Rogy, Viktor: I love you – Privatfilm. Werkbuch, Wien 1998

Roither, Erich: Die plurale Neutralität. Der Staatenbund, der kommen muss, Graz 1975

Ronge, Max: Krieg- und Industriespionage. Zwölf Jahre Kundschaftsdienst, Wien 1930

Rosanow, Wassili: Abgefallene Blätter. Prosa, Frankfurt/M 1996

Rosenberg, Alfred: Der Mythus des 20. Jahrhunderts. Die Wertung der seelischgeistigen Gestaltenkämpfe unserer Zeit, München 1934

Rosenberger, Bernhard: Zeitungen als Kriegstreiber? Die Rolle der Presse im Vorfeld des Ersten Weltkriegs, Köln 1998

Rosenkranz-Sühnekreuzzug um den Frieden der Welt (Hg.): Wie es zur Freiheit Österreichs kam, Wien 1995

Rosenstock-Huessy, Eugen: Soziologie in zwei Bänden. Die Übermacht der Räume, Die Vollzahl der Zeiten, Stuttgart 1956/58

– Ja und Nein. Autobiographische Fragmente, Heidelberg 1968

- Friedensbedingungen der planetarischen Gesellschaft. Zur Ökonomie der Zeit, Münster 2001

Rosenstrauch-Königsberg, Edith (Hg.): Literatur der Aufklärung 1765-1800, Wien/Köln/Graz 1988

Roszak, Theodore: Gegenkultur. Gedanken über die technokratische Gesellschaft und die Opposition der Jugend, Wien 1971

Roth, Joseph: Radetzkymarsch. Roman, Frankfurt/Wien/Zürich 1963

- Der stumme Prophet, Köln 1995

Röttgen, Herbert/Rabe, Florian: Vulkantänze. Linke und alternative Ausgänge, München 1978

Rude, George: Die Volksmassen in der Geschichte. England und Frankreich 1730-1848, Frankfurt/M, New York 1977

Ruef, Karl (Hg.): Der Dienst im Bundesheer, Wien 1976

Rufin, Jean-Christoph: Das Reich und die neuen Barbaren, Berlin 1993

- Die Diktatur des Liberalismus, Hamburg 1994

Rüsen, Jörn: Zerbrechende Zeit. Über den Sinn der Geschichte, Köln 2001

Russell, Bertrand: Wege zur Freiheit. Sozialismus, Anarchismus, Syndikalismus, Frankfurt/M 1977

S

Saavedra, Eduardo: España neutral y libre. La Guerra actual, Asalto o.J.

Sacher-Masoch, Leopold von: Souvenirs. Autobiographische Prosa, München 1985

Said, Edward W.: Götter, die keine sind. Der Ort des Intellektuellen, Berlin 1997

Sandgruber, Roman: Ökonomie und Politik. Österreichische Wirtschaftsgeschichte vom Mittelalter bis zur Gegenwart, Wien 1995

Sarasin, Phillipp: Geschichtswissenschaft und Diskursanalyse, Frankfurt 2003

- Antrax. Bioterror als Phantasma, Frankfurt 2004

Sartre, Jean-Paul: Kritik der dialektischen Vernunft. Theorie der gesellschaftlichen Praxis, Reinbek 1967

Saud, Edward W.: Kultur und Imperialismus Einbildungskraft und Politik im Zeitalter der Macht. Frankfurt/M 1994

Sauerland, Karol: Dreissig Silberlinge. Denunziation – Gegenwart und Geschichte, Berlin 2000

Saunders, Frances Stonor: Who paid the Piper? The CIA and the Cultural Cold War, London 1999

Schaber, Will/Fabian, Walter: Leitartikel bewegen die Welt, Stuttgart 1964

Schachinger, Werner: Die Bosniaken kommen! Elitetruppe in der k.u.k. Armee, 1879-1918, Graz/Stuttgart 1989

Schalk, Heinrich: 250 Jahre militärtechnische Ausbildung in Österreich. Gedenkschrift zur 250-Jahr-Feier der Gründung der k.k. Ingenierakademie in Wien und des zehnjährigen Bestandes der Heeeresfachschule für Technik, Wien 1967

Scharang, Michael: Das Wunder Österreich oder Wie es in einem Land immer besser und dabei immer schlechter wird, Wien 1989

Schärf, Adolf: Österreichs Erneuerung 1945-1955. Das erste Jahrzent der Zweiten Republik, Wien 1955

Scharf, Erwin: Ich darf nicht schweigen. Drei Jahre Politik des Parteivorstandes der SPÖ – von innen gesehen, Wien o.J.

Schausberger, Norbert: Der Griff nach Österreich. Der Anschluss, Wien/München 1978

Scheerer, Sebastian: Die Zukunft des Terrorismus, Lüneburg 2002

Schefbeck, Günther: 80 Jahre Bundesverfassung, Wien 2000

Schelsky, Helmut: Auf der Suche nach Wirklichkeit, Düsseldorf/Köln 1963

Scherb, Margit/Morawetz, Inge (Hg.): Der un-heimlische Anschluss. Österreich und die EG, Wien 1988

Scherer, Anton: Die Deutschen und die Österreicher aus der Sicht der Serben und Kroaten, Graz 1992

Schernikau, Ronald M.: legende, Dresden 1999

Schickel, Joachim (Hg.): Guerilleros, Partisanen. Theorie und Praxis, München 1970
– Gespräche mit Carl Schmitt, Berlin 1993

Simmel, George: Fragmente und Aufsätze aus dem Nachlass und Veröffentlichungen der letzten Jahre, München 1923

Schievelbusch, Wolfgang: Die Kultur der Niederlage. Der amerikanische Süden 1865 – Frankreich 1871 – Deutschland 1918, Berlin 2001

Schildt, Axel: Konservatismus in Deutschland. Von den Anfängen im 18. Jahrhundert bis zur Gegenwart, München 1998

Schilling, René: Kriegshelden. Deutungsmuster heroischer Männlichkeit in Deutschland 1813-1945, Paderborn 2002

Schimmer, Gustav Adolf: Biotik in der k.k. österreichischen Armee im Frieden, Wien 1863

Schlemlein, Adolf v.: Carl Vaugoin. Zehn Jahre Bundesheer 1921-1931, Wien 1932

Schlothauer, Andreas: Die Diktatur der freien Sexualität. AAO, Mühl-Kommune, Friedrichshof, Wien 1992

Schmale, Wolfgang: Geschichte der Männlichkeit in Europa. 1450-2000, Wien 2003

Schmeiser, Leopold: Vom Frieden. Texte aus drei Jahrtausenden europäischer Geistesgeschichte, Münster 2000

Schmidl, Erwin A.: März 38. Der deutsche Einmarsch in Österreich, Wien 1987
– Juden in der k.(u.) k. Armee 1788-1918, Jews in the Habsburg Armed Forces, Studia Judaica Austriaca XI, Eisenstadt 1989

Schmidt, Alfred: Geschichte und Struktur. Fragen einer marxistischen Historik, München 1972

Schmidt, Arno: Aus dem Leben eines Fauns. Kurzroman, Frankfurt/M 1973
– Aus julianischen Tagen, Frankfurt/M 1975
Schmidt, Georg: Geschichte des Alten Reiches. Staat und Nation in der frühen Neuzeit 1495-1806, München 1999
Schmidt, Helga/Czeike, Felix: Franz Schumeier. Wien 1964
Schmitt Carl: Der Begriff des Politischen. Mit einer Rede über das Zeitalter der Neutralisierung und Entpolitisierungen, München/Leipzig 1932
– Wissenschaftliche Abhandlungen und Reden zur Philosophie, Politik und Geistesgeschichte, Berlin 1961
– Die Wendung zum diskriminierenden Kriegsbegriff, Berlin 1988
– Das politische Problem der Friedenssicherung, Wien/Leipzig 1993
– Tagebücher. Oktober 1912-15, Berlin 2003
Schmoeckel, Reinhard: Stärker als Waffen, Düsseldorf 1957
Schmölzer, Hilde: Der Krieg ist männlich. Ist der Friede weiblich?, Wien 1996
Schneider, Richard Chaim: Fetisch Holocaust. Die Judenvernichtung – verdrängt und vermarktet, München 1997
Schnellerer, Karl: Gesänge um den Tod, das Leben und die Liebe, Wien/Eisenstadt 1983
Schnitzler, Arthur: Aphorismen und Betrachtungen, Frankfurt/M 1967
Schöffel, Joseph: Erinnerungen aus meinem Leben, Wien 1905
Scholtyseck, Joachim: Robert Busch und der liberale Widerstand gegen Hitler 1933-1945, München 1999
Schorschil, Johann: Geschichte des Entstehens, des Wachsthums und der Grösse der österreichischen Monarchie, Leizig 1845
Schorske, Carl E.: Wien – Geist und Gesellschaft des Fin de siècle, München 1994
Schubert, Kurt (Hg.): Das Judentum im Revolutionsjahr 1848, Studia Judaica Austriaca, Bd. I, Wien/München 1974
– (Hg.): Die Österreichischen Hofjuden und ihre Zeit, Studia Judaica Austriaca, Bd. XII, Eisenstadt 1991
Schuh, Franz: Liebe, Macht und Heiterkeit. Essays, Klagenfurt 1985
Schuler, Romana/Gawlik, Goschka (Hg.): Der neue Staat. Zwischen Experiment und Repräsentation – Polnische Kunst 1918-39, Wien 2003
Schulmeister, Otto: Offene Briefe an die Österreicher, Wien/München/Zürich 1970
Schuschnigg, Kurt: Dreimal Österreich, Wien 1937
Schulte, Christoph (Hg.): Um Kopf und Krieg. Friedensinitiative Philosophie, Darmstadt/Neuwied 1987
Schuster, Peter-Klaus (Hg.): Das XX. Jahrhundert. Ein Jahrhundert Kunst in Deutschland, Berlin 1999
Schwarcz, Ernst: Mehr Sicherheit ohne Waffen II. Die Verteidigung Österreichs durch gewaltlosen Widerstand, Wien 1976

Schwarz, Klaus-Dieter: Weltmacht USA. Zum Verhältnis von Macht und Strategie nach dem kalten Krieg, Baden-Baden 1999

Schwilk, Heimo (Hg.): Das Echo der Bilder. Ernst Jünger zu Ehren, Stuttgart 1990

Seel, Martin: Sich bestimmen lassen. Studien zur theoretischen und praktischen Philosophie, Frankfurt/M 2002

Seelmann, Kurt (Hg.): Kommunitarismus versus Liberalismus, Stuttgart 2000

Seewann, Gerhard (Hg.): Minderheiten als Konfliktpotential in Ostmittel- und Südosteuropa, München 1995

Seidel, Alfred: Bewusstsein als Verhängnis. Fragmente über die Beziehungen von Weltanschauung und Charakter oder über Wesen und Wandel der Ideologien, o. O. 1927

Seidler, Franz W.: Fritz Todt – Baumeister des Dritten Reiches, München 1987

– Fahnenflucht. Der Soldat zwischen Eid und Gewissen, München 1993

– Die Kollaboration 1939-1945, München/Berlin 1995

Seitter, Walter: Helmut Newton. Körperanalysen, Wien 1993

– Physik der Medien. Materalien, Apparate, Präsentierungen, Weimar 2002

– Multiple Existenzen. El Greco, Kaiserin Elisabeth, Pierre Klossowski, Wien 2003

Seliger, Maren/Ucakar, Karl: Wahlrecht und Wählerverhalten in Wien 1848-1932. Privilegien, Partizipationsdruck und Sozialstruktur, Wien 1984

Senger, Harro von: Strategeme – Anleitung zum Überleben. Chinesische Weisheit aus drei Jahrtausenden, Bern/München/Wien 1996

– (Hg.): Die List, Frankfurt/M 1999

Senghaas, Dieter: Abschreckung und Frieden. Studien zur Kritik organisierter Friedlosigkeit, Frankfurt 1981

– (Hg.): Imperialismus und strukturelle Gewalt. Analysen über abhängige Reproduktion, Frankfurt/M 1976

– (Hg.): Kritische Friedensforschung, Frankfurt/M 1979

Senghaas-Knobloch, Eva: Konfliktforschung konkret. Ein Bericht der Berghof Stiftung, München 1979

Servier, Jean: Der Traum von der grossen Harmonie. Eine Geschichte der Utopie, München 1971

Shepherd, Gordon: Die österreichische Odyssee, Wien 1958

– Engelbert Dollfuss, Graz/Wien/Köln 1961

Shirer, William L.: Aufstieg und Fall des Dritten Reichs, Bd.I, München/Zürich 1963

Shultz, Richard H.: The Secret War Against Hanoi. Kennedy's and Johnson's Use of Spies, Saboteurs and Covert Warriors in North Vietnam, New York 1997

Sieghart, Rudolf: Die letzten Jahrzehnte einer Grossmacht. Menschen, Völker, Probleme des Habsburger-Reichs, Berlin 1932

Siegler, Heinrich: Österreichs Weg zur Souveränität, Neutralität, Prosperität 1945-59, Bonn/Wien/Zürich 1959

Sieveking, Evakatrin: Die Quäker und ihre sozialpolitische Wirksamkeit, Bad Pyrmont 1948

Sigaud, Dominique: Annahmen über die Wüste, Berlin 1997

Simmel, Georg: Fragmente und Aufsätze. Aus dem Nachlass und Veröffentlichungen der letzten Jahre, München 1923

– Der Krieg und die geistige Entscheidung. Gesamtausgabe, Bd. 16, Frankfurt/M 1999

Simon, Joseph/Winkler, Ernst: Wir sind der Staat. Eine österreichische Staatsbürgerkunde für Jedermann, Wien 1960

Situationistische Internationale: Gesammelte Ausgaben des Organs der SI, Berlin 1976

Sked, Alan: Der Fall des Hauses Habsburg. Der unzeitige Tod eines Kaiserreichs, Berlin 1993

Skràtce, Jan: Das dreizehnte schwarze Pferd, Klagenfurt/Salzburg 1995

Slauerhoff, Jan Jakob: Das verbotene Reich, Stuttgart 1986

Smelser, Ronald/Syring, Enrico (Hg.): Die Militärelite des Dritten Reiches. 27 biographische Skizzen, Berlin/Frankfurt 1996

Smith, Gary/Margalit, Avishai: Amnestie oder die Politik der Erinnerung in der Demokratie, Frankfurt/M 1997

Smolle, Leo: Kaiser Karl I. – Ein Bild seines Lebens, Wien/Prag 1917

Sofsky, Wolfgang: Traktat über die Gewalt, Frankfurt/M 1996

– Zeiten des Schreckens. Amok, Terror, Krieg, Frankfurt/M 2002

Sombart, Werner: Krieg und Kapitalismus, München 1913

Somé, Malidoma Patrice: Vom Geist Afrikas. Das Leben eines afrikanischen Schamanen, München 1996

Sontheimer, Kurt: Das Elend unserer Intellektuellen. Linke Theorie in der Bundesrepublik Deutschland, Hamburg 1976

Sorel, Georges: Die Auflösung des Marxismus, Hamburg 1978

– Über die Gewalt, Frankfurt/M 1981

Soros, George: Die Vorherrschaft der USA – eine Seifenblase, München 2004

Souchy, Augustin: Vorsicht: Anarchist! Ein Leben für die Freiheit, Darmstadt/Neuwied 1977

Sozialwissenschaftliche Arbeitsgemeinschaft: Wie alt ist die österreichische Neutralität? Rechtsgutachten Nr. 39, Wien 1965

Spannochi, Emil/Brossollet, Guy: Verteidigung ohne Schlacht, München/Wien 1976

Spehr, Christoph: Die Ökofalle. Nachhaltigkeit und Krise, Wien 1996

Speidel, Ludwig: Fanny Elsslers Fuss. Wiener Feuilletons, Wien/Köln 1989

Spender, Stephen: Deutschland in Ruinen. Ein Bericht, Heidelberg 1996

Spiel, Hilde: Welche Welt ist meine Welt?, Erinnerungen 1946-1989, München 1990

– Die Dämonie der Gemütlichkeit. Glossen zur Zeit und andere Prosa, München 1991

Spira, Leopold (Hg.): Attentate, die Österreich erschütterten, Wien 1981

Sporschil, Johann: Geschichte des Entstehens, des Wachsthums und der Grösse der österreichischen Monarchie, Leipzig 1845

Spotts, Frederic: Hitler and the Power of Aesthetics, London 2002

Sprecher, Daniel: Generalstabschef Theophil Sprecher von Bernegg. Eine kritische Biographie, Zürich 2000

Springer, Johann: Statistik des österreichischen Kaiserstaates, Wien 1840

Staatliches Museum Auschwitz-Birkenau: Auschwitz. Nationalsozialistisches Vernichtungslager, Auschwitz-Birkenau 1997

Stadler, Karl R.: Adolf Schärf. Mensch, Politiker, Staatsmann, Wien/München/Zürich 1981

– (Hg.): Sozialistenprozesse. Politische Justiz in Österreich 1870-1936, Wien/München/Zürich 1986

Stadlmeier, Sigmar: Dynamische Interpretation der dauernden Neutralität, Berlin 1990

Stadt Wien: Hoch die Republik. Zur zehnten Wiederkehr des 12. November 1918, Wien/Leipzig 1928

Stagl, Justin: Eine Geschichte der Neugier. Die Kunst des Reisens von 1550-1800, Wien/Köln 2002

Stahel, Albert A.: Klassiker der Strategien – eine Bewertung, Zürich 1996

Stamm, Konrad Walter: Die Guten Dienste der Schweiz. Aktive Neutralitätspolitik zwischen Tradition, Diskussion und Integration, Frankfurt/M 1974

Stanzel, Franz K.: Europäer. Ein imagologischer Essay, Heidelberg 1997

– (Hg.): Europäischer Völkerspiegel. Imagologisch-ethnographische Studien zu den Völkertafeln des frühen 18. Jahrhunderts, Heidelberg 1999

Starhemberg, Ernst Rüdiger: Between Hitler und Mussolini, New York 1942

– Memoiren, Wien/München 1971

Staub, Norbert. Wagnis ohne Welt. Ernst Jüngers Schrift ›Das abenteuerliche Herz‹ und ihr Kontext, Würzburg 2000

Stauffer, Serge (Übs.): Absurdes Theater. Stücke von Ionesco, Arrabal, Tardieu, Ghelderode, Audiberti, Zürich 1966

Steinbacher, Sybille: ›Musterstadt‹ Auschwitz. Germanisierungspolitik und Judenmord in Ostoberschlesien, München 2000

Steinberg, Paul: Chronik aus einer dunklen Welt. Ein Bericht, München 1998

Steiner, Stephan (Hg.): Jean Améry [Hans Maier], Basel/Frankfurt 1996

Steinweg, Reiner (Red.): Die neue Friedensbewegung. Analysen aus der Friedensforschung, Friedensanalysen 16, Frankfurt/M 1982

Stephan, Cora: Das Handwerk des Krieges, Berlin 1998

Stepun, Fedor: Wie war es möglich? Briefe eines russischen Offiziers, München 1929

Stern Verlag (Hg.): Die Kommunisten im Kampf für die Unabhängigkeit Österreichs, Wien 1955

Stern, Norbert: Die Weltpolitik der Weltmode, Deutsche Verlagsanstalt 1915, Der Deutsche Krieg, Hrsg. von Ernst Jäckh, Heft 30/31

Sternhell, Zeev/Sznajder, Mario/Asheri, Maia: Die Entstehung der faschistischen Ideologie. Von Sorel zu Mussolini, Hamburg 1999

Stietencron, Heinrich von/Rüpcke, Jörg (Hg.): Töten im Krieg. Historische Anthropologie, Bd. 6, Freiburg/München 1995

Stifter, Christian: Die Wiederaufrüstung Österreichs. Geheime Remilitarisierung der westlichen Besatzungszonen 1945-1955, Innsbruck/Wien 1996

Stockholm International Peace Research Institute (SIPRI): Rüstung und Abrüstung im Atomzeitalter, Reinbek 1977

Stoiber, Rudolf: Der Spion, der Hitler sein wollte, Wien 1989

Stourzh, Gerald: Geschichte des Staatsvertrages 1945-1955. Österreichs Weg zur Neutralität, Graz/Wien/Köln 1980

– Um Einheit und Freiheit. Staatsvertrag, Neutralität und das Ende der Ost-West-Besetzung Österreichs 1945-1955, Wien 1998

– /Zaar, B. (Hg.): Österreich, Deutschland und die Mächte, Wien 1990

Strauss, Botho: Marlenes Schwester, Zwei Erzählungen, München 1980

Strauss, Leo: Naturrecht und Geschichte, Stuttgart 1956

– Über Tyrannis. Eine Interpretation von Xenophons *Hieron,* Neuwied 1963

– Hobbes' politische Wissenschaft, Neuwied 1965

Streitle, Peter: Die Rolle von Schuschniggs im österreichischen Abwehrkampf gegen den Nationalsozialismus 1934-36, München 1988

Strigl, Egmont: Slowenien entdecken. Unterwegs zwischen Alpen und Adria, Berlin 1995

Strohmeyer, Arno: Theorie der Interaktion. Das europäische Gleichgewicht der Kräfte in der frühen Neuzeit, Wien/Köln/Weimar 1994

Stromberger, Helge: Die Ärzte, die Schwestern, die SS und der Tod. Die Region Kärnten und das produzierte Sterben in der NS- Periode, Klagenfurt 1988

Strutz, Johann (Hg.): Istrien. Europa erlesen, Klagenfurt/Celovec 1997

Studer, Brigitte (Hg.): Etappen des Bundesstaates. Staats- und Nationsbildung der Schweiz 1848-1998, Zürich 1998

Stürmer, Michael: Die Kunst des Gleichgewichts. Europa in einer Welt ohne Mitte. Berlin/München 2001

Suchenwirth, Richard: Maria Theresia. Ein Kaiserleben, Leoni a. St. 1975

Svoljšak, Petra: Die Isonzofront, Ljubeljana 1994

Swedberg, Richard: Joseph A. Schumpeter. Eine Biographie, Stuttgart 1994

Swoboda, Franz: Traurige Helden des Umsturzes in der Adria, Wien o.J.

Szeemann, Harald (Hg.): Monte Verita – Berg der Wahrheit. Lokale Anthropologie als Beitrag zur Wiederentdeckung einer neuzeitlichen sakralen Topographie, Wien 1979

– austria im rosennetz, Ausstellung der Gesellschaft für Österreichische Kunst im MAK, Wien/Zürich 1996

Szpott, Helmut: Das Relationale der irischen Neutralität. Das Spannungsverhältnis von Neutralität und Integration am Beispiel des Beitrittsprozesses Irlands zur EG 1970-72, Diss. Wien 1996

T

Talos E./Neugebauer, Wolfgang (Hg.): Austrofaschismus. Beiträge über Politik, Ökonomie und Kultur 1934-1938, Wien 1985

Taubes, Jacob: Ad Carl Schmitt, Berlin 1987

Tautscher, Anton/Kübler, Ernst: Die Lebensfähigkeit Österreichs, Wien/Graz 1946

Teller, Edward: Energie für das neue Jahrtausend, Frankfurt/Wien 1981

Terkessidis, Mark: Kulturkampf. Volk, Nation, der Westen und die Neue Rechte, Köln 1995

Thelen, Albert Vigoleis: Die Insel des zweiten Gesichts. Aus den angewandten Erinnerungen des Vigoleis, 1953

Theweleit, Klaus: Der Knall. 11. September, das Verschwinden der Realität und ein Kriegsmodell, Frankfurt/M 2002

Thiel, Erika: Geschichte des Kostüms. Die europäische Mode von den Anfängen bis zur Gegenwart, Berlin 1997

Thirring, Hans: Homo Sapiens. Psychologie der menschlichen Beziehungen, Wien 1949

– Mehr Sicherheit ohne Waffen. Denkschrift an das österreichische Volk und seine gewählten Vertreter, Wien 1963

Thomas, Adrienne: Die Katrin wird Soldat. Ein Roman aus Elsass-Lothringen, Berlin 1930

Thoss, Bruno/Volkmann, Hans-Erich (Hg.): Erster Weltkrieg – Zweiter Weltkrieg. Krieg, Kriegserlebnis, Kriegserfahrung in Deutschland, Paderborn 2002

Thudichum, Friedrich: Allerlei für Freund und Feind, Leipzig 1910

Thukydides: Geschichte des Peloponnesischen Krieges, München 1973

Todorov, Tzvetan: Angesichts des Äussersten, München 1993

Todorova, Maria: Die Erfindung des Balkans. Europas bequemes Vorurteil, Darmstadt 1999

Toffler, Alvin u. Heidi: War and Anti-War, London 1994

– Überleben im 21. Jahrhundert, Stuttgart 1994

Tončić-Sorinj, Lujo: Am Abgrund vorbei. Die Überwindung der Katastrophen des 20. Jahrhunderts, Wien 1991

Tönnies, Sybille: Pazifismus passé? Eine Polemik, Berlin 1997

– Cosmopolis Now. Auf dem Weg zum Weltstaat, Hamburg 2002

Topitsch, Ernst: Vom Ursprung und Ende der Metaphysik, München 1972

Torres, Tereska: Frauenkaserne. Roman, Hamburg/Wien 1960

Tragore, Rabindrananth: Nationalismus, Leipzig 1921

Traub, Rainer/Wieser, Harald (Hg.): Gespräche mit Ernst Bloch, Frankfurt/M 1975

Traverso, Enzo: Auschwitz denken. Die Intellektuellen und die Shoah, Hamburg 2000

Trench, Charles Chenevix: Geschichte der Reitkunst, München 1970

Trevisan, Carine: Les fables du deuil. La Grande Guerre: mort et ècriture, Paris 2001

Tröger, Sigrid und Karl Wolfgang (Hg.): Kirchenlexikon. Christliche Kirchen, Freikirchen und Gemeinschaften im Überblick, München 1990

Trotzki, Leo: Die Balkankriege, Essen 1996

Tsunetomo, Yamamoto: Hagakure. Der Weg des Samurei, München 2001

Tuchmann, Barbara W.: Der stolze Turm. Ein Portrait der Welt vor dem Ersten Weltkrieg 1890-1914, Zürich 1969

– August 1914. Der Ausbruch des Ersten Weltkrieges, Bergisch Gladbach 1981

U

Überschär, Gerd R./Besymenski, Lev. A. (Hg.): Der deutsche Angriff auf die Sowjetunion 1941. Die Kontroverse um die Präventivkriegsthese, Darmstadt 1998

– Vogel, Winfried: Dienen und verdienen. Hitlers Geschenke an seine Eliten, Frankfurt 1999

– (Hg.): NS-Verbrechen und der militärische Widerstand gegen Hitler, Darmstadt 2000

Ugrešić, Dubravka: My American Fictionary, Frankfurt/M 1994

Umanago, Miguel de: Frieden im Krieg. Ein Roman aus dem Carlistenaufstand, Berlin 1920

Umlauf-Lamatsch: Hand in Hand ins Friedensland, Wien 1951

Urner, Klaus: Die Schweiz muss noch geschluckt werden, Zürich 1997

V

Vacha, Brigitte (Hg.): Die Habsburger. Eine europäische Familiengeschichte, Graz 1992

Vaché, Jacques: Kriegsbriefe, Hamburg 1979

Vajda, Stephan: Felix Austria. Eine Geschichte Österreichs, Wien 1980

Valentin, Rolf: Die Krankenbataillone. Sonderformationen der deutschen Wehrmacht im Zweiten Weltkrieg, Düsseldorf 1981

Valéry, Paul: Briefe, Wiesbaden 1954

Vaneigem, Raoul: Handbuch der Lebenskunst für die jungen Generationen, Hamburg 1980

Van Gelderen, Martin/Skinner, Quantin (Hg.): Republicanism. A Shared European Heritage, Cambrige 2003

Varnedoe, Kirk: Wien 1900. Kunst, Architektur & Design, Köln 1987

Vat, Dan van der: Der gute Nazi. Albert Speers Leben und Lügen, Berlin 1997

Venske, Henning/Ney, Norbert/Merian, Svende, Unmack, Gerd (Hg.): Lasst mich bloss in Frieden. Ein Lesebuch, Hamburg 1981

Vercors: Das Schweigen des Meeres, Zürich 1999

Verdross, Alfred: Die immerwährende Neutralität Österreichs, Wien 1977

Verhey, Jeffrey: Der ›Geist von 1914‹ und die Erfindung der Volksgemeinschaft, Hamburg 2000

Verlag der SPÖ (Hg.): Brennpunkte. Dokumente zur Geschichte der österreichischen Sozialdemokratie, Wien 1986

Verosta, Stephan: Die dauernde Neutralität. Ein Grundriss, Wien 1967

– Der Bund der Neutralen, Wien/Köln/Graz 1969

Vespignani, Renzo: Faschismus, Berlin 1976

Vico, Gian Battista: De nostri temporis studiorum ratione. Vom Wesen und Weg der geistigen Bildung, Darmstadt 1984

Victoria, Brian Daizen A.: Zen, Nationalismus und Krieg. Eine unheimliche Allianz, Berlin 1999

Vidale, Emil: Braucht Oesterreich die Wehrmacht? Ein Antrag auf Volksabstimmung, Wien 1925

Vietsch, Eberhard von (Hg.): Gegen die Unvernunft. Der Briefwechsel zwischen Paul Graf Wolff Metternich und Wilhelm Solf 1915-1918, Bremen 1964

Vigny, Alfred de: Glanz und Elend des Militärs, Hamburg 1947

Virilo, Paul/Lotringer, Sylvère: Der reine Krieg, Berlin 1984

– Krieg und Kino. Logistik der Wahrnehmung, München/Wien 1986

– Bunker... Archäologie, München/Wien 1992

Vivenot, Alfred Ritter von: Zur Genesis der zweiten Theilung Polens, Wien 1874

Vogl, Friedrich: Widerstand im Waffenrock. Österreichische Freiheitskämpfer in der deutschen Wehrmacht 1938-1945. Wien 1977

Vogt, Werner: Einatmen – ausatmen, Der Missstand als Norm, Zürich 1991

Voigt, Rüdiger (Hg.): Krieg – Instrument der Politik. Bewaffnete Konflikte im Übergang vom 20. zum 21. Jahrhundert, Baden-Baden 2002

Voithofer, Richard: Drum schliesst euch frisch an Deutschland an, Wien 2000

Vollmer, Antje: Heisser Frieden. Über Gewalt, Macht und das Geheimnis der Zivilisation, Köln 1995

Voss, Eckhard (Hg.): Kultur der Abschreckung. Europa zwischen Rassismus im Innern und Abschottung nach aussen, Hamburg 1994

Vuksanovic, Mladen: Pale – Im Herzen der Finsternis. Tagebuch, Wien 1997

W

Wachtel, Siegfried/Jendursch, Andrej: Das Linksphänomen. Eine Entdeckung und ihr Schicksal, Berlin 1990

Wagner, Bernd C.: IG Auschwitz. Zwangsarbeit und Vernichtung von Häftlingen des Lagers Monowitz 1941-45, München 2000

Wagner, Manfred (Hg.): Im Brennpunkt – Ein Österreich, Wien 1976

Wahle, Richard: Der Weg zum ewigen Frieden, Wien/Leipzig 1917

– Über den Mechanismus des geistigen Lebens, Wien/Leipzig 1906

Waldmann, Peter: Strategien politischer Gewalt, Stuttgart 1977

– Terrorismus. Provokation der Macht, München 1998

Wall, Jeff: Photographs, Wien 2003

Wallerstein, Immanuel: Utopistik, Wien 2002

Walter, Friedrich: Maria Theresia. Urkunden, Briefe, Denkschriften, München 1942

Walterskirchen, Gundula: Blaues Blut für Österreich. Adelige im Widerstand gegen den Nationalsozialismus, Wien 2000

Walzer, Michael: Gibt es den gerechten Krieg? Stuttgart 1982

– Lokale Kritik – globale Standards, Hamburg 1996

– Erklärte Kriege – Kriegserklärungen, Hamburg 2003

Watson, James R.: Die Auschwitz Galaxy. Reflexionen zur Aufgabe des Denkens, Wien 1998

Wehr, Fritz: Fideles aus dem Hinterland, Wien/Leipzig 1918

Weibel, Peter (Hg.): die wiener gruppe/the vienna group. a moment of modernity 1954-1960, Wien/New York 1997

Weidenfeld, Werner: Kulturbruch mit Amerika? Das Ende transatlantischer Selbstverständlichkeit, Gütersloh 1996

Weigel, Hans/Lukan, Walter/Peyfuss, Max D. (Hg.): Jeder Schuss ein Russ, jeder Stoss ein Franzos. Literarische und graphische Kriegspropaganda in Deutschland und Österreich 1914-1918, Wien 1983

Weiniger, Otto: Taschenbuch und Briefe an einen Freund, Leizig/Wien 1921

– Geschlecht und Charakter. Eine prinzipielle Untersuchung, Wien/Leipzig 1922

– Über die letzten Dinge, Wien/Leipzig 1922

Weinmann, Barbara: Eine andere Bürgergesellschaft. Klassischer Republikanismus und Kommunialismus im Kanton Zürich im späten 18. und 19. Jahrhundert, Göttingen 2002

Weinzierl, Ulrich (Hg.) Februar 1934. Schriftsteller erzählen, Wien/München 1984

Weiskopf, F.C.: Abschied vom Frieden, Berlin 1960

– Inmitten des Stroms, Welt in Wehen, Berlin 1960

– Das Gespenst und andere merkwürdige Geschichten, Berlin 1978

Weissensteiner, Friedrich: Die rote Erzherzogin. Das ungewöhnliche Leben der Tochter des Kronprinzen Rudolf, Wien 1982

- Ein Aussteiger aus dem Kaiserhaus: Johann Orth. Das eskapistische Leben des Erzherzogs Johann Salvator, Wien 1985
- Grosse Herrscher des Hauses Habsburg. 700 Jahre europäische Geschichte, München 1995
- Reformer, Republikaner und Rebellen. Das andere Haus Habsburg-Lothringen, München 1995

Weitin, Thomas: Notwendige Gewalt. Die Moderne Ernst Jüngers und Heiner Müllers, Frankfurt 2003

Weitling, Wilhelm: Garantien der Harmonie und Freiheit, Stuttgart 1974

Weizsäcker, Carl Friedrich von: Der bedrohte Friede. Politische Aufsätze 1945-1981, München/Wien 1983

Weizsäcker, Viktor von: Begegnungen und Entscheidungen, Stuttgart 1949

Wegmüller, Hans: Brot oder Waffen. Der Konflikt zwischen Volkswirtschaft und Armee in der Schweiz 1939-45, Zürich 1998

Wells, H.G.: Die Weltgeschichte, Berlin/Wien/Leipzig 1928

Wenk, Alexandra-Eileen: Zwischen Menschenhandel und ›Endlösung‹. Das Konzentrationslager Bergen-Belsen, Paderborn 2000

Wense, Jürgen von der: Blumen blühen auf Befehl. Aus dem Poesiealbum eines zeitunglesenden Volksgenossen 1933-44, München 1993

Werkkreis Literatur der Arbeitswelt (Hg.): Der rote Grossvater erzählt. Berichte und Erzählungen von Veteranen der Arbeiterbewegung aus der Zeit von 1914 bis 1945, Frankfurt/M 1947

Werkner, Patrick: Land Art USA. Von den Ursprüngen zu den Grossprojekten in der Wüste, München 1992

Werner, Ernst: Jan Hus. Welt und Umwelt eines Prager Frühreformators, Weimar 1991

Werner, Harold: Partisan im Zweiten Weltkrieg. Erinnerungen eines polnischen Juden, Lüneburg 1999

Westphalen, Joseph: Moderne Zeiten. Blätter zur Pflege der Urteilskraft, Zürich 1989

Weule, Karl: Der Krieg in den Tiefen der Menschheit, Stuttgart 1916

Weydhoff, Leopold Ed.: Österreichs Ende? Ein Wiener Revolutionsroman, Wien 1921

Widmer, Paul: Schweizer Aussenpolitik und Diplomatie. Von Charles Pictet de Rochemont bis Edouard Brunner, Zürich 2003

Widmer, Urs: Das Normale und die Sehnsucht. Essays und Geschichten, Zürich 1972

Wiener, Oswald: Die Verbesserung von Mitteleuropa, Roman, Hamburg 1969

Wiener Medizinische Wochenschrift (Hg.): Simulation. Gesammelte Aufsätze, Wien 1907

Wieser, Friedrich: Das Gesetz der Macht, Wien 1926

Wilson, Jean Moorcroft: Siegfried Sasoon. The Making if a War Poet, London 1998

Winkler, Franz: Die Diktatur in Österreich, Zürich 1935

Winter, Jay: Sites od Memory, Sites of Mourning. The Great War in European Cultural History, Cambridge 1995

Wittenberger, Gerhard/Tögel, Christfried (Hg.): Die ›Rundbriefe‹ des ›Geheimen Komitees‹. Bd. I 1913-1920, Tübingen 1999

Wittkop, Justus F.: Unter der schwarzen Fahne. Aktionen und Gestalten des Anarchismus, Frankfurt/M 1973

Wittlin, Jòzef: Die Geschichte vom geduldigen Infanteristen, Frankfurt/M 1986

Wölbitsch, Lieselotte: In tiefer Nacht beginnt der Morgen. Franz Wohlfahrt überlebt den NS-Terror, Klagenfurt 2000

Wölfling, Leopold: Habsburger unter sich. Freimütige Aufzeichnungen eines ehemaligen Erzherzogs, Berlin-Wilmersdorf 1921

Wolkner, Hans: Schatten über Österreich. Das Bundesheer und seine geheimen Dienste, Wien 1993

Wray, John: Die rechte Hand des Schlafes, Berlin 2002

XY

Xenophon: Erinnerungen an Sokrates, Stuttgart 1980

Yahil, Leni: Die Shoah. Überlebenskampf und Vernichtung der europäischen Juden, München 1998

Z

Zacher: Die Rothe Internationale, Berlin 1884

Zack, Hermann Leo: Oestereich und die polnische Frage, Wien 1863

Zahn, Lothar: Die letzte Epoche der Philosophie. Texte von Habermas bis Hegel, Stuttgart 1974

Zand, Herbert: Erben des Feuers, Salzburg 2000

Zausig, Josef: Der Loibl-Tunnel. Das vergessene KZ an der Südgrenze Österreichs, Klagenfurt 1995

Zeh, Juli: Adler und Engel, Frankfurt/M 2001

– Die Stille ist ein Geräusch. Eine Fahrt durch Bosnien, Frankfurt/M 2002

Zeitlin, Jewsej: Lange Gespräche in Erwartung eines glücklichen Todes, Berlin 2000

Zclikow, Philip/Rice, Condoleezza: Germany Unified and Europe Transformed. A Study in Satecraft, London 1995

Zeller, Frank: Das Ende des ›Tiermondismus‹? Eine Untersuchung der Rezeption innerhalb der intellektuellen Elite in Frankreich, Dipl. Wien 1989

Zernatto, Guido: Die Wahrheit über Österreich, New York/Toronto 1938

– Kündet laut die Zeit, Graz/Wien 1961

– Vom Wesen der Nation. Fragen und Antworten zum Nationalitätenproblem, Wien 1966

Zibermayr, Ignaz: Noricum, Baiern und Österreich. Lorch als Hauptstadt und die Einführung des Christentums, Horn 1972

Ziegeleder, Ernst (Hg.) Die ganze Welt in meines Herzens Enge. Junge Salzburger Lyrik, Salzburg 1955

Zielkowski, Theodore: The Sin of Knowledge. Ancient Themes and Modern Variations, Princeton 2000

Zilsel, Edgar: Das Anwendungsproblem. Ein philosophischer Versuch über das Gesetz der grossen Zahlen und die Induktion, Leipzig 1916

– Die Geniereligion. Ein kritischer Versuch über das moderne Persönlichkeitsideal mit einer historischen Begründung, Wien/Leipzig 1918

– Die Entstehung des Geniebegriffs, Tübingen 1926

– Die sozialen Ursprünge der neuzeitlichen Wissenschaft, Frankfurt/M 1976

– Wissenschaft und Weltanschauung, Aufsätze 1929-33, Wien 1992

Zinn, Karl Georg: Kanonen und Pest. Über die Ursprünge der Neuzeit im 15. und 16. Jahrhundert, Opladen 1989

Zöllner, Erich: Der Österreichbegriff. Formen und Wandlungen in der Geschichte, Wien 1988

Zschockke, Heinrich: Drei Erzählungen, Leipzig 1895

Zsolt, Béla: Neun Koffer, Frankfurt/M 1999

Zu der Luth, Rudolf: Wehrwissenschaftlicher Atlas, Wien 1933

Zweig, Arnold: Das Beil von Wandsbek, Berlin 1994

– Caliban oder Politik und Leidenschaft, Berlin 2000

Zweig, Stefan: Die Welt von Gestern. Erinnerungen eines Europäers, Frankfurt/M 1975

– Joseph Fouché. Bildnis eines politischen Menschen, München 2000

PERSONENREGISTER

Adler, Friedrich 67, 167
Adler, Max 67
Adler, Victor 231
Adorno, Theodor W. 72, 269
Allende, Salvador 169
Alt, Rudolf 104
Améry, Jean 208, 271
Anders, Günther 126, 269
Arendt, Hannah 23, 167, 174, 181, 184, 234f, 268f, 282
Aristoteles 107f
Arnheim, Rudolf 265
Aron, Raymond 71, 241, 264f
Artaud, Antonin 69f
Austerlitz, Friedrich 231
Awineri, Schlomo 235
Azoulay, Isabelle 259

Babeuf, Gracchus 163
Bachmann, Ingeborg 130
Bakuin, Mickhail 113
Balke, Friedrich 34
Barres, Maurice 69
Bataille, George 46f, 123, 159, 163, 261, 284
Baudrillard, Jean 147
Bauer, Otto 67, 175
Becker, Joachim 89
Beethoven, Ludwig 92, 288
Behrens, Peter 251
Benjamin, Walter 48, 52f, 122, 202, 222
Berth, Edouard 220
Biamonti, Francesco 9
Bierce, Ambrose 12f
Blanc, Louis 239

Blanqui, Auguste 167
Blei, Franz 56, 108, 212
Bloch, Ernst 78f, 222f
Bobbio, Norberto 60, 155ff, 164, 176f
Böcklin, Arnold 83, 95
Bohner, Karl Heinz 137
Boltzmann, Ludwig 98
Bonaparte, Napoleon 80, 102
Bookchin, Murray 191
Bormann, Heinrich S. 251
Botz, Gerhard 287
Boutang, Yann Moulier 50
Bowie, David 272
Brandom, Robert B. 37
Brandstetter, Alois 141
Brecht, Bert 168, 271
Breuer, Stefan 187
Brodmann, Roman 33
Broniowski, Stefan 153
Bronnen, Arnolt 185
Brown, Norman O. 59, 75ff, 83, 192
Brunngraber, Rudolf 221f, 223
Buonarroti, Filippo 163
Burger, Rudolf 127f, 253, 261, 266
Büschefeld, Thomas 89
Busshoff, Heinrich 198f, 225

Carrière, Mathieu 133
Carsten, F. L. 196
Céline, Louis-Ferdinand 266
Chamberlain, Houston St. 266, 279
Clausewitz, Carl 17, 19, 22, 39, 42, 132
Cohn, George 141
Conquest, Robert 240, 244
Corradini, Enrico 228

Courtois, Stéphane 201
Croce, Benedetto 24, 52, 55, 60, 117, 212, 214, 219
Csokor, Franz Theodor 252

Dachs, Herbert 207
D'Annunzio, Gabriele 230
Danto, Arthur C. 170
Darwin, Charles 201
De Man, Henrik 257
Déat, Marcel 257
Debord, Guy 129
Derrida, Jacques 283
Descartes, René 85
Dietrich, Berthold 71
Dollfuss, Engelbert 118, 195, 198f, 203, 206, 224, 226f, 286, 289, 292
Dor, Milo 35
Dorgeles, Roland 131
Doriot, Jacques 257
Dressler-Andress, Horst 236
Dreyfus, Alfred 61
Drieu la Rochelle, Pierre 218, 283, 288
Droysen, Johann Gustav 107
Dubček, Alexander 169

Ebermann, Thomas 103
Eckert, Hans-Dietrich 199
Egyptien, Jürgen 68, 77
Ehrenreich, Barbara 183
Ehrenstein, Albert 91
Eisenstadt, Shmuel N. 249
Eisner, Kurt 169, 197
Ekstein, Modris 27, 34, 86, 273
Evola, Julius 250

Fabri, Albrecht 260
Fetscher, Iring 184, 186
Feuerbach, Ludwig 7

Fichte, Hubert 31
Flaig, Egon 144
Flesch, Siegfried 130, 139, 141
Ford, Henry 256
Foucault, Michel 21, 23, 27, 28, 30, 38, 101f, 159, 216, 245f
Freud, Sigmund 77, 83, 89, 95, 98, 193
Frey, Emil 287
Friedell, Egon 24f, 112
Friedländer, Saul 269
Fromm, Erich 91
Frontinus, Sextus Iulius 31
Fuchs, Albert 139
Fuchs, Franz 122
Fuchs, Rainer 97
Fukoyama, Francis 10
Furet, François 162, 201, 246

Galiani, Ferdinando 48
Galilei, Galileo 80
Galtung, Johan 49
Gandhi, Mahatma 80
Gärtner, Heinz 56
Gehmacher, Ernst 226
Gentile, Giovanni 230
Gerstl, Richard 97
Gilhaus, Ulrike 89
Giller, Joachim 195
Glaeser, Ernst 187, 208
Glaser, Georg K. 202, 234, 257
Glucksmann, André 23
Goebbels, Josef 184, 200, 250, 264, 266, 272, 281f
Goethe, Johann Wolfgang 72
Goldhagen, Daniel 135
Gramsci, Antonio 164, 230
Grillparzer, Franz 118
Gross, Raphael 282
Grossmann, Rudolf 124

Habsburg-Lothringen, Franz Josef 226
Haffner, Sebastian 164, 196
Hamsun, Knut 266, 281
Hartmann, Detlef 86
Hautsch, Gert 74, 200, 241
Heer, Friedrich 139
Hegel, Georg Friedrich 72, 130
Heidbrink, Ludger 30, 119f
Heidegger, Martin 268, 281
Heraklit von Ephesos 13
Hermans, Willem Frederik 71, 184
Herndl, Georg 134
Hervé, Gustave 187, 208
Herzen, Alexander I. 113f
Herzl, Theodor 91
Hevesi, Ludwig 95f, 104
Heym, Georg 104
Hilberg, Raul 269
Hildebrandt, Hans 103
Hilferding, Rudolf 67
Himmler, Heinrich 284
Hindemith, Paul 252
Hirsch, Joachim 147
Hirsch, Simon 102
Hitler, Adolf 79, 134, 186ff, 202ff, 217, 227, 233ff, 250f, 252, 257, 261, 264, 266, 270, 272f, 281f, 285f
Hobbes, Thomas 14, 47, 85
Hobsbawm, Eric 199, 213, 219, 240
Hodjak, Franz 18
Hofmannsthal, Hugo 89, 105
Höll, Otmar 89
Hollein, Hans 83
Holzmeister, Clemens 292
Hörbiger, Hanns 253, 273
Horkheimer, Max 269
Horn, Eva 258
Horstmann, Ulrich 148
Horthy, Nikolaus 206

Huizinga, Johan 232
Humboldt, Wilhelm von 26

Ingrimm, Robert 197, 227

Jahn, Egbert 39
James, William 77, 221
Jandl, Ernst 153
Jaspers, Karl 252, 268
Jergović, Miljenko 9f
Jesus, Christus 62, 133
Johnston, William M. 278, 280
Jordan, Rudolf 108
Joyce, James 83
Jung, Franz 280
Jünger, Ernst 15f, 35, 47, 81, 174, 188, 221, 253f, 257, 259f, 261, 274, 280

Kant, Immanuel 158
Kaplan, Robert 26
Kapuscinski, Ryzard 131
Kershaw, Ian 249
Kimmerle, Gerd 100
Kita, Terujiro 90
Klahr, Alfred 288
Kleindel, Walter 129
Klimt, Gustav 94f
Klotz, Clemens 251
Kluge, Alexander 17
Kneubühler, Theo 87f
Knoll, August M 263
Koch, Claus 35
Kohn, Hans 91, 104
Kokoschka, Oskar 97
Kolko, Gabriel 233, 240
Kondylis, Panajotis 74, 121, 244
Korsch, Karl 242
Kralik, Richard 279
Kramer, Helmut 89

Kraus, Karl 89, 91f, 97, 99f, 204f
Krleža, Miroslav 280
Kropotkin, Pëtr 62, 164

Labriola, Arturo 185, 221, 229, 233
Lafargue, Paul 61
Lammasch, Heinrich 124, 190
Lanz, Adolf Josef 278
Lasch, Christoph 154, 183
Lebert, Hans 13, 118
Leng, Rainer 30
Lenin, Wladimir Iljitisch 60, 164f
Lernet-Holenia, Alexander 35, 73, 117, 132
Leupold-Löwenthal, Harald 98
Lévi-Strauss, Claude 74f
Lewis, Wyndham 218
Ley, Michael 202
Ley, Robert 201, 209, 212f, 247, 252f, 255, 276f, 283
Lind, Jakov 101
Löffler, Sigrid 283f
Loos, Adolf 89, 99ff
Lorau, René 245
Lorenz, Konrad 45
Ludendorff, Erich 274
Lueger, Karl 104
Lukács, Georg 72, 164
Lütkehaus, Ludger 275

Mach, Ernst 290
Machiavelli, Niccolò 38
Mackinder, Halford John 264
Magritte, René 40
Mahler, Gustav 84
Mainländer, Philipp 87, 93
Malaparte, Curzio 94
Mann, Klaus 251
Marc, Franz 130
Marcuse, Herbert 75ff, 164

Marinetti, Filippo Tommaso 214, 230
Marx, Karl 61, 163, 165, 174, 238
Maschke, Günter 185, 218, 257
Mattick, Paul 66, 164, 241f
Mauthner, Fritz 115f
Mayer, Hans 72
Mayreder, Rosa 91
McBride, E. 143
Mecklenburg, Jens 262
Meinicke, Friederich 279
Menasse, Robert 142f, 145
Menke, Christoff 177f
Meyer, Martin 255, 259
Mierendorff, Carlo 167
Mishima, Yukio 93, 156, 215f, 275f
Molnar, Adolf 287f
Mommsen, Hans 248
Mosley, Oswald 257
Mühsam, Erich 110
Müller-Lyer, F. 13, 214f
Musil, Robert 72, 105, 140
Mussolini, Benito 60, 187, 206f, 209, 229f, 231ff, 257, 261, 270

Napierski, Stefan 40
Negri, Antonio 168
Negt, Oskar 17, 112
Neumann, Robert 196
Neumayr von Ramsla, Johann W. 141
Niekisch, Ernst 187f, 203, 208, 221, 266f
Nietzsche, Friedrich 76f, 86f, 164, 214, 270, 278
Nolte, Ernst 201
Noske, Gustav 287
Novy, Andreas 89

Ortega y Gasset, José 60, 70
Ossietzky, Carl 266
Owen, Robert 12f

Papcke, Sven 60, 66
Pareto, Vilfredo 60
Pelinka, Anton 192
Percy, Walker 160
Pfabigan, Alfred 89f, 95, 213
Pfaff, William 143
Pfriemer, Walther 287
Pilsudsky, Jósef Klemens 206
Pircher, Wolfgang 213
Piroschkow, Vera 114
Pokorny, Erwin 128
Popper-Lynkeus, Josef 124
Portis, Larry 63
Pound, Ezra 218, 284
Proudhon, Pierre-Joseph 14, 163, 220

Rancière, Danielle 29, 239
Rancière, Jacques 29, 36, 110, 123, 154, 162, 239
Randa, Alexander 139
Rapoport, Anatol 18
Rappaport, Moritz 92
Rathkolb, Oliver 250, 252
Rätsch-Langejürgen, Birgit 188
Rauch, Josef 124
Reich, Wilhelm 207
Reinhard, Klaus 9
Remarque, Erich Maria 131
Renner, Karl 67, 139, 175
Rintelen, Anton 287
Rodin, Auguste 95
Röhm, Ernst 186
Rosenberg, Alfred 250, 277ff
Rostock, Jürgen 252
Roszak, Theodore 75
Roth, Gerhard 72f, 139
Roth, Josef 73
Rothkirch und Panthen, Leonhard Graf 32

Röttgen, Herbert 68, 79
Rousseau, Jean-Jacques 165
Rozak, Theodore 191
Rühle, Otto 242
Russell, Bertrand 225

Salazar, António 206
Sax, Emil 220
Schappeller, Carl 273
Schausberger, Norbert 203f
Scheidemann, Phillipp 287
Schiele, Egon 97
Schiller, Friedrich 72
Schlegel, Friedrich 158, 174, 180
Schmidl, Erwin A. 101, 102
Schmidt, Alfred 115
Schmidt, Arno 247
Schmidt, Henry 176
Schmitt, Carl 22, 44, 53f, 56, 281f, 284
Schnitzler, Arthur 24, 80, 89
Schoeps, Julius H. 202
Schönberg, Arnold 89, 100
Schönerer, Georg Ritter 103, 209
Schopenhauer, Arthur 87, 93
Schuh, Franz 127
Schumpeter, Josef 89
Schuschnigg, Kurt 195, 197, 224, 286, 289f
Schuster, Peter-Klaus 84, 251
Seibt, Gustav 84
Seidel, Alfred 49, 66, 92f, 100, 217, 237
Seipel, Ignaz 225
Seliger, Maren 255
Sen, Hun 179
Senft, Gerhard 248, 262
Serner, Walter 38
Serres, Michel 98
Servier, Jean 60, 164

Shakespeare, William 214
Shakespeare, William 51
Shaw, George B. 165
Sheperd, Gordon 139, 234
Simmel, Georg 109, 219
Sofsky, Wolfgang 46, 48, 93, 100, 215
Sontheimer, Kurt 167
Sorel, Georges 59ff, 78, 185, 209ff, 220, 230, 242, 280, 284
Spann, Othmar 197, 209
Speer, Albert 251, 265, 272
Speer, Christoph 222
Stadler, Karl R. 263
Stalin, Josef 244
Starhemberg, Ernst R. 287f
Starobinski, Jean 213, 216
Staub, Norbert 258
Steidle, Richard 287
Steiner, Stephan 72, 80
Stephan, Cora 14, 20
Stepun, Fedor 131
Sternhell, Zeev 63, 67, 85, 199, 204, 208ff, 218f, 227f, 233f, 237f
Stirner, Max 86
Strauss, Richard 84
Strawinsky, Igor 252
Stremmel, Jochen 205
Szeemann, Harald 187

Talleyrand, Charles Maurice 56
Tàpies, Antoni 83
Taylor, Frederick W. 222
Tesar, Ludwig Erik 97
Thirring, Hans 124, 262, 264, 270
Todd, Emmanuel 144, 172
Togliatti, Palmiro 186
Tolstoi, Leo 19, 113, 190
Tončić-Sorinj, Lujo 173, 178
Traub, Rainer 224

Turel, Adrian 273
Turner, Henry 248

Umanago, Miguel 146

Vaché, Jacques 123
Van der Rohe, Mies 251
Van Pelts, Robert Jan 135
Varnedoe, Kirk 95f, 101
Vercors 236
Verhey, Jeffrey 274
Vespignani, Renzo 229
Victoria, Brian D. A. 276
Vietta, Silvio 100
Virilo, Paul 34, 66, 79
Voltaire, François M. 266

Wachtel, Sicgfried 154, 160
Wangchuk, Jingye Sigme 181
Webb, Beatrice 165
Weber, Max 93
Weiland, René 90ff, 286
Weininger, Otto 90ff, 102, 104, 117ff
Winkler, Franz 227
Winter, Ernst Karl 207
Winter, Michael 82
Wistrich, Robert S. 251f
Wittgenstein, Ludwig 89
Wittlin, Jòzef 15

Yasutani, Hakuun 161

Zadniček, Franz 252
Zaunschirm, Thomas 83
Zernatto, Guido 197f, 227, 274, 288
Ziegler, Adolf 250
Zitelmann, Rainer 248
Zola, Emile 266